I0354991

www.ingramcontent.com/pod-product-compliance
Lightning Source LLC
Chambersburg PA
CBHW070138080526
44586CB00015B/1753
9781617046155

שאגת אריה

סדר לימוד
ליום הפטירה

ולעילוי נשמה

עם הרבה תוספות

ידוע כי אין בר בלי תבן, כך אין ספר בלי טעויות, ועוד יודע אני כי דל ועני אני, **ואין עני אלא בדעה**. לכן מבקש אני בכל לשון של בקשה אם יש לכל אחד שאלות, הערות, הארות, תיקונים, נא לשלוח ל - simchatchaim@yahoo.com והשתדל לענות, ולתקן את הצריך תיקון.

אין לעשות שימוש כל שהוא בחומר שבחלק זה לצורך מסחרי, אלא רק ללמוד וללמד.
להשיג ספר זה או ספרים אחרים לאינפורמציה
simchatchaim@yahoo.com

Copyright © All Rights reserved to Itzhak Hoki Aboudi

כל הזכויות שמורות למהדיר © יצחק חוגי עבודי

מהדורה ראשונה תשפ"ד 2023

סדר לימוד ליום הפטירה לעילוי נשמה

תוכן עניינים

עמוד

5. הקדמה

7. בקשה לאיש עליו השלום

8. בקשה לאשה עליה השלו

9. פתח אליהו

15. תהלים פרק קי"ט (אלפא ביתא)

25. פרקי משנה לפי סדר א-ב

56. מסכת מקואות פרק ז'

61. מסכת כלים פרק כ"ד

63. קטע מהאדרא זוטא הדן בענין פטירת הרשב"י

65. תפילה לאחר הלימוד

67. קדיש דרבנן

69. השכבה לאיש ולאשה

70. אוכל לברכות, מזונות, גפן, העץ, אדמה, שהכל.

71. ברכת מעין שלוש

72. ברכה אחרונה

72. ברכות על בשמים

73. לימוד בזוהר בסבא דמשפטים

199. תהילים שנוהגים לקרוא בבית העלמין

3

סדר לימוד ליום הפטירה לעילוי נשמה

סדר לימוד ליום הפטירה לעילוי נשמה

הקדמה

עליית מפטיר מסוגלת מאוד לנשמת הנפטר, ובלבד שיודע לקרוא את ההפטרה כהוגן. על כן, טוב לעלות מפטיר בשבת הסמוכה ליום השנה. ואם חל יום השנה בשבת, אם יכול יעלה מפטיר גם בשבת הקודמת וגם בשבת של הפטירה, אך אם אינו יכול, יעלה בשבת של יום הפטירה שהיא העיקר. יש מנהג לעלות לתורה שביעי ולומר קדיש.

מנהג חשוב להדליק נר ביום השנה, ויאמר בפיו: הריני מדליק נר זה לעילוי נשמת פב"פ וכו'. ואף אם חל יום השנה ביום טוב, מותר להדליק נר מאש לאש.

כתב רבינו הרב יהודה פתיא בהקדמה לסבא דמשפטים ישתדל ביום הייארצ"ט לקום הבוקר כדי לחבר לילה ביום בעסק התורה לעשות נחת רוח לאביב או אמו, וחסידים ואנשי מעשה נהגו לקבץ עשרה אנשים וללמוד כל הלילה עד אור הבוקר...... ביום הייארצ"ט אם הוא מתענה, יפשפש במעשיו, וישוב בתשובה. ויש נוהגים שלא לילך ביום ההוא לעסוק בעבודתו, אלא הוא יושב ועוסק בתורה

כתב רש"י במסכת יבמות קכב ע"א בשם תשובות הגאונים, מנהגם היה שביום שמת בו אדם גדול, קובעים אותו לכבודו, ומידי שנה בשנה כשמגיע אותו יום, מתקבצים תלמידי חכמים מכל סביביו, ובאים על קברו עם שאר העם להושיב ישיבה שם. עד כאן דברי קודשו. הרי שיש נחת רוח לנפטר בלימוד שלומדים על קברו ביום שנפטר, וכל אחד ישיג נחת רוח כפי ערכו.

כתב רבנו האר"י, יש לערוך את האזכרה להורים מידי שנה בשנה, ואפילו אחר מאה שנה. כי בכל שנה ושנה, דנים שוב את הנפטר, בבניו ובנותיו שהשאיר אחריו. אם הם הולכים בדרך ה', מעלים אותו לדרגה גבוהה יותר, ואם חס ושלום להיפך, להיפך. וכמו כן, אם זכה בחייו לבנות בית מדרש, או זיכה את הרבים בספרים שילמדו בהם, הרי שכל התורה שלומדים מכוחו, נזקפת לזכותו ומעלים אותו מעלה מעלה בגן עדן. אבל אם חס ושלום בנה בתי קרקס, בריכה מעורבת מגרש כדורגל וכיוצא בזה, משנה לשנה מורידים אותו לשאול תחתית, עד שירחמו עליו מהשמים, ויהפך אותו מקום, למקום קדושה ויראת שמים.

וכתב רבנו יוסף חיים זיע"א ברב פעלים ח"ד סוד ישרים סימן י"ז, יום האזכרה, אין לו גבול בשנים, ואפילו אם יחיה הבן מאה שנים

סדר לימוד ליום הפטירה לעילוי נשמה

אחר פטירת אביו או אמו, צריך לעשות כל ימי חייו אזכרה למנוחתם כנהוג, בענין קדיש, ונר, וצדקה, ולימוד כפי יכולתו. מפני כי נפש האדם, אף על פי שנפטרה מהעולם הזה וניצולה מכל עונש, ונכנסה לגן עדן, אינה קונה שלימות העליות שלה בפעם אחת, אלא עולה בהדרגות בזמנים חלוקים. ויש נשמה שאפילו עד אלף שנים לא תגיע לכל המעלות הראויות לה, ועולה במשך השנים עליה אחר עליה, עד שתגיע לתכלית המעלה הראויה לה. וכבר מצאנו שהעיד רבי חיים ויטאל ז"ל על רבנו האר"י ז"ל, שהיה עושה אזכרה לאביו יותר משלושים שנה משנפטר אביו, כי אביו נפטר בהיותו קטן. וידוע כי אביו היה צדיק וחסיד גדול, ונגלה אליו אליהו הנביא זכור לטוב, ועם כל זה, כל ימיו של רבנו האר"י ערך את האזכרה בשביל אביו, והיינו בשביל העילוי שיתעלה מדרגה לדרגה. נמצא שאין גבול לזה, אלא כל ימיו של הבן צריך לעשות יום הזיכרון למנוחת אביו. וגם דע, כי מלבד העילוי שיהיה לנפש האדם אחר שנכנס לגן עדן בהדרגות, מדרגה אחר מדרגה, הנה עוד יהיה לנפשו דין ומשפט בכל פעם שתעלה ממדרגה למדרגה, ואם כן תמיד יש תועלת לנפש האדם מכח מעשים טובים של בנו, אפילו אחר מאה שנים ויותר.

נוהגים לעלות לקבר, ולומר שם פרקי תהלים, משניות וכיוצא בזה. וישתדלו מאוד שיהיו לפחות מנין אנשים, כדי שיאמרו קדיש לאחר מכן.

בשולחן ערוך יורה דעה סימן ת"ב סעיף י"ב כתב הרמ"א - ....מצוה להתענות יום שמת בו אביו או אמו (כל בו בשם הר"מ וע"פ) ומתענין יום המיתה ולא יום הקבורה.....

ועוד כתב הרב ילקוט יוסף יש להרבות **בלימוד התורה, ובנתינת צדקה, כפי יכולתו**, בכל שנה ביום פטירת אביו ואמו, הנקרא "יארצייט", ובלילה שלפניו..... כבר פשט המנהג להשתטח על קברי אבותיו, ומנהג יפה הוא, ובפרט ביום פקודת השנה, וכבר נתקנו על זה סדרי תפלה, קריאת פרקי תהלים ומשניות. ויש להשתדל אם אפשר שיהיו שם עשרה אנשים כדי שיאמר שם קדיש לעילוי נשמת אביו או אמו.

סדר לימוד ליום הפטירה לעילוי נשמה

בקשה לאיש עליו השלום

יְהִי רָצוֹן מִלְּפָנֶיךָ יְהֹוָה אֱלֹהֵינוּ וֵאלֹהֵי אֲבוֹתֵינוּ, שֶׁיַּעֲלֶה לְרָצוֹן לִמּוּד זֶה שֶׁאֲנַחְנוּ לוֹמְדִים לְשֵׁם נִשְׁמַת (פְּלוֹנִי בֶּן פְּלוֹנִית) עָלָיו הַשָּׁלוֹם. וּבִזְכוּת לִמּוּד זֶה, הָאֵל הַגָּדוֹל הַגִּבּוֹר וְהַנּוֹרָא שׁוֹכֵן עַד וְקָדוֹשׁ שְׁמוֹ, שֶׁתִּצְרֹר נִשְׁמָתוֹ בִּצְרוֹר הַחַיִּים. וְתִמְחֹל וְתִסְלַח וּתְכַפֵּר וְתִמְחֶה וְתִמְחֹק כָּל מַה שֶּׁחָטָא וְעָוָה וּפָשַׁע לְפָנֶיךָ, אוֹ עָשָׂה דָבָר שֶׁלֹּא כִּרְצוֹנֶךָ. וְאַל תִּזְכֹּר לוֹ שׁוּם חֵטְא וְעָוֹן וָפֶשַׁע וַעֲבֵרָה, אֶלָּא כָּל הַמִּצְוֹת שֶׁעָשָׂה תִּזְכְּרֵם לוֹ לְטוֹבָה. וְרוּחוֹ תַּגִּיעַ בְּחֵלֶק הַיּוֹשְׁבִים בְּגַן עֵדֶן, וְנִשְׁמָתוֹ תִּתְעַדֵּן בַּטּוּב הַצָּפוּן לַצַּדִּיקִים וְתָשִׁיב בְּכָבוֹד מְנוּחָתוֹ, וּלְקֵץ הַיָּמִין יַעֲמֹד לְגוֹרָלוֹ. וְיִלָּוֶה אֵלָיו הַשָּׁלוֹם, וְעַל מִשְׁכָּבוֹ יָבֹא שָׁלוֹם, כְּדִכְתִיב יָבֹא שָׁלוֹם יָנוּחוּ עַל מִשְׁכְּבוֹתָם. הוּא וְכָל בְּנֵי יִשְׂרָאֵל הַשּׁוֹכְבִים עִמּוֹ בִּכְלַל הָרַחֲמִים וְהַסְּלִיחוֹת. אָמֵן, כֵּן יְהִי רָצוֹן:

יִהְיוּ לְרָצוֹן אִמְרֵי פִי וְהֶגְיוֹן לִבִּי לְפָנֶיךָ יְהֹוָה צוּרִי וְגוֹאֲלִי:

סדר לימוד ליום הפטירה לעילוי נשמה

בקשה לאשה עליה השלום

יְהִי רָצוֹן מִלְּפָנֶיךָ יְהֹוָה אדני איהדנוהי אֱלֹהֵינוּ וֵאלֹהֵי אֲבוֹתֵינוּ, שֶׁיַּעֲלֶה לְרָצוֹן לִמּוּד זֶה שֶׁאֲנַחְנוּ לוֹמְדִים לְשֵׁם נִשְׁמַת (פְּלוֹנִית בַּת פְּלוֹנִית) עָלֶיו הַשָּׁלוֹם. וּבִזְכוּת לִמּוּד זֶה, הָאֵל הַגָּדוֹל הַגִּבּוֹר וְהַנּוֹרָא שׁוֹכֵן עַד וְקָדוֹשׁ שְׁמוֹ, שֶׁתִּצְרֹר נִשְׁמָתָהּ בִּצְרוֹר הַחַיִּים. וְתִמְחֹל וְתִסְלַח וּתְכַפֵּר וְתִמְחֶה וְתִמְחֹק כָּל מַה שֶּׁחָטְאָה וְעָוְתָה וּפָשְׁעָה לְפָנֶיךָ, אוֹ עָשְׂתָה דָּבָר שֶׁלֹּא כִּרְצוֹנֶךָ. וְאַל תִּזְכֹּר לָהּ שׁוּם חֵטְא וְעָוֹן וָפֶשַׁע וַעֲבֵרָה, אֶלָּא כָּל הַמִּצְוֹת שֶׁעָשְׂתָה תִּזְכֹּרֵם לָהּ לְטוֹבָה. וְרוּחָהּ תַּגִּיעַ בְּחֵלֶק הַיּוֹשְׁבִים בְּגַן עֵדֶן, וְנִשְׁמָתָהּ תִּתְעַדֵּן בַּטּוּב הַצָּפוּן לַצַּדִּיקִים וְתָשִׁיב בְּכָבוֹד מְנוּחָתָהּ, וּלְקֵץ הַיָּמִין יַעֲמֹד לְגוֹרָלָהּ. וִילַוֶּה אֵלָיו הַשָּׁלוֹם, וְעַל מִשְׁכָּבָהּ יָבֹא שָׁלוֹם, כִּדְכְתִיב יָבֹא שָׁלוֹם יָנוּחוּ עַל מִשְׁכְּבוֹתָם. הִיא וְכָל בְּנֵי יִשְׂרָאֵל הַשּׁוֹכְבִים עִמָּהּ בִּכְלַל הָרַחֲמִים וְהַסְּלִיחוֹת. אָמֵן, כֵּן יְהִי רָצוֹן:

יִהְיוּ לְרָצוֹן אִמְרֵי פִי וְהֶגְיוֹן לִבִּי לְפָנֶיךָ יְהֹוָה אדני איהדנוהי צוּרִי וְגוֹאֲלִי:

סדר לימוד ליום הפטירה לעילוי נשמה

פתח אליהו

פָּתַח אֵלִיָּהוּ הַנָּבִיא זָכוּר לַטּוֹב וְאָמַר, רִבּוֹן עָלְמִין דְּאַנְתְּ הוּא חָד וְלָא בְחֻשְׁבָּן, אַנְתְּ הוּא עִלָּאָה עַל כָּל עִלָּאִין, סְתִימָא עַל כָּל סְתִימִין, לֵית מַחֲשָׁבָה תְּפִיסָא בָךְ כְּלָל, אַנְתְּ הוּא דְּאַפִּיקַת עֲשַׂר תִּקּוּנִין, וְקָרֵינָן לוֹן עֲשַׂר סְפִירָן, לְאַנְהָגָא בְהוֹן עָלְמִין סְתִימִין דְּלָא אִתְגַּלְיָין, וְעָלְמִין דְּאִתְגַּלְיָין, וּבְהוֹן אִתְכְּסִיאַת מִבְּנֵי נָשָׁא, וְאַנְתְּ הוּא דְקָשִׁיר לוֹן, וּמְיַחֵד לוֹן, וּבְגִין דְּאַנְתְּ מִלְּגָאו, כָּל מָאן דְּאַפְרִישׁ חַד מִן חַבְרֵיהּ מֵאִלֵּין עֲשַׂר, אִתְחֲשִׁיב לֵיהּ כְּאִלּוּ אַפְרִישׁ בָּךְ.

וְאִלֵּין עֲשַׂר סְפִירָן אִינּוּן אָזְלִין כְּסִדְרָן, חַד אֲרִיךְ, וְחַד קְצָר, וְחַד בֵּינוּנִי, וְאַנְתְּ הוּא דְּאַנְהִיג לוֹן, וְלֵית מָאן דְּאַנְהִיג לָךְ, לָא לְעֵילָּא וְלָא לְתַתָּא וְלָא מִכָּל סִטְרָא, לְבוּשִׁין תְּקִינַת לוֹן, דְּמִנַּיְיהוּ פָּרְחִין נִשְׁמָתִין לִבְנֵי נָשָׁא, וְכַמָּה גוּפִין תְּקִינַת לוֹן, דְּאִתְקְרִיאוּ גוּפָא לְגַבֵּי לְבוּשִׁין דִּמְכַסְיָין עֲלֵיהוֹן,

סדר לימוד ליום הפטירה לעילוי נשמה

וְאִתְקְרִיאוּ בְּתִקּוּנָא דָא, חֶסֶד דְּרוֹעָא יְמִינָא, גְּבוּרָה דְּרוֹעָא שְׂמָאלָא, תִּפְאֶרֶת גּוּפָא, נֶצַח וְהוֹד תְּרֵין שׁוֹקִין, וִיסוֹד סִיּוּמָא דְגוּפָא אוֹת בְּרִית קֹדֶשׁ, מַלְכוּת פֶּה תּוֹרָה שֶׁבְּעַל פֶּה קָרֵינָן לֵיהּ.

חָכְמָה מוֹחָא אִיהוּ מַחֲשָׁבָה מִלְּגָו, בִּינָה לִבָּא וּבָהּ הַלֵּב מֵבִין, וְעַל אִלֵּין תְּרֵין כְּתִיב הַנִּסְתָּרוֹת לַיהו"ה אלהינ"ו, כֶּתֶר עֶלְיוֹן אִיהוּ כֶּתֶר מַלְכוּת, וַעֲלֵיהּ אִתְּמַר מַגִּיד מֵרֵאשִׁית אַחֲרִית, וְאִיהוּ קַרְקַפְתָּא דִתְפִלֵּי, מִלְּגָו אִיהוּ יו"ד ה"א וא"ו ה"א, דְּאִיהוּ אֹרַח אֲצִילוּת, אִיהוּ שַׁקְיוּ דְאִילָנָא בִּדְרוֹעוֹי וְעַנְפּוֹי, כְּמַיָּא דְּאַשְׁקֵי לְאִילָנָא, וְאִתְרַבֵּי בְּהַהוּא שַׁקְיוּ.

רִבּוֹן הָעוֹלָמִים, אַנְתְּ הוּא עִלַּת הָעִלּוֹת, סִבַּת הַסִּבּוֹת, דְּאַשְׁקֵי לְאִילָנָא בְּהַהוּא נְבִיעוּ, וְהַהוּא נְבִיעוּ אִיהוּ כְּנִשְׁמָתָא לְגוּפָא, דְּאִיהוּ חַיִּים לְגוּפָא, וּבָךְ לֵית דִּמְיוֹן וְלֵית דִּיוֹקְנָא מִכָּל מַה דִּלְגָו וּלְבַר, וּבָרָאתָ שְׁמַיָּא וְאַרְעָא, וְאַפִּיקַת מִנְּהוֹן שִׁמְשָׁא וְסִיהֲרָא וְכֹכְבַיָּא וּמַזָּלֵי, וּבְאַרְעָא אִילָנִין וְדִשְׁאִין וְגִנְּתָא דְעֵדֶן

וְעִשְׂבִּין וְחֵיוָון וְעוֹפִין וְנוּנִין וּבְנֵי נָשָׁא, לְאִשְׁתְּמוֹדְעָא בְהוֹן עִלָּאִין, וְאֵיךְ יִתְנַהֲגוּן בְּהוֹן עִלָּאִין וְתַתָּאִין, וְאֵיךְ אִשְׁתְּמוֹדְעָאן מֵעִלָּאֵי וְתַתָּאֵי, וְלֵית דְּיָדַע בָּךְ כְּלָל. וּבַר מִינָּךְ לֵית יְחִידָא בְּעִלָּאֵי וְתַתָּאֵי, וְאַנְתְּ אִשְׁתְּמוֹדַע אָדוֹן עַל כֹּלָּא, וְכָל סְפִירָן כָּל חַד אִית לֵיהּ שֵׁם יְדִיעַ, וּבְהוֹן אִתְקְרִיאוּ מַלְאָכַיָּא, וְאַנְתְּ לֵית לָךְ שֵׁם יְדִיעַ, דְּאַנְתְּ הוּא מְמַלֵּא כָל שְׁמָהָן, וְאַנְתְּ הוּא שְׁלִימוּ דְּכֻלְּהוּ, וְכַד אַנְתְּ תִּסְתַּלַּק מִנְּהוֹן, אִשְׁתָּאֲרוּ כֻּלְּהוּ שְׁמָהָן כְּגוּפָא בְּלָא נִשְׁמָתָא.

אַנְתְּ חַכִּים וְלָאו בְּחָכְמָה יְדִיעָא, אַנְתְּ הוּא מֵבִין וְלָא מִבִּינָה יְדִיעָא, לֵית לָךְ אֲתַר יְדִיעָא אֶלָּא לְאִשְׁתְּמוֹדְעָא תּוּקְפָךְ וְחֵילָךְ לִבְנֵי נָשָׁא, וּלְאַחֲזָאָה לוֹן אֵיךְ אִתְנַהֵיג עָלְמָא בְּדִינָא וּבְרַחֲמֵי, דְּאִינּוּן צֶדֶק וּמִשְׁפָּט, כְּפוּם עוֹבְדֵיהוֹן דִּבְנֵי נָשָׁא, דִּין אִיהוּ גְּבוּרָה, מִשְׁפָּט עַמּוּדָא דְאֶמְצָעִיתָא, צֶדֶק מַלְכוּתָא קַדִּישָׁא, מֹאזְנֵי צֶדֶק תְּרֵין סַמְכֵי קְשׁוֹט, הִין צֶדֶק אוֹת בְּרִית, כֹּלָּא לְאַחֲזָאָה אֵיךְ אִתְנַהֵיג

עָלְמָא, אֲבָל לַאו דְּאִית לָךְ צֶדֶק יְדִיעָא דְּאִיהוּ דִּין, וְלַאו מִשְׁפָּט יְדִיעָא דְּאִיהוּ רַחֲמֵי, וְלַאו מִכָּל אִלֵּין מִדּוֹת כְּלָל.

קוּם רַבִּי שִׁמְעוֹן וְיִתְחַדְּשׁוּן מִלִּין עַל יְדָךְ, דְּהָא רְשׁוּתָא אִתְיְהִיב לָךְ לְגַלָּאָה רָזִין טְמִירִין עַל יְדָךְ, מַה דְּלָא אִתְיְהִיב רְשׁוּ לְגַלָּאָה לְשׁוּם בַּר נַשׁ עַד כְּעַן, קָם רַבִּי שִׁמְעוֹן פָּתַח וְאָמַר, לְךָ יהו"ה הַגְּדוּלָּה וְהַגְּבוּרָה וכו', עִלָּאִין שְׁמָעוּ אִינּוּן דְּמִיכִין דְּחֶבְרוֹן, וְרַעְיָא מְהֵימְנָא אִתְעָרוּ מִשְּׁנַתְכוֹן, הָקִיצוּ וְרַנְּנוּ שׁוֹכְנֵי עָפָר, אִלֵּין אִינּוּן צַדִּיקַיָּא דְּאִינּוּן מִסִּטְרָא דְּהַהוּא דְּאִתְּמַר בָּהּ אֲנִי יְשֵׁנָה וְלִבִּי עֵר, וְלַאו אִינּוּן מֵתִים, וּבְגִין דָּא אִתְּמַר בְּהוֹן הָקִיצוּ וְרַנְּנוּ וכו', הָקִיצוּ אַנְתְּ וַאֲבָהָן, רַעְיָא מְהֵימְנָא אִתְעַר אַנְתְּ וַאֲבָהָן לְאִתְעָרוּתָא דִּשְׁכִינְתָּא דְּאִיהִי יְשֵׁנָה בְּגָלוּתָא, דְּעַד כְּעַן צַדִּיקַיָּא כֻּלְּהוּ דְּמִיכִין וְשִׁינְתָא בְּחוֹרֵיהוֹן.

מִיָּד יְהִיבַת שְׁכִינְתָּא תְּלַת קָלִין לְגַבֵּי רַעְיָא מְהֵימְנָא, וְיֵימָא לֵיהּ קוּם רַעְיָא מְהֵימְנָא,

סדר לימוד ליום הפטירה לעילוי נשמה

דְּהָא עֲלָךְ אִתְּמַר קוֹל דּוֹדִי דוֹפֵק לְגַבָּאי בְּאַרְבַּע אַתְוָון דִּילֵיהּ, וְיֵימָא בְּהוֹן, פִּתְחִי לִי אֲחוֹתִי רַעְיָתִי יוֹנָתִי תַמָּתִי, דְּהָא תַּם עֲוֹנֵךְ בַּת צִיּוֹן, לֹא יוֹסִיף לְהַגְלוֹתֵךְ.

שֶׁרֹּאשִׁי נִמְלָא טָל, מַאי נִמְלָא טָל אֶלָּא אָמַר קוּדְשָׁא בְּרִיךְ הוּא, אַנְתְּ חֲשִׁיבַת דְּמִיּוֹמָא דְּאִתְחָרַב בֵּי מַקְדְּשָׁא דְּעָאלְנָא בְּבֵיתָא דִילִי, וְעָאלְנָא בְּיִשּׁוּבָא, לַאו הָכִי, דְּלָא עָאלְנָא כָּל זִמְנָא דְּאַנְתְּ בְּגָלוּתָא, הֲרֵי לָךְ סִימָנָא שֶׁרֹּאשִׁי נִמְלָא טָל, הֵ"א שְׁכִינְתָּא בְּגָלוּתָא, שְׁלִימוּ דִילָהּ וְחַיִּים דִּילָהּ אִיהוּ טָל, וְדָא אִיהוּ יו"ד ה"א וא"ו, וְה"א אִיהִי שְׁכִינְתָּא דְּלָא מֵחוּשְׁבַּן טָ"ל, אֶלָּא יו"ד ה"א וא"ו, דִּסְלִיקוּ אַתְוָון לְחֻשְׁבַּן טָ"ל, דְּאִיהוּ מַלְיָא לִשְׁכִינְתָּא מִנְּבִיעוּ דְּכָל מְקוֹרִין עִלָּאִין, מִיָּד קָם רַעְיָא מְהֵימְנָא, וַאֲבָהָן קַדִּישִׁין עִמֵּיהּ, עַד כָּאן רָזָא דְּיִחוּדָא. בָּרוּךְ יְהֹוָהאדניאיהדונהי לְעוֹלָם אָמֵן וְאָמֵן:

וִיהֵי רַעֲוָא מִן קֳדָם עַתִּיקָא קַדִּישָׁא דְּכָל קַדִּישִׁין, טְמִירָא דְּכָל טְמִירִין, סְתִימָא

סדר לימוד ליום הפטירה לעילוי נשמה

דְכָלָא, דְיִתְמְשַׁךְ טַלָא עִלָאָה מִנֵה לְמַלְיָא
רֵישֵׁה דִזְעֵיר אַנְפִּין, וּלְהַטִיל לַחֲקַל תַּפּוּחִין
קַדִישִׁין בִּנְהִירוּ דְאַנְפִּין בְּרַעֲוָא וּבְחֶדְוָתָא
דְכָלָא. וְיִתְמְשַׁךְ מִן קֳדָם עַתִּיקָא קַדִישָׁא
דְכָל קַדִישִׁין, טְמִירָא דְכָל טְמִירִין סְתִימָא
דְכָלָא, רְעוּתָא וְרַחֲמֵי חִנָא וְחִסְדָא בִּנְהִירוּ
עִלָאָה בִּרְעוּתָא וְחֶדְוָה, עָלַי וְעַל כָּל בְּנֵי
בֵיתִי, וְעַל כָּל הַנִלְוִים אֵלַי, וְעַל כָּל יִשְׂרָאֵל
עַמֵה. וְיִפְרְקִינָן מִכָּל עַקְתִין בִּישִׁין דְיֵיתוּן
לְעָלְמָא. וְיַזְמִין וְיִתְיְהִיב לָנָא מְזוֹנָא וּפַרְנָסָתָא
טַבְתָא, בְּלִי צָרָה וְעַקְתָא, מִמַזָלָא דְכָל מְזוֹנֵי
בֵּהּ תַּלְיָן. וִישֵׁזְבִינָן מֵעֵינָא בִישָׁא וּמֵחַרְבָּא
דְמַלְאַךְ הַמָוֶת וּמִדִינָה שֶׁל גֵּהִנָם. וְיֵיתֵי לָנָא
וּלְכָל נַפְשָׁתָנָא חִנָא וְחִסְדָא וְחַיֵי אֲרִיכֵי וּמְזוֹנֵי
רְוִיחֵי וְרַחֲמֵי מִן קֳדָמֵה. אָמֵן כֵּן יְהִי רָצוֹן, אָמֵן
וְאָמֵן:

סדר לימוד ליום הפטירה לעילוי נשמה

תהלים פרק קי"ט (אלפא ביתא)

נוֹהֲגִים לוֹמַר פְּסוּקֵי תְּהִלִּים לְפִי שֵׁם הַנִּפְטָר. כְּגוֹן: יַעֲקֹב בֶּן רִבְקָה, יִקְרְאוּ אֶת הַפְּסוּקִים הַמַּתְחִילִים בְּאוֹתִיּוֹת

י' ע' ק' ב' , ב' נ' , ר' ב' ק' ה'

חָכְמַת הַקַּבָּלָה מְתָאֶרֶת בִּפְרוֹטְרוֹט אֶת הַמַּעֲלוֹת שֶׁלָּהֶן זוֹכֶה מִי שֶׁמַּכְבִּיר בַּאֲמִירַת סֵפֶר תְּהִלִּים , שֶׁבּוֹ, כָּל פֶּרֶק וּפֶרֶק הוּא בַּעַל סְגֻלּוֹת עֲצוּמוֹת לְקַבָּלַת שֶׁפַע רוּחָנִי וְגַשְׁמִי. **פֶּרֶק קי"ט** בִּתְהִלִּים בָּנוּי מֵאוֹתִיּוֹת הָאָלֶף בֵּית (בְּסֵדֶר עוֹלֶה), וּבוֹ טְמוּנִים סוֹדוֹת גְּדוֹלִים, הֵן לְעִלּוּי נִשְׁמַת אֲנָשִׁים שֶׁכְּבָר נִפְטְרוּ מֵהָעוֹלָם הַזֶּה, וְהֵן לְהַצְלָחָה, רְפוּאָה, שִׂמְחָה, פַּרְנָסָה טוֹבָה, בְּרִיאוּת אֵיתָנָה וּשְׁאָר יְשׁוּעוֹת שֶׁאָדָם נִזְקָק לָהֶן בְּחַיָּיו. מְדֻבָּר בַּפֶּרֶק הָאָרֹךְ בְּיוֹתֵר בְּתָנָ"ךְ, הַמּוֹנֶה 176 פְּסוּקִים , כְּמִנְיַן הַפְּסוּקִים הָעוֹלִים מִפָּרָשַׁת 'נָשֹׂא', שֶׁאַף הִיא הַפָּרָשָׁה הָאֲרֻכָּה בְּיוֹתֵר בַּתּוֹרָה.

א

אַשְׁרֵי תְמִימֵי דָרֶךְ, הַהֹלְכִים בְּתוֹרַת יְהֹוָה אדני אהדונהי:
אַשְׁרֵי, נֹצְרֵי עֵדֹתָיו, בְּכָל לֵב יִדְרְשׁוּהוּ:
אַף לֹא פָעֲלוּ עַוְלָה, בִּדְרָכָיו הָלָכוּ:
אַתָּה צִוִּיתָה פִקֻּדֶיךָ, לִשְׁמֹר מְאֹד:
אַחֲלַי יִכֹּנוּ דְרָכָי, לִשְׁמֹר חֻקֶּיךָ:
אָז לֹא אֵבוֹשׁ, בְּהַבִּיטִי אֶל, כָּל, מִצְוֹתֶיךָ:
אוֹדְךָ בְּיֹשֶׁר לֵבָב, בְּלָמְדִי מִשְׁפְּטֵי צִדְקֶךָ:
אֶת חֻקֶּיךָ אֶשְׁמֹר, אַל תַּעַזְבֵנִי עַד מְאֹד.

ב

בַּמֶּה יְזַכֶּה נַּעַר אֶת אָרְחוֹ, לִשְׁמֹר כִּדְבָרֶךָ:

סדר לימוד ליום הפטירה לעילוי נשמה

בְּכָל לִבִּי דְרַשְׁתִּיךָ, אַל תַּשְׁגֵּנִי מִמִּצְוֺתֶיךָ:
בְּלִבִּי צָפַנְתִּי אִמְרָתֶךָ, לְמַעַן לֹא אֶחֱטָא לָךְ:
בָּרוּךְ אַתָּה יְהֹוָה אדני איהדנוהי, לַמְּדֵנִי חֻקֶּיךָ:
בִּשְׂפָתַי סִפַּרְתִּי, כֹּל מִשְׁפְּטֵי פִיךָ:
בְּדֶרֶךְ עֵדְוֺתֶיךָ שַׂשְׂתִּי כְּעַל כָּל הוֹן:
בְּפִקֻּדֶיךָ אָשִׂיחָה, וְאַבִּיטָה אֹרְחֹתֶיךָ:
בְּחֻקֹּתֶיךָ אֶשְׁתַּעֲשָׁע, לֹא אֶשְׁכַּח דְּבָרֶךָ:

ג

גְּמֹל עַל עַבְדְּךָ אֶחְיֶה, וְאֶשְׁמְרָה דְבָרֶךָ:
גַּל עֵינַי וְאַבִּיטָה, נִפְלָאוֹת מִתּוֹרָתֶךָ:
גֵּר אָנֹכִי בָאָרֶץ, אַל תַּסְתֵּר מִמֶּנִּי מִצְוֺתֶיךָ:
גָּרְסָה נַפְשִׁי לְתַאֲבָה, אֶל מִשְׁפָּטֶיךָ בְכָל עֵת:
גָּעַרְתָּ, זֵדִים אֲרוּרִים, הַשֹּׁגִים מִמִּצְוֺתֶיךָ:
גַּל מֵעָלַי, חֶרְפָּה וָבוּז, כִּי עֵדֹתֶיךָ נָצָרְתִּי:
גַּם יָשְׁבוּ שָׂרִים בִּי נִדְבָּרוּ, עַבְדְּךָ יָשִׂיחַ בְּחֻקֶּיךָ:
גַּם עֵדֹתֶיךָ שַׁעֲשֻׁעָי, אַנְשֵׁי עֲצָתִי:

ד

דָּבְקָה לֶעָפָר נַפְשִׁי, חַיֵּנִי כִּדְבָרֶךָ:
דְּרָכַי סִפַּרְתִּי וַתַּעֲנֵנִי, לַמְּדֵנִי חֻקֶּיךָ:
דֶּרֶךְ פִּקּוּדֶיךָ הֲבִינֵנִי, וְאָשִׂיחָה בְּנִפְלְאוֹתֶיךָ:
דָּלְפָה נַפְשִׁי מִתּוּגָה, קַיְּמֵנִי כִּדְבָרֶךָ:
דֶּרֶךְ שֶׁקֶר הָסֵר מִמֶּנִּי, וְתוֹרָתְךָ חָנֵּנִי:
דֶּרֶךְ אֱמוּנָה בָחָרְתִּי, מִשְׁפָּטֶיךָ שִׁוִּיתִי:

סדר לימוד ליום הפטירה לעילוי נשמה

דָּבַקְתִּי בְעֵדְוֺתֶיךָ, יְהֹוָה אדני איהדונהי אַל תְּבִישֵׁנִי:
דֶּרֶךְ מִצְוֺתֶיךָ אָרוּץ, כִּי תַרְחִיב לִבִּי:

ה

הוֹרֵנִי יְהֹוָה אדני איהדונהי דֶּרֶךְ חֻקֶּיךָ, וְאֶצְּרֶנָּה עֵקֶב:
הֲבִינֵנִי וְאֶצְּרָה תוֹרָתֶךָ, וְאֶשְׁמְרֶנָּה בְכָל לֵב:
הַדְרִיכֵנִי בִּנְתִיב מִצְוֺתֶיךָ, כִּי בוֹ חָפָצְתִּי:
הַט לִבִּי אֶל עֵדְוֺתֶיךָ, וְאַל אֶל בָּצַע:
הַעֲבֵר עֵינַי מֵרְאוֹת שָׁוְא, בִּדְרָכֶךָ חַיֵּנִי:
הָקֵם לְעַבְדְּךָ אִמְרָתֶךָ, אֲשֶׁר לְיִרְאָתֶךָ:
הַעֲבֵר חֶרְפָּתִי אֲשֶׁר יָגֹרְתִּי, כִּי מִשְׁפָּטֶיךָ טוֹבִים:
הִנֵּה תָּאַבְתִּי לְפִקֻּדֶיךָ, בְּצִדְקָתְךָ חַיֵּנִי:

ו

וִיבֹאֻנִי חֲסָדֶךָ יְהֹוָה אדני איהדונהי, תְּשׁוּעָתְךָ כְּאִמְרָתֶךָ:
וְאֶעֱנֶה חֹרְפִי דָבָר, כִּי בָטַחְתִּי בִּדְבָרֶךָ:
וְאַל תַּצֵּל מִפִּי דְבַר אֱמֶת עַד מְאֹד, כִּי לְמִשְׁפָּטֶךָ יִחָלְתִּי:
וְאֶשְׁמְרָה תוֹרָתְךָ תָמִיד, לְעוֹלָם וָעֶד:
וְאֶתְהַלְּכָה בָרְחָבָה, כִּי פִקֻּדֶיךָ דָרָשְׁתִּי:
וַאֲדַבְּרָה בְעֵדֹתֶיךָ נֶגֶד מְלָכִים, וְלֹא אֵבוֹשׁ:
וְאֶשְׁתַּעֲשַׁע בְּמִצְוֺתֶיךָ, אֲשֶׁר אָהָבְתִּי:
וְאֶשָּׂא כַפַּי אֶל מִצְוֺתֶיךָ אֲשֶׁר אָהָבְתִּי, וְאָשִׂיחָה בְחֻקֶּיךָ:

סדר לימוד ליום הפטירה לעילוי נשמה

ז

זְכֹר דָּבָר לְעַבְדֶּךָ, עַל אֲשֶׁר יִחַלְתָּנִי:
זֹאת נֶחָמָתִי בְעָנְיִי, כִּי אִמְרָתְךָ חִיָּתְנִי:
זֵדִים הֱלִיצֻנִי עַד מְאֹד, מִתּוֹרָתְךָ לֹא נָטִיתִי:
זָכַרְתִּי מִשְׁפָּטֶיךָ מֵעוֹלָם יְהוָֹהאדני־אהדונהי וָאֶתְנֶחָם:
זַלְעָפָה אֲחָזַתְנִי מֵרְשָׁעִים, עֹזְבֵי תּוֹרָתֶךָ:
זְמִרוֹת הָיוּ לִי חֻקֶּיךָ, בְּבֵית מְגוּרָי:
זָכַרְתִּי בַלַּיְלָה שִׁמְךָ יְהוָֹהאדני־אהדונהי, וָאֶשְׁמְרָה תּוֹרָתֶךָ:
זֹאת הָיְתָה לִּי, כִּי פִקֻּדֶיךָ נָצָרְתִּי:

ח

חֶלְקִי יְהוָֹהאדני־אהדונהי אָמַרְתִּי, לִשְׁמֹר דְּבָרֶיךָ:
חִלִּיתִי פָנֶיךָ בְכָל לֵב, חָנֵּנִי כְּאִמְרָתֶךָ:
חִשַּׁבְתִּי דְרָכָי, וָאָשִׁיבָה רַגְלַי אֶל עֵדֹתֶיךָ:
חַשְׁתִּי, וְלֹא הִתְמַהְמָהְתִּי, לִשְׁמֹר מִצְוֹתֶיךָ:
חֶבְלֵי רְשָׁעִים עִוְּדֻנִי, תּוֹרָתְךָ לֹא שָׁכָחְתִּי:
חֲצוֹת לַיְלָה אָקוּם לְהוֹדוֹת לָךְ, עַל מִשְׁפְּטֵי צִדְקֶךָ:
חָבֵר אָנִי לְכָל אֲשֶׁר יְרֵאוּךָ, וּלְשֹׁמְרֵי פִּקּוּדֶיךָ:
חַסְדְּךָ יְהוָֹהאדני־אהדונהי מָלְאָה הָאָרֶץ, חֻקֶּיךָ לַמְּדֵנִי:

ט

טוֹב עָשִׂיתָ עִם עַבְדְּךָ, יְהוָֹהאדני־אהדונהי כִּדְבָרֶךָ:
טוּב טַעַם וָדַעַת לַמְּדֵנִי, כִּי בְמִצְוֹתֶיךָ הֶאֱמָנְתִּי:
טֶרֶם אֶעֱנֶה אֲנִי שֹׁגֵג, וְעַתָּה אִמְרָתְךָ שָׁמָרְתִּי:

סדר לימוד ליום הפטירה לעילוי נשמה

טוֹב אַתָּה וּמֵטִיב, לַמְּדֵנִי חֻקֶּיךָ:
טָפְלוּ עָלַי שֶׁקֶר זֵדִים, אֲנִי בְּכָל לֵב אֱצֹּר פִּקּוּדֶיךָ:
טָפַשׁ כַּחֵלֶב לִבָּם, אֲנִי תּוֹרָתְךָ שִׁעֲשָׁעְתִּי:
טוֹב לִי כִי עֻנֵּיתִי, לְמַעַן אֶלְמַד חֻקֶּיךָ:
טוֹב לִי תוֹרַת פִּיךָ, מֵאַלְפֵי זָהָב וָכָסֶף:

י

יָדֶיךָ עָשׂוּנִי וַיְכוֹנְנוּנִי, הֲבִינֵנִי וְאֶלְמְדָה מִצְוֹתֶיךָ:
יְרֵאֶיךָ יִרְאוּנִי וְיִשְׂמָחוּ, כִּי לִדְבָרְךָ יִחָלְתִּי:
יָדַעְתִּי יְהֹוָה אדני איהדונהי כִּי צֶדֶק מִשְׁפָּטֶיךָ, וֶאֱמוּנָה עִנִּיתָנִי:
יְהִי נָא חַסְדְּךָ לְנַחֲמֵנִי, כְּאִמְרָתְךָ לְעַבְדֶּךָ:
יְבֹאוּנִי רַחֲמֶיךָ וְאֶחְיֶה, כִּי תוֹרָתְךָ שַׁעֲשֻׁעָי:
יֵבֹשׁוּ זֵדִים כִּי שֶׁקֶר עִוְּתוּנִי, אֲנִי אָשִׂיחַ בְּפִקּוּדֶיךָ:
יָשׁוּבוּ לִי יְרֵאֶיךָ, וְיֹדְעֵי עֵדֹתֶיךָ:
יְהִי לִבִּי תָמִים בְּחֻקֶּיךָ, לְמַעַן לֹא אֵבוֹשׁ:

כ

כָּלְתָה לִתְשׁוּעָתְךָ נַפְשִׁי, לִדְבָרְךָ יִחָלְתִּי:
כָּלוּ עֵינַי לְאִמְרָתֶךָ, לֵאמֹר מָתַי תְּנַחֲמֵנִי:
כִּי הָיִיתִי כְּנֹאד בְּקִיטוֹר, חֻקֶּיךָ לֹא שָׁכָחְתִּי:
כַּמָּה יְמֵי עַבְדֶּךָ, מָתַי תַּעֲשֶׂה בְרֹדְפַי מִשְׁפָּט:
כָּרוּ לִי זֵדִים שִׁיחוֹת, אֲשֶׁר לֹא כְתוֹרָתֶךָ:
כָּל מִצְוֹתֶיךָ אֱמוּנָה, שֶׁקֶר רְדָפוּנִי עָזְרֵנִי:
כִּמְעַט כִּלּוּנִי בָאָרֶץ, וַאֲנִי לֹא עָזַבְתִּי פִקֻּדֶיךָ:

סדר לימוד ליום הפטירה לעילוי נשמה

כְּחַסְדְּךָ חַיֵּנִי, וְאֶשְׁמְרָה עֵדוּת פִּיךָ:

ל

לְעוֹלָם יְהוָה אדני איהדונהי, דְּבָרְךָ נִצָּב בַּשָּׁמָיִם:
לְדֹר וָדֹר אֱמוּנָתֶךָ, כּוֹנַנְתָּ אֶרֶץ וַתַּעֲמֹד:
לְמִשְׁפָּטֶיךָ עָמְדוּ הַיּוֹם, כִּי הַכֹּל עֲבָדֶיךָ:
לוּלֵי תוֹרָתְךָ שַׁעֲשֻׁעָי, אָז אָבַדְתִּי בְעָנְיִי:
לְעוֹלָם לֹא אֶשְׁכַּח פִּקּוּדֶיךָ, כִּי בָם חִיִּיתָנִי:
לְךָ אֲנִי הוֹשִׁיעֵנִי, כִּי פִקּוּדֶיךָ דָרָשְׁתִּי:
לִי קִוּוּ רְשָׁעִים לְאַבְּדֵנִי, עֵדֹתֶיךָ אֶתְבּוֹנָן:
לְכָל תִּכְלָה רָאִיתִי קֵץ, רְחָבָה מִצְוָתְךָ מְאֹד:

מ

מָה אָהַבְתִּי תוֹרָתֶךָ, כָּל הַיּוֹם הִיא שִׂיחָתִי:
מֵאֹיְבַי תְּחַכְּמֵנִי מִצְוֹתֶךָ, כִּי לְעוֹלָם הִיא לִי:
מִכָּל מְלַמְּדַי הִשְׂכַּלְתִּי, כִּי עֵדְוֹתֶיךָ שִׂיחָה לִי:
מִזְּקֵנִים אֶתְבּוֹנָן, כִּי פִקּוּדֶיךָ נָצָרְתִּי:
מִכָּל אֹרַח רָע כָּלִאתִי רַגְלָי, לְמַעַן אֶשְׁמֹר דְּבָרֶךָ:
מִמִּשְׁפָּטֶיךָ לֹא סָרְתִּי, כִּי אַתָּה הוֹרֵתָנִי:
מַה נִּמְלְצוּ לְחִכִּי אִמְרָתֶךָ, מִדְּבַשׁ לְפִי:
מִפִּקּוּדֶיךָ אֶתְבּוֹנָן, עַל כֵּן שָׂנֵאתִי כָּל אֹרַח שָׁקֶר:

נ

נֵר לְרַגְלִי דְבָרֶךָ, וְאוֹר לִנְתִיבָתִי:
נִשְׁבַּעְתִּי וָאֲקַיֵּמָה, לִשְׁמֹר מִשְׁפְּטֵי צִדְקֶךָ:
נַעֲנֵיתִי עַד מְאֹד, יְהוָה אדני איהדונהי חַיֵּנִי כִדְבָרֶךָ:

סדר לימוד ליום הפטירה לעילוי נשמה

נִדְבוֹת פִּי רְצֵה נָא יְהֹוָהאדניאיהדונהי, וּמִשְׁפָּטֶיךָ לַמְּדֵנִי׃
נַפְשִׁי בְכַפִּי תָמִיד, וְתוֹרָתְךָ לֹא שָׁכָחְתִּי׃
נָתְנוּ רְשָׁעִים פַּח לִי, וּמִפִּקּוּדֶיךָ לֹא תָעִיתִי׃
נָחַלְתִּי עֵדְוֹתֶיךָ לְעוֹלָם, כִּי שְׂשׂוֹן לִבִּי הֵמָּה׃
נָטִיתִי לִבִּי לַעֲשׂוֹת חֻקֶּיךָ לְעוֹלָם עֵקֶב׃

ס

סֵעֲפִים שָׂנֵאתִי, וְתוֹרָתְךָ אָהָבְתִּי׃
סִתְרִי וּמָגִנִּי אָתָּה, לִדְבָרְךָ יִחָלְתִּי׃
סוּרוּ מִמֶּנִּי מְרֵעִים, וְאֶצְּרָה מִצְוֺת אֱלֹהָי׃
סָמְכֵנִי כְאִמְרָתְךָ וְאֶחְיֶה, וְאַל תְּבִישֵׁנִי מִשִּׂבְרִי׃
סְעָדֵנִי וְאִוָּשֵׁעָה וְאֶשְׁעָה בְחֻקֶּיךָ תָמִיד׃
סָלִיתָ כָּל שׁוֹגִים מֵחֻקֶּיךָ, כִּי שֶׁקֶר תַּרְמִיתָם׃
סִגִים הִשְׁבַּתָּ כָל רִשְׁעֵי אָרֶץ, לָכֵן אָהַבְתִּי עֵדֹתֶיךָ׃
סָמַר מִפַּחְדְּךָ בְשָׂרִי, וּמִמִּשְׁפָּטֶיךָ יָרֵאתִי׃

ע

עָשִׂיתִי מִשְׁפָּט וָצֶדֶק, בַּל תַּנִּיחֵנִי לְעֹשְׁקָי׃
עֲרֹב עַבְדְּךָ לְטוֹב, אַל יַעַשְׁקֻנִי זֵדִים׃
עֵינַי כָּלוּ לִישׁוּעָתֶךָ, וּלְאִמְרַת צִדְקֶךָ׃
עֲשֵׂה עִם עַבְדְּךָ כְחַסְדֶּךָ, וְחֻקֶּיךָ לַמְּדֵנִי׃
עַבְדְּךָ אָנִי הֲבִינֵנִי, וְאֵדְעָה עֵדֹתֶיךָ׃
עֵת לַעֲשׂוֹת לַיהֹוָהאדניאיהדונהי, הֵפֵרוּ תּוֹרָתֶךָ׃
עַל כֵּן אָהַבְתִּי מִצְוֺתֶיךָ, מִזָּהָב וּמִפָּז׃
עַל כֵּן כָּל פִּקּוּדֵי כֹל יִשָּׁרְתִּי, כָּל אֹרַח שֶׁקֶר שָׂנֵאתִי׃

סדר לימוד ליום הפטירה לעילוי נשמה

פּ

פְּלָאוֹת עֵדְוֺתֶיךָ, עַל כֵּן נְצָרָתַם נַפְשִׁי:
פֵּתַח דְּבָרֶיךָ יָאִיר, מֵבִין פְּתָיִים:
פִּי פָעַרְתִּי וָאֶשְׁאָפָה, כִּי לְמִצְוֺתֶיךָ יָאָבְתִּי:
פְּנֵה אֵלַי וְחָנֵּנִי, כְּמִשְׁפָּט לְאֹהֲבֵי שְׁמֶךָ:
פְּעָמַי הָכֵן בְּאִמְרָתֶךָ, וְאַל תַּשְׁלֶט בִּי כָל אָוֶן:
פְּדֵנִי מֵעֹשֶׁק אָדָם, וְאֶשְׁמְרָה פִּקּוּדֶיךָ:
פָּנֶיךָ הָאֵר בְּעַבְדֶּךָ, וְלַמְּדֵנִי אֶת חֻקֶּיךָ:
פַּלְגֵי מַיִם יָרְדוּ עֵינָי, עַל לֹא שָׁמְרוּ תוֹרָתֶךָ:

צ

צַדִּיק אַתָּה יְהֹוָה אדני אהדונהי, וְיָשָׁר מִשְׁפָּטֶיךָ:
צִוִּיתָ צֶדֶק עֵדֹתֶיךָ, וֶאֱמוּנָה מְאֹד:
צִמְּתַתְנִי קִנְאָתִי, כִּי שָׁכְחוּ דְבָרֶיךָ צָרָי:
צְרוּפָה אִמְרָתְךָ מְאֹד, וְעַבְדְּךָ אֲהֵבָהּ:
צָעִיר אָנֹכִי וְנִבְזֶה, פִּקֻּדֶיךָ לֹא שָׁכָחְתִּי:
צִדְקָתְךָ צֶדֶק לְעוֹלָם, וְתוֹרָתְךָ אֱמֶת:
צַר וּמָצוֹק מְצָאוּנִי, מִצְוֺתֶיךָ שַׁעֲשֻׁעָי:
צֶדֶק עֵדְוֺתֶיךָ לְעוֹלָם, הֲבִינֵנִי וְאֶחְיֶה:

ק

קָרָאתִי בְכָל לֵב, עֲנֵנִי יְהֹוָה אדני אהדונהי, חֻקֶּיךָ אֶצֹּרָה:
קְרָאתִיךָ הוֹשִׁיעֵנִי, וְאֶשְׁמְרָה עֵדֹתֶיךָ:
קִדַּמְתִּי בַנֶּשֶׁף וָאֲשַׁוֵּעָה, לִדְבָרְךָ יִחָלְתִּי:
קִדְּמוּ עֵינַי אַשְׁמֻרוֹת, לָשִׂיחַ בְּאִמְרָתֶךָ:

סדר לימוד ליום הפטירה לעילוי נשמה

קוֹלִי שִׁמְעָה כְחַסְדֶּךָ, יְהֹוָה כְּמִשְׁפָּטֶךָ חַיֵּנִי:
קָרְבוּ רֹדְפֵי זִמָּה, מִתּוֹרָתְךָ רָחָקוּ:
קָרוֹב אַתָּה יְהֹוָהאדני איהדונהי, וְכָל מִצְוֹתֶיךָ אֱמֶת:
קֶדֶם יָדַעְתִּי מֵעֵדֹתֶיךָ, כִּי לְעוֹלָם יְסַדְתָּם:

ר

רְאֵה עָנְיִי וְחַלְּצֵנִי, כִּי תוֹרָתְךָ לֹא שָׁכָחְתִּי:
רִיבָה רִיבִי וּגְאָלֵנִי, לְאִמְרָתְךָ חַיֵּנִי:
רָחוֹק מֵרְשָׁעִים יְשׁוּעָה, כִּי חֻקֶּיךָ לֹא דָרָשׁוּ:
רַחֲמֶיךָ רַבִּים יְהֹוָהאדני איהדונהי, כְּמִשְׁפָּטֶיךָ חַיֵּנִי:
רַבִּים רֹדְפַי וְצָרָי, מֵעֵדְוֹתֶיךָ לֹא נָטִיתִי:
רָאִיתִי בֹגְדִים וָאֶתְקוֹטָטָה, אֲשֶׁר אִמְרָתְךָ לֹא שָׁמָרוּ:
רְאֵה כִּי פִקּוּדֶיךָ אָהָבְתִּי, יְהֹוָהאדני איהדונהי כְּחַסְדְּךָ חַיֵּנִי:
רֹאשׁ דְּבָרְךָ אֱמֶת, וּלְעוֹלָם כָּל מִשְׁפַּט צִדְקֶךָ:

ש

שָׂרִים, רְדָפוּנִי חִנָּם, וּמִדְּבָרְךָ פָּחַד לִבִּי:
שָׂשׂ אָנֹכִי עַל אִמְרָתֶךָ, כְּמוֹצֵא שָׁלָל רָב:
שֶׁקֶר שָׂנֵאתִי וָאֲתַעֵבָה, תּוֹרָתְךָ אָהָבְתִּי:
שֶׁבַע בַּיּוֹם הִלַּלְתִּיךָ, עַל מִשְׁפְּטֵי צִדְקֶךָ:
שָׁלוֹם רָב לְאֹהֲבֵי תוֹרָתֶךָ, וְאֵין לָמוֹ מִכְשׁוֹל:
שִׂבַּרְתִּי לִישׁוּעָתְךָ יְהֹוָהאדני איהדונהי, וּמִצְוֹתֶיךָ עָשִׂיתִי:

סֵדֶר לִימּוּד לְיוֹם הַפְּטִירָה לְעִילּוּי נִשְׁמָה

שָׁמְרָה נַפְשִׁי עֵדֹתֶיךָ, וָאֹהֲבֵם מְאֹד:
שָׁמַרְתִּי פִקּוּדֶיךָ וְעֵדֹתֶיךָ, כִּי כָל דְּרָכַי נֶגְדֶּךָ:

ת

תִּקְרַב רִנָּתִי לְפָנֶיךָ יְהֹוָה אדני איהדונהי, כִּדְבָרְךָ הֲבִינֵנִי:
תָּבוֹא תְּחִנָּתִי לְפָנֶיךָ, כְּאִמְרָתְךָ הַצִּילֵנִי:
תַּבַּעְנָה שְׂפָתַי תְּהִלָּה, כִּי תְלַמְּדֵנִי חֻקֶּיךָ:
תַּעַן לְשׁוֹנִי אִמְרָתֶךָ, כִּי כָל מִצְוֹתֶיךָ צֶּדֶק:
תְּהִי יָדְךָ לְעָזְרֵנִי, כִּי פִקּוּדֶיךָ בָחָרְתִּי:
תָּאַבְתִּי לִישׁוּעָתְךָ יְהֹוָה אדני איהדונהי, וְתוֹרָתְךָ שַׁעֲשֻׁעָי:
תְּחִי נַפְשִׁי וּתְהַלְלֶךָּ, וּמִשְׁפָּטֶךָ יַעְזְרֻנִי:
תָּעִיתִי כְּשֶׂה אֹבֵד בַּקֵּשׁ עַבְדֶּךָ, כִּי מִצְוֹתֶיךָ לֹא שָׁכָחְתִּי:

סדר לימוד ליום הפטירה לעילוי נשמה

פרקי משנה לפי סדר א–ב

נוֹהֲגִים לוֹמַר פִּרְקֵי מִשְׁנָה לְפִי שֵׁם הַנִּפְטָר. כְּגוֹן: יִצְחָק בֶּן שָׂרָה, יִקְרְאוּ אֶת הַפְּרָקִים הַמַּתְחִילִים בְּאוֹתִיּוֹת

י' ע' ק' ב' , ב' נ' , ר' ב' ק' ה'

יֵשׁ הַנּוֹהֲגִים לוֹמַר רַק אֶת 2-3 הַמִּשְׁנִיּוֹת הָרִאשׁוֹנוֹת מִכָּל פֶּרֶק.

אות א'

(מסכת שבת פרק טו)

א. אֵלּוּ קְשָׁרִים שֶׁחַיָּבִין עֲלֵיהֶן, קֶשֶׁר הַגַּמָּלִין וְקֶשֶׁר הַסַּפָּנִין. וּכְשֵׁם שֶׁהוּא חַיָּב עַל קִשּׁוּרָן, כָּךְ הוּא חַיָּב עַל הֶתֵּרָן. רַבִּי מֵאִיר אוֹמֵר, כָּל קֶשֶׁר שֶׁהוּא יָכוֹל לְהַתִּירוֹ בְּאַחַת מִיָּדָיו אֵין חַיָּבִין עָלָיו: ב. יֵשׁ לְךָ קְשָׁרִים שֶׁאֵין חַיָּבִין עֲלֵיהֶן, כְּקֶשֶׁר הַגַּמָּלִין וּכְקֶשֶׁר הַסַּפָּנִין. קוֹשֶׁרֶת אִשָּׁה מַפְתֵּחַ חֲלוּקָהּ, וְחוּטֵי סְבָכָה, וְשֶׁל פְּסִיקְיָא, וּרְצוּעוֹת מִנְעָל וְסַנְדָּל, וְנוֹדוֹת יַיִן וָשֶׁמֶן, וּקְדֵרָה שֶׁל בָּשָׂר. רַבִּי אֱלִיעֶזֶר בֶּן יַעֲקֹב אוֹמֵר, קוֹשְׁרִין לִפְנֵי הַבְּהֵמָה בִּשְׁבִיל שֶׁלֹּא תֵצֵא. קוֹשְׁרִין דְּלִי בַּפְּסִיקְיָא, אֲבָל לֹא בַחֶבֶל. רַבִּי יְהוּדָה מַתִּיר. כְּלָל אָמַר רַבִּי יְהוּדָה, כָּל קֶשֶׁר שֶׁאֵינוֹ שֶׁל קַיָּמָא, אֵין חַיָּבִין עָלָיו: ג. מְקַפְּלִין אֶת הַכֵּלִים אֲפִלּוּ אַרְבָּעָה וַחֲמִשָּׁה פְּעָמִים, וּמַצִּיעִין אֶת הַמִּטּוֹת מִלֵּילֵי שַׁבָּת לְשַׁבָּת, אֲבָל לֹא מִשַּׁבָּת לְמוֹצָאֵי שַׁבָּת. רַבִּי יִשְׁמָעֵאל אוֹמֵר, מְקַפְּלִין אֶת הַכֵּלִים וּמַצִּיעִין אֶת הַמִּטּוֹת, מִיּוֹם הַכִּפּוּרִים לְשַׁבָּת, וְחֶלְבֵי

שַׁבָּת קְרֵבִין בְּיוֹם הַכִּפּוּרִים. רַבִּי עֲקִיבָא אוֹמֵר, לֹא שֶׁל שַׁבָּת קְרֵבִין בְּיוֹם הַכִּפּוּרִים, וְלֹא שֶׁל יוֹם הַכִּפּוּרִים קְרֵבִין בַּשַּׁבָּת:

אות ב׳

(מסכת שבת פרק ד׳)

א. בַּמֶּה טוֹמְנִין, וּבַמָּה אֵין טוֹמְנִין, אֵין טוֹמְנִין לֹא בַגֶּפֶת וְלֹא בַזֶּבֶל, לֹא בַמֶּלַח וְלֹא בַסִּיד וְלֹא בַחוֹל, בֵּין לַחִים בֵּין יְבֵשִׁים, לֹא בַתֶּבֶן וְלֹא בַזַּגִּים וְלֹא בַמּוֹכִים וְלֹא בָעֲשָׂבִים, בִּזְמַן שֶׁהֵן לַחִים, אֲבָל טוֹמְנִין בָּהֶן כְּשֶׁהֵן יְבֵשִׁים. טוֹמְנִין בַּכְּסוּת וּבַפֵּרוֹת, בְּכַנְפֵי יוֹנָה וּבִנְסֹרֶת שֶׁל חָרָשִׁים, וּבִנְעֹרֶת שֶׁל פִּשְׁתָּן דַּקָּה. רַבִּי יְהוּדָה אוֹסֵר בַּדַּקָּה וּמַתִּיר בַּגַּסָּה: ב. טוֹמְנִין בִּשְׁלָחִין וּמְטַלְטְלִין אוֹתָן, בְּגִזֵּי צֶמֶר וְאֵין מְטַלְטְלִין אוֹתָן. כֵּיצַד הוּא עוֹשֶׂה, נוֹטֵל אֶת הַכִּסּוּי, וְהֵן נוֹפְלוֹת. רַבִּי אֶלְעָזָר בֶּן עֲזַרְיָה אוֹמֵר, קֻפָּה מַטָּה עַל צִדָּהּ וְנוֹטֵל, שֶׁמָּא יִטֹּל וְאֵינוֹ יָכוֹל לְהַחֲזִיר. וַחֲכָמִים אוֹמְרִים, נוֹטֵל וּמַחֲזִיר. לֹא כִסָּהוּ מִבְּעוֹד יוֹם לֹא יְכַסֶּנּוּ מִשֶּׁתֶּחְשַׁךְ. כִּסָּהוּ וְנִתְגַּלָּה מֻתָּר לְכַסּוֹתוֹ. מְמַלֵּא אֶת הַקִּיתוֹן וְנוֹתֵן לְתַחַת הַכַּר אוֹ תַחַת הַכֶּסֶת:

אות ג׳

(מסכת חולין פרק ז׳)

א. גִּיד הַנָּשֶׁה נוֹהֵג בָּאָרֶץ, וּבְחוּצָה לָאָרֶץ, בִּפְנֵי הַבַּיִת, וְשֶׁלֹּא בִפְנֵי הַבַּיִת, בַּחֻלִּין, וּבַמֻּקְדָּשִׁים.

וְנוֹהֵג בִּבְהֵמָה וּבְחַיָּה, בְּיֶרֶךְ שֶׁל יָמִין וּבְיֶרֶךְ שֶׁל שְׂמֹאל. וְאֵינוֹ נוֹהֵג בָּעוֹף, מִפְּנֵי שֶׁאֵין לוֹ כַף. וְנוֹהֵג בַּשְּׁלִיל. רַבִּי יְהוּדָה אוֹמֵר, אֵינוֹ נוֹהֵג בַּשְּׁלִיל. וְחֶלְבּוֹ מֻתָּר. וְאֵין הַטַּבָּחִין נֶאֱמָנִין עַל גִּיד הַנָּשֶׁה, דִּבְרֵי רַבִּי מֵאִיר. וַחֲכָמִים אוֹמְרִים, נֶאֱמָנִין עָלָיו וְעַל הַחֵלֶב: ב. שׁוֹלֵחַ אָדָם יָרֵךְ לַנָּכְרִי, שֶׁגִּיד הַנָּשֶׁה בְּתוֹכָהּ, מִפְּנֵי שֶׁמְּקוֹמוֹ נִכָּר. הַנּוֹטֵל גִּיד הַנָּשֶׁה, צָרִיךְ שֶׁיִּטֹּל אֶת כֻּלּוֹ. רַבִּי יְהוּדָה אוֹמֵר, כְּדֵי לְקַיֵּם בּוֹ מִצְוַת נְטִילָה: ג. הָאוֹכֵל מִגִּיד הַנָּשֶׁה כַּזַּיִת, סוֹפֵג אַרְבָּעִים. אֲכָלוֹ וְאֵין בּוֹ כַזַּיִת, חַיָּב. אָכַל מִזֶּה כַזַּיִת, וּמִזֶּה כַזַּיִת, סוֹפֵג שְׁמוֹנִים. רַבִּי יְהוּדָה אוֹמֵר, אֵינוֹ סוֹפֵג אֶלָּא אַרְבָּעִים: ד. יָרֵךְ שֶׁנִּתְבַּשֵּׁל בָּהּ גִּיד הַנָּשֶׁה, אִם יֵשׁ בָּהּ בְּנוֹתֵן טַעַם, הֲרֵי זוֹ אֲסוּרָה. כֵּיצַד מְשַׁעֲרִין אוֹתָהּ, כְּבָשָׂר בְּלֶפֶת: ה. גִּיד הַנָּשֶׁה שֶׁנִּתְבַּשֵּׁל עִם הַגִּידִים, בִּזְמַן שֶׁמַּכִּירוֹ. בְּנוֹתֵן טַעַם, וְאִם לָאו, כֻּלָּן אֲסוּרִין, וְהָרֹטֶב בְּנוֹתֵן טַעַם. וְכֵן חֲתִיכָה שֶׁל נְבֵלָה, וְכֵן חֲתִיכָה שֶׁל דָּג טָמֵא שֶׁנִּתְבַּשְּׁלוּ עִם הַחֲתִיכוֹת, בִּזְמַן שֶׁמַּכִּירָן, בְּנוֹתֵן טַעַם, וְאִם לָאו, כֻּלָּן אֲסוּרוֹת, וְהָרֹטֶב בְּנוֹתֵן טַעַם: ו. נוֹהֵג בִּטְהוֹרָה, וְאֵינוֹ נוֹהֵג בִּטְמֵאָה. רַבִּי יְהוּדָה אוֹמֵר, אַף בִּטְמֵאָה. אָמַר רַבִּי יְהוּדָה, וַהֲלֹא מִבְּנֵי יַעֲקֹב נֶאֱסַר גִּיד הַנָּשֶׁה, וַעֲדַיִן בְּהֵמָה טְמֵאָה מֻתֶּרֶת לָהֶן. אָמְרוּ לוֹ, בְּסִינַי נֶאֱמַר, אֶלָּא שֶׁנִּכְתַּב בִּמְקוֹמוֹ:

סֵדֶר לִימוּד לְיוֹם הַפְּטִירָה לְעִילּוּי נְשָׁמָה

אוֹת ד'

(מסכת סנהדרין פֶּרֶק א)

א. דִּינֵי מָמוֹנוֹת בִּשְׁלשָׁה. גְּזֵלוֹת וַחֲבָלוֹת בִּשְׁלשָׁה. נֶזֶק וַחֲצִי נֶזֶק, תַּשְׁלוּמֵי כֶפֶל, וְתַשְׁלוּמֵי אַרְבָּעָה וַחֲמִשָּׁה בִּשְׁלשָׁה. הָאוֹנֵס וְהַמְפַתֶּה וְהַמּוֹצִיא שֵׁם רַע בִּשְׁלשָׁה, דִּבְרֵי רַבִּי מֵאִיר. וַחֲכָמִים אוֹמְרִים, מוֹצִיא שֵׁם רַע בְּעֶשְׂרִים וּשְׁלשָׁה, מִפְּנֵי שֶׁיֵּשׁ בּוֹ דִּינֵי נְפָשׁוֹת: ב. מַכּוֹת בִּשְׁלשָׁה. מִשּׁוּם רַבִּי יִשְׁמָעֵאל אָמְרוּ, בְּעֶשְׂרִים וּשְׁלשָׁה. עִבּוּר הַחֹדֶשׁ בִּשְׁלשָׁה. עִבּוּר הַשָּׁנָה בִּשְׁלשָׁה, דִּבְרֵי רַבִּי מֵאִיר. רַבָּן שִׁמְעוֹן בֶּן גַּמְלִיאֵל אוֹמֵר, בִּשְׁלשָׁה מַתְחִילִין, וּבַחֲמִשָּׁה נוֹשְׂאִין וְנוֹתְנִין, וְגוֹמְרִין בְּשִׁבְעָה, וְאִם גָּמְרוּ בִּשְׁלשָׁה מְעֻבֶּרֶת: ג. סְמִיכַת זְקֵנִים וַעֲרִיפַת עֶגְלָה בִּשְׁלשָׁה, דִּבְרֵי רַבִּי שִׁמְעוֹן. וְרַבִּי יְהוּדָה אוֹמֵר, בַּחֲמִשָּׁה. הַחֲלִיצָה, וְהַמֵּאוּנִין, בִּשְׁלשָׁה. נֶטַע רְבָעִי, וּמַעֲשֵׂר שֵׁנִי שֶׁאֵין דָּמָיו יְדוּעִין בִּשְׁלשָׁה. הַהֶקְדֵּשׁוֹת בִּשְׁלשָׁה. הָעֲרָכִין הַמִּטַּלְטְלִין בִּשְׁלשָׁה. רַבִּי יְהוּדָה אוֹמֵר, אֶחָד מֵהֶן כֹּהֵן. וְהַקַּרְקָעוֹת תִּשְׁעָה וְכֹהֵן. וְאָדָם כַּיּוֹצֵא בָהֶן: ד. דִּינֵי נְפָשׁוֹת בְּעֶשְׂרִים וּשְׁלשָׁה. הָרוֹבֵעַ וְהַנִּרְבָּע בְּעֶשְׂרִים וּשְׁלשָׁה, שֶׁנֶּאֱמַר, "וְהָרַגְתָּ אֶת הָאִשָּׁה וְאֶת הַבְּהֵמָה". וְאוֹמֵר, "וְאֶת הַבְּהֵמָה תַּהֲרֹגוּ". שׁוֹר הַנִּסְקָל בְּעֶשְׂרִים וּשְׁלשָׁה. שֶׁנֶּאֱמַר, "הַשּׁוֹר יִסָּקֵל וְגַם בְּעָלָיו יוּמָת", כְּמִיתַת הַבְּעָלִים, כָּךְ מִיתַת

סדר לימוד ליום הפטירה לעילוי נשמה

הַשּׁוֹר, הַזְּאֵב וְהָאֲרִי, הַדֹּב וְהַנָּמֵר וְהַבַּרְדְּלָס וְהַנָּחָשׁ מִיתָתָן בְּעֶשְׂרִים וּשְׁלֹשָׁה. רַבִּי אֱלִיעֶזֶר אוֹמֵר, כָּל הַקּוֹדֵם לְהָרְגָן זָכָה. רַבִּי עֲקִיבָא אוֹמֵר, מִיתָתָן בְּעֶשְׂרִים וּשְׁלֹשָׁה: ה. אֵין דָּנִין לֹא אֶת הַשֵּׁבֶט וְלֹא אֶת נְבִיא הַשֶּׁקֶר וְלֹא אֶת כֹּהֵן גָּדוֹל, אֶלָּא עַל פִּי בֵּית דִּין שֶׁל שִׁבְעִים וְאֶחָד. וְאֵין מוֹצִיאִין לְמִלְחֶמֶת הָרְשׁוּת, אֶלָּא עַל פִּי בֵּית דִּין שֶׁל שִׁבְעִים וְאֶחָד. אֵין מוֹסִיפִין עַל הָעִיר וְעַל הָעֲזָרוֹת, אֶלָּא עַל פִּי בֵּית דִּין שֶׁל שִׁבְעִים וְאֶחָד. אֵין עוֹשִׂין סַנְהֶדְרָיוֹת לַשְּׁבָטִים, אֶלָּא עַל פִּי בֵּית דִּין שֶׁל שִׁבְעִים וְאֶחָד. אֵין עוֹשִׂין עִיר הַנִּדַּחַת, אֶלָּא עַל פִּי בֵּית דִּין שֶׁל שִׁבְעִים וְאֶחָד. וְאֵין עוֹשִׂין עִיר הַנִּדַּחַת בַּסְּפָר, וְלֹא שָׁלֹשׁ, אֲבָל עוֹשִׂין אַחַת אוֹ שְׁתַּיִם: ו. סַנְהֶדְרִין גְּדוֹלָה הָיְתָה שֶׁל שִׁבְעִים וְאֶחָד, וּקְטַנָּה שֶׁל עֶשְׂרִים וּשְׁלֹשָׁה. וּמִנַּיִן לַגְּדוֹלָה שֶׁהִיא שֶׁל שִׁבְעִים וְאֶחָד, שֶׁנֶּאֱמַר, "אֶסְפָה, לִּי שִׁבְעִים אִישׁ מִזִּקְנֵי יִשְׂרָאֵל", וּמֹשֶׁה עַל גַּבֵּיהֶן הֲרֵי שִׁבְעִים וְאֶחָד. רַבִּי יְהוּדָה אוֹמֵר, שִׁבְעִים. וּמִנַּיִן לַקְּטַנָּה שֶׁהִיא שֶׁל עֶשְׂרִים וּשְׁלֹשָׁה, שֶׁנֶּאֱמַר, "וְשָׁפְטוּ הָעֵדָה" "וְהִצִּילוּ הָעֵדָה", עֵדָה שׁוֹפֶטֶת וְעֵדָה מַצֶּלֶת הֲרֵי כָאן עֶשְׂרִים. וּמִנַּיִן לָעֵדָה שֶׁהִיא עֲשָׂרָה, שֶׁנֶּאֱמַר, "עַד, מָתַי לָעֵדָה הָרָעָה הַזֹּאת", יָצְאוּ יְהוֹשֻׁעַ וְכָלֵב. וּמִנַּיִן לְהָבִיא עוֹד שְׁלֹשָׁה, מִמַּשְׁמַע שֶׁנֶּאֱמַר, "לֹא, תִהְיֶה אַחֲרֵי, רַבִּים לְרָעֹת, שׁוֹמֵעַ אֲנִי

שֶׁאֶהְיֶה עִמָּהֶם לְטוֹבָה. אִם כֵּן לָמָּה נֶאֱמַר, "אַחֲרֵי רַבִּים לְהַטֹּת", לֹא כְהַטָּיָתְךָ לְטוֹבָה הַטָּיָתְךָ לְרָעָה. הַטָּיָתְךָ לְטוֹבָה עַל פִּי אֶחָד, הַטָּיָתְךָ לְרָעָה עַל פִּי שְׁנַיִם. וְאֵין בֵּית דִּין שָׁקוּל, מוֹסִיפִין עֲלֵיהֶן עוֹד אֶחָד הֲרֵי כָאן עֶשְׂרִים וּשְׁלשָׁה. וְכַמָּה יְהֵא בָעִיר וּתְהֵא רְאוּיָה לְסַנְהֶדְרִין, מֵאָה וְעֶשְׂרִים. רַבִּי נְחֶמְיָה אוֹמֵר, מָאתַיִם וּשְׁלשִׁים, כְּנֶגֶד שָׂרֵי עֲשָׂרוֹת:

אות ה'

(מסכת ברכות פרק ב)

א. הָיָה קוֹרֵא בַתּוֹרָה, וְהִגִּיעַ זְמַן הַמִּקְרָא. אִם כִּוֵּן לִבּוֹ יָצָא, וְאִם לָאו לֹא יָצָא. בַּפְּרָקִים שׁוֹאֵל מִפְּנֵי הַכָּבוֹד וּמֵשִׁיב, וּבָאֶמְצַע שׁוֹאֵל מִפְּנֵי הַיִּרְאָה וּמֵשִׁיב, דִּבְרֵי רַבִּי מֵאִיר. רַבִּי יְהוּדָה אוֹמֵר, בָּאֶמְצַע שׁוֹאֵל מִפְּנֵי הַיִּרְאָה, וּמֵשִׁיב מִפְּנֵי הַכָּבוֹד, בַּפְּרָקִים שׁוֹאֵל מִפְּנֵי הַכָּבוֹד, וּמֵשִׁיב שָׁלוֹם לְכָל אָדָם: ב. אֵלּוּ הֵן בֵּין הַפְּרָקִים, בֵּין בְּרָכָה רִאשׁוֹנָה לִשְׁנִיָּה, בֵּין שְׁנִיָּה לִ"שְׁמַע", וּבֵין "שְׁמַע" לִ"וְהָיָה אִם שָׁמֹעַ", בֵּין "וְהָיָה אִם שָׁמֹעַ" לְ"וַיֹּאמֶר", בֵּין "וַיֹּאמֶר" לֶ"אֱמֶת וְיַצִּיב". רַבִּי יְהוּדָה אוֹמֵר, בֵּין "וַיֹּאמֶר" לֶ"אֱמֶת וְיַצִּיב" לֹא יַפְסִיק. אָמַר רַבִּי יְהוֹשֻׁעַ בֶּן קָרְחָה, לָמָּה קָדְמָה "שְׁמַע" לִ"וְהָיָה אִם שָׁמֹעַ", אֶלָּא כְּדֵי שֶׁיְּקַבֵּל עָלָיו עֹל מַלְכוּת שָׁמַיִם תְּחִלָּה, וְאַחַר כָּךְ יְקַבֵּל עָלָיו עֹל מִצְוֹת. "וְהָיָה אִם שָׁמֹעַ"

לְ"וַיֹּאמֶר", שֶׁ"וְהָיָה אִם שָׁמֹעַ" נוֹהֵג בַּיּוֹם וּבַלַּיְלָה, "וַיֹּאמֶר" אֵינוֹ נוֹהֵג אֶלָּא בַּיּוֹם: ג. הַקּוֹרֵא אֶת שְׁמַע וְלֹא הִשְׁמִיעַ לְאָזְנוֹ, יָצָא. רַבִּי יוֹסֵי אוֹמֵר, לֹא יָצָא. קָרָא וְלֹא דִקְדֵּק בְּאוֹתִיּוֹתֶיהָ, רַבִּי יוֹסֵי אוֹמֵר, יָצָא. רַבִּי יְהוּדָה אוֹמֵר, לֹא יָצָא. הַקּוֹרֵא לְמַפְרֵעַ, לֹא יָצָא. קָרָא וְטָעָה, יַחֲזֹר לְמָקוֹם שֶׁטָּעָה: ד. הָאֻמָּנִין קוֹרִין בְּרֹאשׁ הָאִילָן, אוֹ בְּרֹאשׁ הַנִּדְבָּךְ, מַה שֶּׁאֵינָן רַשָּׁאִין לַעֲשׂוֹת כֵּן בַּתְּפִלָּה: ה. חָתָן פָּטוּר מִקְּרִיאַת שְׁמַע בַּלַּיְלָה הָרִאשׁוֹן, עַד מוֹצָאֵי שַׁבָּת, אִם לֹא עָשָׂה מַעֲשֶׂה. מַעֲשֶׂה בְּרַבָּן גַּמְלִיאֵל שֶׁקָּרָא בַּלַּיְלָה הָרִאשׁוֹן שֶׁנָּשָׂא. אָמְרוּ לוֹ תַּלְמִידָיו, לֹא לִמַּדְתָּנוּ רַבֵּנוּ, שֶׁחָתָן פָּטוּר מִקְּרִיאַת שְׁמַע בַּלַּיְלָה הָרִאשׁוֹן. אָמַר לָהֶם, אֵינִי שׁוֹמֵעַ לָכֶם לְבַטֵּל מִמֶּנִּי מַלְכוּת שָׁמַיִם, אֲפִלּוּ שָׁעָה אֶחָת. ו. רָחַץ בַּלַּיְלָה הָרִאשׁוֹן שֶׁמֵּתָה אִשְׁתּוֹ. אָמְרוּ לוֹ תַּלְמִידָיו, לֹא לִמַּדְתָּנוּ רַבֵּנוּ, שֶׁאָבֵל אָסוּר לִרְחוֹץ. אָמַר לָהֶם, אֵינִי כִשְׁאָר כָּל אָדָם, אִסְטְנִיס אָנִי: ז. וּכְשֶׁמֵּת טָבִי עַבְדּוֹ קִבֵּל עָלָיו תַּנְחוּמִין. אָמְרוּ לוֹ תַּלְמִידָיו, לֹא לִמַּדְתָּנוּ רַבֵּנוּ, שֶׁאֵין מְקַבְּלִין תַּנְחוּמִין עַל הָעֲבָדִים. אָמַר לָהֶם, אֵין טָבִי עַבְדִּי כִּשְׁאָר כָּל הָעֲבָדִים, כָּשֵׁר הָיָה: ח. חָתָן אִם רָצָה לִקְרוֹת קְרִיאַת שְׁמַע לַיְלָה הָרִאשׁוֹן, קוֹרֵא. רַבָּן שִׁמְעוֹן בֶּן גַּמְלִיאֵל אוֹמֵר, לֹא כָּל הָרוֹצֶה לִטּוֹל אֶת הַשֵּׁם יִטֹּל:

סדר לימוד ליום הפטירה לעילוי נשמה

אות ו'

(מסכת דמאי פרק ב)

א. וְאֵלּוּ דְבָרִים מִתְעַשְּׂרִין דְּמַאי בְּכָל מָקוֹם, הַדְּבֵלָה, וְהַתְּמָרִים, וְהֶחָרוּבִים, הָאֹרֶז, וְהַכַּמּוֹן. הָאֹרֶז שֶׁבְּחוּצָה לָאָרֶץ, כָּל הַמִּשְׁתַּמֵּשׁ מִמֶּנּוּ פָּטוּר.

ב. הַמְקַבֵּל עָלָיו לִהְיוֹת נֶאֱמָן, מְעַשֵּׂר אֶת שֶׁהוּא אוֹכֵל, וְאֶת שֶׁהוּא מוֹכֵר, וְאֶת שֶׁהוּא לוֹקֵחַ, וְאֵינוֹ מִתְאָרֵחַ אֵצֶל עַם הָאָרֶץ. רַבִּי יְהוּדָה אוֹמֵר, אַף הַמִּתְאָרֵחַ אֵצֶל עַם הָאָרֶץ, נֶאֱמָן. אָמְרוּ לוֹ, עַל עַצְמוֹ אֵינוֹ נֶאֱמָן, כֵּיצַד יְהֵא נֶאֱמָן עַל שֶׁל אֲחֵרִים:

ג. הַמְקַבֵּל עָלָיו לִהְיוֹת חָבֵר, אֵינוֹ מוֹכֵר לְעַם הָאָרֶץ לַח וְיָבֵשׁ, וְאֵינוֹ לוֹקֵחַ מִמֶּנּוּ לַח, וְאֵינוֹ מִתְאָרֵחַ אֵצֶל עַם הָאָרֶץ, וְלֹא מְאָרְחוֹ אֶצְלוֹ בִּכְסוּתוֹ. רַבִּי יְהוּדָה אוֹמֵר, אַף לֹא יְגַדֵּל בְּהֵמָה דַקָּה, וְלֹא יְהֵא פָרוּץ בִּנְדָרִים וּבִשְׂחוֹק, וְלֹא יְהֵא מִטַּמֵּא לְמֵתִים, וּמְשַׁמֵּשׁ בְּבֵית הַמִּדְרָשׁ. אָמְרוּ לוֹ, לֹא בָאוּ אֵלּוּ לַכְּלָל: ד. הַנַּחְתּוֹמִים, לֹא חִיְּבוּ אוֹתָם חֲכָמִים לְהַפְרִישׁ, אֶלָּא כְדֵי תְרוּמַת מַעֲשֵׂר וְחַלָּה. הַחֶנְוָנִים אֵינָן רַשָּׁאִין לִמְכּוֹר אֶת הַדְּמַאי. כָּל הַמַּשְׁפִּיעִין בְּמִדָּה גַסָּה רַשָּׁאִין לִמְכּוֹר אֶת הַדְּמַאי. אֵלּוּ הֵן הַמַּשְׁפִּיעִין בְּמִדָּה גַסָּה, כְּגוֹן הַסִּיטוֹנוֹת וּמוֹכְרֵי תְבוּאָה: ה. רַבִּי מֵאִיר אוֹמֵר, אֶת שֶׁדַּרְכּוֹ לְהִמָּדֵד בְּגַסָּה, וּמְדָדוֹ בְּדַקָּה, טְפֵלָה דַקָּה לְגַסָּה. אֶת שֶׁדַּרְכּוֹ לְהִמָּדֵד בְּדַקָּה, וּמְדָדוֹ בְּגַסָּה, טְפֵלָה גַסָּה

לַדַּקָּה. אֵיזוֹ הִיא מִדָּה גַּסָּה, בַּיָּבֵשׁ שְׁלֹשֶׁת קַבִּין, וּבַכַּלָּח דִּינָר. רַבִּי יוֹסֵי אוֹמֵר, סַלֵּי תְאֵנִים, וְסַלֵּי עֲנָבִים, וְקֻפּוֹת שֶׁל יָרָק, כָּל זְמַן שֶׁהוּא מוֹכְרָן אַכְסָרָה פָּטוּר:

אות ז'

(מסכת טהרות פרק ט')

א. זֵיתִים מֵאֵימָתַי מְקַבְּלִין טֻמְאָה, מִשֶּׁיַּזִּיעוּ זֵעַת הַמַּעֲטָן, אֲבָל לֹא זֵעַת הַקֻּפָּה, כְּדִבְרֵי בֵית שַׁמַּאי. רַבִּי שִׁמְעוֹן אוֹמֵר, שִׁעוּר זֵעָה שְׁלֹשָׁה יָמִים. בֵּית הִלֵּל אוֹמְרִים, מִשֶּׁיִּתְחַבְּרוּ שְׁלֹשָׁה זֶה לָזֶה. רַבָּן גַּמְלִיאֵל אוֹמֵר, מִשֶּׁתִּגָּמֵר מְלַאכְתָּן. וַחֲכָמִים אוֹמְרִים, כִּדְבָרָיו: ב. גָּמַר מִלְּמְסוֹק אֲבָל עָתִיד לִקַּח, גָּמַר מִלִּקַּח אֲבָל עָתִיד לִלְווֹת, אֵרְעוּ אֵבֶל, אוֹ מִשְׁתֶּה, אוֹ אֹנֶס, אֲפִלּוּ זָבִים וְזָבוֹת מְהַלְּכִים עֲלֵיהֶן, טְהוֹרִין. נָפְלוּ עֲלֵיהֶן מַשְׁקִין טְמֵאִין, אֵין טָמֵא אֶלָּא מְקוֹם מַגָּעָן, וְהַמּוֹחַל הַיּוֹצֵא מֵהֶן, טָהוֹר: ג. נִגְמְרָה מְלַאכְתָּן, הֲרֵי אֵלּוּ מֻכְשָׁרִין. נָפְלוּ עֲלֵיהֶן מַשְׁקִין, טְמֵאִין. הַמּוֹחַל הַיּוֹצֵא מֵהֶן, רַבִּי אֱלִיעֶזֶר מְטַהֵר, וַחֲכָמִים מְטַמְּאִין. אָמַר רַבִּי שִׁמְעוֹן, לֹא נֶחְלְקוּ עַל הַמּוֹחַל הַיּוֹצֵא מִן הַזֵּיתִים, שֶׁהוּא טָהוֹר, וְעַל מַה נֶּחְלְקוּ, עַל הַיּוֹצֵא מִן הַבּוֹר, שֶׁרַבִּי אֱלִיעֶזֶר מְטַהֵר, וַחֲכָמִים מְטַמְּאִין: ד. הַגּוֹמֵר אֶת זֵיתָיו וְשִׁיֵּר קֻפָּה אַחַת, יִתְּנֶנָּה לְעֵינֵי הַכֹּהֵן, דִּבְרֵי רַבִּי מֵאִיר. רַבִּי יְהוּדָה אוֹמֵר, יוֹלִיךְ אֶת הַמַּפְתֵּחַ מִיָּד. רַבִּי

שִׁמְעוֹן אוֹמֵר, מֵעֵת לְעֵת: ה. הַמְּנַיֵּחַ זֵיתִים בַּכָּתֶשׁ שֶׁיִּמּוֹתְנוּ, שֶׁיְּהוּ נוֹחִין לִכְתּוֹשׁ, הֲרֵי אֵלּוּ מֻכְשָׁרִים, שֶׁיִּמּוֹתְנוּ שֶׁיִּמְלָחֵם. בֵּית שַׁמַּאי אוֹמְרִים, מֻכְשָׁרִים. וּבֵית הִלֵּל אוֹמְרִים, אֵינָן מֻכְשָׁרִים. הַפּוֹצֵעַ זֵיתִים בְּיָדַיִם טְמֵאוֹת, טִמְּאָן: ו. הַמְּנַיֵּחַ זֵיתָיו בַּגַּג לְגַרְגְּרָם, אֲפִלּוּ הֵן רוּם אַמָּה, אֵינָן מֻכְשָׁרִים. נְתָנָן בַּבַּיִת שֶׁיִּלְקוּ, וְעָתִיד לְהַעֲלוֹתָם לַגַּג, נְתָנָן בַּגַּג שֶׁיִּלְקוּ, אוֹ שֶׁיִּפְתָּחֵם, הֲרֵי אֵלּוּ מֻכְשָׁרִין. נְתָנָן בַּבַּיִת עַד שֶׁיְּשַׁמֵּר אֶת גַּגּוֹ, אוֹ עַד שֶׁיּוֹלִיכֵם לְמָקוֹם אַחֵר, אֵינָן מֻכְשָׁרִין: ז. רָצָה לִטּוֹל מֵהֶן כַּד אֶחָד אוֹ שְׁנֵי כַדִּין, בֵּית שַׁמַּאי אוֹמְרִים, קוֹצֶה בְּטֻמְאָה, וּמְחַפֶּה בְּטָהֳרָה. בֵּית הִלֵּל אוֹמְרִים, אַף מְחַפֶּה בְּטֻמְאָה. רַבִּי יוֹסֵי אוֹמֵר, חוֹפֵר בְּקַרְדֻּמּוֹת שֶׁל מַתֶּכֶת, וּמוֹלִיךְ לְבֵית הַבַּד בְּטֻמְאָה: ח. הַשֶּׁרֶץ שֶׁנִּמְצָא בָּרֵחַיִם, אֵין טָמֵא אֶלָּא מְקוֹם מַגָּעוֹ, אִם הָיָה מַשְׁקֶה מְהַלֵּךְ, הַכֹּל טָמֵא. נִמְצָא עַל גַּבֵּי הֶעָלִים, יִשָּׁאֲלוּ הַבַּדָּדִים לוֹמַר, לֹא נָגַעְנוּ. אִם הָיָה נוֹגֵעַ בָּאֹם, אֲפִלּוּ בְּשַׂעֲרָה, טָמֵא: ט. נִמְצָא עַל גַּבֵּי פְּרוּדִים, וְהוּא נוֹגֵעַ בְּכַבֵּיצָה, טָמֵא. פְּרוּדִים עַל גַּבֵּי פְּרוּדִים, אַף עַל פִּי שֶׁהוּא נוֹגֵעַ בְּכַבֵּיצָה, אֵין טָמֵא אֶלָּא מְקוֹם מַגָּעוֹ. נִמְצָא בֵּין כֹּתֶל לַזֵּיתִים, טָהוֹר. נִמְצָא בַּגַּג, הַמַּעֲטָן טָהוֹר. נִמְצָא בַּמַּעֲטָן, הַגַּג טָמֵא. נִמְצָא שָׂרוּף עַל הַזֵּיתִים, וְכֵן מַטְלִית מְהוּהָא, טְהוֹרָה, שֶׁכָּל הַטֻּמְאוֹת כִּשְׁעַת מְצִיאָתָן:

סדר לימוד ליום הפטירה לעילוי נשמה

אות ח'

(מסכת שבת פרק כב)

א. חָבִית שֶׁנִּשְׁבְּרָה, מַצִּילִין הֵימֶנָּה מְזוֹן שָׁלֹשׁ סְעוּדוֹת. וְאוֹמֵר לַאֲחֵרִים, בּוֹאוּ וְהַצִּילוּ לָכֶם, וּבִלְבַד שֶׁלֹּא יְסַפֵּג. אֵין סוֹחֲטִין אֶת הַפֵּרוֹת לְהוֹצִיא מֵהֶן מַשְׁקִין, וְאִם יָצְאוּ מֵעַצְמָן אֲסוּרִין. רַבִּי יְהוּדָה אוֹמֵר, אִם לָאֳכָלִין הַיּוֹצֵא מֵהֶן מֻתָּר, וְאִם לְמַשְׁקִין הַיּוֹצֵא מֵהֶן אָסוּר. חַלּוֹת דְּבַשׁ שֶׁרִסְּקָן מֵעֶרֶב שַׁבָּת, וְיָצְאוּ מֵעַצְמָן אֲסוּרִים, וְרַבִּי אֱלִיעֶזֶר מַתִּיר: ב. כָּל שֶׁבָּא בְּחַמִּין מֵעֶרֶב שַׁבָּת, שׁוֹרִין אוֹתוֹ בְּחַמִּין בְּשַׁבָּת, וְכָל שֶׁלֹּא בָא בְחַמִּין מֵעֶרֶב שַׁבָּת, מְדִיחִין אוֹתוֹ בְחַמִּין בְּשַׁבָּת, חוּץ מִן הַמָּלִיחַ הַיָּשָׁן, וְדָגִים מְלוּחִים קְטַנִּים, וְקוּלְיָס הָאִסְפָּנִין, שֶׁהֲדָחָתָן זוֹ הִיא גְּמַר מְלַאכְתָּן: ג. שׁוֹבֵר אָדָם אֶת הֶחָבִית לֶאֱכֹל הֵימֶנָּה גְּרוֹגָרוֹת, וּבִלְבַד שֶׁלֹּא יִתְכַּוֵּן לַעֲשׂוֹת כְּלִי. וְאֵין נוֹקְבִים מְגוּפָה שֶׁל חָבִית, דִּבְרֵי רַבִּי יְהוּדָה. וַחֲכָמִים מַתִּירִין. וְלֹא יִקְּבֶנָּה מִצִּדָּהּ, וְאִם הָיְתָה נְקוּבָה, לֹא יִתֵּן עָלֶיהָ שַׁעֲוָה, מִפְּנֵי שֶׁהוּא מְמָרֵחַ. אָמַר רַבִּי יְהוּדָה, מַעֲשֶׂה בָא לִפְנֵי רַבָּן יוֹחָנָן בֶּן זַכַּאי בַּעֲרָב, וְאָמַר, חוֹשְׁשַׁנִי לוֹ מֵחַטָּאת: ד. נוֹתְנִין תַּבְשִׁיל לְתוֹךְ הַבּוֹר בִּשְׁבִיל שֶׁיְּהֵא שָׁמוּר, וְאֶת הַמַּיִם הַיָּפִים בָּרָעִים בִּשְׁבִיל שֶׁיֻּצַּנּוּ, וְאֶת הַצּוֹנֵן בַּחַמָּה בִּשְׁבִיל שֶׁיֵּחַמּוּ. מִי שֶׁנָּשְׁרוּ כֵלָיו בַּדֶּרֶךְ בְּמַיִם, מְהַלֵּךְ בָּהֶן וְאֵינוֹ חוֹשֵׁשׁ. הִגִּיעַ לֶחָצֵר

סדר לימוד ליום הפטירה לעילוי נשמה

הַחִיצוֹנָה, שׁוֹטְחָן בַּחַמָּה, אֲבָל לֹא כְּנֶגֶד הָעָם: ה. הָרוֹחֵץ בְּמֵי מְעָרָה, וּבְמֵי טְבֶרְיָא, וְנִסְתַּפֵּג, אֲפִלּוּ בְּעֶשֶׂר אֲלֻנְטִיאוֹת לֹא יְבִיאֵם בְּיָדוֹ. אֲבָל עֲשָׂרָה בְּנֵי אָדָם מִסְתַּפְּגִין בַּאֲלֻנְטִית אַחַת, פְּנֵיהֶם יְדֵיהֶם וְרַגְלֵיהֶם, וּמְבִיאִין אוֹתָהּ בְּיָדָן: ו. סָכִין וּמְמַשְׁמְשִׁין בִּבְנֵי מֵעַיִם, אֲבָל לֹא מִתְעַמְּלִין וְלֹא מִתְגָּרְדִין, אֵין יוֹרְדִין לְקוֹרְדִּימָה, וְאֵין עוֹשִׂין אַפִּיקְטְוִיזִין, וְאֵין מְעַצְּבִין אֶת הַקָּטָן, וְאֵין מַחֲזִירִין אֶת הַשֶּׁבֶר. מִי שֶׁנִּפְרְקָה יָדוֹ וְרַגְלוֹ, לֹא יִטְרְפֵם בְּצוֹנֵן. אֲבָל רוֹחֵץ הוּא כְּדַרְכּוֹ, וְאִם נִתְרַפָּא נִתְרַפָּא:

אות ט'

(מסכת זבחים פרק יב)

א. טְבוּל יוֹם וּמְחֻסַּר כִּפּוּרִים, אֵינָן חוֹלְקִים בַּקֳּדָשִׁים לֶאֱכוֹל לָעֶרֶב. אוֹנֵן נוֹגֵעַ, וְאֵינוֹ מַקְרִיב, וְאֵינוֹ חוֹלֵק לֶאֱכוֹל לָעֶרֶב. בַּעֲלֵי מוּמִין, בֵּין בַּעֲלֵי מוּמִין קְבוּעִין, בֵּין בַּעֲלֵי מוּמִין עוֹבְרִין, חוֹלְקִין וְאוֹכְלִין, אֲבָל לֹא מַקְרִיבִין. וְכָל שֶׁאֵינוֹ רָאוּי לַעֲבוֹדָה , אֵינוֹ חוֹלֵק בַּבָּשָׂר. וְכָל שֶׁאֵין לוֹ בַּבָּשָׂר, אֵין לוֹ בָּעוֹרוֹת. אֲפִלּוּ טָמֵא בִּשְׁעַת זְרִיקַת דָּמִים, וְטָהוֹר בִּשְׁעַת הֶקְטֵר חֲלָבִים, אֵינוֹ חוֹלֵק בַּבָּשָׂר, שֶׁנֶּאֱמַר, "הַמַּקְרִיב אֶת, דַּם הַשְּׁלָמִים וְאֶת, הַחֵלֶב מִבְּנֵי אַהֲרֹן, לוֹ תִהְיֶה שׁוֹק הַיָּמִין לְמָנָה": ב. כָּל שֶׁלֹּא זָכָה הַמִּזְבֵּחַ בִּבְשָׂרָהּ, לֹא זָכוּ הַכֹּהֲנִים

בְּעוֹרָהּ, שֶׁנֶּאֱמַר, "עֹלַת אִישׁ", עוֹלָה שֶׁעָלְתָה לָאִישׁ. עוֹלָה שֶׁנִּשְׁחֲטָה שֶׁלֹּא לִשְׁמָהּ, אַף עַל פִּי שֶׁלֹּא עָלְתָה לַבְּעָלִים, עוֹרָהּ לַכֹּהֲנִים. אֶחָד עוֹלַת הָאִישׁ וְאֶחָד עוֹלַת הָאִשָּׁה, עוֹרוֹתֵיהֶן לַכֹּהֲנִים: ג. עוֹרוֹת קָדָשִׁים קַלִּים לַבְּעָלִים, וְעוֹרוֹת קָדְשֵׁי קָדָשִׁים לַכֹּהֲנִים, קַל וָחֹמֶר, מָה אִם עוֹלָה שֶׁלֹּא זָכוּ בִּבְשָׂרָהּ, זָכוּ בְּעוֹרָהּ, קָדְשֵׁי קָדָשִׁים שֶׁזָּכוּ בִּבְשָׂרָן, אֵינוֹ דִין שֶׁיִּזְכּוּ בְּעוֹרָן, אֵין מִזְבֵּחַ יוֹכִיחַ, שֶׁאֵין לוֹ עוֹר מִכָּל מָקוֹם: ד. כָּל הַקֳּדָשִׁים שֶׁאֵרַע בָּהֶם פְּסוּל קֹדֶם לְהֶפְשֵׁטָן, אֵין עוֹרוֹתֵיהֶם לַכֹּהֲנִים. לְאַחַר הֶפְשֵׁטָן, עוֹרוֹתֵיהֶם לַכֹּהֲנִים. אָמַר רַבִּי חֲנִינָא סְגַן הַכֹּהֲנִים, מִיָּמַי לֹא רָאִיתִי עוֹר יוֹצֵא לְבֵית הַשְּׂרֵפָה. אָמַר רַבִּי עֲקִיבָא, מִדְּבָרָיו לָמַדְנוּ, שֶׁהַמַּפְשִׁיט אֶת הַבְּכוֹר וְנִמְצָא טְרֵפָה, שֶׁיֵּאוֹתוּ הַכֹּהֲנִים בְּעוֹרוֹ. וַחֲכָמִים אוֹמְרִים, אֵין "לֹא רָאִינוּ" רְאָיָה, אֶלָּא יוֹצֵא לְבֵית הַשְּׂרֵפָה: ה. פָּרִים הַנִּשְׂרָפִים וּשְׂעִירִים הַנִּשְׂרָפִים, בִּזְמַן שֶׁהֵם נִשְׂרָפִין כְּמִצְוָתָן, נִשְׂרָפִין בְּבֵית הַדֶּשֶׁן, וּמְטַמְּאִין בְּגָדִים. וְאִם אֵינָן נִשְׂרָפִין כְּמִצְוָתָן, נִשְׂרָפִין בְּבֵית הַבִּירָה, וְאֵינָם מְטַמְּאִין בְּגָדִים: ו. הָיוּ סוֹבְלִין אוֹתָם בְּמוֹטוֹת. יָצְאוּ הָרִאשׁוֹנִים חוּץ לְחוֹמַת הָעֲזָרָה, וְהָאַחֲרוֹנִים לֹא יָצְאוּ, הָרִאשׁוֹנִים מְטַמְּאִין בְּגָדִים, וְהָאַחֲרוֹנִים אֵינָן מְטַמְּאִין בְּגָדִים, עַד שֶׁיֵּצְאוּ. יָצְאוּ אֵלּוּ וָאֵלּוּ, אֵלּוּ וָאֵלּוּ מְטַמְּאִין בְּגָדִים. רַבִּי שִׁמְעוֹן

אוֹמֵר, אֵלּוּ וָאֵלּוּ אֵינָן מְטַמְּאִין בְּגָדִים, עַד שֶׁיִּצַּת הָאוּר בְּרֻבָּן. נִתַּךְ הַבָּשָׂר, אֵין הַשּׂוֹרֵף מְטַמֵּא בְגָדִים:

אות י'

(מסכת יומא פרק ח)

א. יוֹם הַכִּפּוּרִים אָסוּר בַּאֲכִילָה וּבִשְׁתִיָּה וּבִרְחִיצָה וּבְסִיכָה וּבִנְעִילַת הַסַּנְדָּל וּבְתַשְׁמִישׁ הַמִּטָּה. וְהַמֶּלֶךְ וְהַכַּלָּה יִרְחֲצוּ אֶת פְּנֵיהֶם, וְהַחַיָּה תִנְעֹל אֶת הַסַּנְדָּל, דִּבְרֵי רַבִּי אֱלִיעֶזֶר. וַחֲכָמִים אוֹסְרִין: ב. הָאוֹכֵל כְּכוֹתֶבֶת הַגַּסָּה, כָּמוֹהָ וּכְגַרְעִינָתָהּ, וְהַשּׁוֹתֶה מְלֹא לֻגְמָיו חַיָּב. כָּל הָאֳכָלִין מִצְטָרְפִין לְכַכּוֹתֶבֶת, וְכָל הַמַּשְׁקִין מִצְטָרְפִין לִמְלֹא לֻגְמָיו. הָאוֹכֵל וְשׁוֹתֶה, אֵין מִצְטָרְפִין: ג. אָכַל וְשָׁתָה בְּהֶעְלֵם אֶחָד, אֵינוֹ חַיָּב אֶלָּא חַטָּאת אַחַת. אָכַל וְעָשָׂה מְלָאכָה, חַיָּב שְׁתֵּי חַטָּאוֹת. אָכַל אֳכָלִין שֶׁאֵינָן רְאוּיִין לַאֲכִילָה, וְשָׁתָה מַשְׁקִין שֶׁאֵינָן רְאוּיִין לִשְׁתִיָּה, וְשָׁתָה צִיר אוֹ מֻרְיָס, פָּטוּר: ד. הַתִּינוֹקוֹת, אֵין מְעַנִּין אוֹתָן בְּיוֹם הַכִּפּוּרִים, אֲבָל מְחַנְּכִין אוֹתָם לִפְנֵי שָׁנָה וְלִפְנֵי שְׁנָתַיִם, בִּשְׁבִיל שֶׁיִּהְיוּ רְגִילִין בַּמִּצְוֹת: ה. עֻבָּרָה שֶׁהֵרִיחָה, מַאֲכִילִין אוֹתָהּ עַד שֶׁתָּשִׁיב נַפְשָׁהּ. חוֹלֶה מַאֲכִילִין אוֹתוֹ עַל פִּי בְקִיאִין, וְאִם אֵין שָׁם בְּקִיאִין, מַאֲכִילִין אוֹתוֹ עַל פִּי עַצְמוֹ, עַד שֶׁיֹּאמַר דָּי: ו. מִי שֶׁאֲחָזוֹ בֻּלְמוֹס, מַאֲכִילִין אוֹתוֹ אֲפִלּוּ דְבָרִים טְמֵאִים, עַד שֶׁיֵּאוֹרוּ עֵינָיו. מִי שֶׁנְּשָׁכוֹ

כֶּלֶב שׁוֹטֶה, אֵין מַאֲכִילִין אוֹתוֹ מֵחֲצַר כָּבֵד שֶׁלּוֹ, וְרַבִּי מַתְיָא בֶּן חָרָשׁ מַתִּיר. וְעוֹד אָמַר רַבִּי מַתְיָא בֶּן חָרָשׁ, הַחוֹשֵׁשׁ בִּגְרוֹנוֹ, מַטִּילִין לוֹ סַם בְּתוֹךְ פִּיו בְּשַׁבָּת, מִפְּנֵי שֶׁהוּא סְפֵק נְפָשׁוֹת, וְכָל סְפֵק נְפָשׁוֹת דּוֹחֶה אֶת הַשַּׁבָּת: ז. מִי שֶׁנָּפְלָה עָלָיו מַפֹּלֶת, סָפֵק הוּא שָׁם סָפֵק אֵינוֹ שָׁם, סָפֵק חַי סָפֵק מֵת, סָפֵק נָכְרִי סָפֵק יִשְׂרָאֵל, מְפַקְּחִין עָלָיו אֶת הַגַּל. מְצָאוּהוּ חַי מְפַקְּחִין עָלָיו, וְאִם מֵת יַנִּיחוּהוּ: ח. חַטָּאת וְאָשָׁם וַדַּאי מְכַפְּרִין. מִיתָה וְיוֹם הַכִּפּוּרִים מְכַפְּרִין, עִם הַתְּשׁוּבָה. תְּשׁוּבָה מְכַפֶּרֶת עַל עֲבֵרוֹת קַלּוֹת, עַל עֲשֵׂה וְעַל לֹא תַעֲשֶׂה. וְעַל הַחֲמוּרוֹת הִיא תוֹלָה עַד שֶׁיָּבוֹא יוֹם הַכִּפּוּרִים, וִיכַפֵּר: ט. הָאוֹמֵר, אֶחֱטָא וְאָשׁוּב, אֶחֱטָא וְאָשׁוּב, אֵין מַסְפִּיקִין בְּיָדוֹ לַעֲשׂוֹת תְּשׁוּבָה. אֶחֱטָא וְיוֹם הַכִּפּוּרִים מְכַפֵּר, אֵין יוֹם הַכִּפּוּרִים מְכַפֵּר. עֲבֵרוֹת שֶׁבֵּין אָדָם לַמָּקוֹם, יוֹם הַכִּפּוּרִים מְכַפֵּר. עֲבֵרוֹת שֶׁבֵּין אָדָם לַחֲבֵרוֹ, אֵין יוֹם הַכִּפּוּרִים מְכַפֵּר, עַד שֶׁיְּרַצֶּה אֶת חֲבֵרוֹ. אֶת זוֹ דָּרַשׁ רַבִּי אֶלְעָזָר בֶּן עֲזַרְיָה, "מִכֹּל חַטֹּאתֵיכֶם לִפְנֵי ה' תִּטְהָרוּ". עֲבֵרוֹת שֶׁבֵּין אָדָם לַמָּקוֹם, יוֹם הַכִּפּוּרִים מְכַפֵּר. עֲבֵרוֹת שֶׁבֵּין אָדָם לַחֲבֵרוֹ, אֵין יוֹם הַכִּפּוּרִים מְכַפֵּר, עַד שֶׁיְּרַצֶּה אֶת חֲבֵרוֹ. אָמַר רַבִּי עֲקִיבָא, אַשְׁרֵיכֶם יִשְׂרָאֵל, לִפְנֵי מִי אַתֶּם מִטַּהֲרִין, מִי מְטַהֵר אֶתְכֶם, אֲבִיכֶם שֶׁבַּשָּׁמַיִם, שֶׁנֶּאֱמַר, "וְזָרַקְתִּי עֲלֵיכֶם מַיִם טְהוֹרִים וּטְהַרְתֶּם".

וְאוֹמֵר, "מִקְוֵה יִשְׂרָאֵל ה'", מַה מִּקְוֶה מְטַהֵר אֶת הַטְּמֵאִים, אַף הַקָּדוֹשׁ בָּרוּךְ הוּא מְטַהֵר אֶת יִשְׂרָאֵל:

אות כ'

(מסכת ברכות פרק ו)

א. כֵּיצַד מְבָרְכִין עַל הַפֵּרוֹת, עַל פֵּרוֹת הָאִילָן אוֹמֵר "בּוֹרֵא פְּרִי הָעֵץ", חוּץ מִן הַיַּיִן, שֶׁעַל הַיַּיִן אוֹמֵר "בּוֹרֵא פְּרִי הַגָּפֶן". וְעַל פֵּרוֹת הָאָרֶץ אוֹמֵר "בּוֹרֵא פְּרִי הָאֲדָמָה", חוּץ מִן הַפַּת, שֶׁעַל הַפַּת הוּא אוֹמֵר "הַמּוֹצִיא לֶחֶם מִן הָאָרֶץ". וְעַל הַיְּרָקוֹת אוֹמֵר "בּוֹרֵא פְּרִי הָאֲדָמָה". רַבִּי יְהוּדָה אוֹמֵר, "בּוֹרֵא מִינֵי דְשָׁאִים": ב. בֵּרַךְ עַל פֵּרוֹת הָאִילָן "בּוֹרֵא פְּרִי הָאֲדָמָה", יָצָא. וְעַל פֵּרוֹת הָאָרֶץ "בּוֹרֵא פְּרִי הָעֵץ", לֹא יָצָא. עַל כֻּלָּם אִם אָמַר "שֶׁהַכֹּל נִהְיֶה בִּדְבָרוֹ", יָצָא: ג. עַל דָּבָר שֶׁאֵין גִּדּוּלוֹ מִן הָאָרֶץ אוֹמֵר "שֶׁהַכֹּל". עַל הַחֹמֶץ וְעַל הַנּוֹבְלוֹת וְעַל הַגּוֹבַאי אוֹמֵר "שֶׁהַכֹּל". עַל הֶחָלָב וְעַל הַגְּבִינָה וְעַל הַבֵּיצִים אוֹמֵר "שֶׁהַכֹּל". רַבִּי יְהוּדָה אוֹמֵר, כָּל שֶׁהוּא מִין קְלָלָה, אֵין מְבָרְכִין עָלָיו: ד. הָיוּ לְפָנָיו מִינִים הַרְבֵּה, רַבִּי יְהוּדָה אוֹמֵר, אִם יֵשׁ בֵּינֵיהֶם מִמִּין שִׁבְעָה, מְבָרֵךְ עָלָיו. וַחֲכָמִים אוֹמְרִים, מְבָרֵךְ עַל אֵיזֶה מֵהֶן שֶׁיִּרְצֶה: ה. בֵּרַךְ עַל הַיַּיִן שֶׁלִּפְנֵי הַמָּזוֹן, פָּטַר אֶת הַיַּיִן שֶׁלְּאַחַר הַמָּזוֹן. בֵּרַךְ עַל הַפַּרְפֶּרֶת שֶׁלִּפְנֵי הַמָּזוֹן, פָּטַר אֶת הַפַּרְפֶּרֶת שֶׁלְּאַחַר

הַמָּזוֹן. בֵּרַךְ עַל הַפַּת, פָּטַר אֶת הַפַּרְפֶּרֶת. עַל הַפַּרְפֶּרֶת, לֹא פָּטַר אֶת הַפַּת. בֵּית שַׁמַּאי אוֹמְרִים, אַף לֹא מַעֲשֵׂה קְדֵרָה: ו. הָיוּ יוֹשְׁבִין לֶאֱכוֹל כָּל אֶחָד וְאֶחָד מְבָרֵךְ לְעַצְמוֹ, הֵסֵבּוּ אֶחָד מְבָרֵךְ לְכֻלָּן. בָּא לָהֶם יַיִן בְּתוֹךְ הַמָּזוֹן, כָּל אֶחָד וְאֶחָד מְבָרֵךְ לְעַצְמוֹ. לְאַחַר הַמָּזוֹן, אֶחָד מְבָרֵךְ לְכֻלָּם. וְהוּא אוֹמֵר עַל הַמֻּגְמָר, אַף עַל פִּי שֶׁאֵין מְבִיאִין אֶת הַמֻּגְמָר אֶלָּא לְאַחַר הַסְּעוּדָה: ז. הֵבִיאוּ לְפָנָיו מָלִיחַ בַּתְּחִלָּה, וּפַת עִמּוֹ, מְבָרֵךְ עַל הַמָּלִיחַ וּפוֹטֵר אֶת הַפַּת, שֶׁהַפַּת טְפֵלָה לוֹ. זֶה הַכְּלָל, כָּל שֶׁהוּא עִקָּר וְעִמּוֹ טְפֵלָה, מְבָרֵךְ עַל הָעִקָּר וּפוֹטֵר אֶת הַטְּפֵלָה: ח. אָכַל תְּאֵנִים עֲנָבִים וְרִמּוֹנִים מְבָרֵךְ אַחֲרֵיהֶן שָׁלֹשׁ בְּרָכוֹת, דִּבְרֵי רַבָּן גַּמְלִיאֵל. וַחֲכָמִים אוֹמְרִים, בְּרָכָה אַחַת מֵעֵין שָׁלֹשׁ. רַבִּי עֲקִיבָא אוֹמֵר, אֲפִלּוּ אָכַל שֶׁלֶק וְהוּא מְזוֹנוֹ, מְבָרֵךְ אַחֲרָיו שָׁלֹשׁ בְּרָכוֹת. הַשּׁוֹתֶה מַיִם לִצְמָאוֹ, אוֹמֵר "שֶׁהַכֹּל נִהְיָה בִּדְבָרוֹ". רַבִּי טַרְפוֹן אוֹמֵר, "בּוֹרֵא נְפָשׁוֹת רַבּוֹת":

אות ל'

(מסכת סוכה פרק ד')

א. לוּלָב וַעֲרָבָה שִׁשָּׁה וְשִׁבְעָה, הַהַלֵּל וְהַשִּׂמְחָה שְׁמוֹנָה. סֻכָּה וְנִסּוּךְ הַמַּיִם שִׁבְעָה. וְהֶחָלִיל חֲמִשָּׁה וְשִׁשָּׁה: ב. לוּלָב שִׁבְעָה, כֵּיצַד, יוֹם טוֹב הָרִאשׁוֹן

שֶׁל הֶחָג שֶׁחָל לִהְיוֹת בַּשַּׁבָּת, לוּלָב שִׁבְעָה, וּשְׁאָר כָּל הַיָּמִים שִׁשָּׁה: ג. עֲרָבָה שִׁבְעָה, כֵּיצַד, יוֹם שְׁבִיעִי שֶׁל עֲרָבָה שֶׁחָל לִהְיוֹת בַּשַּׁבָּת, עֲרָבָה שִׁבְעָה, וּשְׁאָר כָּל הַיָּמִים שִׁשָּׁה: ד. מִצְוַת לוּלָב כֵּיצַד, יוֹם טוֹב הָרִאשׁוֹן שֶׁל הֶחָג שֶׁחָל לִהְיוֹת בַּשַּׁבָּת, מוֹלִיכִין אֶת לוּלְבֵיהֶן לְהַר הַבַּיִת, וְהַחַזָּנִין מְקַבְּלִין מֵהֶן וְסוֹדְרִין אוֹתָן עַל גַּב הָאִצְטְבָא, וְהַזְּקֵנִים מַנִּיחִין אֶת שֶׁלָּהֶן בַּלִּשְׁכָּה. וּמְלַמְּדִים אוֹתָם לוֹמַר, כָּל מִי שֶׁמַּגִּיעַ לוּלָבִי בְּיָדוֹ, הֲרֵי הוּא לוֹ בְמַתָּנָה. לְמָחָר מַשְׁכִּימִין וּבָאִין, וְהַחַזָּנִין זוֹרְקִין אוֹתָם לִפְנֵיהֶם, וְהֵן מְחַטְּפִין וּמַכִּין אִישׁ אֶת חֲבֵרוֹ. וּכְשֶׁרָאוּ בֵּית דִּין שֶׁבָּאוּ לִידֵי סַכָּנָה, הִתְקִינוּ שֶׁיְּהֵא כָּל אֶחָד וְאֶחָד נוֹטֵל בְּבֵיתוֹ: ה. מִצְוַת עֲרָבָה כֵּיצַד, מָקוֹם הָיָה לְמַטָּה מִירוּשָׁלַיִם וְנִקְרָא מוֹצָא. יוֹרְדִין לְשָׁם וּמְלַקְּטִין מִשָּׁם מֻרְבִּיּוֹת שֶׁל עֲרָבָה, וּבָאִין וְזוֹקְפִין אוֹתָן בְּצִדֵּי הַמִּזְבֵּחַ, וְרָאשֵׁיהֶן כְּפוּפִין עַל גַּבֵּי הַמִּזְבֵּחַ. תָּקְעוּ וְהֵרִיעוּ וְתָקְעוּ. בְּכָל יוֹם מַקִּיפִין אֶת הַמִּזְבֵּחַ פַּעַם אַחַת, וְאוֹמְרִים, "אָנָּא ה' הוֹשִׁיעָה נָּא, אָנָּא ה' הַצְלִיחָה נָּא". רַבִּי יְהוּדָה אוֹמֵר, "אֲנִי וָהוֹ הוֹשִׁיעָה נָּא". וְאוֹתוֹ הַיּוֹם מַקִּיפִין אֶת הַמִּזְבֵּחַ שֶׁבַע פְּעָמִים. בִּשְׁעַת פְּטִירָתָן, מָה הֵן אוֹמְרִים, יֹפִי לְךָ, מִזְבֵּחַ, יֹפִי לְךָ מִזְבֵּחַ. רַבִּי אֱלִיעֶזֶר אוֹמֵר, לְיָהּ וּלְךָ מִזְבֵּחַ, לְיָהּ וּלְךָ מִזְבֵּחַ: ו. כְּמַעֲשֵׂהוּ בְּחֹל כָּךְ מַעֲשֵׂהוּ בַּשַּׁבָּת, אֶלָּא שֶׁהָיוּ מְלַקְּטִין אוֹתָן מֵעֶרֶב שַׁבָּת

סדר לימוד ליום הפטירה לעילוי נשמה

וּמַנִּיחִים אוֹתָן בְּגִיגִיּוֹת שֶׁל זָהָב, כְּדֵי שֶׁלֹּא יִכְמוֹשׁוּ. רַבִּי יוֹחָנָן בֶּן בְּרוֹקָה אוֹמֵר, חֲרִיּוֹת שֶׁל דֶּקֶל הָיוּ מְבִיאִין וְחוֹבְטִין אוֹתָן בַּקַּרְקַע בְּצִדֵּי הַמִּזְבֵּחַ, וְאוֹתוֹ הַיּוֹם נִקְרָא יוֹם חִבּוּט חֲרִיּוֹת: ז. מִיָּד הַתִּינוֹקוֹת שׁוֹמְטִין אֶת לוּלְבֵיהֶן, וְאוֹכְלִין אֶתְרוֹגֵיהֶן: ח. הַהַלֵּל וְהַשִּׂמְחָה שְׁמוֹנָה, כֵּיצַד, מְלַמֵּד שֶׁחַיָּב אָדָם בַּהַלֵּל וּבַשִּׂמְחָה, וּבִכְבוֹד יוֹם טוֹב הָאַחֲרוֹן שֶׁל הֶחָג, כִּשְׁאָר כָּל יְמוֹת הֶחָג. סֻכָּה שִׁבְעָה, כֵּיצַד, גָּמַר מִלֶּאֱכוֹל, לֹא יַתִּיר סֻכָּתוֹ. אֲבָל מוֹרִיד אֶת הַכֵּלִים מִן הַמִּנְחָה וּלְמַעְלָה, מִפְּנֵי כְּבוֹד יוֹם טוֹב הָאַחֲרוֹן שֶׁל הֶחָג: ט. נִסּוּךְ הַמַּיִם כֵּיצַד, צְלוֹחִית שֶׁל זָהָב מַחֲזֶקֶת שְׁלשֶׁת לֻגִּים הָיָה מְמַלֵּא מִן הַשִּׁילוֹחַ. הִגִּיעוּ לְשַׁעַר הַמַּיִם, תָּקְעוּ וְהֵרִיעוּ וְתָקְעוּ. עָלָה בַּכֶּבֶשׁ וּפָנָה לִשְׂמֹאלוֹ, שְׁנֵי סְפָלִים שֶׁל כֶּסֶף הָיוּ שָׁם. רַבִּי יְהוּדָה אוֹמֵר, שֶׁל סִיד הָיוּ, אֶלָּא שֶׁהָיוּ מֻשְׁחָרִין פְּנֵיהֶם מִפְּנֵי הַיַּיִן. וּמְנֻקָּבִין כְּמִין שְׁנֵי חוֹטָמִין דַּקִּין, אֶחָד מְעֻבֶּה וְאֶחָד דַּק, כְּדֵי שֶׁיְּהוּ שְׁנֵיהֶם כָּלִין בְּבַת אַחַת. מַעֲרָבִי שֶׁל מַיִם, מִזְרָחִי שֶׁל יַיִן. עֵרָה שֶׁל מַיִם לְתוֹךְ שֶׁל יַיִן, וְשֶׁל יַיִן לְתוֹךְ מַיִם יָצָא. רַבִּי יְהוּדָה אוֹמֵר, בְּלֹג הָיָה מְנַסֵּךְ כָּל שְׁמוֹנָה. וְלַמְנַסֵּךְ אוֹמְרִים לוֹ, הַגְבַּהּ יָדְךָ, שֶׁפַּעַם אַחַת נִסֵּךְ אֶחָד עַל גַּבֵּי רַגְלָיו, וּרְגָמוּהוּ כָּל הָעָם בְּאֶתְרוֹגֵיהֶן: י. כְּמַעֲשֵׂהוּ בַּחוֹל, כָּךְ מַעֲשֵׂהוּ בַּשַּׁבָּת, אֶלָּא שֶׁהָיָה מְמַלֵּא מֵעֶרֶב שַׁבָּת חָבִית שֶׁל זָהָב, שֶׁאֵינָהּ

סֵדֶר לִימּוּד לְיוֹם הַפְּטִירָה לְעִילּוּי נְשָׁמָה

מְקֻדֶּשֶׁת מִן הַשִּׁילוֹחַ, וּמַנִּיחָהּ בַּלִּשְׁכָּה. נִשְׁפְּכָה אוֹ נִתְגַּלְּתָה הָיָה מְמַלֵּא מִן הַכִּיּוֹר, שֶׁהַיַּיִן וְהַמַּיִם הַמְגֻלִּין פְּסוּלִים לְגַבֵּי הַמִּזְבֵּחַ:

אות מ'

(מסכת מועד קטן פרק ב)

א. מִי שֶׁהָפַךְ אֶת זֵיתָיו, וְאֵרְעוֹ אֵבֶל אוֹ אֹנֶס אוֹ שֶׁהִטְעוּהוּ פוֹעֲלִים, טוֹעֵן קוֹרָה רִאשׁוֹנָה וּמַנִּיחָהּ לְאַחַר הַמּוֹעֵד, דִּבְרֵי רַבִּי יְהוּדָה. רַבִּי יוֹסֵי אוֹמֵר, זוֹלֵף וְגוֹמֵר וְגָף כְּדַרְכּוֹ: ב. וְכֵן מִי שֶׁהָיָה יֵינוֹ בְּתוֹךְ הַבּוֹר, וְאֵרְעוֹ אֵבֶל אוֹ אֹנֶס, אוֹ שֶׁהִטְעוּהוּ פוֹעֲלִים, זוֹלֵף וְגוֹמֵר וְגָף כְּדַרְכּוֹ, דִּבְרֵי רַבִּי יוֹסֵי. רַבִּי יְהוּדָה אוֹמֵר, עוֹשֶׂה לוֹ לִמּוּדִים, בִּשְׁבִיל שֶׁלֹּא יַחְמִיץ. ג. מַכְנִיס אָדָם פֵּרוֹתָיו מִפְּנֵי הַגַּנָּבִים, וְשׁוֹלֶה פִּשְׁתָּנוֹ מִן הַמִּשְׁרָה, בִּשְׁבִיל שֶׁלֹּא תֹאבַד, וּבִלְבַד שֶׁלֹּא יְכַוֵּן אֶת מְלַאכְתּוֹ בַּמּוֹעֵד. וְכֻלָּן אִם כִּוְּנוּ מְלַאכְתָּן בַּמּוֹעֵד, יֹאבֵדוּ: ד. אֵין לוֹקְחִין בָּתִּים, עֲבָדִים וּבְהֵמָה, אֶלָּא לְצֹרֶךְ הַמּוֹעֵד, אוֹ לְצֹרֶךְ הַמּוֹכֵר, שֶׁאֵין לוֹ מַה יֹּאכַל. אֵין מְפַנִּין מִבַּיִת לְבַיִת, אֲבָל מְפַנֶּה הוּא לַחֲצֵרוֹ. אֵין מְבִיאִין כֵּלִים מִבֵּית הָאֻמָּן. אִם חוֹשֵׁשׁ לָהֶם, מְפַנָּן לְחָצֵר אַחֶרֶת: ה. מְחַפִּין אֶת הַקְּצִיעוֹת בְּקַשׁ. רַבִּי יְהוּדָה אוֹמֵר, אַף מְעַבִּין. מוֹכְרֵי פֵרוֹת, כְּסוּת וְכֵלִים, מוֹכְרִים בְּצִנְעָה לְצֹרֶךְ הַמּוֹעֵד. הַצַּיָּדִין וְהַדָּשׁוֹשׁוֹת וְהַגָּרוֹסוֹת, עוֹשִׂין

בִּצְנְעָה לְצֹרֶךְ הַמּוֹעֵד. רַבִּי יוֹסֵי אוֹמֵר, הֵם הֶחְמִירוּ עַל עַצְמָן:

אות נ'

(מסכת שבת פרק כא)

א. נוֹטֵל אָדָם אֶת בְּנוֹ וְהָאֶבֶן בְּיָדוֹ, וְכַלְכָּלָה וְהָאֶבֶן בְּתוֹכָהּ. וּמְטַלְטְלִין תְּרוּמָה טְמֵאָה עִם הַטְּהוֹרָה וְעִם הַחֻלִּין. רַבִּי יְהוּדָה אוֹמֵר, אַף מַעֲלִין אֶת הַמְדֻמָּע בְּאֶחָד וּמֵאָה: ב. הָאֶבֶן שֶׁעַל פִּי הֶחָבִית, מַטָּהּ עַל צִדָּהּ וְהִיא נוֹפֶלֶת. הָיְתָה בֵּין הֶחָבִיּוֹת, מַגְבִּיהָהּ וּמַטָּהּ עַל צִדָּהּ, וְהִיא נוֹפֶלֶת. מָעוֹת שֶׁעַל הַכַּר, נוֹעֵר אֶת הַכַּר, וְהֵן נוֹפְלוֹת. הָיְתָה עָלָיו לִשְׁלֶשֶׁת, מְקַנְּחָהּ בִּסְמַרְטוּט. הָיְתָה שֶׁל עוֹר נוֹתְנִין עָלֶיהָ מַיִם, עַד שֶׁתִּכְלֶה: ג. בֵּית שַׁמַּאי אוֹמְרִים, מַגְבִּיהִין מִן הַשֻּׁלְחָן עֲצָמוֹת וּקְלִפִּין. וּבֵית הִלֵּל אוֹמְרִים, נוֹטֵל אֶת הַטַּבְלָה כֻּלָּהּ וּמְנַעֲרָהּ. מַעֲבִירִין מִלִּפְנֵי הַשֻּׁלְחָן פֵּרוּרִין פָּחוֹת מִכַּזַּיִת, וְשֵׂעָר שֶׁל אֲפוּנִין וְשֵׂעָר שֶׁל עֲדָשִׁים, מִפְּנֵי שֶׁהוּא מַאֲכַל בְּהֵמָה. סְפוֹג, אִם יֵשׁ לוֹ עוֹר בֵּית אֲחִיזָה מְקַנְּחִין בּוֹ, וְאִם לָאו אֵין מְקַנְּחִין בּוֹ. וַחֲכָמִים אוֹמְרִים, בֵּין כָּךְ וּבֵין כָּךְ נִטָּל בַּשַּׁבָּת, וְאֵינוֹ מְקַבֵּל טֻמְאָה:

אות ס'

(מסכת כריתות פרק ד)

א. סָפֵק אָכַל חֵלֶב, סָפֵק לֹא אָכַל, וַאֲפִלּוּ אָכַל, סָפֵק יֵשׁ בּוֹ כַשִּׁעוּר, סָפֵק שֶׁאֵין בּוֹ, חֵלֶב וְשֻׁמָּן

לְפָנָיו, אָכַל אֶת אֶחָד מֵהֶן, וְאֵין יָדוּעַ אֵיזֶה מֵהֶן אָכַל. אִשְׁתּוֹ וַאֲחוֹתוֹ עִמּוֹ בַּבַּיִת, שָׁגַג בְּאַחַת מֵהֶן, וְאֵין יָדוּעַ בְּאֵיזוֹ מֵהֶן שָׁגַג. שַׁבָּת וְיוֹם חֹל, וְעָשָׂה מְלָאכָה בְּאֶחָד מֵהֶן, וְאֵין יָדוּעַ בְּאֵיזֶה מֵהֶם עָשָׂה, מֵבִיא אָשָׁם תָּלוּי: ב. כְּשֵׁם שֶׁאִם אָכַל חֵלֶב וְחֵלֶב בְּהֶעְלֵם אֶחָד, אֵינוֹ חַיָּב אֶלָּא חַטָּאת אַחַת, כָּךְ עַל לֹא הוֹדַע שֶׁלָּהֶן, אֵינוֹ מֵבִיא אֶלָּא אָשָׁם אֶחָד. אִם הָיְתָה יְדִיעָה בֵּנְתַיִם, כְּשֵׁם שֶׁהוּא מֵבִיא חַטָּאת עַל כָּל אֶחָד וְאֶחָד, כָּךְ הוּא מֵבִיא אָשָׁם תָּלוּי עַל כָּל אֶחָד וְאֶחָד. כְּשֵׁם שֶׁאִם אָכַל חֵלֶב וְדָם, נוֹתָר וּפִגּוּל בְּהֶעְלֵם אֶחָד, חַיָּב עַל כָּל אֶחָד וְאֶחָד, כָּךְ עַל לֹא הוֹדַע שֶׁלָּהֶן, מֵבִיא אָשָׁם תָּלוּי עַל כָּל אֶחָד וְאֶחָד. חֵלֶב וְנוֹתָר לְפָנָיו, אָכַל אֶחָד מֵהֶם, וְאֵין יָדוּעַ אֵיזֶה מֵהֶם אָכַל. אִשְׁתּוֹ נִדָּה וַאֲחוֹתוֹ עִמּוֹ בַּבַּיִת, שָׁגַג בְּאַחַת מֵהֶן, וְאֵין יָדוּעַ בְּאֵיזוֹ מֵהֶן שָׁגַג. שַׁבָּת וְיוֹם הַכִּפּוּרִים, וְעָשָׂה מְלָאכָה בֵּין הַשְּׁמָשׁוֹת, וְאֵין יָדוּעַ בְּאֵיזֶה מֵהֶם עָשָׂה, רַבִּי אֱלִיעֶזֶר מְחַיֵּב חַטָּאת. וְרַבִּי יְהוֹשֻׁעַ, פּוֹטֵר. אָמַר רַבִּי יוֹסֵי, לֹא נֶחְלְקוּ עַל הָעוֹשֶׂה מְלָאכָה בֵּין הַשְּׁמָשׁוֹת, שֶׁהוּא פָּטוּר, שֶׁאֲנִי אוֹמֵר, מִקְצָת מְלָאכָה עָשָׂה מֵהַיּוֹם, וּמִקְצָתָהּ לְמָחָר. וְעַל מַה נֶּחְלְקוּ, עַל הָעוֹשֶׂה בְּתוֹךְ הַיּוֹם, וְאֵין יָדוּעַ אִם בְּשַׁבָּת עָשָׂה, וְאִם בְּיוֹם הַכִּפּוּרִים עָשָׂה, אוֹ עַל הָעוֹשֶׂה, וְאֵין יָדוּעַ מֵעֵין אֵיזוֹ מְלָאכָה עָשָׂה, רַבִּי אֱלִיעֶזֶר מְחַיֵּב חַטָּאת. וְרַבִּי

יְהוֹשֻׁעַ, פּוֹטֵר. אָמַר רַבִּי יְהוּדָה, פּוֹטְרוֹ הָיָה רַבִּי יְהוֹשֻׁעַ אַף מֵאָשָׁם תָּלוּי: ג. רַבִּי שִׁמְעוֹן שְׁזוּרִי וְרַבִּי שִׁמְעוֹן אוֹמְרִים, לֹא נֶחְלְקוּ עַל דָּבָר שֶׁהוּא מִשּׁוּם שֵׁם אֶחָד, שֶׁהוּא חַיָּב. וְעַל מַה נֶּחְלְקוּ, עַל דָּבָר שֶׁהוּא מִשּׁוּם שְׁנֵי שֵׁמוֹת, שֶׁרַבִּי אֱלִיעֶזֶר מְחַיֵּב חַטָּאת, וְרַבִּי יְהוֹשֻׁעַ פּוֹטֵר. אָמַר רַבִּי יְהוּדָה, אֲפִלּוּ נִתְכַּוֵּן לְלַקֵּט תְּאֵנִים, וְלִקֵּט עֲנָבִים, עֲנָבִים וְלִקֵּט תְּאֵנִים שְׁחוֹרוֹת, וְלִקֵּט לְבָנוֹת, לְבָנוֹת וְלִקֵּט שְׁחוֹרוֹת, רַבִּי אֱלִיעֶזֶר מְחַיֵּב חַטָּאת, וְרַבִּי יְהוֹשֻׁעַ פּוֹטֵר. אָמַר רַבִּי יְהוּדָה, תָּמֵהַּ אֲנִי אִם יִפְטֹר בָּהּ רַבִּי יְהוֹשֻׁעַ. אִם כֵּן, לָמָּה נֶאֱמַר, "אֲשֶׁר חָטָא בָּהּ", פְּרָט לְמִתְעַסֵּק:

אות ע'

(מסכת שביעית פרק א)

א. עַד אֵימָתַי חוֹרְשִׁין בִּשְׂדֵה הָאִילָן עֶרֶב שְׁבִיעִית, בֵּית שַׁמַּאי אוֹמְרִים, כָּל זְמַן שֶׁהוּא יָפֶה לַפֶּרִי. וּבֵית הִלֵּל אוֹמְרִים, עַד הָעֲצֶרֶת. וּקְרוֹבִין דִּבְרֵי אֵלּוּ לִהְיוֹת כְּדִבְרֵי אֵלּוּ: ב. אֵיזֶהוּ שְׂדֵה הָאִילָן, כָּל שְׁלשָׁה אִילָנוֹת לְבֵית סְאָה, אִם רְאוּיִין לַעֲשׂוֹת כִּכַּר דְּבֵלָה שֶׁל שִׁשִּׁים מָנֶה בָּאִיטַלְקִי, חוֹרְשִׁים כָּל בֵּית סְאָה בִּשְׁבִילָן. פָּחוֹת מִכָּאן, אֵין חוֹרְשִׁין לָהֶן אֶלָּא מְלֹא הָאוֹרֶה וְסַלּוֹ חוּצָה לוֹ: ג. אֶחָד אִילַן סְרָק וְאֶחָד אִילַן מַאֲכָל, רוֹאִין אוֹתָן כְּאִלּוּ הֵם תְּאֵנִים. אִם רְאוּיִים לַעֲשׂוֹת כִּכַּר דְּבֵלָה שֶׁל שִׁשִּׁים

מָנֶה בָּאִיטַלְקִי, חוֹרְשִׁים כָּל בֵּית סְאָה בִּשְׁבִילָן. פָּחוֹת מִכָּאן, אֵין חוֹרְשִׁים לָהֶם אֶלָּא לְצָרְכָּן: ד. הָיָה אֶחָד עוֹשֶׂה כִּכַּר דְּבֵלָה, וּשְׁנַיִם אֵין עוֹשִׂין, אוֹ שְׁנַיִם עוֹשִׂין, וְאֶחָד אֵינוֹ עוֹשֶׂה, אֵין חוֹרְשִׁין לָהֶם אֶלָּא לְצָרְכָּן. עַד שֶׁיִּהְיוּ מִשְּׁלֹשָׁה עַד תִּשְׁעָה. הָיוּ עֲשָׂרָה, מֵעֲשָׂרָה וּלְמַעְלָה, בֵּין עוֹשִׂין בֵּין שֶׁאֵינָן עוֹשִׂין, חוֹרְשִׁין כָּל בֵּית סְאָה בִּשְׁבִילָן. שֶׁנֶּאֱמַר, "בֶּחָרִישׁ וּבַקָּצִיר תִּשְׁבֹּת", אֵין צָרִיךְ לוֹמַר חָרִישׁ וְקָצִיר שֶׁל שְׁבִיעִית, אֶלָּא חָרִישׁ שֶׁל עֶרֶב שְׁבִיעִית שֶׁהוּא נִכְנָס בַּשְּׁבִיעִית, וְקָצִיר שֶׁל שְׁבִיעִית שֶׁהוּא יוֹצֵא לְמוֹצָאֵי שְׁבִיעִית. רַבִּי יִשְׁמָעֵאל אוֹמֵר, מַה חָרִישׁ רְשׁוּת, אַף קָצִיר רְשׁוּת, יָצָא קְצִיר הָעֹמֶר: ה. שְׁלֹשָׁה אִילָנוֹת שֶׁל שְׁלֹשָׁה אֲנָשִׁים, הֲרֵי אֵלּוּ מִצְטָרְפִין, וְחוֹרְשִׁין כָּל בֵּית סְאָה בִּשְׁבִילָן. וְכַמָּה יְהֵא בֵּינֵיהֶם. רַבָּן גַּמְלִיאֵל אוֹמֵר, כְּדֵי שֶׁיְּהֵא הַבָּקָר עוֹבֵר בְּכֵלָיו. ו. עֶשֶׂר נְטִיעוֹת מְפֻזָּרוֹת בְּתוֹךְ בֵּית סְאָה, חוֹרְשִׁין כָּל בֵּית סְאָה בִּשְׁבִילָן עַד רֹאשׁ הַשָּׁנָה. הָיוּ עֲשׂוּיוֹת שׁוּרָה וּמֻקָּפוֹת עֲטָרָה, אֵין חוֹרְשִׁין לָהֶם אֶלָּא לְצָרְכָּן: ז. הַנְּטִיעוֹת וְהַדְּלוּעִים מִצְטָרְפִין לְתוֹךְ בֵּית סְאָה. רַבָּן שִׁמְעוֹן בֶּן גַּמְלִיאֵל אוֹמֵר, כָּל עֲשָׂרָה דְלוּעִים לְבֵית סְאָה, חוֹרְשִׁין כָּל בֵּית סְאָה עַד רֹאשׁ הַשָּׁנָה: ח. עַד אֵימָתַי נִקְרָאוּ נְטִיעוֹת. רַבִּי אֶלְעָזָר בֶּן עֲזַרְיָה אוֹמֵר, עַד שֶׁיָּחֹלּוּ. רַבִּי יְהוֹשֻׁעַ אוֹמֵר, בַּת שֶׁבַע שָׁנִים. רַבִּי עֲקִיבָא

אוֹמֵר, נְטִיעָה כִּשְׁמָהּ. אִילָן שֶׁנִּגְמַם וְהוֹצִיא חֲלִיפִין, מִטֶּפַח וּלְמַטָּה, כִּנְטִיעָה, מִטֶּפַח וּלְמַעְלָה, כְּאִילָן, דִּבְרֵי רַבִּי שִׁמְעוֹן:

אות פּ׳

(מסכת פרה פרק ד׳)

א. פָּרַת חַטָּאת שֶׁשְּׁחָטָהּ שֶׁלֹּא לִשְׁמָהּ, קִבֵּל וְהִזָּה שֶׁלֹּא לִשְׁמָהּ, אוֹ לִשְׁמָהּ וְשֶׁלֹּא לִשְׁמָהּ, אוֹ שֶׁלֹּא לִשְׁמָהּ וְלִשְׁמָהּ, פְּסוּלָה, רַבִּי אֱלִיעֶזֶר מַכְשִׁיר. וְשֶׁלֹּא רְחוּץ יָדַיִם וְרַגְלַיִם, פְּסוּלָה, רַבִּי אֱלִיעֶזֶר מַכְשִׁיר. וְשֶׁלֹּא בְכֹהֵן גָּדוֹל, פְּסוּלָה, רַבִּי יְהוּדָה מַכְשִׁיר. וּבִמְחֻסַּר בְּגָדִים, פְּסוּלָה. וּבִכְלֵי לָבָן הָיְתָה נַעֲשֵׂית: ב. שְׂרָפָהּ חוּץ מִגִּתָּהּ, אוֹ בִשְׁתֵּי גִתּוֹת, אוֹ שֶׁשָּׂרַף שְׁתַּיִם בְּגַת אַחַת, פְּסוּלָה. הִזָּה וְלֹא כִוֵּן כְּנֶגֶד הַפֶּתַח, פְּסוּלָה. הִזָּה מִשִּׁשִּׁית שְׁבִיעִית, חָזַר וְהִזָּה שְׁבִיעִית, פְּסוּלָה. מִשְּׁבִיעִית שְׁמִינִית, וְחָזַר וְהִזָּה שְׁמִינִית, כְּשֵׁרָה: ג. שְׂרָפָהּ שֶׁלֹּא בְעֵצִים, אוֹ בְכָל עֵצִים, אֲפִלּוּ בְקַשׁ אוֹ בִגְבָבָה, כְּשֵׁרָה. הִפְשִׁיטָהּ וְנִתְּחָהּ, כְּשֵׁרָה. שְׁחָטָהּ עַל מְנָת לֶאֱכוֹל מִבְּשָׂרָהּ, וְלִשְׁתּוֹת מִדָּמָהּ, כְּשֵׁרָה. רַבִּי אֱלִיעֶזֶר אוֹמֵר, אֵין מַחֲשָׁבָה פוֹסֶלֶת בַּפָּרָה: ד. כָּל הָעֲסוּקִין בַּפָּרָה מִתְּחִלָּה וְעַד סוֹף, מְטַמְּאִין בְּגָדִים, וּפוֹסְלִים אוֹתָהּ בִּמְלָאכָה. אֵרַע בָּהּ פְּסוּל בִּשְׁחִיטָתָהּ, אֵינָהּ מְטַמְּאָה בְגָדִים. אֵרַע בָּהּ בְּהַזָּיָתָהּ, כָּל הָעוֹסֵק בָּהּ

סדר לימוד ליום הפטירה לעילוי נשמה

לִפְנֵי פְסוּלָה, מְטַמְּאָה בְגָדִים, לְאַחַר פְּסוּלָה, אֵינָהּ מְטַמְּאָה בְגָדִים, נִמְצָא חֻמְרָהּ קֻלָּהּ. לְעוֹלָם מוֹעֲלִין בָּהּ, וּמַרְבִּין לָהּ עֵצִים, וּמַעֲשֶׂיהָ בַּיּוֹם וּבְכֹהֵן. הַמְּלָאכָה פּוֹסֶלֶת בָּהּ עַד שֶׁתֵּעָשֶׂה אֵפֶר. וְהַמְּלָאכָה פּוֹסֶלֶת בַּמַּיִם עַד שֶׁיַּטִּילוּ אֶת הָאֵפֶר:

אות צ'

(מסכת פרה פרק ט)

א. צְלוֹחִית שֶׁנָּפַל לְתוֹכָהּ מַיִם כָּל שֶׁהֵן, רַבִּי אֱלִיעֶזֶר אוֹמֵר, יַזֶּה שְׁתֵּי הַזָּיוֹת. וַחֲכָמִים פּוֹסְלִין. יָרַד לְתוֹכָהּ טַל, רַבִּי אֱלִיעֶזֶר אוֹמֵר, יַנִּיחֶנָּה בַחַמָּה וְהַטַּל עוֹלֶה. וַחֲכָמִים פּוֹסְלִין. נָפַל לְתוֹכָהּ מַשְׁקִין וּמֵי פֵרוֹת, יְעָרֶה, וְצָרִיךְ לְנַגֵּב. דְּיוֹ, קוֹמוֹס, וְקַנְקַנְתּוֹם, וְכָל דָּבָר שֶׁהוּא רוֹשֵׁם, יְעָרֶה, וְאֵינוֹ צָרִיךְ לְנַגֵּב: ב. נָפַל לְתוֹכָהּ שְׁקָצִים וּרְמָשִׂים וְנִתְבַּקְּעוּ, אוֹ שֶׁנִּשְׁתַּנּוּ מַרְאֵיהֶם, פְּסוּלִין. חִפּוּשִׁית, בֵּין כָּךְ וּבֵין כָּךְ, פּוֹסֶלֶת, מִפְּנֵי שֶׁהִיא כִשְׁפוֹפֶרֶת. רַבִּי שִׁמְעוֹן וְרַבִּי אֱלִיעֶזֶר בֶּן יַעֲקֹב אוֹמְרִים, הַדִּירָה וְהַכִּנָּה שֶׁבַּתְּבוּאָה, כְּשֵׁרִים, מִפְּנֵי שֶׁאֵין בָּהֶם לֵחָה: ג. שָׁתַת מֵהֶן בְּהֵמָה אוֹ חַיָּה, פְּסוּלִין. כָּל הָעוֹפוֹת פּוֹסְלִין, חוּץ מִן הַיּוֹנָה, מִפְּנֵי שֶׁהִיא מוֹצֶצֶת. כָּל הַשְּׁרָצִים אֵינָם פּוֹסְלִין, חוּץ מִן הַחֻלְדָּה, מִפְּנֵי שֶׁהִיא מְלַקֶּקֶת. רַבָּן גַּמְלִיאֵל אוֹמֵר, אַף הַנָּחָשׁ, מִפְּנֵי שֶׁהוּא מֵקִיא. רַבִּי אֱלִיעֶזֶר אוֹמֵר, אַף הָעַכְבָּר: ד. הַחוֹשֵׁב

סדר לימוד ליום הפטירה לעילוי נשמה

עַל מֵי חַטָּאת לִשְׁתּוֹת, רַבִּי אֱלִיעֶזֶר אוֹמֵר פָּסַל. רַבִּי יְהוֹשֻׁעַ אוֹמֵר, כְּשֶׁיַּטֶּה. אָמַר רַבִּי יוֹסֵי, בַּמֶּה דְּבָרִים אֲמוּרִים, בְּמַיִם שֶׁאֵינָם מְקֻדָּשִׁים, אֲבָל בְּמַיִם הַמְקֻדָּשִׁין. רַבִּי אֱלִיעֶזֶר אוֹמֵר, כְּשֶׁיַּטֶּה. רַבִּי יְהוֹשֻׁעַ אוֹמֵר, כְּשֶׁיִּשְׁתֶּה. גָּרַגַּר, כָּשֵׁר: ה. מֵי חַטָּאת שֶׁנִּפְסְלוּ, לֹא יְגַבְּלֵם בְּטִיט, שֶׁלֹּא יַעֲשֵׂם תַּקָּלָה לָאֲחֵרִים. רַבִּי יְהוּדָה אוֹמֵר, בָּטְלוּ. פָּרָה שֶׁשָּׁתָת מֵי חַטָּאת, בְּשָׂרָהּ טָמֵא מֵעֵת לְעֵת. רַבִּי יְהוּדָה אוֹמֵר, בָּטְלוּ בְמֵעֶיהָ: ו. מֵי חַטָּאת וְאֵפֶר חַטָּאת, לֹא יַעֲבִירֵם בַּנָּהָר וּבַסְּפִינָה, וְלֹא יְשִׁיטֵם עַל פְּנֵי הַמַּיִם, וְלֹא יַעֲמֹד בְּצַד זֶה וְיִזְרְקֵם לְצַד זֶה. אֲבָל עוֹבֵר הוּא בַּמַּיִם עַד צַוָּארוֹ. עוֹבֵר הוּא הַטָּהוֹר לְחַטָּאת, וּבְיָדָיו כְּלִי רֵיקָם הַטָּהוֹר לְחַטָּאת, וּבְמַיִם שֶׁאֵינָם מְקֻדָּשִׁין: ז. אֵפֶר כָּשֵׁר שֶׁנִּתְעָרֵב בְּאֵפֶר מִקְלֶה, הוֹלְכִין אַחַר הָרֹב לְטַמֵּא, וְאֵין מְקַדְּשִׁין בּוֹ. רַבִּי אֱלִיעֶזֶר אוֹמֵר, מְקַדְּשִׁין בְּכֻלָּן: ח. מֵי חַטָּאת שֶׁנִּפְסְלוּ, מְטַמְּאִים אֶת הַטָּהוֹר לִתְרוּמָה בְּיָדָיו וּבְגוּפוֹ, וְאֶת הַטָּהוֹר לְחַטָּאת לֹא בְּיָדָיו וְלֹא בְגוּפוֹ. נִטְמְאוּ, מְטַמְּאִים אֶת הַטָּהוֹר לִתְרוּמָה בְּיָדָיו וּבְגוּפוֹ, וְאֶת הַטָּהוֹר לְחַטָּאת בְּיָדָיו, אֲבָל לֹא בְגוּפוֹ: ט. אֵפֶר כָּשֵׁר שֶׁנְּתָנוֹ עַל גַּבֵּי הַמַּיִם שֶׁאֵינָן רְאוּיִן לְקַדֵּשׁ, מְטַמְּאִין אֶת הַטָּהוֹר לִתְרוּמָה בְּיָדָיו וּבְגוּפוֹ, אֶת הַטָּהוֹר לְחַטָּאת, לֹא בְּיָדָיו וְלֹא בְגוּפוֹ:

סדר לימוד ליום הפטירה לעילוי נשמה

אות קְ'

(מסכת מעילה פרק ד)

א. קָדְשֵׁי הַמִּזְבֵּחַ מִצְטָרְפִין זֶה עִם זֶה לִמְעִילָה, וּלְחַיֵּב עֲלֵיהֶן מִשּׁוּם פִּגּוּל, נוֹתָר, וְטָמֵא. קָדְשֵׁי בֶּדֶק הַבַּיִת מִצְטָרְפִין זֶה עִם זֶה. קָדְשֵׁי הַמִּזְבֵּחַ וְקָדְשֵׁי בֶּדֶק הַבַּיִת, מִצְטָרְפִין זֶה עִם זֶה לִמְעִילָה: ב. חֲמִשָּׁה דְבָרִים בָּעוֹלָה מִצְטָרְפִין זֶה עִם זֶה, הַבָּשָׂר, וְהַחֵלֶב, וְהַסֹּלֶת, וְהַיַּיִן, וְהַשֶּׁמֶן. וְשִׁשָּׁה בַּתּוֹדָה, הַבָּשָׂר, וְהַחֵלֶב, וְהַסֹּלֶת, וְהַיַּיִן, וְהַשֶּׁמֶן, וְהַלֶּחֶם. הַתְּרוּמָה, וּתְרוּמַת מַעֲשֵׂר, וּתְרוּמַת מַעֲשֵׂר שֶׁל דְּמַאי, הַחַלָּה, וְהַבִּכּוּרִים, מִצְטָרְפִין זֶה עִם זֶה לֶאֱסוֹר, וּלְחַיֵּב עֲלֵיהֶם אֶת הַחֹמֶשׁ: ג. כָּל הַפִּגּוּלִין מִצְטָרְפִין זֶה עִם זֶה. כָּל הַנּוֹתָרִין מִצְטָרְפִין זֶה עִם זֶה. כָּל הַנְּבֵלוֹת מִצְטָרְפוֹת זוֹ עִם זוֹ. כָּל הַשְּׁרָצִים מִצְטָרְפִין זֶה עִם זֶה. דַּם הַשֶּׁרֶץ וּבְשָׂרוֹ מִצְטָרְפִין. כְּלָל אָמַר רַבִּי יְהוֹשֻׁעַ, כָּל שֶׁטֻּמְאָתוֹ וְשִׁעוּרוֹ שָׁוִין, מִצְטָרְפִין זֶה עִם זֶה. טֻמְאָתוֹ וְלֹא שִׁעוּרוֹ, שִׁעוּרוֹ וְלֹא טֻמְאָתוֹ, לֹא טֻמְאָתוֹ וְלֹא שִׁעוּרוֹ, אֵין מִצְטָרְפִין זֶה עִם זֶה: ד. הַפִּגּוּל וְהַנּוֹתָר אֵין מִצְטָרְפִין זֶה עִם זֶה, מִפְּנֵי שֶׁהֵם שְׁנֵי שֵׁמוֹת. הַשֶּׁרֶץ וְהַנְּבֵלָה, וְכֵן הַנְּבֵלָה וּבְשַׂר הַמֵּת, אֵין מִצְטָרְפִין זֶה עִם זֶה לְטַמֵּא, אֲפִלּוּ כַּקַּל שֶׁבִּשְׁנֵיהֶם. הָאֹכֶל שֶׁנִּטְמָא בְּאַב הַטֻּמְאָה וְשֶׁנִּטְמָא בִּוְלַד הַטֻּמְאָה, מִצְטָרְפִין זֶה עִם זֶה לְטַמֵּא כַּקַּל שֶׁבִּשְׁנֵיהֶם: ה. כָּל הָאֳכָלִין

מִצְטָרְפִין. לִפְסוֹל אֶת הַגְּוִיָּה בְּכַחֲצִי פְרָס, בִּמְזוֹן שְׁתֵּי סְעוּדוֹת לְעֵרוּב, בְּכַבֵּיצָה לְטַמֵּא טֻמְאַת אֳכָלִין, בִּכְגְרוֹגֶרֶת לְהוֹצָאַת שַׁבָּת, בְּכַכּוֹתֶבֶת בְּיוֹם הַכִּפּוּרִים. כָּל הַמַּשְׁקִין מִצְטָרְפִין לִפְסוֹל אֶת הַגְּוִיָּה בִּרְבִיעִית, וּבִמְלֹא לֻגְמָיו בְּיוֹם הַכִּפּוּרִים: ו. הָעָרְלָה וְכִלְאֵי הַכֶּרֶם מִצְטָרְפִין זֶה עִם זֶה. רַבִּי שִׁמְעוֹן אוֹמֵר, אֵינָן מִצְטָרְפִין. הַבֶּגֶד וְהַשַּׂק, הַשַּׂק וְהָעוֹר, הָעוֹר וְהַמַּפָּץ, מִצְטָרְפִין זֶה עִם זֶה. רַבִּי שִׁמְעוֹן אוֹמֵר, מִפְּנֵי שֶׁהֵן רְאוּיִין לְטַמֵּא מוֹשָׁב:

אות ר'

(מסכת חולין פרק יא)

א. רֵאשִׁית הַגֵּז נוֹהֵג בָּאָרֶץ, וּבְחוּצָה לָאָרֶץ, בִּפְנֵי הַבַּיִת וְשֶׁלֹּא בִּפְנֵי הַבַּיִת, בְּחֻלִּין, אֲבָל לֹא בַמֻּקְדָּשִׁין. חֹמֶר בַּזְּרוֹעַ וּבַלְּחָיַיִם וּבַקֵּבָה מֵרֵאשִׁית הַגֵּז, שֶׁהַזְּרוֹעַ וְהַלְּחָיַיִם וְהַקֵּבָה נוֹהֲגִים בַּבָּקָר וּבַצֹּאן, בַּמְרֻבֶּה וּבַמֻּעָט. וְרֵאשִׁית הַגֵּז אֵינוֹ נוֹהֵג אֶלָּא בָּרְחֵלוֹת, וְאֵינוֹ נוֹהֵג אֶלָּא בַמְרֻבֶּה: ב. וְכַמָּה הוּא מְרֻבֶּה, בֵּית שַׁמַּאי אוֹמְרִים, שְׁתֵּי רְחֵלוֹת, שֶׁנֶּאֱמַר, "יְחַיֶּה אִישׁ עֶגְלַת בָּקָר וּשְׁתֵּי צֹאן". וּבֵית הִלֵּל אוֹמְרִים, חָמֵשׁ, שֶׁנֶּאֱמַר: "חָמֵשׁ צֹאן עֲשׂוּיוֹת". רַבִּי דוֹסָא בֶּן הַרְכִּינָס אוֹמֵר, חָמֵשׁ רְחֵלוֹת גּוֹזְזוֹת מָנֶה, מָנֶה, וּפְרַס, חַיָּבוֹת בְּרֵאשִׁית הַגֵּז. וַחֲכָמִים אוֹמְרִים, חָמֵשׁ רְחֵלוֹת, גּוֹזְזוֹת כָּל שֶׁהֵן. וְכַמָּה נוֹתְנִין לוֹ, מִשְׁקַל חָמֵשׁ סְלָעִים בִּיהוּדָה, שֶׁהֵן עֶשֶׂר

סְלָעִים בַּגָּלִיל. מְלֻבָּן וְלֹא צוֹאִי, כְּדֵי לַעֲשׂוֹת מִמֶּנּוּ בֶּגֶד קָטָן, שֶׁנֶּאֱמַר, "תִּתֶּן לוֹ", שֶׁיְּהֵא בוֹ כְּדֵי מַתָּנָה. לֹא הִסְפִּיק לִתְּנוֹ לוֹ עַד שֶׁצְּבָעוֹ, פָּטוּר. לִבְּנוֹ, וְלֹא צְבָעוֹ, חַיָּב. הַלּוֹקֵחַ גֵּז צֹאנוֹ שֶׁל נָכְרִי, פָּטוּר מֵרֵאשִׁית הַגֵּז. הַלּוֹקֵחַ גֵּז צֹאנוֹ שֶׁל חֲבֵרוֹ, אִם שִׁיֵּר הַמּוֹכֵר, הַמּוֹכֵר חַיָּב. לֹא שִׁיֵּר, הַלּוֹקֵחַ חַיָּב. הָיוּ לוֹ שְׁנֵי מִינִים, שְׁזוּפוֹת וּלְבָנוֹת, מָכַר לוֹ שְׁזוּפוֹת, אֲבָל לֹא לְבָנוֹת, זְכָרִים, אֲבָל לֹא נְקֵבוֹת, זֶה נוֹתֵן לְעַצְמוֹ וְזֶה נוֹתֵן לְעַצְמוֹ:

אוֹת ש'

(מסכת שביעית פרק ו)

א. שָׁלֹשׁ אֲרָצוֹת לַשְּׁבִיעִית, כָּל שֶׁהֶחֱזִיקוּ עוֹלֵי בָבֶל, מֵאֶרֶץ יִשְׂרָאֵל וְעַד כְּזִיב, לֹא נֶאֱכָל וְלֹא נֶעֱבָד. וְכָל שֶׁהֶחֱזִיקוּ עוֹלֵי מִצְרַיִם, מִכְּזִיב וְעַד הַנָּהָר וְעַד אֲמָנָה, נֶאֱכָל אֲבָל לֹא נֶעֱבָד. מִן הַנָּהָר וּמֵאֲמָנָה וְלִפְנִים, נֶאֱכָל וְנֶעֱבָד: ב. עוֹשִׂין בְּתָלוּשׁ בְּסוּרְיָא, אֲבָל לֹא בִּמְחֻבָּר. דָּשִׁים וְזוֹרִין וְדוֹרְכִין וּמְעַמְּרִין, אֲבָל לֹא קוֹצְרִין וְלֹא בוֹצְרִין וְלֹא מוֹסְקִים. כְּלָל אָמַר רַבִּי עֲקִיבָא, כָּל שֶׁכַּיּוֹצֵא בוֹ מֻתָּר בְּאֶרֶץ יִשְׂרָאֵל, עוֹשִׂין אוֹתוֹ בְּסוּרְיָא: ג. בְּצָלִים שֶׁיְּרָדוּ עֲלֵיהֶם גְּשָׁמִים וְצִמְּחוּ, אִם הָיוּ הֶעָלִין שֶׁלָּהֶם שְׁחוֹרִין, אֲסוּרִין. הוֹרִיקוּ, הֲרֵי אֵלּוּ מֻתָּרִין. רַבִּי חֲנִינָא בֶּן אַנְטִיגְנוֹס אוֹמֵר, אִם יְכוֹלִין לְהִתָּלֵשׁ בֶּעָלִין שֶׁלָּהֶן, אֲסוּרִין. וּכְנֶגֶד כֵּן מוֹצָאֵי שְׁבִיעִית

סדר לימוד ליום הפטירה לעילוי נשמה

מַתִּירִין: ד. מֵאֵימָתַי מֻתָּר אָדָם לִקַּח יָרָק בְּמוֹצָאֵי שְׁבִיעִית, מִשֶּׁיַּעֲשֶׂה כַּיּוֹצֵא בוֹ. עָשָׂה הַבַּכִּיר, הֻתַּר הָאָפִיל. רַבִּי הִתִּיר לִקַּח יָרָק בְּמוֹצָאֵי שְׁבִיעִית מִיָּד: ה. אֵין מוֹצִיאִין שֶׁמֶן שְׂרֵפָה וּפֵרוֹת שְׁבִיעִית, מֵהָאָרֶץ לְחוּצָה לָאָרֶץ. אָמַר רַבִּי שִׁמְעוֹן, שָׁמַעְתִּי בְּפֵרוּשׁ, שֶׁמּוֹצִיאִין לְסוּרְיָא וְאֵין מוֹצִיאִין לְחוּצָה לָאָרֶץ: ו. אֵין מְבִיאִין תְּרוּמָה מִחוּצָה לָאָרֶץ לָאָרֶץ. אָמַר רַבִּי שִׁמְעוֹן, שָׁמַעְתִּי בְּפֵרוּשׁ, שֶׁמְּבִיאִין מִסּוּרְיָא וְאֵין מְבִיאִין מִחוּצָה לָאָרֶץ:

אות ת'

(מסכת ברכות פרק ד')

א. תְּפִלַּת הַשַּׁחַר עַד חֲצוֹת. רַבִּי יְהוּדָה אוֹמֵר, עַד אַרְבַּע שָׁעוֹת. תְּפִלַּת הַמִּנְחָה עַד הָעֶרֶב. רַבִּי יְהוּדָה אוֹמֵר, עַד פְּלַג הַמִּנְחָה. תְּפִלַּת הָעֶרֶב אֵין לָהּ קֶבַע. וְשֶׁל מוּסָפִין כָּל הַיּוֹם. רַבִּי יְהוּדָה אוֹמֵר, עַד שֶׁבַע שָׁעוֹת: ב. רַבִּי נְחוּנְיָא בֶּן הַקָּנָה הָיָה מִתְפַּלֵּל בִּכְנִיסָתוֹ לְבֵית הַמִּדְרָשׁ וּבִיצִיאָתוֹ תְּפִלָּה קְצָרָה. אָמְרוּ לוֹ, מַה מָּקוֹם לִתְפִלָּה זוֹ, אָמַר לָהֶם, בִּכְנִיסָתִי אֲנִי מִתְפַּלֵּל, שֶׁלֹּא תֶאֱרַע תַּקָּלָה עַל יָדִי, וּבִיצִיאָתִי אֲנִי נוֹתֵן הוֹדָיָה עַל חֶלְקִי: ג. רַבָּן גַּמְלִיאֵל אוֹמֵר, בְּכָל יוֹם מִתְפַּלֵּל אָדָם שְׁמוֹנֶה עֶשְׂרֵה. רַבִּי יְהוֹשֻׁעַ אוֹמֵר, מֵעֵין שְׁמוֹנֶה עֶשְׂרֵה. רַבִּי עֲקִיבָא אוֹמֵר, אִם שְׁגוּרָה תְפִלָּתוֹ בְּפִיו יִתְפַּלֵּל שְׁמוֹנֶה עֶשְׂרֵה, וְאִם לָאו מֵעֵין שְׁמוֹנֶה עֶשְׂרֵה: ד. רַבִּי

סדר לימוד ליום הפטירה לעילוי נשמה

אֱלִיעֶזֶר אוֹמֵר, הָעוֹשֶׂה תְפִלָּתוֹ קֶבַע אֵין תְּפִלָּתוֹ תַחֲנוּנִים. רַבִּי יְהוֹשֻׁעַ אוֹמֵר, הַמְהַלֵּךְ בִּמְקוֹם סַכָּנָה, מִתְפַּלֵּל תְּפִלָּה קְצָרָה. אוֹמֵר, הוֹשַׁע הַשֵּׁם אֶת עַמְּךָ אֶת שְׁאֵרִית יִשְׂרָאֵל. בְּכָל פָּרָשַׁת הָעִבּוּר יִהְיוּ צָרְכֵיהֶם לְפָנֶיךָ, בָּרוּךְ אַתָּה ה' שׁוֹמֵעַ תְּפִלָּה: ה. הָיָה רוֹכֵב עַל הַחֲמוֹר, יֵרֵד. וְאִם אֵינוֹ יָכוֹל לֵירֵד, יַחֲזִיר אֶת פָּנָיו. וְאִם אֵינוֹ יָכוֹל לְהַחֲזִיר אֶת פָּנָיו, יְכַוֵּן אֶת לִבּוֹ כְּנֶגֶד בֵּית קֹדֶשׁ הַקֳּדָשִׁים: ו. הָיָה יוֹשֵׁב בִּסְפִינָה, אוֹ בְקָרוֹן, אוֹ בְאַסְדָּא יְכַוֵּן אֶת לִבּוֹ כְּנֶגֶד בֵּית קֹדֶשׁ הַקֳּדָשִׁים: ז. רַבִּי אֶלְעָזָר בֶּן עֲזַרְיָה אוֹמֵר, אֵין תְּפִלַּת הַמּוּסָפִין אֶלָּא בְּחֶבֶר עִיר. וַחֲכָמִים אוֹמְרִים, בְּחֶבֶר עִיר וְשֶׁלֹּא בְחֶבֶר עִיר. רַבִּי יְהוּדָה אוֹמֵר מִשְּׁמוֹ, כָּל מָקוֹם שֶׁיֵּשׁ חֶבֶר עִיר, הַיָּחִיד פָּטוּר מִתְּפִלַּת הַמּוּסָפִין:

מסכת מקואות פרק ז'

נוֹהֲגִים לִלְמֹד פֶּרֶק ז' מִמַּסֶּכֶת מִקְוָאוֹת, וְיֵשׁ בּוֹ שִׁבְעָה מִשְׁנָיוֹת שֶׁרָאשֵׁי הַתֵּבוֹת שֶׁלָּהֶם הוּא הַשֵּׁם הַקָּדוֹשׁ יא"ה וְאוֹתִיּוֹת נשמ"ה.

יֵשׁ מַעֲלִין אֶת הַמִּקְוֶה וְלֹא פוֹסְלִין, פּוֹסְלִין וְלֹא מַעֲלִין, לֹא מַעֲלִין וְלֹא פוֹסְלִין. אֵלּוּ מַעֲלִין וְלֹא פוֹסְלִין, הַשֶּׁלֶג, וְהַבָּרָד, וְהַכְּפוֹר, וְהַגְּלִיד, וְהַמֶּלַח, וְהַטִּיט הַנָּרוֹק. אָמַר רַבִּי עֲקִיבָא, הָיָה רַבִּי

סדר לימוד ליום הפטירה לעילוי נשמה

יִשְׁמָעֵאל דָּן כְּנֶגְדִּי לוֹמַר, הַשֶּׁלֶג אֵינוֹ מַעֲלֶה אֶת הַמִּקְוֶה. וְהֵעִידוּ אַנְשֵׁי מֵידְבָא מִשְּׁמוֹ, שֶׁאָמַר לָהֶם, צְאוּ וְהָבִיאוּ שֶׁלֶג וַעֲשׂוּ מִקְוֶה בַּתְּחִלָּה. רַבִּי יוֹחָנָן בֶּן נוּרִי אוֹמֵר, אֶבֶן הַבָּרָד כַּמַּיִם. כֵּיצַד מַעֲלִין וְלֹא פּוֹסְלִין, מִקְוֶה שֶׁיֵּשׁ בּוֹ אַרְבָּעִים סְאָה חָסֵר אַחַת, נָפַל מֵהֶם סְאָה לְתוֹכוֹ, וְהֶעֱלָתוֹ, נִמְצְאוּ מַעֲלִין וְלֹא פּוֹסְלִין:

יש מעלין. משלימין לארבעים סאה: **ולא פוסלין**. בשלשה לוגין שאובין. וכולהו מפרש כיצד: **הכפור**. גשמים שיורדין נקפים: **גליד**. מים שקפאו על פני הארץ או על פני המים: **טיט הנרוק**. טיט רך ורקיק שנעשה כמו רוק: **אבן הברד כמים**. כמים שאובים דאמרינן לקמן פוסלים ולא מעלים. ואין הלכה כרבי יוחנן בן נורי. והלכה כעדותן של אנשי מידבא שעושין מקוה מן השלג אפילו לכתחלה: **נמצאו מעלין**. שהשלימוהו. ולא פוסלין. בשלשה לוגין שאובין. שהרי סאה היא הרבה יותר משלשה לוגין, ולא נפסל המקוה בכך:

אֵלּוּ פּוֹסְלִין וְלֹא מַעֲלִין, הַמַּיִם בֵּין טְמֵאִים בֵּין טְהוֹרִים, וּמֵי כְבָשִׁים, וּמֵי שְׁלָקוֹת, וְהַתֶּמֶד עַד שֶׁלֹּא הֶחֱמִיץ. כֵּיצַד פּוֹסְלִין וְלֹא מַעֲלִין, מִקְוֶה שֶׁיֵּשׁ בּוֹ אַרְבָּעִים סְאָה חָסֵר קֻרְטוֹב, וְנָפַל מֵהֶן קֻרְטוֹב לְתוֹכוֹ, לֹא הֶעֱלָהוּ, פּוֹסְלוֹ בִּשְׁלֹשָׁה לֻגִּין. אֲבָל שְׁאָר הַמַּשְׁקִין, וּמֵי פֵרוֹת, וְהַצִּיר, וְהַמֻּרְיָס, וְהַתֶּמֶד מִשֶּׁהֶחֱמִיץ, פְּעָמִים מַעֲלִין וּפְעָמִים שֶׁאֵינָן מַעֲלִין. כֵּיצַד, מִקְוֶה שֶׁיֵּשׁ בּוֹ אַרְבָּעִים סְאָה חָסֵר אַחַת, נָפַל לְתוֹכוֹ סְאָה מֵהֶם, לֹא הֶעֱלָתוּ. הָיוּ בּוֹ אַרְבָּעִים סְאָה, נָתַן סְאָה וְנָטַל סְאָה, הֲרֵי זֶה כָּשֵׁר:

המים. שאובין. בין טמאין בין טהורים: **מי כבשים**. מים שכבשו בהן זיתים או מיני ירקות: **ומי שלקות**. מים ששלקו בהן שלקות: **והתמד**. חרצנים וזגים או שמרים שנתן עליהן מים: עד שלא החמיץ. דאם החמיץ נידון כמי פירות: **קורטוב**. אחד מששים וארבע בלוג: **פעמים מעלין**. כדמפרש, כשיש במקוה ארבעים סאה מים כשרים ונתן בו סאה מי פירות, ואחר כך נטל סאה ממנו מים ומי פירות מעורבים יחד, הרי כל הסאה של מי פירות שנשארה במקוה משלימים את המקוה: **פעמים אין מעלין**. כדקתני במקוה שיש בו ארבעים סאה חסר אחת:

הֵדִיחַ בּוֹ סַלֵּי זֵיתִים וְסַלֵּי עֲנָבִים, וְשִׁנּוּ אֶת מַרְאָיו, כָּשֵׁר. רַבִּי יוֹסֵי אוֹמֵר, מֵי הַצֶּבַע פּוֹסְלִין אוֹתוֹ בִּשְׁלשָׁה לֻגִּין, וְאֵינָן פּוֹסְלִין אוֹתוֹ בְּשִׁנּוּי מַרְאֶה. נָפַל לְתוֹכוֹ יַיִן וּמֹחַל, וְשִׁנּוּ אֶת מַרְאָיו, פָּסוּל. כֵּיצַד יַעֲשֶׂה, יַמְתִּין לוֹ עַד שֶׁיֵּרְדוּ גְשָׁמִים, וְיַחְזְרוּ מַרְאֵיהֶן לְמַרְאֵה הַמָּיִם. הָיוּ בוֹ אַרְבָּעִים סְאָה, מְמַלֵּא בַכָּתֵף וְנוֹתֵן לְתוֹכוֹ, עַד שֶׁיַּחְזְרוּ מַרְאֵיהֶן לְמַרְאֵה הַמָּיִם:

ושינו את מראיו כשר. דהדחת כלים לא חשיבא שינוי מראה: **ואין פוסלים אותו בשינוי מראה**. משום דצבעא לית ביה משש: **מוחל**. מים היוצאים מן הזיתים: **ימתין עד שירדו גשמים**. דלמלאות בכתף אי אפשר, דבחסר עסקינן, שהוא נפסל בשלשה לוגין: ממלא בכתף. דמקוה שלם אין השאובים פוסלים אותו לעולם:

נָפַל לְתוֹכוֹ יַיִן אוֹ מֹחַל, וְשִׁנּוּ מִקְצָת מַרְאָיו, אִם אֵין בּוֹ מַרְאֵה מַיִם אַרְבָּעִים סְאָה, הֲרֵי זֶה לֹא יִטְבֹּל בּוֹ:

אין בו מראה מים ארבעים סאה. אם אין במקוה ארבעים סאה שיש בהן מראה מים, לא יטבול באותו מקוה אפילו

באותו צד שיש בו מראה מים, ואם טבל לא עלתה לו טבילה:

שְׁלֹשָׁה לֻגִּין מַיִם, וְנָפַל לְתוֹכָן קָרְטוֹב יַיִן, וַהֲרֵי מַרְאֵיהֶן כְּמַרְאֵה הַיַּיִן, וְנָפְלוּ לַמִּקְוֶה, לֹא פְסָלוּהוּ. שְׁלֹשָׁה לֻגִּין מַיִם חָסֵר קָרְטוֹב, וְנָפַל לְתוֹכָן קָרְטוֹב חָלָב, וַהֲרֵי מַרְאֵיהֶן כְּמַרְאֵה הַמַּיִם, וְנָפְלוּ לַמִּקְוֶה, לֹא פְסָלוּהוּ. רַבִּי יוֹחָנָן בֶּן נוּרִי אוֹמֵר, הַכֹּל הוֹלֵךְ אַחַר הַמַּרְאֶה:

ונפלו למקוה לא פסלוהו. הואיל והן נראין כיין, ומי פירות אין פוסלין בשלשה לוגין: **הכל הולך אחר המראה**. אף על פי שאין החלב פוסל המקוה ואין במים שיעור שלשה לוגין לפסול, מכל מקום כיון שיש כאן שלשה לוגין שנראין כמים, חשבינן להו כאילו כולן מים ופוסלין. ואין הלכה כרבי יוחנן בן נורי:

מִקְוֶה שֶׁיֵּשׁ בּוֹ אַרְבָּעִים סְאָה מְכֻוָּנוֹת, יָרְדוּ שְׁנַיִם וְטָבְלוּ זֶה אַחַר זֶה, הָרִאשׁוֹן טָהוֹר, וְהַשֵּׁנִי טָמֵא. רַבִּי יְהוּדָה אוֹמֵר, אִם הָיוּ רַגְלָיו שֶׁל רִאשׁוֹן נוֹגְעוֹת בַּמַּיִם, אַף הַשֵּׁנִי טָהוֹר. הִטְבִּיל בּוֹ אֶת הַסָּגוֹס, וְהֶעֱלָהוּ, מִקְצָתוֹ נוֹגֵעַ בַּמַּיִם, טָהוֹר. הַכַּר וְהַכֶּסֶת שֶׁל עוֹר, כֵּיוָן שֶׁהִגְבִּיהַּ שִׂפְתוֹתֵיהֶם מִן הַמַּיִם, הַמַּיִם שֶׁבְּתוֹכָן שְׁאוּבִין. כֵּיצַד יַעֲשֶׂה, מַטְבִּילָן וּמַעֲלֶה אוֹתָם דֶּרֶךְ שׁוּלֵיהֶם:

והשני טמא. דודאי חסר שיעור המקוה בטבילתו של ראשון: **אף השני טהור**. דאמרינן גוד אחית, והוי כאילו המים שהעלה הראשון בגופו הן מחוברין למי מקוה ולא נחסר משיעורו כלום. ופירשו בגמרא דחגיגה דלא טיהר רבי יהודה אלא במעלות דרבנן, כגון שהיה טהור לחולין

וטבל להיות טהור למעשר, או שהיה טהור למעשר וטבל להיות טהור לתרומה. אבל לעלות מטומאה גמורה לטהרה, דברי הכל טמא. ואין הלכה כר' יהודה: **סגוס**. בגד צמר עב, וקורין לו בערבי אלבורנו"ס, ובולע מים הרבה: **מקצתו נוגע במים טהור**. ובמקוה שיש בו ארבעים סאה מצומצמות איירי וטבל בו אדם לאחר שהטביל בו את הסגוס, טהור האיש הטובל אע"פ שנחסר שיעור מקוה בטבילת הסגוס, מאחר שמקצת הסגוס נוגע במים. ור' יהודה היא דסבירא ליה אמרינן גוד אחית: **המים שבתוכן שאובים**. וחוזרים ופוסלים את המקוה בשלשה לוגים. שהרי לא היו בו אלא ארבעים סאה מכוונות ונתחסר כשהגביה שפתותיהן מן המים: **ומעלה אותם דרך שוליהם**. כדי שלא יפלו המים שבתוכן למקוה ויפסלו כל מימיו:

הִטְבִּיל בּוֹ אֶת הַמִּטָּה, אַף עַל פִּי שֶׁרַגְלֶיהָ שׁוֹקְעוֹת בְּטִיט הֶעָבֶה, טְהוֹרָה, מִפְּנֵי שֶׁהַמַּיִם מְקַדְּמִין. מִקְוֶה שֶׁמֵּימָיו מְרֻדָּדִין, כּוֹבֵשׁ אֲפִלּוּ זְהֲבִילֵי עֵצִים, אֲפִלּוּ זְהֲבִילֵי קָנִים, כְּדֵי שֶׁיִּתְפְּחוּ הַמַּיִם, וְיוֹרֵד וְטוֹבֵל. מַחַט שֶׁהִיא נְתוּנָה עַל מַעֲלוֹת הַמְּעָרָה, הָיָה מוֹלִיךְ וּמֵבִיא בַּמַּיִם, כֵּיוָן שֶׁעָבַר עָלֶיהָ הַגַּל, טְהוֹרָה:

הטביל בו את המטה. שרגליה גבוהות, ואי אפשר להטבילה כולה כאחת במקוה קטן כזה ששיערו מצומצם אא"כ רגליה שוקעות בטיט: **העבה**. שאינו נרוק ואין מטבילין בו: **שהמים מקדמין**. להטביל הרגלים קודם שישקעו בטיט, ובמים הוטבלו: **שמימיו מרודדים**. שאין המים עמוקים, מחמת שהמקוה רחב והמים מתפשטים בכולו. ואע"פ שיש בו ארבעים סאה אין כל גופו מתכסה במים בבת אחת: **כובש**. לצד אחד של מקוה: **אפילו חבילי עצים וקנים**. ואף על גב דנראה כמקוה שחלקו, אפילו הכי הואיל והמים נכנסין ביניהן לא הוי חלוק. וכובש דנקט, מפני שהעצים והקנים צפים על פני המים, וצריך לכבוש

סדר לימוד ליום הפטירה לעילוי נשמה

עליהם אבנים כדי שיכנסו תחת המים: **היה מוליך ומביא במים**. מנענע המים בידיו: **כיון שעבר הגל**. של מים על המעלה של מקוה שהמחט מונח בה וצפו מי הגל על המחט, טהורה. ולפי שהמחט דקה וקטנה וירא פן תפול במים, דרך להטבילה כן:

יֵשׁ נוֹהֲגִים גַּם לִלְמֹד פֶּרֶק כ"ד מִמַּסֶּכֶת כֵּלִים, אֲשֶׁר כָּל מִשְׁנָה מִסְתַּיֶּמֶת **בִּטְהֹרָה מִכְּלוּם**, אוֹ **טָהוֹר מִכְּלוּם**. יש י"ז משניות בפרק זה כמנין **טוב**

מסכת כלים פרק כ"ד

א. שְׁלֹשָׁה תְרִיסִין הֵם, תְּרִיס הַכָּפוּף, טָמֵא מִדְרָס. וְשֶׁמְּשַׂחֲקִין בּוֹ בַּקֻּנְפּוֹן, טָמֵא טְמֵא מֵת. וְדִיצַת הָעַרְבִיִּין, טְהוֹרָה מִכְּלוּם: ב. שָׁלֹשׁ עֲגָלוֹת הֵן, הָעֲשׂוּיָה כְקַתֶּדְרָא, טְמֵאָה מִדְרָס. כְּמִטָּה, טְמֵאָה טְמֵא מֵת. וְשֶׁל אֲבָנִים, טְהוֹרָה מִכְּלוּם: ג. שָׁלֹשׁ עֲרֵבוֹת הֵן, עֲרֵבָה מִשְּׁנֵי לֹג וְעַד תִּשְׁעָה קַבִּין שֶׁנִּסְדְּקָה, טְמֵאָה מִדְרָס. שְׁלֵמָה, טְמֵאָה טְמֵא מֵת. וְהַבָּאָה בַמִּדָּה, טְהוֹרָה מִכְּלוּם: ד. שָׁלֹשׁ תֵּבוֹת הֵן, תֵּבָה שֶׁפִּתְחָהּ מִצִּדָּהּ, טְמֵאָה מִדְרָס. מִלְמַעְלָן, טְמֵאָה טְמֵא מֵת. וְהַבָּאָה בַמִּדָּה, טְהוֹרָה מִכְּלוּם: ה. שְׁלֹשָׁה תַּרְבּוּסִין הֵן, שֶׁל סַפָּרִין, טָמֵא מִדְרָס. שֶׁאוֹכְלִין עָלָיו, טָמֵא טְמֵא מֵת. וְשֶׁל זֵיתִים, טָהוֹר מִכְּלוּם: ו. שָׁלֹשׁ בְּסִיסִיּוֹת הֵן, שֶׁלִּפְנֵי הַמִּטָּה, וְשֶׁלִּפְנֵי סוֹפְרִים, טְמֵאָה מִדְרָס.

וְשֶׁל דַּלְפְּקִי, טְמֵאָה טְמֵא מֵת. וְשֶׁל מִגְדָּל, טְהוֹרָה מִכְּלוּם: ז. שָׁלֹשׁ פִּנְקְסִיּוֹת הֵן, הָאֶפִּיפוֹרִין, טְמֵאָה מִדְרָס. וְשֶׁיֵּשׁ בָּהּ בֵּית קִבּוּל שַׁעֲוָה, טְמֵאָה טְמֵא מֵת. וַחֲלָקָה, טְהוֹרָה מִכְּלוּם: ח. שָׁלֹשׁ מִטּוֹת הֵן, הָעֲשׂוּיָה לִשְׁכִיבָה, טְמֵאָה מִדְרָס. שֶׁל זַגָּגִין, טְמֵאָה טְמֵא מֵת. וְשֶׁל סָרָגִין, טְהוֹרָה מִכְּלוּם: ט. שָׁלֹשׁ מַשְׁפֵּלוֹת הֵן, שֶׁל זֶבֶל, טְמֵאָה מִדְרָס. שֶׁל תֶּבֶן, טְמֵאָה טְמֵא מֵת. וְהַפֹּחַלֶץ שֶׁל גְּמַלִּים, טָהוֹר מִכְּלוּם: י. שְׁלֹשָׁה מַפָּצִים הֵן, הֶעָשׂוּי לִישִׁיבָה, טָמֵא מִדְרָס. שֶׁל צַבָּעִין, טָמֵא טְמֵא מֵת. וְשֶׁל גִּתּוֹת, טָהוֹר מִכְּלוּם: יא. שָׁלֹשׁ חֲמָתוֹת וּשְׁלֹשָׁה תַּרְמְלִין הֵן, הַמְקַבְּלִים כַּשִּׁעוּר, טְמֵאִין מִדְרָס. וְשֶׁאֵינָן מְקַבְּלִין כַּשִּׁעוּר, טְמֵאִים טְמֵא מֵת. וְשֶׁל עוֹר הַדָּג, טָהוֹר מִכְּלוּם: יב. שְׁלֹשָׁה עוֹרוֹת הֵן, הֶעָשׂוּי לְשָׁטִיחַ, טָמֵא מִדְרָס. לְתַכְרִיךְ הַכֵּלִים, טָמֵא טְמֵא מֵת. וְשֶׁל רְצוּעוֹת וְשֶׁל סַנְדָּלִים, טָהוֹר מִכְּלוּם. יג. שְׁלֹשָׁה סְדִינִין הֵן, הֶעָשׂוּי לִשְׁכִיבָה, טָמֵא מִדְרָס. לְוִילוֹן, טָמֵא טְמֵא מֵת. וְשֶׁל צוּרוֹת, טָהוֹר מִכְּלוּם: יד. שָׁלֹשׁ מִטְפָּחוֹת הֵן, שֶׁל יָדַיִם, טְמֵאָה מִדְרָס. שֶׁל סְפָרִין, טְמֵאָה טְמֵא מֵת, וְשֶׁל תַּכְרִיךְ, וְשֶׁל נִבְלֵי בְּנֵי לֵוִי, טְהוֹרָה מִכְּלוּם: טו. שְׁלֹשָׁה פִּרְקְלִינִין הֵן, שֶׁל צַיָּדֵי

סדר לימוד ליום הפטירה לעילוי נשמה

חַיָּה וָעוֹף, טָמֵא מִדְרָס. שֶׁל חַגָּבִין, טָמֵא טְמֵא מֵת. וְשֶׁל קַיְצִין, טָהוֹר מִכְּלוּם: טז. שָׁלֹשׁ סְבָכוֹת הֵן, שֶׁל יַלְדָּה, טְמֵאָה טֻמְאַת מִדְרָס. שֶׁל זְקֵנָה, טְמֵאָה טְמֵא מֵת. וְשֶׁל יוֹצֵאת לַחוּץ, טְהוֹרָה מִכְּלוּם: יז. שָׁלֹשׁ קֻפּוֹת הֵן, מְהוּהָה שֶׁטְּלָיָה עַל הַבְּרִיָּה, הוֹלְכִין אַחַר הַבְּרִיָּה. קְטַנָּה עַל הַגְּדוֹלָה, הוֹלְכִין אַחַר הַגְּדוֹלָה. הָיוּ שָׁווֹת, הוֹלְכִין אַחַר הַפְּנִימִית. רַבִּי שִׁמְעוֹן אוֹמֵר, כַּף מֹאזְנַיִם שֶׁטְּלָיָהּ עַל שׁוּלֵי הַמֵּחַם. מִבִּפְנִים, טָמֵא. מִבַּחוּץ, טָהוֹר. טְלָיָהּ עַל צִדּוֹ, בֵּין מִבִּפְנִים בֵּין מִבַּחוּץ טָהוֹר:

קֶטַע זֶה מִסֵּפֶר הַזֹּהַר הַקָּדוֹשׁ הַמְּדַבֵּר אֶת זְמַן הִסְתַּלְּקוּת רַבִּי שִׁמְעוֹן בַּר יוֹחַאי

קטע מהאדרא זוטא דף רצ"ו ע"ב

אָמַר רַבִּי אַבָּא, לָא סִיֵּים בּוֹצִינָא קַדִּישָׁא לְמֵימַר חַיִּים, עַד דְּאִשְׁתְּכָכוּ מִלּוֹי, וַאֲנָא כָּתַבְנָא, סָבַרְנָא לְמִכְתַּב טְפֵי, וְלָא שְׁמַעְנָא. וְלָא זָקִיפְנָא רֵישָׁא, דִּנְהוֹרָא הֲוָה סַגֵּי, וְלָא הֲוָה יָכִילְנָא לְאִסְתַּכְּלָא. אַדְּהָכִי אִזְדַּעְזַעְנָא, שְׁמַעְנָא קָלָא דְּקָארֵי וְאָמַר, אֹרֶךְ יָמִים וּשְׁנוֹת חַיִּים וְגוֹ'. שְׁמַעְנָא קָלָא אַחֲרָא, חַיִּים שָׁאַל מִמְּךָ וְגוֹ'. כָּל הַהוּא יוֹמָא, לָא אַפְסִיק אֶשָּׁא מִן בֵּיתָא, וְלָא הֲוָה מַאן דְּמָטֵי לְגַבֵּיהּ, דְּלָא

יָכִילוּ דִּנְהוֹרָא וְאֶשָּׁא הֲוָה בִּסְחֲרָנֵיהּ. כָּל הַהוּא
יוֹמָא נָפִילְנָא עַל אַרְעָא, וְגָעֵינָא. בָּתַר דְּאָזִיל אֶשָּׁא,
חֲמֵינָא לְבוּצִינָא קַדִּישָׁא קֹדֶשׁ הַקֳּדָשִׁים, דְּאִסְתְּלַק
מִן עָלְמָא, אִתְעֲטָף שָׁכִיב עַל יְמִינֵיהּ, וְאַנְפּוֹי חַיְיכִין.
קָם רִבִּי אֶלְעָזָר בְּרֵיהּ, וְנָטִיל יְדוֹי וְנָשִׁיק לוֹן, וַאֲנָא
לָחִיכְנָא עַפְרָא דִּתְחוֹת רַגְלוֹי. בָּעוּ חַבְרַיָּא לְמִבְכֵּי,
וְלָא יָכִילוּ לְמַלְּלָא. שָׁארוּ חַבְרַיָּא בִּבְכִיָּה, וְרִבִּי
אֶלְעָזָר בְּרֵיהּ נָפִיל תְּלַת זִמְנִין, וְלָא יָכִיל לְמִפְתַּח
פּוּמֵיהּ. לְבָתַר פָּתַח וְאָמַר, אַבָּא אַבָּא. תְּלַת הֲווֹ,
חַד אִתְחֲזָרוּ. הַשְׁתָּא תְּנוּד חֵיוָתָא, צִפֳּרָאן טָאסִין,
מִשְׁתַּקְעָן בְּנוּקְבָאן דְּיַמָּא רַבָּא, וְחַבְרַיָּא כֻּלְּהוּ
שַׁתְיָין דָּמָא. קָם רִבִּי חִיָּיא עַל רַגְלוֹי וְאָמַר, עַד
הַשְׁתָּא בּוּצִינָא קַדִּישָׁא מִסְתַּכַּל עֲלָן. הַשְׁתָּא לָאו
הוּא עִדָּן, אֶלָּא לְאִשְׁתַּדְּלָא בִּיקָרֵיהּ. קָם רִבִּי
אֶלְעָזָר וְרִבִּי אַבָּא, נַטְלוּ לֵיהּ בְּטִיקְרָא דְּסִיקְלָא,
מַאן חָמָא עִרְבּוּבְיָא דְּחַבְרַיָּא, וְכָל בֵּיתָא הֲוָה
סָלִיק רֵיחִין סְלִיקוּ בֵּיהּ בְּפוּרְיֵיהּ, וְלָא אִשְׁתַּמַּשׁ
בֵּיהּ, אֶלָּא רִבִּי אֶלְעָזָר וְרִבִּי אַבָּא. אָתוּ טְרִיקִין,
וּמָארֵי תְּרִיסִין דִּכְפַר צִפֳּרִי וְטַרְדָאן בְּהוּ בְּנֵי
מְרוֹנְיָא, צַוְוחִין בִּקְטִירִין, דְּחָשִׁיבוּ דְּלָא יִתְקְבַר
תַּמָּן. בָּתַר דְּנָפַק פּוּרְיָיא, הֲוָה סָלִיק בַּאֲוִירָא.
וְאֶשָּׁא הֲוָה לָהִיט קַמֵּיהּ, שָׁמְעוּ קָלָא, עוּלוּ וְאָתוּ,
וְאִתְכַּנְשׁוּ לְהִילּוּלָא דְּרִבִּי שִׁמְעוֹן, יָבֹא שָׁלוֹם יָנוּחוּ
עַל מִשְׁכְּבוֹתָם. כַּד עָאל לִמְעַרְתָּא שָׁמְעוּ קָלָא

סדר לימוד ליום הפטירה לעילוי נשמה

בִּמְעַרְתָּא, זֶה הָאִישׁ מַרְעִישׁ הָאָרֶץ מַרְגִּיז מַמְלָכוֹת, כַּמָּה פִּטְרִין בִּרְקִיעָא מִשְׁתַּכְּכִין בְּיוֹמָא דֵין בְּגִינָךְ, דְּנָא רִבִּי שִׁמְעוֹן בֶּן יוֹחָאי, דְּמָארֵיהּ מִשְׁתַּבַּח בֵּיהּ בְּכָל יוֹמָא. זַכָּאָה חוּלָקֵיהּ לְעֵילָּא וְתַתָּא. כַּמָּה גְּנִיזִין עִלָּאִין מִסְתַּמְּרָן לֵיהּ, עָלֵיהּ אִתְּמַר, וְאַתָּה לֵךְ לַקֵּץ וְתָנוּחַ וְתַעֲמוֹד לְגוֹרָלְךָ לְקֵץ הַיָּמִין.

תפילה לאחר הלימוד

יְהִי רָצוֹן מִלְּפָנֶיךָ יְהֹוָה אדני איהדונהי אֱלֹהֵינוּ וֵאלֹהֵי אֲבוֹתֵינוּ מַלְכֵּנוּ, מַצִּילֵנוּ בּוֹרְאֵנוּ יוֹצְרֵנוּ וְעוֹשֵׂנוּ, שֶׁתְּקַבֵּל בְּחֶסֶד וּבְרַחֲמִים לִמּוּדֵנוּ אֲשֶׁר לָמַדְנוּ לְפָנֶיךָ, לִזְכוּת וּלִמְנוּחַת נֶפֶשׁ נִשְׁמַת (פב"פ). וְיַעֲלוּ לְרָצוֹן וּלְנַחַת רוּחַ לִפְנֵי כִסֵּא כְבוֹדֶךָ לְהַשְׁפִּיעַ עָלֶיהָ שִׁפְעַת יִפְעַת אוֹרוֹת טַלֶּךָ, כְּדֵי שֶׁתִּכָּנֵס לְגַן עֵדֶן עֶלְיוֹן, לְאוֹר בְּאוֹר פָּנֶיךָ וְלֵהָנוֹת מִזִּיו שְׁכִינָתֶךָ. וְתִהְיֶה לָהּ מְנוּחָה נְכוֹנָה בְּגַן עֵדֶן מוֹשָׁבָהּ כָּל הַיָּמִים בִּמְחִצָּתָן שֶׁל צַדִּיקִים. וְיַעַמְדוּ עָלֶיהָ מַלְאָכִים הֲמוֹנֵי מַעְלָה לְהַמְלִיץ טוֹב בַּעֲדָהּ. וְיִקְרְאוּ לְפָנֶיךָ זְכֻיּוֹתֶיהָ. וּבִזְכוּת כָּל הַשֵּׁמוֹת וְהַצֵּרוּפִים וְהַסּוֹדוֹת הַיּוֹצְאִים וְהַרְמוּזִים וְהַמְּצֹרָפִים

סֵדֶר לִימּוּד לְיוֹם הַפְּטִירָה לְעִילּוּי נִשְׁמָה

בְּלִמּוּד שֶׁלָּמַדְנוּ תְּקַבְּלֶנָּה כְּקָרְבָּנוֹת וּמְנָחוֹת וְנִחוֹחִים, וּבְצֶדֶק תַּעֲנֶה נוֹרָאוֹת לְכַלֵּא הַפֶּשַׁע וּלְהָתֵם חַטָּאת. וַיִּפָּתְחוּ לָהּ שַׁעַר הַשָּׁמַיִם וְעַל מֵי מְנוּחוֹת יְנַהֲלוּהָ וְיַלְווּהָ, וְיוֹשִׁיבוּהָ בִּמְעוֹן בֵּיתֶךָ וּמְקוֹם מִשְׁכַּן כְּבוֹדֶךָ, וְיַסְתִּירוּהָ בְּסֵתֶר עֶלְיוֹן, שׁוֹכֵן רוּם חֶבְיוֹן, לְהַצִּילָהּ וּלְהוֹשִׁיעָהּ מִשָּׂטָן רָע וּמִמְּקַטְרְגִים רָעִים וְתִהְיֶה מְנוּחָתָהּ כָּבוֹד בִּמְנוּחַת שָׁלוֹם הַשְׁקֵט וָבֶטַח. כְּדִכְתִיב יָבֹא שָׁלוֹם יָנוּחוּ עַל מִשְׁכְּבוֹתָם הוֹלֵךְ נְכֹחוֹ. עַד שֶׁתַּעֲמֹד לְגוֹרָלָהּ לְקֵץ הַיָּמִין. וְיִתְקַיֵּם בָּנוּ מִקְרָא שֶׁכָּתוּב בִּלַּע הַמָּוֶת לָנֶצַח וּמָחָה אֲדֹנָי אֱלֹהִים דִּמְעָה מֵעַל כָּל פָּנִים. וְחֶרְפַּת עַמּוֹ יָסִיר מֵעַל כָּל הָאָרֶץ כִּי יְהֹוָה דִּבֵּר. וְאַתָּה יְהֹוָה בְּרַחֲמֶיךָ הָרַבִּים אֵל שַׁדַּי, תֹּאמַר לְצָרוֹתֵינוּ דַּי. אָנָּא יְהֹוָה מַלְּטָה הַמַּחֲנֶה הַנִּשְׁאָר לִפְלֵטָה. וְקָרָא אֵלִיָּה אֶת הַקְּרִיאָה עַל הַגְּאֻלָּה וְעַל הַתְּמוּרָה, כִּי אֵין זוּלָתְךָ לִגְאֹל וּלְקַבֵּץ שֶׂה פְזוּרָה. וּמְהֵרָה יָבֹא לְצִיּוֹן גּוֹאֵל וְנָקוּמָה וְנַעֲלֶה בֵּית אֵל אָמֵן, כֵּן יְהִי רָצוֹן:

וִיהִי נֹעַם יְהֹוָה אדני איהדונהי אֱלֹהֵינוּ עָלֵינוּ וּמַעֲשֵׂה יָדֵינוּ כּוֹנְנָה עָלֵינוּ וּמַעֲשֵׂה יָדֵינוּ כּוֹנְנֵהוּ:

סדר לימוד ליום הפטירה לעילוי נשמה

בָּרוּךְ יְהֹוָהאדנ״יאיהדונהי לְעוֹלָם אָמֵן וְאָמֵן:

וַאֲנִי תְפִלָּתִי לְךָ יְהֹוָהאדנ״יאיהדונהי עֵת רָצוֹן אֱלֹהִים בְּרָב חַסְדֶּךָ עֲנֵנִי בֶּאֱמֶת יִשְׁעֶךָ:

יִהְיוּ לְרָצוֹן אִמְרֵי פִי וְהֶגְיוֹן לִבִּי לְפָנֶיךָ יְהֹוָהאדנ״יאיהדונהי צוּרִי וְגֹאֲלִי:

אחר כך קדיש דרבנן

יִתְגַּדַּל וְיִתְקַדַּשׁ שְׁמֵהּ רַבָּא. [אָמֵן] אידהנויה.

בְּעָלְמָא דִּי בְרָא, כִּרְעוּתֵהּ, וְיַמְלִיךְ מַלְכוּתֵהּ, וְיַצְמַח פֻּרְקָנֵהּ, וִיקָרֵב מְשִׁיחֵהּ. [אָמֵן] אידהנויה.

בְּחַיֵּיכוֹן וּבְיוֹמֵיכוֹן וּבְחַיֵּי דְכָל בֵּית יִשְׂרָאֵל, בַּעֲגָלָא וּבִזְמַן קָרִיב, וְאִמְרוּ אָמֵן. [אָמֵן] אידהנויה.

יְהֵא שְׁמֵיהּ רַבָּא מְבָרַךְ לְעָלַם וּלְעָלְמֵי עָלְמַיָּא יִתְבָּרַךְ. וְיִשְׁתַּבַּח. וְיִתְפָּאַר. וְיִתְרוֹמַם. וְיִתְנַשֵּׂא. וְיִתְהַדָּר. וְיִתְעַלֶּה. וְיִתְהַלָּל שְׁמֵהּ דְּקֻדְשָׁא, בְּרִיךְ הוּא. [אָמֵן] אידהנויה.

סדר לימוד ליום הפטירה לעילוי נשמה

לְעֵלָּא מִן כָּל בִּרְכָתָא שִׁירָתָא, תֻּשְׁבְּחָתָא וְנֶחָמָתָא, דַּאֲמִירָן בְּעָלְמָא, וְאִמְרוּ אָמֵן. [אָמֵן] אידהנויה.

עַל יִשְׂרָאֵל וְעַל רַבָּנָן. וְעַל תַּלְמִידֵיהוֹן וְעַל כָּל תַּלְמִידֵי תַלְמִידֵיהוֹן. דְּעָסְקִין בְּאוֹרַיְתָא קַדִּשְׁתָּא. דִּי בְאַתְרָא הָדֵין וְדִי בְכָל אֲתַר וַאֲתַר. יְהֵא לָנָא וּלְהוֹן וּלְכוֹן חִנָּא וְחִסְדָּא וְרַחֲמֵי. מִן קֳדָם מָארֵי שְׁמַיָּא וְאַרְעָא וְאִמְרוּ אָמֵן. [אָמֵן] אידהנויה.

יְהֵא שְׁלָמָא רַבָּא מִן שְׁמַיָּא, חַיִּים וְשָׂבָע וִישׁוּעָה וְנֶחָמָה וְשֵׁיזָבָא וּרְפוּאָה וּגְאֻלָּה וּסְלִיחָה וְכַפָּרָה וְרֵיוַח וְהַצָּלָה. לָנוּ וּלְכָל עַמּוֹ יִשְׂרָאֵל וְאִמְרוּ אָמֵן. [אָמֵן] אידהנויה.

עוֹשֶׂה שָׁלוֹם בִּמְרוֹמָיו, הוּא בְּרַחֲמָיו יַעֲשֶׂה שָׁלוֹם עָלֵינוּ וְעַל כָּל עַמּוֹ יִשְׂרָאֵל, וְאִמְרוּ אָמֵן. [אָמֵן] אידהנויה.

<u>סדר לימוד ליום הפטירה לעילוי נשמה</u>

<u>השכבה לאיש</u>

טוֹב שֵׁם מִשֶּׁמֶן טוֹב וְיוֹם הַמָּוֶת מִיּוֹם הִוָּלְדוֹ.

הַמְרַחֵם עַל כָּל בְּרִיּוֹתָיו, הוּא יָחוּס וְיַחְמוֹל וִירַחֵם, עַל נֶפֶשׁ רוּחַ וּנְשָׁמָה שֶׁל (פְּלוֹנִי בֶּן פְּלוֹנִית). רוּחַ יְהֹוָה אדני איהדונהי תְּנִיחֶנּוּ בְּגַן עֵדֶן.

<u>השכבה לאשה</u>

אֵשֶׁת חַיִל מִי יִמְצָא וְרָחֹק מִפְּנִינִים מִכְרָהּ

הַמְרַחֵם עַל כָּל בְּרִיּוֹתָיו, הוּא יָחוּס וְיַחְמוֹל וִירַחֵם, עַל נֶפֶשׁ רוּחַ וּנְשָׁמָה שֶׁל (פְּלוֹנִית בַּת פְּלוֹנִית). רוּחַ יְהֹוָה אדני איהדונהי תְּנִיחֶנָּה בְּגַן עֵדֶן.

<u>סדר לימוד ליום הפטירה לעילוי נשמה</u>

<u>מגישים ללומדים אוכל לברכות, מזונות, גפן, העץ, אדמה. וסימנך מג"ע א"ש</u>

מני מזונות

בָּרוּךְ אַתָּה יְהֹוָה אדני יאהדונהי, אֱלֹהֵינוּ מֶלֶךְ הָעוֹלָם, בּוֹרֵא מִינֵי מְזוֹנוֹת:

הגפן

בָּרוּךְ אַתָּה יְהֹוָה אדני יאהדונהי, אֱלֹהֵינוּ מֶלֶךְ הָעוֹלָם, בּוֹרֵא פְּרִי הַגָּפֶן:

פירות העץ

בָּרוּךְ אַתָּה יְהֹוָה אדני יאהדונהי, אֱלֹהֵינוּ מֶלֶךְ הָעוֹלָם, בּוֹרֵא פְּרִי הָעֵץ:

פירות האדמה

בָּרוּךְ אַתָּה יְהֹוָה אדני יאהדונהי, אֱלֹהֵינוּ מֶלֶךְ הָעוֹלָם, בּוֹרֵא פְּרִי הָאֲדָמָה:

שהכל

בָּרוּךְ אַתָּה יְהֹוָה אדני יאהדונהי, אֱלֹהֵינוּ מֶלֶךְ הָעוֹלָם, שֶׁהַכֹּל נִהְיָה בִּדְבָרוֹ:

סדר לימוד ליום הפטירה לעילוי נשמה

ברכת מעין שלוש

בָּרוּךְ אַתָּה יְהֹוָה אדני יאהדונהי, אֱלֹהֵינוּ מֶלֶךְ הָעוֹלָם,

מזונות עַל הַמִּחְיָה וְעַל הַכַּלְכָּלָה:

גפן עַל הַגֶּפֶן וְעַל פְּרִי הַגֶּפֶן:

פרי משבעה המינים עַל הָעֵץ וְעַל פְּרִי הָעֵץ:

וְעַל תְּנוּבַת הַשָּׂדֶה, וְעַל אֶרֶץ חֶמְדָּה, טוֹבָה וּרְחָבָה, שֶׁרָצִיתָ וְהִנְחַלְתָּ לַאֲבוֹתֵינוּ, לֶאֱכוֹל מִפִּרְיָהּ, וְלִשְׂבֹּעַ מִטּוּבָהּ. רַחֵם יְהֹוָה אדני יאהדונהי אֱלֹהֵינוּ עָלֵינוּ, וְעַל יִשְׂרָאֵל עַמֶּךָ, וְעַל יְרוּשָׁלַיִם עִירֶךָ, וְעַל הַר צִיּוֹן מִשְׁכַּן כְּבוֹדֶךָ, וְעַל מִזְבְּחֶךָ, וְעַל הֵיכָלֶךָ, וּבְנֵה יְרוּשָׁלַיִם עִיר הַקֹּדֶשׁ, בִּמְהֵרָה בְיָמֵינוּ, וְהַעֲלֵנוּ לְתוֹכָהּ, וְשַׂמְּחֵנוּ בְּבִנְיָנָהּ, וּנְבָרֵכְךָ עָלֶיהָ בִּקְדֻשָּׁה וּבְטָהֳרָה,

בראש־חודש וְזָכְרֵנוּ לְטוֹבָה בְּיוֹם רֹאשׁ הַחֹדֶשׁ הַזֶּה,

כִּי אַתָּה טוֹב וּמֵטִיב לַכֹּל, וְנוֹדֶה לְּךָ יְהֹוָה אדני יאהדונהי אֱלֹהֵינוּ עַל הָאָרֶץ

מזונות וְעַל הַמִּחְיָה וְעַל הַכַּלְכָּלָה.

גפן וְעַל פְּרִי הַגֶּפֶן.

פרי משבעה המינים וְעַל הַפֵּרוֹת.

בָּרוּךְ אַתָּה יְהֹוָה אדני יאהדונהי, עַל הָאָרֶץ וְעַל

מזונות	גפן	פרי
הַמִּחְיָה:	פְּרִי הַגֶּפֶן:	הַפֵּרוֹת:

סדר לימוד ליום הפטירה לעילוי נשמה

ברכה אחרונה

בָּרוּךְ אַתָּה יְהֹוָהאדנייאהדונהי, אֱלֹהֵינוּ מֶלֶךְ הָעוֹלָם, בּוֹרֵא נְפָשׁוֹת רַבּוֹת, וְחֶסְרוֹנָן, עַל כָּל מַה שֶּׁבָּרָאתָ, לְהַחֲיוֹת בָּהֶם נֶפֶשׁ כָּל חָי, בָּרוּךְ חַי הָעוֹלָמִים:

יש נוהגים לברך על בשמים

עצי בשמים

בָּרוּךְ אַתָּה יְהֹוָהאדנייאהדונהי, אֱלֹהֵינוּ מֶלֶךְ הָעוֹלָם, בּוֹרֵא עֲצֵי בְשָׂמִים:

עשבי בשמים

בָּרוּךְ אַתָּה יְהֹוָהאדנייאהדונהי, אֱלֹהֵינוּ מֶלֶךְ הָעוֹלָם, בּוֹרֵא עִשְׂבֵי בְשָׂמִים:

מיני בשמים

בָּרוּךְ אַתָּה יְהֹוָהאדנייאהדונהי, אֱלֹהֵינוּ מֶלֶךְ הָעוֹלָם, בּוֹרֵא מִינֵי בְשָׂמִים:

סדר לימוד ליום הפטירה לעילוי נשמה

יש נוהגים ללמוד בסבא דמשפטים
בענייני גלגולי נשמות

[דף צ"ד ע"א] **פָּתַח** רַבִּי שִׁמְעוֹן וְאָמַר, וְאֵלֶּה הַמִּשְׁפָּטִים אֲשֶׁר תָּשִׂים לִפְנֵיהֶם, תַּרְגּוּם, וְאִלֵּין דִּינַיָּא דְּתְסַדֵּר קֳדָמֵיהוֹן. אִלֵּין אִינּוּן סִדּוּרִין דְּגִלְגּוּלָא, דִּינִין דְּנִשְׁמָתִין, דְּאִתְדָּנוּ כָּל חַד וְחַד לְקַבְּלָא עוֹנְשֵׁיהּ. כִּי תִקְנֶה עֶבֶד עִבְרִי שֵׁשׁ שָׁנִים יַעֲבֹד וּבַשְּׁבִעִית יֵצֵא לַחָפְשִׁי חִנָּם. חַבְרַיָּיא, עִידָּן הָכָא, לְגַלָּאָה כַּמָּה רָזִין טְמִירִין דְּגִלְגּוּלָא. כִּי תִקְנֶה עֶבֶד עִבְרִי שֵׁשׁ שָׁנִים יַעֲבֹד. כַּד נִשְׁמְתָא אִתְחַיְּיבַת בְּגִלְגּוּלָא, אִם הִיא מִסִּטְרָא דְּהַהוּא עֶבֶד מְטַטְרוֹן, דְּאִיהוּ כָּלִיל שִׁית סִטְרִין, כְּתִיב בֵּיהּ שֵׁשׁ שָׁנִים יַעֲבֹד, גִּלְגּוּלִין דִּילָהּ לָא מִתְחַיְּיבָא אֶלָּא שִׁית שְׁנִין, עַד דְּאַשְׁלִימַת שִׁית דַּרְגִּין, מֵהַהוּא אֲתַר דְּאִתְנְטִילַת.

פָּתַח רַבִּי שִׁמְעוֹן וְאָמַר, וְאֵלֶּה הַמִּשְׁפָּטִים אֲשֶׁר תָּשִׂים לִפְנֵיהֶם. תַּרְגּוּם: וְאִלֵּין דִּינַיָּא דִּי תְסַדַּר קֳדָמֵיהוֹן. אֵלֶּה אוֹתָם סִדּוּרִים שֶׁל הַגִּלְגּוּל, דִּינֵי הַנְּשָׁמוֹת שֶׁנִּדּוֹנוּ כָּל אֶחָד וְאֶחָד לְקַבֵּל עָנְשׁוֹ. כִּי תִקְנֶה עֶבֶד עִבְרִי שֵׁשׁ שָׁנִים יַעֲבֹד וּבַשְּׁבִעִית יֵצֵא לַחָפְשִׁי חִנָּם. חֲבֵרִים, הַזְּמַן כָּעֵת לְגַלּוֹת כַּמָּה סוֹדוֹת נִסְתָּרִים שֶׁל הַגִּלְגּוּל. כִּי תִקְנֶה עֶבֶד עִבְרִי שֵׁשׁ שָׁנִים יַעֲבֹד, כְּשֶׁהַנְּשָׁמָה הִתְחַיְּבָה בְּגִלְגּוּל, אִם הִיא מִצַּד אוֹתוֹ הָעֶבֶד מטטרו"ן, שֶׁהוּא כּוֹלֵל שִׁשָּׁה צְדָדִים, כָּתוּב בּוֹ שֵׁשׁ שָׁנִים יַעֲבֹד. גִּלְגּוּלִים שֶׁלָּהּ לֹא מִתְחַיֶּבֶת אֶלָּא שֵׁשׁ שָׁנִים, עַד שֶׁמַּשְׁלִימָה שֵׁשׁ דְּרָגוֹת מֵאוֹתוֹ הַמָּקוֹם שֶׁנִּלְקְחָה.

אֲבָל אִם נִשְׁמְתָא הִיא מִסִּטְרָא דִּשְׁכִינְתָּא, דְּאִיהִי שְׁבִיעִית וַדַּאי מַה כְּתִיב, וּבַשְּׁבִעִית יֵצֵא לַחָפְשִׁי חִנָּם, דְּצַדִּיק, וַדַּאי לֵית בֵּיהּ מְלָאכָה, כֵּיוָן דְּלֵית בֵּיהּ מְלָאכָה, לֵית בֵּיהּ שִׁעְבּוּד. וְנִשְׁמְתָא דְּאִיהִי מִתַּמָּן, אִתְּמַר בָּהּ וּבַשְּׁבִעִית יֵצֵא לַחָפְשִׁי חִנָּם, לֵית בָּהּ שִׁעְבּוּדָא.

אֲבָל אִם הַנְּשָׁמָה הִיא מִצַּד הַשְּׁכִינָה שֶׁהִיא שְׁבִיעִית, וַדַּאי מַה כָּתוּב, וּבַשְּׁבִעִית יֵצֵא לַחָפְשִׁי חִנָּם. שֶׁצַּדִּיק וַדַּאי אֵין בּוֹ מְלָאכָה, וְכֵיוָן שֶׁאֵין בּוֹ מְלָאכָה, אֵין בּוֹ שִׁעְבּוּד. וְהַנְּשָׁמָה שֶׁהִיא מִשָּׁם, נֶאֱמַר בָּהּ וּבַשְּׁבִעִית יֵצֵא לַחָפְשִׁי חִנָּם, אֵין בָּהּ שִׁעְבּוּד.

אַדְּהָכִי, הָא [דף צ"ד ע"ב] סָבָא נָחַת לְגַבֵּיהּ, אֲמַר לֵיהּ, אִי הָכִי, רַבִּי, מַה תּוֹסֶפֶת לְנִשְׁמְתָא דְּאִיהִי מִנָּהּ, דְּאִתְּמַר בָּהּ, לֹא תַעֲשֶׂה כָל מְלָאכָה אַתָּה וּבִנְךָ וּבִתֶּךָ וְעַבְדְּךָ וְגוֹ'.

סדר לימוד ליום הפטירה לעילוי נשמה

בֵּין כָּךְ יָרַד הַזָּקֵן אֵלָיו, אָמַר לוֹ, אִם כָּךְ רַבִּי, מַה תּוֹסֶפֶת לַנְּשָׁמָה שֶׁהִיא מִמֶּנָּה, שֶׁנֶּאֱמַר בָּהּ לֹא תַעֲשֶׂה כָל מְלָאכָה אַתָּה וּבִנְךָ וּבִתֶּךָ עַבְדְּךָ וְגוֹ'.

אֲמַר לֵיהּ, סָבָא סָבָא, וְאַתְּ שָׁאִיל דָּא, דְּוַדַּאי הַאי עַל נִשְׁמְתָא דְּצַדִּיק אִתְּמַר, דְּאַף עַל גַּב דְּאִתְחַיַּיב לְאַחֲתָא בְּגִלְגּוּלָא בְּכָל אִלֵּין, אֲפִילוּ בְּעֶבֶד וְאָמָה, וּבִבְעִירָן דְּאִינּוּן אוֹפַנִּים, אוֹ בְּכָל זֵינָן, דְּמִנְּהוֹן נִשְׁמָתִין דִּבְנֵי נָשָׁא, כְּתִיב בָּהּ לֹא תַעֲשֶׂה כָל מְלָאכָה. וְהַאי אִיהוּ, לֹא תַעֲבֵד בּוֹ עֲבוֹדַת עֶבֶד, בְּצַדִּיק דְּאִיהוּ יוֹם הַשַּׁבָּת, לֹא תַעֲבֵד בּוֹ עֲבוֹדַת עֶבֶד, דְּאִיהוּ יוֹם דְּחוֹל.

אָמַר לוֹ, זָקֵן זָקֵן, וְאַתָּה שׁוֹאֵל אֶת זֶה, שֶׁוַּדַּאי זֶה נֶאֱמַר עַל נִשְׁמַת הַצַּדִּיק, שֶׁאַף עַל גַּב שֶׁהִתְחַיֵּב לָרֶדֶת בְּגִלְגּוּל בְּכָל אֵלֶּה, אֲפִלּוּ בְּעֶבֶד וְאָמָה, וּבְהֵמוֹת שֶׁהֵם אוֹפַנִּים, אוֹ בְּכָל הַחַיּוֹת שֶׁמֵּהֶם נִשְׁמוֹת בְּנֵי אָדָם, כָּתוּב בָּהּ לֹא תַעֲשֶׂה כָל מְלָאכָה, וְזֶהוּ לֹא תַעֲבֹד בּוֹ עֲבֹדַת עֶבֶד. בְּצַדִּיק, שֶׁהוּא יוֹם הַשַּׁבָּת, לֹא תַעֲבֹד בּוֹ עֲבֹדַת עֶבֶד, שֶׁהוּא יוֹם שֶׁל חוֹל.

אֲבָל סָבָא סָבָא, שַׁבָּת דְּאִיהִי בַּת יְחִידָה, וְאִיהִי בַּת זוּגֵיהּ דְּצַדִּיק, דְּאִיהוּ שַׁבָּת. מַאי אִם אַחֶרֶת יִקַּח לוֹ. אֲמַר לֵיהּ הָא וַדָּאי הַבְדָּלָה, חוּלוֹ שֶׁל שַׁבָּת, דְּאִית אַחֲרָא דְּלָא אִתְקְרִיאַת חוּלוֹ שֶׁל שַׁבָּת, אֶלָּא חוּלוֹ שֶׁל טְמֵאָה שִׁפְחָה. אֲמַר לֵיהּ. וְהָא חוּלוֹ שֶׁל שַׁבָּת מַאי הִיא. אֲמַר לֵיהּ, דָּא אֲמָתָא, דְּאִיהִי גּוּפָא דְּבַת יְחִידָה דְּעָלָהּ אִתְּמַר, אִם אַחֶרֶת יִקַּח לוֹ.

אֲבָל זָקֵן זָקֵן, שַׁבָּת שֶׁהִיא בַּת יְחִידָה, וְהִיא בַּת זוּגוֹ שֶׁל צַדִּיק שֶׁהוּא שַׁבָּת. מַה זֶּה אִם אַחֶרֶת יִקַּח לוֹ, אָמַר לוֹ, הֲרֵי וַדַּאי הַבְדָּלָה חֻלּוֹ שֶׁל שַׁבָּת, שֶׁיֵּשׁ אַחֵר שֶׁלֹּא נִקְרָא חֻלּוֹ שֶׁל שַׁבָּת, אֶלָּא חֻלּוֹ שֶׁל טְמֵאָה שִׁפְחָה. אָמַר לוֹ, וַהֲרֵי חֻלּוֹ שֶׁל שַׁבָּת מַה זֶּה, אָמַר לוֹ, זוֹ אָמָה, שֶׁהִיא גּוּף שֶׁל בַּת יְחִידָה, שֶׁעָלֶיהָ נֶאֱמַר אִם אַחֶרֶת יִקַּח לוֹ.

תָּא חֲזֵי, נִשְׁמְתָא אִית דְּאִתְקְרִיאַת אָמָה, וְאִית שְׁכִינְתָּא דְּאִתְקְרִיאַת שִׁפְחָה, וּשְׁכִינְתָּא אִית דְּאִתְקְרִיאַת בְּרַתָּא דְּמַלְכָּא. הָכָא אִית אִישׁ, דְּאִתְּמַר בֵּיהּ יְיָ אִישׁ מִלְחָמָה. וְאִית אִישׁ, דְּאִתְּמַר בֵּיהּ וְהָאִישׁ גַּבְרִיאֵל.

בֹּא וּרְאֵה, נְשָׁמָה יֵשׁ שֶׁנִּקְרֵאת אָמָה, וְיֵשׁ שְׁכִינָה שֶׁנִּקְרֵאת שִׁפְחָה, וּשְׁכִינָה יֵשׁ שֶׁנִּקְרֵאת בַּת הַמֶּלֶךְ. כָּאן יֵשׁ אִישׁ שֶׁנֶּאֱמַר בּוֹ ה' אִישׁ מִלְחָמָה. וְיֵשׁ אִישׁ שֶׁנֶּאֱמַר בּוֹ וְהָאִישׁ גַּבְרִיאֵל.

סדר לימוד ליום הפטירה לעילוי נשמה

וּבְגִין דָּא, נִשְׁמְתָא דְּאִיהִי מְחַיְּיבָא בְּגִלְגּוּל, אִם הִיא בְּרַתָּא דְּקוּדְשָׁא בְּרִיךְ הוּא, אִי תֵּימָא דְּאִזְדַּבַּן בְּגוּפָא נוּכְרָאָה, דְּתַמָּן שַׁלְטָנוּתָא דְּיֵצֶר הָרָע דְּאִיהוּ מִסִּטְרָא דְּסָמָאֵ"ל. חַס וְשָׁלוֹם. דְּהָא כְּתִיב, אֲנִי יְיָ הוּא שְׁמִי וּכְבוֹדִי לְאַחֵר לֹא אֶתֵּן דְּאִיהוּ יֵצֶר הָרָע.

וְלָכֵן, נְשָׁמָה שֶׁמְּחֻיֶּבֶת בְּגִלְגּוּל, אִם הִיא בִּתּוֹ שֶׁל הַקָּדוֹשׁ בָּרוּךְ הוּא, אִם תֹּאמַר שֶׁתִּמָּכֵר לְגוּף נָכְרִי שֶׁשָּׁם שִׁלְטוֹן יֵצֶר הָרָע שֶׁהוּא מִצַּד סָמָאֵ"ל, חַס וְשָׁלוֹם, שֶׁהֲרֵי כָּתוּב אֲנִי ה' הוּא שְׁמִי וּכְבוֹדִי לְאַחֵר לֹא אֶתֵּן, שֶׁהוּא יֵצֶר הָרָע.

וְהַהוּא גּוּפָא, דְּשַׁרְיָא בְּרַתָּא דְּמַלְכָּא, אִי תֵּימָא דְּאִזְדַּבַּן בְּכִתְרִין תַּתָּאִין דִּמְסָאֲבוּ, חֲלִילָה וְחַס. עָלָהּ אִתְּמַר וְהָאָרֶץ לֹא תִמָּכֵר לִצְמִיתוּת כִּי לִי הָאָרֶץ. מַאן גּוּפָא דִּבְרַתָּא דְּמַלְכָּא. דָּא מְטַטְרוֹן. וְהַאי גּוּפָא אִיהוּ אָמָה דִּשְׁכִינְתָּא, אַף עַל גַּב דְּאִיהִי נִשְׁמְתָא דְּאִיהִי בְּרַתָּא דְּמַלְכָּא שְׁבוּיָה תַּמָּן, בְּגִלְגּוּלָא אַתְיָא דְּאַתְיָין גִּלְגּוּלִין בְּגִין דְּאַתְיָת תַּמָּן, מַה כְּתִיב בָּהּ וְכִי יִמְכּוֹר אִישׁ אֶת בִּתּוֹ לְאָמָה לֹא תֵצֵא כְּצֵאת הָעֲבָדִים.

וְאוֹתוֹ הַגּוּף שֶׁשָּׁם שׁוֹרָה בַּת הַמֶּלֶךְ, אִם תֹּאמַר שֶׁנִּמְכַּר בִּכְתָרִים תַּחְתּוֹנִים שֶׁנִּטְמְאוּ - חָלִילָה וְחַס. עָלָיו נֶאֱמַר וְהָאָרֶץ לֹא תִמָּכֵר לִצְמִתֻת כִּי לִי הָאָרֶץ. מִי גּוּף שֶׁל בַּת הַמֶּלֶךְ, זֶה מטטרו"ן, וְגוּף זֶה הוּא אָמָה שֶׁל הַשְּׁכִינָה, אַף עַל גַּב שֶׁהִיא נְשָׁמָה שֶׁהִיא בַּת הַמֶּלֶךְ, שְׁבוּיָה שָׁם, בְּגִלְגּוּל בָּאָה, שֶׁבָּאִים גִּלְגּוּלִים מִשּׁוּם שֶׁבָּאָה שָׁם. מַה כָּתוּב בָּהּ, וְכִי יִמְכֹּר אִישׁ אֶת בִּתּוֹ לְאָמָה לֹא תֵצֵא כְּצֵאת הָעֲבָדִים.

וְעוֹד וְכִי יִמְכּוֹר אִישׁ, דָּא קוּדְשָׁא בְּרִיךְ הוּא. אֶת בִּתּוֹ, אִלּוּ יִשְׂרָאֵל, דְּאִינּוּן מִסִּטְרָא דְּבַת יְחִידָה, אִתְקְרִיאוּ בִּתּוֹ. וְאִי תֵּימָא דְּיִפְקוּן, כְּגַוְונָא דְּאִלֵּין מִסִּטְרָא דְּעֶבֶד, דְּאִיהוּ מְטַטְרוֹ"ן, דְּנַפְקוּ בִּמְנוּסָה מִמִּצְרַיִם, לֹא תֵצֵא כְּצֵאת הָעֲבָדִים, הֲדָא הוּא דִּכְתִיב, כִּי לֹא בְחִפָּזוֹן תֵּצֵאוּ וּבִמְנוּסָה לֹא תֵלֵכוּן.

וְעוֹד, וְכִי יִמְכֹּר אִישׁ, זֶה הַקָּדוֹשׁ בָּרוּךְ הוּא. אֶת בִּתּוֹ, אֵלּוּ יִשְׂרָאֵל, שֶׁהֵם מִצַּד שֶׁל בַּת יְחִידָה נִקְרְאוּ בִּתּוֹ. וְאִם תֹּאמַר שֶׁיֵּצְאוּ, כְּמוֹ שֶׁאֵלֶּה מִצַּד שֶׁל הָעֶבֶד שֶׁהוּא מטטרו"ן, שֶׁיָּצְאוּ בִּמְנוּסָה מִמִּצְרַיִם, לֹא תֵצֵא כְּצֵאת הָעֲבָדִים. זֶהוּ שֶׁכָּתוּב, כִּי לֹא בְחִפָּזוֹן תֵּצֵאוּ וּבִמְנוּסָה לֹא תֵלֵכוּן.

תָּא חֲזֵי, בַּר נָשׁ כַּד אִתְיְלִיד, יָהֲבִין לֵיהּ נַפְשָׁא מִסִּטְרָא דִּבְעִירָא, מִסִּטְרָא דְּדַכְיוּ, מִסִּטְרָא דְּאִלֵּין דְּאִתְקְרוּן אוֹפַנֵּי הַקּוֹדֶשׁ. זָכָה

סדר לימוד ליום הפטירה לעילוי נשמה

יַתִּיר, יַהֲבִין לֵיהּ רוּחָא, מִסִּטְרָא דְּחַיּוֹת הַקּוֹדֶשׁ. זָכָה יַתִּיר, יַהֲבִין לֵיהּ נִשְׁמְתָא, מִסִּטְרָא דְּכֻרְסְיָיא. וּתְלַת אִלֵּין, אִינּוּן אָמָה עֶבֶד וְשִׁפְחָה דִּבְרָתָא דְּמַלְכָּא.

בֹּא וּרְאֵה, כְּשֶׁנּוֹלָד אִישׁ, נוֹתְנִים לוֹ נֶפֶשׁ מִצַּד הַבְּהֵמָה מִצַּד שֶׁל טֹהַר, מִצַּד אֵלֶּה שֶׁנִּקְרָאִים אוֹפַנֵּי הַקֹּדֶשׁ. זָכָה יוֹתֵר, נוֹתְנִים לוֹ רוּחַ מִצַּד שֶׁל חַיּוֹת הַקֹּדֶשׁ. זָכָה יוֹתֵר, נוֹתְנִים לוֹ נְשָׁמָה מִצַּד שֶׁל הַכִּסֵּא. וּשְׁלֹשֶׁת אֵלּוּ הֵם אָמָה, עֶבֶד וְשִׁפְחָה שֶׁל בַּת הַמֶּלֶךְ.

זָכָה יַתִּיר, יַהֲבִין לֵיהּ נַפְשָׁא בְּאֹרַח אֲצִילוּת, מִסִּטְרָא דְּבַת יְחִידָה, וְאִתְקְרִיאַת אִיהִי בַּת מֶלֶךְ. זָכָה יַתִּיר, יַהֲבִין לֵיהּ רוּחָא דַּאֲצִילוּת. מִסִּטְרָא דְּעַמּוּדָא דְּאֶמְצָעִיתָא, וְאִקְרֵי בֵּן לְקוּדְשָׁא בְּרִיךְ הוּא, הֲדָא הוּא דִּכְתִיב, בָּנִים אַתֶּם לַיְיָ אֱלֹהֵיכֶם. זָכָה יַתִּיר, יַהֲבִין לֵיהּ נִשְׁמְתָא, מִסִּטְרָא דְּאַבָּא וְאִמָּא. הֲדָא הוּא דִּכְתִיב, וַיִּפַּח בְּאַפָּיו נִשְׁמַת חַיִּים. מַאי חַיִּים. אֶלָּא אִינּוּן י"ה, דְּעֲלַיְיהוּ אִתְּמַר, כֹּל הַנְּשָׁמָה תְּהַלֵּל יָהּ, וְאִשְׁתְּלִים בֵּיהּ יהו"ה.

אִם זָכָה יוֹתֵר, נוֹתְנִים לוֹ נֶפֶשׁ בְּדֶרֶךְ אֲצִילוּת, מִצַּד שֶׁל בַּת יְחִידָה, וְנִקְרֵאת בַּת מֶלֶךְ. זָכָה יוֹתֵר, נוֹתְנִים לוֹ רוּחַ שֶׁל אֲצִילוּת מִצַּד הָעַמּוּד הָאֶמְצָעִי, וְנִקְרָא בֵּן לַקָּדוֹשׁ בָּרוּךְ הוּא. זֶהוּ שֶׁכָּתוּב בָּנִים אַתֶּם לַה' אֱלֹהֵיכֶם. זָכָה יוֹתֵר, נוֹתְנִים לוֹ נְשָׁמָה מִצַּד שֶׁל אַבָּא וְאִמָּא. זֶהוּ שֶׁכָּתוּב וַיִּפַּח בְּאַפָּיו נִשְׁמַת חַיִּים. אֵיזֶה חַיִּים, אֶלָּא אוֹתָם י"ה שֶׁעֲלֵיהֶם נֶאֱמַר כֹּל הַנְּשָׁמָה תְּהַלֵּל יָהּ, וְנִשְׁלְמָה בָּהּ יהו"ה.

זָכָה יַתִּיר, יַהֲבִין לֵיהּ יהו"ה בִּשְׁלִימוּ דְּאַתְוָן, יו"ד ה"א וא"ו ה"א, דְּאִיהוּ אָדָם, בְּאֹרַח אֲצִילוּת דְּעֵילָּא, וְאִתְקְרֵי בְּדִיוּקְנָא דְּמָארֵיהּ. וַעֲלֵיהּ אִתְּמַר, וּרְדוּ בִּדְגַת הַיָּם וְגוֹ'. וְהַאי אִיהוּ שׁוּלְטָנוּתֵיהּ בְּכָל רְקִיעִין, וּבְכָל אוֹפַנִּים וּשְׂרָפִים וְחֵיוָון, וּבְכָל חַיָּילִין וְתוּקְפִין דִּלְעֵילָּא וְתַתָּא. וּבְגִין דָּא, כַּד בַּר נָשׁ זָכֵי בְּנֶפֶשׁ מִסִּטְרָא דְּבַת יְחִידָה, אִתְּמַר בֵּיהּ, לֹא תֵצֵא כְּצֵאת הָעֲבָדִים.

זָכָה יוֹתֵר, נוֹתְנִים לוֹ יהו"ה בִּשְׁלֵמוּת הָאוֹתִיּוֹת, יו"ד ה"א וא"ו ה"א, שֶׁהוּא אָדָם, בְּאֹרַח אֲצִילוּת לְמַעְלָה. וְנִקְרָא בִּדְמוּת רִבּוֹנוֹ. וְעָלָיו נֶאֱמַר, וּרְדוּ בִּדְגַת הַיָּם וְגוֹ'. וְזֶהוּ שִׁלְטוֹנוֹ בְּכָל הָרְקִיעִים וּבְכָל הָאוֹפַנִּים וְהַשְּׂרָפִים וְהַחַיּוֹת וּבְכָל הַחֲיָלוֹת וְהַכֹּחוֹת שֶׁלְּמַעְלָה וּלְמַטָּה. וְלָכֵן, כְּשֶׁבֶּן אָדָם זוֹכֶה בְּנֶפֶשׁ מִצַּד שֶׁל בַּת יְחִידָה, נֶאֱמַר בּוֹ לֹא תֵצֵא כְּצֵאת הָעֲבָדִים.

סדר לימוד ליום הפטירה לעילוי נשמה

רַבִּי חִיָּיא וְרַבִּי יוֹסִי אִעֲרָעוּ חַד לֵילְיָא בְּמִגְדַּל דְּצוֹר. אִתְאֲרָחוּ תַּמָּן וְחַדּוּ דָּא בְּדָא. אָמַר רַבִּי יוֹסִי, כַּמָּה חַדֵּינָא דַּחֲמֵינָא אַנְפֵּי שְׁכִינְתָּא, דְּהַשְׁתָּא בְּכָל אָרְחָא דָּא, אִצְטָעַרְנָא בַּחֲדָא סָבָא, טַיָּיעָא, דַּהֲוָה שָׁאִיל לִי [דף צ"ה ע"א] כָּל אָרְחָא.

רַבִּי חִיָּיא וְרַבִּי יוֹסֵי נִפְגְּשׁוּ לַיְלָה אֶחָד בְּמִגְדַּל צוֹר. הִתְאָרְחוּ שָׁם וְשָׂמְחוּ זֶה בָּזֶה. אָמַר רַבִּי יוֹסֵי, כַּמָּה שָׂמַחְתִּי שֶׁרָאִיתִי פְּנֵי הַשְּׁכִינָה, שֶׁעַכְשָׁו בְּכָל הַדֶּרֶךְ הַזֹּאת הִצְטַעַרְתִּי בְּזָקֵן אֶחָד סוֹחֵר שֶׁהָיָה שׁוֹאֵל אוֹתִי כָּל הַדֶּרֶךְ:

מַאן הוּא נְחָשָׁא, דְּפָרַח בַּאֲוִירָא, וְאָזִיל בִּפְרוּדָא, וּבֵין כַּךְ וּבֵין כַּךְ, אִית נַיְיחָא לְחַד נְמָלָה, דְּשָׁכִיב בֵּין שִׁנּוֹי. שָׁרֵי בְּחִבּוּרָא וְסַיֵּים בִּפְרוּדָא. וּמַאי אִיהוּ נִשְׁרָא, דְּקָא מְקַנְּנָא, בְּאִילָן דְּלָא הֲוָה. בְּנוֹי דְּאִתְגְּזָלוּ, וְלָאו מִן בִּרְיָין. דְּאִתְבְּרִיאוּ בַּאֲתָר דְּלָא אִתְבְּרִיאוּ. כַּד סַלְקִין נַחְתִּין, כַּד נַחְתִּין סַלְקִין. תְּרֵין דְּאִינּוּן חַד, וְחַד דְּאִינּוּן תְּלָתָא. מַהוּ עוּלֵימְתָּא שַׁפִּירְתָּא, וְלֵית לָהּ עַיְינִין, וְגוּפָא טְמִירְתָּא וְאִתְגַּלְיָא, אִיהִי נַפְקַת בְּצַפְרָא, וְאִתְכַּסִּיאַת בִּימָמָא. אִתְקַשְׁטַת בְּקִשּׁוּטִין דְּלָא הָווּ.

מִי הוּא נָחָשׁ הַפּוֹרֵחַ בָּאֲוִיר וְהוֹלֵךְ בְּפֵרוּד, וּבֵין כָּךְ וּבֵין כָּךְ יֵשׁ מְנוּחָה לִנְמָלָה אַחַת שֶׁשּׁוֹכֶבֶת בֵּין שִׁנָּיו, הִתְחִיל בְּחִבּוּר וְסִיֵּם בְּפֵרוּד, וּמַה הוּא נֶשֶׁר שֶׁמְּקַנֵּן בְּאִילָן שֶׁלֹּא הָיָה, בָּנָיו שֶׁנִּגְזְלוּ, וְלֹא מֵהַבְּרִיּוֹת, שֶׁנִּבְרְאוּ בְּמָקוֹם שֶׁלֹּא נִבְרְאוּ, כְּשֶׁעוֹלִים יוֹרְדִים, כְּשֶׁיּוֹרְדִים עוֹלִים, שְׁנַיִם שֶׁהֵם אֶחָד, וְאֶחָד שֶׁהֵם שָׁלֹשׁ, מַה זֶּה עַלְמָה יָפָה וְאֵין לָהּ עֵינַיִם, וְהַגּוּף נִסְתָּר וּמִתְגַּלֶּה, הִיא יוֹצֵאת בַּבֹּקֶר וְנִתְכַּסֵּית בַּיּוֹם, וּמִתְקַשֶּׁטֶת בְּקִשּׁוּטִים שֶׁלֹּא הָיוּ.

כָּל דָּא שָׁאִיל בְּאָרְחָא, וְאִצְטָעַרְנָא. וְהַשְׁתָּא אִית לִי נַיְיחָא. דְּאִילוּ הֲוֵינָא כַּחֲדָא, אִתְעֲסַקְנָא בְּמִלֵּי דְּאוֹרַיְיתָא, מַה דַּהֲוֵינָן בְּמִלִּין אַחֲרָנִין דְּתֹהוּ. אָמַר רַבִּי חִיָּיא, וְהַהוּא סָבָא טַיָּיעָא, יָדַעַת בֵּיהּ כְּלוּם. אָמַר לֵיהּ, יָדַעְנָא, דְּלֵית מַמָּשׁוּ בְּמִלּוֹי. דְּאִילוּ הֲוָה יָדַע, יִפְתַּח בְּאוֹרַיְיתָא, וְלָא הֲוָה אָרְחָא בְּרֵיקָנַיָּיא. אָמַר רַבִּי חִיָּיא, וְהַהוּא טַיָּיעָא אִית הָכָא, דְּהָא לִזְמְנִין בְּאִינּוּן רֵיקָנִין, יִשְׁכַּח גְּבַר זוּגִין דְּדַהֲבָא. אָמַר לֵיהּ, הָא הָכָא אִיהוּ, וְאַתְקִין חֲמָרֵיהּ בְּמֵיכְלָא.

כָּל זֶה שָׁאַל בַּדֶּרֶךְ, וְהִצְטַעַרְתִּי. וְעַכְשָׁו יֵשׁ לִי מְנוּחָה. שֶׁאִלּוּ הָיִינוּ כְּאֶחָד, הִתְעַסַּקְנוּ בְּדִבְרֵי תוֹרָה מַה שֶּׁהָיִינוּ בִּדְבָרִים אֲחֵרִים שֶׁל תֹּהוּ. אָמַר רַבִּי חִיָּיא, וְאוֹתוֹ זָקֵן סוֹחֵר יָדַעְתָּ בּוֹ מַשֶּׁהוּ אָמַר לוֹ, יָדַעְתִּי שֶׁאֵין מַמָּשׁ בִּדְבָרָיו, שֶׁאִלּוּ הָיָה יוֹדֵעַ, יִפְתַּח בַּתּוֹרָה, וְלֹא

סדר לימוד ליום הפטירה לעילוי נשמה

הָיְתָה הַדֶּרֶךְ בְּרֵיקָנוּת. אָמַר רַבִּי חִיָּיא, וְאוֹתוֹ הַסּוֹחֵר יֶשְׁנוֹ כָּאן, שֶׁהֲרֵי לִפְעָמִים בְּאוֹתָם הָרֵיקָנִים יִמָּצֵא אִישׁ פַּעֲמוֹנֵי זָהָב. אָמַר לוֹ, הֲרֵי הוּא כָּאן, וְהִתְקִין חֲמוֹרוֹ לְמַאֲכָל.

קָרוּ לֵיהּ, וְאָתָא לְקַמַּיְיהוּ. אָמַר לוֹן, הַשְׁתָּא תְּרֵין אִינּוּן תְּלַת, וּתְלַת אִינּוּן כְּחַד. אָמַר רַבִּי יוֹסֵי, לָא אֲמֵינָא לָךְ, דְּכָל מִלּוֹי רֵיקָנִין, וְאִינּוּן בְּרֵיקָנַיָּיא, יָתִיב קַמַּיְיהוּ.

קָרְאוּ לוֹ וּבָא לִפְנֵיהֶם. אָמַר לָהֶם, כָּעֵת שְׁנַיִם הֵם שְׁלֹשָׁה, וּשְׁלֹשָׁה הֵם כְּאֶחָד. אָמַר רַבִּי יוֹסֵי, וְלֹא אָמַרְתִּי לְךָ שֶׁכָּל דְּבָרָיו רֵיקָנִים וְהֵם בְּרֵיקָנוּת, יָשַׁב לִפְנֵיהֶם.

אֲמַר לוֹן רַבָּנָן, אֲנָא טַיָּיעָא אִתְעֲבִידְנָא, וּמִיּוֹמִין זְעִירִין, דְּהָא בְּקַדְמֵיתָא לָא הֲוֵינָא טַיָּיעָא, אֲבָל בְּרָא חַד זְעִירָא אִית לִי, וְיָהֲבִית לֵיהּ בְּבֵי סִפְרָא, וּבָעֵינָא דְּיִשְׁתַּדַּל בְּאוֹרַיְיתָא. וְכַד אֲנָא אַשְׁכַּחְנָא חַד מֵרַבָּנָן דְּאָזִיל בְּאָרְחָא, אֲנָא טָעִין אֲבַתְרֵיהּ, וְהַאי יוֹמָא, חֲשִׁיבְנָא דְּאֶשְׁמַע מִלִּין חַדְתִּין בְּאוֹרַיְיתָא, וְלָא שְׁמַעְנָא מִדִּי.

אָמַר לָהֶם, רַבּוֹתֵינוּ, אֲנִי נַעֲשֵׂיתִי סוֹחֵר, וְרַק מִלִּפְנֵי מְעַט יָמִים, שֶׁהֲרֵי בְּהַתְחָלָה לֹא הָיִיתִי סוֹחֵר, אֲבָל בֵּן אֶחָד קָטָן יֵשׁ לִי, וְנָתַתִּי אוֹתוֹ לְבֵית הַסֵּפֶר, וַאֲנִי רוֹצֶה שֶׁיַּעֲסֹק בַּתּוֹרָה, וּכְשֶׁאֲנִי מוֹצֵא אֶחָד מֵהָרַבָּנִים שֶׁהוֹלֵךְ בַּדֶּרֶךְ, אֲנִי טוֹעֵן אַחֲרָיו, וְהַיּוֹם הַזֶּה חָשַׁבְתִּי שֶׁאֶשְׁמַע דְּבָרִים חֲדָשִׁים בַּתּוֹרָה, וְלֹא שָׁמַעְתִּי דָּבָר.

אֲמַר רַבִּי יוֹסֵי, בְּכָל מִלִּין דְּשָׁמַעְנָא דְּקָאָמְרַתְּ, לָא תַּוְּהְנָא, אֶלָּא מֵחַד. אוֹ אַנְתְּ בְּשַׁטְיוּתָא אֲמַרְתְּ, אוֹ מִלִּין רֵיקָנִין אִינּוּן. אֲמַר הַהוּא סָבָא, וּמַאן אִיהִי. אֲמַר עוּלֵימְתָּא שַׁפִּירְתָּא וְכוּ'.

אָמַר רַבִּי יוֹסֵי, בְּכָל הַדְּבָרִים שֶׁשָּׁמַעְתִּי שֶׁאָמַרְתָּ לֹא תָמַהְתִּי, אֶלָּא רַק מֵאֶחָד, אוֹ שֶׁאַתָּה אָמַרְתָּ בְּשְׁטוּת, אוֹ שֶׁהֵם דְּבָרִים רֵיקִים. אָמַר אוֹתוֹ זָקֵן, וּמַה הִיא, אָמַר, נַעֲרָה יָפָה וְכוּ'.

פָּתַח הַהוּא סָבָא וְאָמַר, יְיָ לִי לָא אִירָא מַה יַּעֲשֶׂה לִי אָדָם. יְיָ לִי בְּעֹזְרָי וְגוֹ'. טוֹב לַחֲסוֹת בַּיְיָ וְגוֹ'. כַּמָּה טָבִין וּנְעִימִין וְיַקִּירִין וְעִלָּאִין מִלִּין דְּאוֹרַיְיתָא, וַאֲנָא הֵיכִי אֵימָא קַמֵּי רַבָּנָן, דְּלָא שְׁמַעְנָא מִפּוּמַיְיהוּ עַד הַשְׁתָּא, אֲפִילּוּ מִלָּה חֲדָא. אֲבָל אִית לִי לְמֵימַר, דְּהָא לֵית כִּסּוּפָא כְּלָל לְמֵימַר מִלֵּי דְּאוֹרַיְיתָא קַמֵּי כֹּלָּא.

פָּתַח אוֹתוֹ זָקֵן וְאָמַר, ה' לִי לֹא אִירָא מַה יַּעֲשֶׂה לִי אָדָם. ה' לִי בְּעֹזְרָי וְגוֹ'. טוֹב לַחֲסוֹת בַּה' וְגוֹ'. כַּמָּה טוֹבִים וּנְעִימִים וְנִכְבָּדִים וְעֶלְיוֹנִים דִּבְרֵי הַתּוֹרָה, וַאֲנִי אֵיךְ אֹמַר לִפְנֵי רַבּוֹתֵינוּ, שֶׁלֹּא שָׁמַעְתִּי

מִפִּיהֶם עַד עַכְשָׁו אֲפִלּוּ דָּבָר אֶחָד, אֲבָל יֵשׁ לִי לוֹמַר, שֶׁאֵין בּוּשָׁה כְּלָל לוֹמַר דִּבְרֵי תוֹרָה לִפְנֵי הַכֹּל.

אִתְעַטָּף הַהוּא סָבָא, פָּתַח וְאָמַר, וּבַת כֹּהֵן כִּי תִהְיֶה לְאִישׁ זָר הִיא בִּתְרוּמַת הַקֳּדָשִׁים לֹא תֹאכֵל. הַאי קְרָא, אַקְרָא אַחֲרָא סָמִיךְ, וּבַת כֹּהֵן כִּי תִהְיֶה אַלְמָנָה וּגְרוּשָׁה וְזֶרַע אֵין לָהּ וְשָׁבָה אֶל בֵּית אָבִיהָ כִּנְעוּרֶיהָ מִלֶּחֶם אָבִיהָ תֹּאכֵל וְכָל זָר לֹא יֹאכַל בּוֹ. הָנֵי קְרָאֵי כְּמַשְׁמָעָן. אֲבָל מִלִּין דְּאוֹרַיְיתָא מִלִּין סְתִימִין אִינּוּן.

הִתְעַטֵּף אוֹתוֹ הַזָּקֵן, פָּתַח וְאָמַר, וּבַת כֹּהֵן כִּי תִהְיֶה לְאִישׁ זָר הִיא בִּתְרוּמַת הַקֳּדָשִׁים לֹא תֹאכֵל. פָּסוּק זֶה סָמוּךְ עַל פָּסוּק אַחֵר, וּבַת כֹּהֵן כִּי תִהְיֶה אַלְמָנָה וּגְרוּשָׁה וְזֶרַע אֵין לָהּ וְשָׁבָה אֶל בֵּית אָבִיהָ כִּנְעוּרֶיהָ מִלֶּחֶם אָבִיהָ תֹּאכֵל וְכָל זָר לֹא יֹאכַל בּוֹ. פְּסוּקִים הַלָּלוּ כְּמַשְׁמָעָם, אֲבָל דִּבְרֵי הַתּוֹרָה הֵם דְּבָרִים סְתוּמִים.

וְכַמָּה אִינּוּן מִלִּין דְּחָכְמְתָא דִּסְתִימִין בְּכָל מִלָּה וּמִלָּה דְּאוֹרַיְיתָא, וְאִשְׁתְּמוֹדְעָן, אִינּוּן לְגַבֵּי חַכִּימִין, דְּיַדְעִין אָרְחִין דְּאוֹרַיְיתָא. דְּהָא אוֹרַיְיתָא לָאו מִלִּין דְּחֶלְמָא אִינּוּן, דְּהָא אִתְמְסָרָן לְמַאן דְּפָשַׁר לוֹן, וְאִתְמַשְׁכָן בָּתַר פּוּמָא, וְעִם כָּל דָּא אִצְטְרִיכוּ לְמִפְשַׁר לוֹן לְפוּם אָרְחוֹי. וּמַה אִי מִלִּין דְּחֶלְמָא אִצְטְרִיכוּ לְמִפְשַׁר לוֹן לְפוּם אָרְחוֹי, מִלִּין דְּאוֹרַיְיתָא דְּאִינּוּן שַׁעֲשׁוּעִין דְּמַלְכָּא קַדִּישָׁא, עַל אַחַת כַּמָּה וְכַמָּה דְּאִצְטְרִיכוּ לְמֵהָךְ בְּאֹרַח קְשׁוֹט בְּהוּ, דִּכְתִיב, כִּי יְשָׁרִים דַּרְכֵי יְיָ וְגוֹ׳.

וְכַמָּה הֵם דִּבְרֵי חָכְמָה שֶׁסְּתוּמִים בְּכָל דָּבָר וְדָבָר שֶׁבַּתּוֹרָה, וְנוֹדָעִים לְאוֹתָם הַחֲכָמִים שֶׁיּוֹדְעִים דַּרְכֵי הַתּוֹרָה, שֶׁהֲרֵי הַתּוֹרָה אֵינָם דִּבְרֵי חֲלוֹם הֵם, שֶׁנִּמְסְרוּ לְמִי שֶׁפּוֹתֵר אוֹתָם וְנִמְשָׁכִים אַחַר הַפֶּה, וְעִם כָּל זֶה צָרִיךְ לִפְתֹּר אוֹתָם לְפִי דַּרְכָּם. וּמָה אִם דִּבְרֵי חֲלוֹם צָרִיךְ לִפְתֹּר אוֹתָם לְפִי דַרְכָּם, דִּבְרֵי הַתּוֹרָה שֶׁהֵם שַׁעֲשׁוּעֵי הַמֶּלֶךְ הַקָּדוֹשׁ עַל אַחַת כַּמָּה וְכַמָּה שֶׁצְּרִיכִים לָלֶכֶת בְּדֶרֶךְ אֱמֶת בָּהֶם, שֶׁכָּתוּב כִּי יְשָׁרִים דַּרְכֵי ה' וְגוֹ'.

הַשְׁתָּא אִית לְמֵימַר, וּבַת כֹּהֵן, דָּא נִשְׁמְתָא עִלָּאָה, בְּרַתֵּיהּ דְּאַבְרָהָם אָבִינוּ קַדְמָאָה לְגִיּוֹרִין, וְאִיהוּ מָשִׁיךְ, לָהּ לְהַאי נִשְׁמְתָא מֵאֲתַר עִלָּאָה. מַה בֵּין קְרָא דְּאָמַר וּבַת אִישׁ כֹּהֵן, וּבֵין קְרָא דְּאָמַר וּבַת כֹּהֵן, וְלָא כְּתִיב אִישׁ. אֶלָּא, אִית כֹּהֵן דְּאִקְרֵי אִישׁ כֹּהֵן, וְלָא כֹּהֵן מַמָּשׁ. וְעַל אָרְחָא דָּא, הֲוָה כֹּהֵן, וַהֲוָה סְגָן, וַהֲוָה כֹּהֵן גָּדוֹל, וַהֲוָה כֹּהֵן דְּלָאו אִיהוּ גָּדוֹל. כֹּהֵן סְתָם, רַב וְעִלָּאָה

סֵדֶר לִימּוּד לְיוֹם הַפְּטִירָה לְעִילּוּי נְשָׁמָה

יַתִּיר מֵאִישׁ כֹּהֵן. וְעַל דָּא אִית נִשְׁמְתָא, [דף צ"ה ע"ב] וְאִית רוּחָא, וְאִית נֶפֶשׁ.

עַכְשָׁו יֵשׁ לוֹמַר, וּבַת כֹּהֵן, זוֹ הַנְּשָׁמָה הָעֶלְיוֹנָה, בִּתּוֹ שֶׁל אַבְרָהָם אָבִינוּ רִאשׁוֹן לַגֵּרִים, וְהוּא מוֹשֵׁךְ אֶת אוֹתָהּ נְשָׁמָה מִמָּקוֹם עֶלְיוֹן. מַה בֵּין פָּסוּק שֶׁאָמַר וּבַת אִישׁ כֹּהֵן, וּבֵין פָּסוּק שֶׁאָמַר וּבַת כֹּהֵן, וְלֹא כָתוּב אִישׁ, אֶלָּא יֵשׁ כֹּהֵן שֶׁנִּקְרָא אִישׁ כֹּהֵן, וְלֹא כֹּהֵן מַמָּשׁ. וְעַל הַדֶּרֶךְ הַזֶּה הָיָה כֹּהֵן, וְהָיָה סְגָן, וְהָיָה כֹּהֵן גָּדוֹל, וְהָיָה כֹּהֵן שֶׁאֵינוֹ גָּדוֹל. כֹּהֵן סְתָם גָּדוֹל וְעֶלְיוֹן מֵאִישׁ כֹּהֵן. וְעַל זֶה יֵשׁ נְשָׁמָה, וְיֵשׁ רוּחַ, וְיֵשׁ נֶפֶשׁ.

וּבַת כֹּהֵן כִּי תִהְיֶה לְאִישׁ זָר, דָּא נִשְׁמְתָא קַדִּישָׁא, דְּאִתְמַשְּׁכַת מֵאֲתַר עִלָּאָה, וְעָאלַת לְגוֹ סְתִימוּ דְּאִילָנָא דְחַיֵּי. וְכַד רוּחָא דְכַהֲנָא עִלָּאָה נָשְׁבָא, וְיָהִיב נִשְׁמָתִין בְּאִילָנָא דָא, פַּרְחִין מִתַּמָּן אִינּוּן נִשְׁמָתִין, וְעָאלִין בְּאוֹצָר חַד.

וּבַת כֹּהֵן כִּי תִהְיֶה לְאִישׁ זָר, זוֹ הַנְּשָׁמָה הַקְּדוֹשָׁה שֶׁנִּמְשְׁכָה מִמָּקוֹם עֶלְיוֹן וְנִכְנְסָה לְתוֹךְ סֵתֶר עֵץ הַחַיִּים, וּכְשֶׁרוּחַ הַכֹּהֵן הָעֶלְיוֹן נוֹשֶׁבֶת וְנוֹתֶנֶת נְשָׁמוֹת בָּאִילָן הַזֶּה, פּוֹרְחוֹת מִשָּׁם אוֹתָם נְשָׁמוֹת וְנִכְנָסוֹת בְּאוֹצָר אֶחָד.

וַוי לְעָלְמָא, דְּלָא יַדְעִין בְּנֵי נָשָׁא לְאִסְתַּמְּרָא, דְּהָא מַשְׁכִין מְשִׁיכוּ בַּהֲדֵי יֵצֶר הָרָע, דְּאִיהוּ אִישׁ זָר, וְהַאי בַּת כֹּהֵן פַּרְחַת לְתַתָּא, וְאַשְׁכְּחַת בִּנְיָנָא בְּאִישׁ זָר. וּבְגִין דְּאִיהוּ רְעוּתָא דְּמָרָהּ, עָאלַת תַּמָּן וְאִתְכַּפִּיאַת, וְלָא יָכִילַת לְשַׁלְטָאָה, וְלָא אִשְׁתַּלִּימַת בְּהַאי עָלְמָא. כַּד נַפְקַת מִנֵּיהּ, הִיא בִּתְרוּמַת הַקֳּדָשִׁים לֹא תֹאכֵל, כִּשְׁאַר כָּל נִשְׁמָתִין, דְּאִשְׁתְּלִימוּ בְּהַאי עָלְמָא.

אוֹי לָעוֹלָם, שֶׁלֹּא יוֹדְעִים בְּנֵי אָדָם לְהִשָּׁמֵר, שֶׁמּוֹשְׁכִים מְשִׁיכָה עִם יֵצֶר הָרָע, שֶׁהוּא אִישׁ זָר, וּבַת הַכֹּהֵן הַ את פּוֹרַחַת לְמַטָּה וּמוֹצֵאת בִּנְיָן בְּאִישׁ זָר. וּמִשּׁוּם שֶׁהוּא רָצוֹן שֶׁל אֲדוֹנָהּ, נִכְנֶסֶת לְשָׁם וְנִכְפֵּית, וְלֹא יְכוֹלָה לִשְׁלֹט, וְלֹא הִשְׁתַּלְּמָה בָּעוֹלָם הַזֶּה. וּכְשֶׁיּוֹצֵאת מִמֶּנּוּ, הִיא בִּתְרוּמַת הַקֳּדָשִׁים לֹא תֹאכֵל, כִּשְׁאָר כָּל הַנְּשָׁמוֹת שֶׁהִשְׁתַּלְּמוּ בָּעוֹלָם הַזֶּה.

תּוּ אִית בְּהַאי קְרָא, וּבַת כֹּהֵן כִּי תִהְיֶה לְאִישׁ זָר. עֲלוּבָתָא אִיהִי נִשְׁמְתָא קַדִּישָׁא, כִּי תִהְיֶה לְאִישׁ זָר, דְּהָא אִתְמַשְׁכַת, עַל גִּיּוֹרָא דְּאִתְגַּיַּיר, וּפַרְחַת עָלֵיהּ מִגַּן עֵדֶן בְּאֹרַח סָתִים, עַל בִּנְיָנָא דְּאִתְבְּנֵי מֵעָרְלָה מִסְאֲבָא, דָּא הֲוַת לְאִישׁ זָר.

עוֹד יֵשׁ בַּפָּסוּק הַזֶּה, וּבַת כֹּהֵן כִּי תִהְיֶה לְאִישׁ זָר. עֲלוּבָה הִיא הַנְּשָׁמָה הַקְּדוֹשָׁה כִּי תִהְיֶה לְאִישׁ זָר, שֶׁנִּמְשְׁכָה עַל הַגֵּר

שֶׁהִתְגַּיֵּר, וּפִרְחָה אֱלָיו מִגַּן עֵדֶן בְּדֶרֶךְ נִסְתָּר עַל בִּנְיָן שֶׁנִּבְנֶה מֵעָרְלָה טְמֵאָה, זוֹ הָיְתָה לְאִישׁ זָר.

וְדָא הוּא רָזָא עִלָּאָה יַתִּירָא מִכֹּלָּא. בְּעַמּוּדָא דְקַיְּימָא לְטִקְלִין, גּוֹ אֲוִירָא דְנָשְׁבָא, אִית טִיקְלָא וְחַד בְּהַאי סִטְרָא, וְאִית טִיקְלָא אַחֲרָא בְּהַאי סִטְרָא. בְּהַאי סִטְרָא מֹאזְנֵי צֶדֶק. וּבְהַאי סִטְרָא מֹאזְנֵי מִרְמָה. וְהַאי טִיקְלָא, לָא שָׁכִיךְ לְעָלְמִין, וְנִשְׁמָתִין סַלְּקִין וְנַחְתִין עָאלִין וְנָפְקִין, וְאִית נִשְׁמָתִין עֲשִׁיקִין, כַּד שַׁלְטָא אָדָם בְּאָדָם, דִּכְתִיב, עֵת אֲשֶׁר שָׁלַט הָאָדָם בְּאָדָם לְרַע לוֹ, לְרַע לוֹ וַדַּאי.

וְזֶהוּ סוֹד עֶלְיוֹן יוֹתֵר מֵהַכֹּל. בָּעַמּוּד שֶׁעוֹמֵד לַמֹּאזְנַיִם בְּתוֹךְ אֲוִיר שֶׁנּוֹשֵׁב, יֵשׁ מִשְׁקָל אֶחָד בְּצַד זֶה, וְיֵשׁ מִשְׁקָל אַחֵר בְּצַד זֶה. בְּצַד זֶה מֹאזְנֵי צֶדֶק, וּבְצַד זֶה מֹאזְנֵי מִרְמָה. וְהַמִּשְׁקָל הַזֶּה לֹא שׁוֹכֵךְ לְעוֹלָמִים, וּנְשָׁמוֹת עוֹלוֹת וְיוֹרְדוֹת, נִכְנָסוֹת וְיוֹצְאוֹת, וְיֵשׁ נְשָׁמוֹת עֲשׁוּקוֹת, כְּשֶׁשּׁוֹלֵט אָדָם בְּאָדָם, שֶׁכָּתוּב, עֵת אֲשֶׁר שָׁלַט הָאָדָם בְּאָדָם לְרַע לוֹ. לְרַע לוֹ וַדַּאי.

אֲבָל הַאי נִשְׁמְתָא, דַּהֲוַת לְסִטְרָא אַחֲרָא, אִישׁ זָר, וְאִתְעַשְׁקַת מִנֵּיהּ, דָּא אִיהִי לְרַע לוֹ. לוֹ, לְהַהוּא אִישׁ זָר, וְאִיהִי בִּתְרוּמַת הַקֳּדָשִׁים לֹא תֹאכֵל, עַד דְּעָבִיד בָּהּ קוּדְשָׁא בְּרִיךְ הוּא מַה דְּעָבִיד, אָתָא קְרָא וְאָמַר וּבַת כֹּהֵן כִּי תִהְיֶה לְאִישׁ זָר הָכִי הוּא.

אֲבָל נְשָׁמָה זוֹ שֶׁהָיְתָה לַצַּד הָאַחֵר, אִישׁ זָר, וְנֶעֶשְׁקָה מִמֶּנּוּ, זוֹהִי לְרַע לוֹ. לוֹ, לְאוֹתוֹ אִישׁ זָר, וְהִיא בִּתְרוּמַת הַקֳּדָשִׁים לֹא תֹאכֵל, עַד שֶׁעוֹשֶׂה בָּהּ הַקָּדוֹשׁ בָּרוּךְ הוּא מַה שֶּׁעוֹשֶׂה. בָּא הַפָּסוּק וְאָמַר, וּבַת כֹּהֵן כִּי תִהְיֶה לְאִישׁ זָר, כָּךְ זֶה.

הָכָא אִית רָזָא, הֵיךְ מִתְעַשְּׁקָן נִשְׁמָתִין. אֶלָּא הַאי עָלְמָא אִתְנְהַג כֹּלָּא, בְּאִילָנָא דְדַעַת טוֹב וָרָע. וְכַד אִתְנַהֲגָן בְּנֵי עָלְמָא בְּסִטְרָא דְטוֹב, טִיקְלָא קַיְּימָא וְאַכְרַע לְסִטְרָא דְטוֹב. וְכַד אִתְנַהֲגָן בְּסִטְרָא דְרַע, אַכְרַע לְהַהוּא סִטְרָא. וְכָל נִשְׁמָתִין דַּהֲווֹ בְּהַהִיא שַׁעֲתָא בְּטִיקְלָא, הֲוָה עָשִׁיק לוֹן, וְנָטִיל לוֹן.

כָּאן יֵשׁ סוֹד אֵיךְ נֶעֱשָׁקוֹת הַנְּשָׁמוֹת. אֶלָּא הָעוֹלָם הַזֶּה מִתְנַהֵג הַכֹּל בְּעֵץ הַדַּעַת טוֹב וָרָע. וּכְשֶׁמִּתְנַהֲגִים בְּנֵי הָעוֹלָם בְּצַד הַטּוֹב, הַמִּשְׁקֶלֶת עוֹמֶדֶת וּמַכְרִיעָה לַצַּד הַטּוֹב, וּכְשֶׁמִּתְנַהֲגִים בְּצַד הָרָע, מַכְרִיעָה לְאוֹתוֹ הַצַּד. וְכָל הַנְּשָׁמוֹת שֶׁהָיוּ בְּאוֹתָהּ שָׁעָה בַּמִּשְׁקֶלֶת, הָיָה עוֹשֵׁק אוֹתָן וְלוֹקֵחַ אוֹתָן.

סדר לימוד ליום הפטירה לעילוי נשמה

אֲבָל לְרַע לוֹ, דְּאִינּוּן נִשְׁמָתִין כַּפְיָין לְכָל מַה דְּאַשְׁכְּחָן מִסִּטְרָא בִּישָׁא, וְשֵׁיצְאָן לֵיהּ. וְסִימָנָא לְדָא, אֲרוֹנָא קַדִּישָׁא, דְּאִתְעֲשָׁק גּוֹ פְּלִשְׁתִּים, וְשָׁלִיטוּ בֵּיהּ, לְרַע לוֹן. אוּף הָכִי. הָנֵי נִשְׁמָתִין אִתְעַשְׁקִין מִסִּטְרָא אַחֲרָא לְרַע לוֹן.

אֲבָל לְרַע לוֹ, שֶׁאוֹתָן נְשָׁמוֹת מַכְנִיעוֹת אֶת כָּל מַה שֶּׁמּוֹצְאוֹת מִצַּד הָרָע וּמַשְׁמִידוֹת אוֹתוֹ, וְסִימָן לָזֶה, אֲרוֹן הַקֹּדֶשׁ שֶׁנֶּעֱשַׁק לְתוֹךְ פְּלִשְׁתִּים וְשָׁלְטוּ לְהָרַע לָהֶם. אַף כָּאן, אֵלּוּ הַנְּשָׁמוֹת נֶעֱשָׁקוֹת מֵהַצַּד הָאַחֵר לְהָרַע לָהֶן.

מָה אִתְעֲבִידוּ מֵאִינּוּן נִשְׁמָתִין. חֲמֵינָן בְּסִפְרֵי קַדְמָאֵי, דְּמִנַּיְיהוּ הֲווֹ אִינּוּן חֲסִידֵי אוּמּוֹת הָעוֹלָם. וְאִינּוּן מַמְזֵרֵי תַּלְמִידֵי חֲכָמִים, דְּקַדְמָן לְכַהֲנָא רַבָּא עַמָּא דְּאַרְעָא, וְחָשׁוּב בְּעָלְמָא, אַף עַל גַּב דְּעָאל לִפְנַי וְלִפְנִים. בָּכָה הַאי סָבָא רִגְעָא חֲדָא, תַּוְוהוּ חַבְרַיָּיא, וְלָא אָמְרוּ מִדִּי.

מַה נַּעֲשָׂה מֵאוֹתָן נְשָׁמוֹת, רָאִינוּ בְּסִפְרֵי הַקַּדְמוֹנִים, שֶׁמֵּהֶם הָיוּ אוֹתָם חֲסִידֵי אֻמּוֹת הָעוֹלָם. וְאוֹתָם הַמַּמְזֵרִים שֶׁהֵם תַּלְמִידֵי חֲכָמִים שֶׁקּוֹדְמִים לְכֹהֵן גָּדוֹל עַם הָאָרֶץ וְחָשׁוּב בָּעוֹלָם, אַף עַל גַּב שֶׁהוּא נִכְנָס לִפְנַי וְלִפְנִים. בָּכָה הַזָּקֵן הַזֶּה רֶגַע אֶחָד. תָּמְהוּ הַחֲבֵרִים וְלֹא אָמְרוּ דָּבָר.

פָּתַח הַהוּא סָבָא וְאָמַר, אִם רָעָה בְּעֵינֵי אֲדֹנֶיהָ אֲשֶׁר לֹא יְעָדָהּ וְהֶפְדָּהּ לְעַם נָכְרִי וְגוֹ'. הַאי פַּרְשְׁתָּא עַל רָזָא דָּא אִתְּמַר, וְכִי יִמְכֹּר אִישׁ אֶת בִּתּוֹ לְאָמָה לֹא תֵצֵא כְּצֵאת הָעֲבָדִים אִם רָעָה וְגוֹ'. מָארֵיהּ דְּעָלְמָא מַאן לָא יִדְחַל מִינָּךְ, דְּאַנְתְּ שַׁלִּיט עַל כָּל מַלְכִין דְּעָלְמָא, כְּמָה דְּאַתְּ אָמֵר מִי לֹא יִרָאֲךָ מֶלֶךְ הַגּוֹיִם כִּי לְךָ יָאָתָה וְגוֹ'.

פָּתַח אוֹתוֹ זָקֵן וְאָמַר, אִם רָעָה בְּעֵינֵי אֲדֹנֶיהָ אֲשֶׁר לֹא יְעָדָהּ וְהֶפְדָּהּ לְעַם נָכְרִי וְגוֹ'. פָּרָשָׁה זוֹ נֶאֶמְרָה עַל הַסּוֹד הַזֶּה, וְכִי יִמְכֹּר אִישׁ אֶת בִּתּוֹ לְאָמָה לֹא תֵצֵא כְּצֵאת הָעֲבָדִים אִם וְגוֹ'. רִבּוֹן הָעוֹלָם, מִי לֹא יִפְחַד מִמְּךָ, שֶׁאַתָּה שׁוֹלֵט עַל כָּל מַלְכֵי הָעוֹלָם, כְּמוֹ שֶׁנֶּאֱמַר מִי לֹא יִרָאֲךָ מֶלֶךְ הַגּוֹיִם כִּי לְךָ יָאָתָה וְגוֹ'.

כַּמָּה אִינּוּן בְּנֵי נָשָׁא בְּעָלְמָא, דְּקָא מִשְׁתַּבְּשָׁן בְּהַאי קְרָא, וְכֻלְּהוּ אַמְרֵי, אֲבָל קְרָא דָּא לָא אִתְיְישָׁר בְּפוּמַיְיהוּ. וְכִי קוּדְשָׁא בְּרִיךְ הוּא מֶלֶךְ הַגּוֹיִם אִיהוּ, וַהֲלֹא מֶלֶךְ יִשְׂרָאֵל אִיהוּ, וְהָכִי אִקְרֵי, דְּהָא כְּתִיב, בְּהַנְחֵל עֶלְיוֹן גּוֹיִם וְגוֹ'. וּכְתִיב כִּי חֵלֶק יְיָ עַמּוֹ. וְעַל דָּא אִקְרֵי מֶלֶךְ יִשְׂרָאֵל. וְאִי תֵּימָא דְּאִיהוּ מֶלֶךְ הַגּוֹיִם אִקְרֵי, הָא

סדר לימוד ליום הפטירה לעילוי נשמה

שְׁבָחָא דִּלְהוֹן דְּקוּדְשָׁא בְּרִיךְ הוּא מֶלֶךְ עֲלַיְיהוּ, וְלָא כְּמָה דְּאַמְרִין דְּאִתְמַסְרִין לְשַׁמָּשִׁין וּלְמְמָנָן דִּילֵיהּ.

כַּמָּה הֵם בְּנֵי הָאָדָם בָּעוֹלָם שֶׁמִּשְׁתַּבְּשִׁים בַּפָּסוּק הַזֶּה, וְכֻלָּם אוֹמְרִים, אֲבָל הַפָּסוּק הַזֶּה לֹא מִתְיַשֵּׁר בְּפִיהֶם. וְכִי הַקָּדוֹשׁ בָּרוּךְ הוּא הוּא מֶלֶךְ הַגּוֹיִם. וַהֲלֹא הוּא מֶלֶךְ יִשְׂרָאֵל, וְכָךְ נִקְרָא, שֶׁהֲרֵי כָּתוּב, בְּהַנְחֵל עֶלְיוֹן גּוֹיִם וְגוֹ', וְכָתוּב, כִּי חֵלֶק ה' עַמּוֹ. וְעַל זֶה הוּא נִקְרָא מֶלֶךְ יִשְׂרָאֵל. וְאִם תֹּאמַר שֶׁהוּא נִקְרָא מֶלֶךְ הַגּוֹיִם, הֲרֵי שֶׁבַח שֶׁלָּהֶם שֶׁהַקָּדוֹשׁ בָּרוּךְ הוּא מֶלֶךְ עֲלֵיהֶם, וְלֹא כְּמוֹ שֶׁאוֹמְרִים שֶׁהֵם נִמְסְרוּ לַשַּׁמָּשִׁים וְלַמְמֻנִּים שֶׁלּוֹ.

וְתוּ סֵיפָא דִּקְרָא, דִּכְתִּיב, כִּי בְּכָל חַכְמֵי הַגּוֹיִם וּבְכָל מַלְכוּתָם מֵאֵין כָּמוֹךָ. כָּל הַאי, שְׁבָחָא אִיהוּ לִשְׁאַר עַמִּין, וּתְוַוהָא אִיהוּ, הֵיךְ לָא מִסְתַּלְּקֵי בְּהַאי קְרָא לְרוּם [דף צ"ו ע"א] **רְקִיעָא. אֶלָּא, דְּקוּדְשָׁא בְּרִיךְ הוּא סָמָא עֵינַיְיהוּ, וְלָא יַדְעֵי בֵּיהּ כְּלַל, דְּהָא מַה דְּאֲנַן אַמְרֵי דְּכֻלְּהוּ אַיִן, וָאֶפֶס, וָתֹהוּ. דִּכְתִּיב, כָּל הַגּוֹיִם כְּאַיִן נֶגְדּוֹ מֵאֶפֶס וָתֹהוּ נֶחְשְׁבוּ לוֹ, הָא עִקָּרָא עִלָּאָה רַבָּא וְיַקִּירָא שַׁוֵּי לוֹן קְרָא דָּא.**

וְעוֹד סוֹף הַפָּסוּק, שֶׁכָּתוּב כִּי בְכָל חַכְמֵי הַגּוֹיִם וּבְכָל מַלְכוּתָם מֵאֵין כָּמוֹךָ. כָּל זֶה הוּא שֶׁבַח לִשְׁאָר הָעַמִּים. וּתְמִיהָה הִיא אֵיךְ לֹא מִתְעַלִּים בַּפָּסוּק הַזֶּה לְרוּם הָרָקִיעַ, אֶלָּא שֶׁהַקָּדוֹשׁ בָּרוּךְ הוּא סִמֵּא אֶת עֵינֵיהֶם וְלֹא יוֹדְעִים בּוֹ כְּלָל, שֶׁהֲרֵי מַה שֶּׁאָנוּ אוֹמְרִים שֶׁכֻּלָּם אַיִן וְאֶפֶס וְתֹהוּ, שֶׁכָּתוּב, כָּל הַגּוֹיִם כְּאַיִן נֶגְדּוֹ מֵאֶפֶס וָתֹהוּ נֶחְשְׁבוּ לוֹ, הֲרֵי הָעִקָּר הָעֶלְיוֹן הַגָּדוֹל וְהַנִּכְבָּד שָׂם אוֹתָם הַכָּתוּב הַזֶּה.

אָמַר לֵיהּ רַבִּי חִיָּיא וְהָא כְּתִיב, מָלַךְ אֱלֹהִים עַל גּוֹיִם וְגוֹ'. אָמַר לֵיהּ, אֲנָא חֲמֵינָא דְּבָתַר כִּתְלַיְיהוּ הֲוֵית, וְנָפְקַת בְּהַאי קְרָא לְסַיְּיעָא לוֹן, הֲוָה לִי לְאָתָבָא בְּקַדְמֵיתָא, עַל מַה דַּאֲמֵינָא. אֲבָל כֵּיוָן דְּאַשְׁכַּחְנָא לָךְ בְּאָרְחָא, אַעֲבַּר לָךְ מִתַּמָּן, וּמִתַּמָּן אֵיהָךְ לְאַעְבְּרָא כֹּלָּא.

אָמַר לוֹ רַבִּי חִיָּיא, וַהֲרֵי כָּתוּב מָלַךְ אֱלֹהִים עַל גּוֹיִם וְגוֹ'. אָמַר לוֹ, אֲנִי רָאִיתִי שֶׁאַחַר הַכֹּתֶל שֶׁלָּהֶם הָיִיתָ, וְיָצָאתָ בַּפָּסוּק הַזֶּה לַעֲזֹר לָהֶם. הָיָה לִי לְהָשִׁיב בַּתְּחִלָּה עַל מַה שֶּׁאָמַרְתִּי. אֲבָל כֵּיוָן שֶׁמְּצָאתִי אוֹתְךָ בַּדֶּרֶךְ, אַעֲבִיר אוֹתְךָ מִשָּׁם, וּמִשָּׁם אֵלֵךְ לְהַעֲבִיר אֶת הַכֹּל.

תָּא חֲזֵי, כָּל שְׁמָהָן, וְכָל כִּנּוּיִין דִּשְׁמָהָן, דְּאִית לֵיהּ לְקוּדְשָׁא בְּרִיךְ הוּא, כֻּלְּהוּ מִתְפַּשְּׁטָן לְאָרְחַיְיהוּ, וְכֻלְּהוּ מִתְלַבְּשִׁין אִלֵּין בְּאִלֵּין,

וְכֻלְּהוּ מִתְפַּלְּגִין לְאָרְחִין וּשְׁבִילִין יְדִיעָן. בַּר שְׁמָא יְחִידָאָה, בָּרִיר דְּכָל שְׁאַר שְׁמָהָן, דְּאַחֲסִין לְעַמָּא יְחִידָאָה, בָּרִיר מִכָּל שְׁאַר עַמִּין, וְאִיהוּ יוּ"ד הֵ"א וָא"ו הֵ"א, דִּכְתִיב, כִּי חֵלֶק יְיָ עַמּוֹ. וּכְתִיב וְאַתֶּם הַדְּבֵקִים בַּיְיָ בִּשְׁמָא דָא מַמָּשׁ, יַתִּיר מִכָּל שְׁאַר שְׁמָהָן.

בֹּא וּרְאֵה, כָּל הַשֵּׁמוֹת וְכָל כִּנּוּיֵי הַשֵּׁמוֹת שֶׁיֵּשׁ לַקָּדוֹשׁ בָּרוּךְ הוּא, כֻּלָּם מִתְפַּשְּׁטִים לְדַרְכֵיהֶם, וְכֻלָּם מִתְלַבְּשִׁים אֵלֶּה בְּאֵלֶּה, וְכֻלָּם נֶחֱלָקִים לִדְרָכִים וּשְׁבִילִים יְדוּעִים, פְּרָט לַשֵּׁם הַיְחִידִי, הַנִּבְחָר שֶׁל כָּל שְׁאָר הַשֵּׁמוֹת, שֶׁהוֹרִישׁ לָעָם הַיָּחִיד הַנִּבְחָר מִכָּל הָעַמִּים, וְהוּא, יוֹ"ד הֵ"א וָא"ו הֵ"א, שֶׁכָּתוּב, כִּי חֵלֶק ה' עַמּוֹ. וְכָתוּב, וְאַתֶּם הַדְּבֵקִים בַּה', בְּשֵׁם זֶה מַמָּשׁ יוֹתֵר מִכָּל שְׁאָר הַשֵּׁמוֹת.

וּשְׁמָא חַד מִכָּל שְׁאַר שְׁמָהָן דִּילֵיהּ, הַהוּא דְּאִתְפַּשַּׁט וְאִתְפְּלַג לְכַמָּה אָרְחִין וּשְׁבִילִין, וְאִקְרֵי אֱלֹהִים. וְאַחֲסִין שְׁמָא דָא, וְאִתְפְּלַג לְתַתָּאֵי דְּהַאי עָלְמָא, וְאִתְפְּלַג שְׁמָא דָא, לְשַׁמָּשִׁין וְלִמְמָנָן דִּמְנַהֲגֵי לִשְׁאַר עַמִּין. כְּמָה דְּאַתְּ אָמֵר, וַיָּבֹא אֱלֹהִים אֶל בִּלְעָם לַיְלָה. וַיָּבֹא אֱלֹהִים אֶל אֲבִימֶלֶךְ בַּחֲלוֹם הַלַּיְלָה. וְכֵן כָּל מְמָנָא וּמְמַנָּא דְּאַחֲסִין לוֹן קוּדְשָׁא בְּרִיךְ הוּא לִשְׁאַר עַמִּין, בִּשְׁמָא דָא כְּלִילָן. וַאֲפִילוּ עֲבוֹדָה זָרָה בִּשְׁמָא דָא אִקְרֵי. וּשְׁמָא דָא מָלַךְ עַל גּוֹיִם, וְלָא הַהוּא שְׁמָא, דָא הַהוּא דְּמָלַךְ עַל יִשְׂרָאֵל, דְּאִיהוּ יְחִידָאָה, לְעַמָּא יְחִידָאָה, לְעַמָּא דְּיִשְׂרָאֵל, עַמָּא קַדִּישָׁא.

וְשֵׁם אֶחָד מִכָּל שְׁאָר שְׁמוֹתָיו, אוֹתוֹ שֶׁהִתְפַּשֵּׁט וְנֶחֱלָק לְכַמָּה דְּרָכִים וּשְׁבִילִים וְנִקְרָא אֱלֹהִים. וְהוֹרִישׁ אֶת הַשֵּׁם הַזֶּה, וְנֶחֱלָק לַתַּחְתּוֹנִים שֶׁל הָעוֹלָם הַזֶּה, וְנֶחֱלָק הַשֵּׁם הַזֶּה לְשַׁמָּשִׁים וְלִמְמֻנִּים שֶׁמַּנְהִיגִים אֶת שְׁאָר הָעַמִּים, כְּמוֹ שֶׁנֶּאֱמַר, וַיָּבֹא אֱלֹהִים אֶל בִּלְעָם לָיְלָה. וַיָּבֹא אֱלֹהִים אֶל אֲבִימֶלֶךְ בַּחֲלוֹם הַלָּיְלָה. וְכֵן כָּל מְמֻנֶּה וּמְמֻנֶּה שֶׁהוֹרִישׁ הַקָּדוֹשׁ בָּרוּךְ הוּא אוֹתָם לִשְׁאָר הָעַמִּים נִכְלָלִים בַּשֵּׁם הַזֶּה, וַאֲפִלּוּ עֲבוֹדָה זָרָה נִקְרֵאת בַּשֵּׁם הַזֶּה. וְשֵׁם זֶה מָלַךְ עַל גּוֹיִם, וְלֹא אוֹתוֹ הַשֵּׁם, שֶׁהוּא מֶלֶךְ עַל יִשְׂרָאֵל, שֶׁהוּא יְחִידִי לָעָם הַיְחִידִי, לְעַם יִשְׂרָאֵל, הָעָם הַקָּדוֹשׁ.

וְאִי תֵּימָא, עַל אָרְחָא דָא נוֹקִים קְרָא דִּכְתִיב, מִי לֹא יִרָאֲךָ מֶלֶךְ הַגּוֹיִם, דְּדָא אִיהוּ שְׁמָא דְּקָא מָלַךְ עַל גּוֹיִם, אֱלֹהִים דְּהָא דְּזִילוּ בֵּיהּ שַׁרְיָא וְדִינָא בֵּיהּ שַׁרְיָא. לָאו הָכִי, וְלָאו עַל דָּא אִתְמַר, דְּאִי הָכִי אֲפִילוּ עֲבוֹדָה זָרָה בִּכְלָלָא דָא אִיהוּ.

וְאִם תֹּאמַר, עַל דֶּרֶךְ זוֹ נְבָאֵר אֶת הַפָּסוּק, שֶׁכָּתוּב, מִי לֹא יִרָאֲךָ מֶלֶךְ הַגּוֹיִם, שֶׁהֲרֵי הוּא שֵׁם שֶׁמּוֹלֵךְ עַל גּוֹיִם, אֱלֹהִים, שֶׁהֲרֵי

הַיִּרְאָה שְׁרוּיָה בּוֹ וְהַדִּין שָׁרוּי בּוֹ לֹא כָּךְ, וְלֹא עַל זֶה נֶאֱמַר. שֶׁאִם כָּךְ, אֲפִלּוּ עֲבוֹדָה זָרָה בִּכְלַל זֶה הִיא.

אֲבָל כֵּיוָן דִּכְתָלָא דַּהֲוָית סָמִיךְ אֲבַתְרֵיהּ, אִתְנְסַח, קְרָא קָאִים עַל קִיּוּמָא, בְּאִסְתַּכְּלוּתָא זְעֵיר. מִי לֹא יִרָאֲךָ מֶלֶךְ הַגּוֹיִם, וְאִי תֵּימָא דְּמֶלֶךְ הַגּוֹיִם עַל קוּדְשָׁא בְּרִיךְ הוּא אִתְּמַר, לָאו הָכִי. אֶלָּא, מַאן הוּא מֶלֶךְ הַגּוֹיִם דְּלָא יִרְאֲךָ, דְּלָא דָּחִיל מִינָּךְ, וְלָא יִזְדַּעְזַע מִינָּךְ. מִי מֶלֶךְ הַגּוֹיִם דְּלָא יִרְאֲךָ. כְּגַוְונָא דָּא, הַלְלוּיָהּ הַלְלוּ עַבְדֵי יְיָ הַלְלוּ אֶת שֵׁם יְיָ. מַאן דְּשָׁמַע לֵיהּ, לָא יָדַע מַאי קָאָמַר, כֵּיוָן דְּאָמַר הַלְלוּיָהּ, אוּף הָכִי הַלְלוּ עַבְדֵי יְיָ, דַּהֲוָה לֵיהּ לְמִכְתַּב, עַבְדֵי יְיָ הַלְלוּ אֶת שֵׁם יְיָ. אוּף הָכָא. הֲוָה לֵיהּ לְמִכְתַּב, מִי מִמֶּלֶךְ הַגּוֹיִם דְּלָא יִרְאֲךָ. אֶלָּא כֹּלָּא עַל תִּקּוּנֵיהּ אִתְּמַר.

אֲבָל כֵּיוָן שֶׁהַכֹּתֶל שֶׁהָיִיתָ סָמוּךְ אַחֲרָיו נֶעֱקַר, הַפָּסוּק עוֹמֵד עַל קִיּוּמוֹ בְּהִסְתַּכְּלוּת קְטַנָּה. מִי לֹא יִרָאֲךָ מֶלֶךְ הַגּוֹיִם. וְאִם תֹּאמַר שֶׁמֶּלֶךְ הַגּוֹיִם נֶאֱמַר עַל הַקָּדוֹשׁ בָּרוּךְ הוּא, לֹא כָּךְ. אֶלָּא מִי הוּא מֶלֶךְ הַגּוֹיִם שֶׁלֹּא יִרָאֲךָ, שֶׁלֹּא פּוֹחֵד מִמְּךָ וְלֹא יִזְדַּעְזַע מִמְּךָ, מִי מֶלֶךְ הַגּוֹיִם שֶׁלֹּא יִרָאֲךָ, כְּמוֹ זֶה, הַלְלוּיָהּ הַלְלוּ עַבְדֵי ה' הַלְלוּ אֶת שֵׁם ה'. מִי שֶׁשּׁוֹמֵעַ אוֹתוֹ, לֹא יוֹדֵעַ מָה אָמַר. כֵּיוָן שֶׁאָמַר הַלְלוּיָהּ, אַף כָּךְ הַלְלוּ עַבְדֵי ה', שֶׁהָיָה לוֹ לִכְתֹּב, עַבְדֵי ה' הַלְלוּ אֶת שֵׁם ה'. אַף כָּאן הָיָה לוֹ לִכְתֹּב, מִי מִמֶּלֶךְ הַגּוֹיִם שֶׁלֹּא יִרָאֲךָ, אֶלָּא הַכֹּל עַל תִּקּוּנוֹ נִתְבָּאֵר.

כִּי בְכָל חַכְמֵי הַגּוֹיִם וּבְכָל מַלְכוּתָם מֵאֵין כָּמוֹךָ, מַהוּ מִלָּה דְּאִתְפָּשַׁט בֵּינַיְיהוּ בְּחָכְמְתָא דִּלְהוֹן, מֵאֵין כָּמוֹךָ וְכֻלְּהוּ אוֹדָאן עַל דָּא, כַּד חָמָאן בְּחָכְמְתָא דִּלְהוֹן עוֹבָדָךְ וּגְבוּרְתָךְ, אִתְפָּשַׁט מִלָּה דָּא בֵּינַיְיהוּ, וְאַמְרֵי מֵאֵין כָּמוֹךָ בְּכָל חַכְמֵי הַגּוֹיִם וּבְכָל מַלְכוּתָם. מֵאֵין כָּמוֹךָ אַמְרֵי, וְאִתְפָּשַׁט בֵּינַיְיהוּ. חָדוּ חַבְרַיָּיא, וּבָכוּ וְלָא אָמְרוּ מִדֵּי. אוּף הָכִי בָּכָה אִיהוּ כְּמִלְּקַדְמִין.

כִּי בְכָל חַכְמֵי הַגּוֹיִם וּבְכָל מַלְכוּתָם מֵאֵין כָּמוֹךָ. מָה הַדָּבָר שֶׁהִתְפַּשֵּׁט בֵּינֵיהֶם בַּחָכְמָה שֶׁלָּהֶם, מֵאֵין כָּמוֹךָ, וְכֻלָּם מוֹדִים עַל זֶה. כְּשֶׁרוֹאִים בְּחָכְמָתָם מַעֲשֶׂיךָ וּגְבוּרוֹתֶיךָ, הִתְפַּשֵּׁט דָּבָר זֶה בֵּינֵיהֶם, וְאוֹמְרִים מֵאֵין כָּמוֹךָ בְּכָל חַכְמֵי הַגּוֹיִם וּבְכָל מַלְכוּתָם. מֵאֵין כָּמוֹךָ אוֹמְרִים, וְהִתְפַּשֵּׁט בֵּינֵיהֶם. שָׂמְחוּ הַחֲבֵרִים, וּבָכוּ וְלֹא אָמְרוּ דָבָר. אַף כָּךְ הוּא בָּכָה כְּמִקֹּדֶם.

פָּתַח וְאָמַר וַתֹּאמֶר לְאַבְרָהָם גָּרֵשׁ הָאָמָה הַזֹּאת וְאֶת בְּנָהּ וְגוֹ', חַבְרַיָּיא אִתְּעֲרוּ, דְּבָעָאת שָׂרָה לְפַנָּאָה עֲבוֹדָה זָרָה מִבֵּיתָא, וְעַל

סדר לימוד ליום הפטירה לעילוי נשמה

דָּא כְּתִיב כָּל אֲשֶׁר תֹּאמַר אֵלֶיךָ שָׂרָה שְׁמַע בְּקוֹלָהּ. הָכָא כְּתִיב וְכִי יִמְכֹּר אִישׁ אֶת בִּתּוֹ, דָּא נִשְׁמְתָא בְּגִלְגּוּלֵי עַל עוֹבָדִין בִּישִׁין דְּעָלְמָא. לְאָמָה, הַהוּא סִטְרָא אַחֲרָא בְּגִלְגּוּלָא בִּישָׁא דְּטִיקְלָא, דְּאַהֲדָר, וְהָא אִתְעַשְׁקַת, לְאַפָּקָא לָהּ מִתַּמָּן. וַדַּאי לֹא תֵצֵא כְּצֵאת הָעֲבָדִים, כָּל אִינּוּן נִשְׁמָתִין דְּמִתְעַשְׁקָן.

פָּתַח וְאָמַר, וַתֹּאמֶר לְאַבְרָהָם גָּרֵשׁ הָאָמָה הַזֹּאת וְאֶת בְּנָהּ וְגוֹ'. הַחֲבֵרִים הִתְעוֹרְרוּ, שֶׁרָצְתָה שָׂרָה לְפַנּוֹת מִבֵּיתָהּ עֲבוֹדָה זָרָה, וְעַל זֶה כָּתוּב כֹּל אֲשֶׁר תֹּאמַר אֵלֶיךָ שָׂרָה שְׁמַע בְּקֹלָהּ. כָּאן כָּתוּב וְכִי יִמְכֹּר אִישׁ אֶת בִּתּוֹ, זוֹ הַנְּשָׁמָה בְּגִלְגּוּלִים עַל מַעֲשִׂים רָעִים שֶׁבָּעוֹלָם. לְאָמָה, לְאוֹתוֹ הַצַּד הָאַחֵר בְּגִלְגּוּל רַע שֶׁל הַמִּשְׁקָל שֶׁחוֹזֵר, וַהֲרֵי נֶעֱשְׁקָה לְהוֹצִיא אוֹתָהּ מִשָּׁם. וַדַּאי לֹא תֵצֵא כְּצֵאת הָעֲבָדִים, כָּל אוֹתָן נְשָׁמוֹת שֶׁנֶּעֱשָׁקוֹת.

מַאן אִינּוּן הָכָא. אִיהוּ רָזָא, אִלֵּין אִינּוּן נִשְׁמָתִין דְּיָנוּקִין זְעִירִין, כַּד אִינּוּן יַנְקֵי מִגּוֹ תּוּקְפָּא דְּאִמְּהוֹן. וְקוּדְשָׁא בְּרִיךְ הוּא חָמֵי, דְּאִי יִתְקַיְּימוּן בְּעָלְמָא, יִבְאֲשׁוּן רֵיחֵיהוֹן, וְיַחְמִצוּן כְּחוֹמֶץ דָּא. לָקִיט לוֹן זְעִירִין, בְּעוֹד דְּיַהֲבֵי רֵיחָא.

מִי הֵן כָּאן, הוּא סוֹד אֵלֶּה אוֹתָן נִשְׁמוֹת הַתִּינוֹקוֹת הַקְּטַנִּים, כְּשֶׁהֵם יוֹנְקִים מִתּוֹךְ תֹּקֶף שֶׁל אִמָּם, וְהַקָּדוֹשׁ בָּרוּךְ הוּא רוֹאֶה שֶׁאִם יִתְקַיְּמוּ בָּעוֹלָם, יִבְאַשׁ רֵיחָם וְיֶחְמִיצוּ כְּמוֹ הַחֹמֶץ הַזֶּה. לוֹקֵחַ אוֹתָם קְטַנִּים, בְּעוֹדָם נוֹתְנִים רֵיחַ.

מַה עָבִיד. שָׁבִיק לוֹן לְאִתְעַשְׁקָא בִּידָא דְּהַהִיא אָמָה, וְדָא אִיהִי לִילִית דְּכֵיוָן [דף צ"ו ע"ב] דְּאִתְיְהִיבוּ בִּרְשׁוּתָהּ, חַדְאַת בְּהַהוּא יְנוּקָא, וַעֲשִׁיקַת לֵיהּ, וְאַפִּיקַת לֵיהּ מֵעָלְמָא, כַּד אִיהוּ יָנִיק בְּתוּקְפָּא דְּאִמֵּיהּ.

מָה עוֹשֶׂה, מַשְׁאִיר אוֹתָם לְהֵעָשֵׁק בְּיַד אוֹתָהּ הָאָמָה, וְזוֹהִי לִילִי"ת. שֶׁכֵּיוָן שֶׁנִּתְּנוּ בִּרְשׁוּתָהּ, שְׂמֵחָה בְּאוֹתוֹ תִּינוֹק וְעוֹשֶׁקֶת אוֹתוֹ, וּמוֹצִיאָה אוֹתוֹ מִן הָעוֹלָם כְּשֶׁהוּא יוֹנֵק מִכֹּחַ אִמּוֹ.

וְאִי תֵּימָא, אִינּוּן נִשְׁמָתִין דְּיַעַבְדוּן טַב לְעָלְמָא. לָאו הָכִי. דִּכְתִּיב אִם רָעָה בְּעֵינֵי אֲדֹנֶיהָ, דְּיַחֲמִיץ הַהוּא גַּבְרָא בָּהּ לְבָתַר יוֹמִין, אִי אִתְקַיַּים בָּהּ. דָּא אִתְעַשְׁקַת, וְאַחֲרָא לָא אִתְעַשְׁקַת. וְעַל אִלֵּין כְּתִיב, וָאֶרְאֶה אֶת כָּל הָעֲשׁוּקִים וְגוֹ' וְהַיְינוּ אִם רָעָה בְּעֵינֵי אֲדֹנֶיהָ.

וְאִם תֹּאמַר שֶׁאוֹתָן נְשָׁמוֹת יַעֲשׂוּ טוֹב לָעוֹלָם, לֹא כָךְ, שֶׁכָּתוּב אִם רָעָה בְּעֵינֵי אֲדֹנֶיהָ, שֶׁיַּחְמִיץ אוֹתוֹ הָאִישׁ בָּהּ לְאַחַר יָמִים, אִם

יִתְקַיֵּם בָּהּ. זוֹ נֶעֱשֶׁקֶת, וְאַחֶרֶת לֹא נֶעֱשֶׁקֶת, וְעַל אֵלֶּה כָּתוּב, וָאֶרְאֶה אֶת כָּל הָעֲשׁוּקִים וְגוֹ', וְהַיְנוּ אִם רָעָה בְּעֵינֵי אֲדֹנֶיהָ.

אֲשֶׁר לֹא יְעָדָהּ, לֹא בְּאָלֶף כְּתִיב. אִי תֵּימָא, דְּהָא בְּהַהוּא סִטְרָא אַחֲרָא, אַזְמִין לָהּ קוּדְשָׁא בְּרִיךְ הוּא מִיּוֹמָא דַּהֲוַת. לָא. וְהַשְׁתָּא בְּגַלְגּוּלֵי טִיקְלָא, לוֹ יְעָדָהּ בְּוָא"ו. מַה דְּלָא הֲוַת מִקַּדְמַת דְּנָא.

אֲשֶׁר לֹא יְעָדָהּ. לֹא, כָּתוּב בְּאָלֶ"ף. אִם תֹּאמַר שֶׁהֲרֵי בְּאוֹתוֹ הַצַּד הָאַחֵר הִזְמִין לָהּ הַקָּדוֹשׁ בָּרוּךְ הוּא מִיּוֹם שֶׁהָיְתָה, לֹא. וְעַכְשָׁו בְּגִלְגּוּלֵי הַמֹּאזְנַיִם, לוֹ יְעָדָהּ, בְּוָא"ו, מַה שֶּׁלֹּא הָיָה מִקֹּדֶם לָכֵן.

וְהֶפְדָּהּ, מַאי וְהֶפְדָּהּ. פָּרִיק לָהּ קוּדְשָׁא בְּרִיךְ הוּא הַשְׁתָּא, דְּסַלְקָא רֵיחָא, עַד לָא תַּחֲמִיץ, וְסָלִיק לָהּ לְרוּמֵי מְרוֹמִים, בְּמְתִיבְתָּא דִּילֵיהּ, וְאִי תֵּימָא כֵּיוָן דְּאִתְעַשְּׁקַת מֵהַהוּא סִטְרָא אַחֲרָא, יָהִיב לָהּ, כְּמָה דְּאָמְרוּ לַחֲסִידֵי שְׁאַר עַמִּין, וּלְאִינּוּן מַמְזְרֵי תָּא חֲזֵי. אָתָא קְרָא וְאוֹכַח, לְעַם נָכְרִי לֹא יִמְשׁוֹל לְמָכְרָהּ וַדַּאי, בְּבִגְדוֹ בָהּ, דְּעָשִׁיק לָהּ בַּעֲשִׁיקוּ דְּגַלְגּוּלָא דְּטִיקְלָא, אֶלָּא לְיִשְׂרָאֵל וַדַּאי, וְלָא לְאַחֲרָא. וְכַד נָפְקַת מִן טִיקְלָא, לֹא תֵצֵא כְּצֵאת הָעֲבָדִים, אֶלָּא מִתְעַטְּרָא בְּעִטְרָהָא בַּאֲרָמָא עַל רֵישֵׁיהּ.

וְהֶפְדָּהּ, מַה זֶּה וְהֶפְדָּהּ, גָּאַל אוֹתָהּ הַקָּדוֹשׁ בָּרוּךְ הוּא עַכְשָׁו, שֶׁמַּעֲלָה רֵיחַ, טֶרֶם שֶׁתַּחְמִיץ, וּמַעֲלֶה אוֹתָהּ לְרוּמֵי מְרוֹמִים בַּיְשִׁיבָה שֶׁלּוֹ. וְאִם תֹּאמַר, כֵּיוָן שֶׁנֶּעֶשְׁקָה מֵאוֹתוֹ הַצַּד הָרָע, נוֹתֵן אוֹתָהּ, כְּמוֹ שֶׁאָמְרוּ לַחֲסִידֵי אֻמּוֹת הָעוֹלָם וּלְאוֹתָם מַמְזֵרִים תַּלְמִידֵי חֲכָמִים, בָּא הַכָּתוּב וּמוֹכִיחַ, לְעַם נָכְרִי לֹא יִמְשֹׁל לְמָכְרָהּ, וַדַּאי, בְּבִגְדוֹ בהּ, שֶׁעוֹשֵׁק אוֹתָהּ בָּעֹשֶׁק שֶׁל גִּלְגּוּל הַמֹּאזְנַיִם, אֶלָּא לְיִשְׂרָאֵל וַדַּאי, וְלֹא לְאַחֵר. וּכְשֶׁיּוֹצֵאת מִן הַמֹּאזְנַיִם, לֹא תֵצֵא כְּצֵאת הָעֲבָדִים, אֶלָּא מִתְעַטֶּרֶת בַּעֲטַרְתָּהּ בַּהֲרָמָה עַל רֹאשָׁהּ.

וְאִי תֵּימָא, דְּהַאי סִטְרָא עָאלַת לָהּ בְּהַהוּא יַנּוּקָא. לָאו הָכִי. אֶלָּא נַטְלַת לָהּ, וְחַדְּאת בַּהֲדָהּ, וּפַרְחַת מִן יְדָהָא, וְעָאלַת בְּהַהוּא אֲתָר, וְאִיהִי פַּקְדַת לְהַהוּא יְנוּקָא, וְחַדְּאת בֵּיהּ, וְחַיְיכַת בֵּיהּ, וְתָאִיבַת לְהַהוּא בָּשָׂר, עַד דִּלְבָתַר נָטִיל קוּדְשָׁא בְּרִיךְ הוּא נִשְׁמָתֵיהּ, וְהִיא לְגוּפָא. וּלְבָתַר כֹּלָּא אִיהוּ בִּרְשׁוּתָא דְּקוּדְשָׁא בְּרִיךְ הוּא.

וְאִם תֹּאמַר שֶׁהַצַּד הַזֶּה הִכְנִיס אוֹתוֹ לְאוֹתוֹ תִינוֹק, לֹא כָּךְ, אֶלָּא נוֹטֶלֶת אוֹתָהּ וּשְׂמֵחָה עִמָּהּ וּפוֹרַחַת מִיָּדָהּ וְנִכְנֶסֶת לְאוֹתוֹ מָקוֹם, וְהִיא פּוֹקֶדֶת אֶת אוֹתוֹ תִינוֹק וּשְׂמֵחָה בּוֹ וְצוֹחֶקֶת בּוֹ, וּתְאֵבָה אֶת אוֹתוֹ הַבָּשָׂר, עַד שֶׁאַחַר כָּךְ נוֹטֵל הַקָּדוֹשׁ בָּרוּךְ הוּא אֶת נִשְׁמָתוֹ, וְהִיא לַגּוּף. וְאַחַר כָּךְ הַכֹּל בִּרְשׁוּתוֹ שֶׁל הַקָּדוֹשׁ בָּרוּךְ הוּא.

תָּא חֲזֵי, לֹא תֵצֵא כְּצֵאת הָעֲבָדִים, מַאי הוּא. אֶלָּא, בְּשַׁעֲתָא דְּנַפְּקַת מִן טִיקְלָא וְהַהוּא סִטְרָא בְּחֶדְוּ, רָשִׁים לָהּ לְקוּדְשָׁא בְּרִיךְ הוּא, וְחָתִים לָהּ בְּחַד גּוּשְׁפַּנְקָא, וּפָרִישׂ עָלָהּ לְבוּשׁ יְקָר דִּילֵיהּ, וּמַאן אִיהוּ. שְׁמָא קַדִּישָׁא דְּאִקְרֵי אֱלוֹ"הַּ. וְדָא הוּא בְּבִגְדוֹ בָהּ, לְבוּשָׁא יַקִּירָא דְּמַלְכָּא פָּרִישׂ עָלָהּ וּכְדֵין אִיהִי נְטִירָא, דְּלָא אִתְמַסְרַת לְעַם נָכְרִי, אֶלָּא לְיִשְׂרָאֵל לְחוּד.

בֹּא וּרְאֵה, לֹא תֵצֵא כְּצֵאת הָעֲבָדִים, מַה זֶּה, אֶלָּא בְּשָׁעָה שֶׁיּוֹצֵאת מִן הַמֹּאזְנַיִם וְאוֹתוֹ הַצַּד בְּשִׂמְחָה, רוֹשֵׁם הַקָּדוֹשׁ בָּרוּךְ הוּא וְחוֹתֵם אוֹתָהּ בְּחוֹתֶמֶת אַחַת, וּפוֹרֵס עָלֶיהָ לְבוּשׁ כָּבוֹד שֶׁלּוֹ, וּמִיהוּ, הַשֵּׁם הַקָּדוֹשׁ שֶׁנִּקְרָא אֱלוֹ"הַּ. וְזֶהוּ בְּבִגְדוֹ בָהּ, הַלְּבוּשׁ הַנִּכְבָּד שֶׁל הַמֶּלֶךְ פּוֹרֵשׂ עָלֶיהָ, וְאָז הִיא שְׁמוּרָה, שֶׁלֹּא נִמְסְרָה לְעַם נָכְרִי אֶלָּא לְיִשְׂרָאֵל לְחוּד.

וְדָא אִיהוּ דִּכְתִיב, כִּימֵי אֱלוֹהַּ יִשְׁמְרֵנִי, וְעַל רָזָא דָא כְּתִיב הָכָא, לְעַם נָכְרִי לֹא יִמְשֹׁל לְמָכְרָהּ בְּבִגְדוֹ בָהּ, בְּעוֹד דִּלְבוּשׁ יְקָר דְּמַלְכָּא בָהּ. כֵּיוָן דְּבִגְדוֹ בָהּ, כְּתִיב לְעַם נָכְרִי לֹא יִמְשֹׁל לְמָכְרָהּ.

וְזֶהוּ שֶׁכָּתוּב, כִּימֵי אֱלוֹהַּ יִשְׁמְרֵנִי, וְעַל סוֹד זֶה כָּתוּב כָּאן, לְעַם נָכְרִי לֹא יִמְשֹׁל לְמָכְרָהּ בְּבִגְדוֹ בָהּ, בְּעוֹד שֶׁלְּבוּשׁ כְּבוֹד הַמֶּלֶךְ בָּהּ. כֵּיוָן שֶׁבִּגְדוֹ בָהּ, כָּתוּב לְעַם נָכְרִי לֹא יִמְשֹׁל לְמָכְרָהּ.

מַה רְשׁוּ אִית לְהַהוּא סִטְרָא בָּהּ. תָּא חֲזֵי, כָּל בְּנֵי עָלְמָא כֻּלְּהוּ, בִּרְשׁוּתֵיהּ דְּמַלְכָּא קַדִּישָׁא, וְכֻלְּהוּ אִית לוֹן זִמְנָא בְּהַאי עָלְמָא, עַד דְּאִיהוּ בָּעֵי לְסַלְּקָא לוֹן מִן עָלְמָא, וְדָא לֵית לֵיהּ זִמְנָא, וְעַל דָּא אִיהִי חַיְיכַת בְּהוּ, וְחַדָּאת בְּהוּ.

מָה רְשׁוּת יֵשׁ לְאוֹתוֹ צַד בָּהּ, בֹּא וּרְאֵה, כָּל בְּנֵי הָעוֹלָם כֻּלָּם בִּרְשׁוּת הַמֶּלֶךְ הַקָּדוֹשׁ, וּלְכֻלָּם יֵשׁ זְמַן בָּעוֹלָם הַזֶּה, עַד שֶׁהוּא רוֹצֶה לְסַלְּקָם מִן הָעוֹלָם, וְזֶה אֵין לוֹ זְמַן, וְעַל כָּךְ הִיא צוֹחֶקֶת בָּהֶם וּשְׂמֵחָה בָּהֶם.

תוּ, אַזְהָרוּתָא לְבַר נָשׁ אִית בְּהָנֵי קְרָאֵי, וְכַמָּה עֵיטִין טָבִין עִלָּאִין אִינּוּן, בְּכָל מִילֵּי דְּאוֹרַיְיתָא, וְכֻלְּהוּ קְשׁוֹט, בְּאֹרַח קְשׁוֹט, וְאִשְׁתְּמוֹדְעָן לְגַבֵּי חַכִּימִין, דְּיַדְעֵי וְאָזְלֵי בְּאֹרַח קְשׁוֹט. בְּזִמְנָא דְּבָעָא קוּדְשָׁא בְּרִיךְ הוּא לְמִבְרֵי עָלְמָא, סָלִיק בִּרְעוּתָא קָמֵיהּ, וְצַיֵּיר כָּל נִשְׁמָתִין דְּאִינּוּן זְמִינִין לְמֵיהַב בִּבְנֵי נָשָׁא לְבָתַר, וְכֻלְּהוּ

סדר לימוד ליום הפטירה לעילוי נשמה

אִתְצַיָּירוּ קָמֵיהּ בְּהַהוּא צִיּוּרָא מַמָּשׁ, דִּזְמִינִין לְמֶהֱוֵי בִּבְנֵי נָשָׁא לְבָתַר, וְחָמָא כָּל חַד וְחַד.

עוֹד, אַזְהָרָה לָאָדָם יֵשׁ בַּפְּסוּקִים הַלָּלוּ וְכַמָּה עֵצוֹת טוֹבוֹת עֶלְיוֹנוֹת הֵן בְּכָל דִּבְרֵי הַתּוֹרָה, וְכֻלָּן אֱמֶת בְּדֶרֶךְ אֱמֶת, וְנוֹדָעוֹת לַחֲכָמִים שֶׁיּוֹדְעִים וְהוֹלְכִים בְּדֶרֶךְ אֱמֶת. בִּזְמַן שֶׁרָצָה הַקָּדוֹשׁ בָּרוּךְ הוּא לִבְרֹא אֶת הָעוֹלָם, עָלָה בִרְצוֹן לְפָנָיו, וְצִיֵּר אֶת כָּל הַנְּשָׁמוֹת שֶׁהֵן עֲתִידוֹת לְהִנָּתֵן בִּבְנֵי אָדָם אַחַר כָּךְ, וְכֻלָּן הִצְטַיְּרוּ לְפָנָיו בְּאוֹתוֹ צִיּוּר מַמָּשׁ שֶׁעֲתִידִים לִהְיוֹת בְּנֵי אָדָם לְאַחַר מִכֵּן, וְרָאָה כָּל אֶחָד וְאֶחָד.

וְאִית מִנְּהוֹן דִּזְמִינִין לְאַבְאָשָׁא אָרְחַיְיהוּ בְּעָלְמָא, וּבְשַׁעֲתָא דְּמָטָא זִמְנַיְיהוּ, קָרֵי קוּדְשָׁא בְּרִיךְ הוּא לְהַהִיא נִשְׁמְתָא, אָמַר לָהּ, זִילִי עוּלִי בְּדוּךְ פְּלָן. בְּגוּף פְּלָן. אָתִיבַת קָמֵיהּ, מָארֵיהּ דְּעָלְמָא, דַּי לִי בְּעָלְמָא דָּא דַּאֲנָא יָתְבָא בֵּיהּ, וְלָא אֵיהָךְ לְעָלְמָא אָחֳרָא, דְּיִשְׁתַּעְבְּדוּן בִּי, וְאֶהֱא מְלוּכְלְכָא בֵּינַיְיהוּ. אָמַר לָהּ קוּדְשָׁא בְּרִיךְ הוּא, מִן יוֹמָא דְּאִתְבְּרִיאַת, עַל דָּא אִתְבְּרִיאַת לְמֶהֱוֵי בְּהַהוּא עָלְמָא. כֵּיוָן דְּחָמָאת נִשְׁמְתָא כַּךְ, בְּעַל כָּרְחָהּ נַחְתַּת וְעָאלַת תַּמָּן.

וְיֵשׁ מֵהֶן שֶׁעֲתִידוֹת לְהָרַע אֶת דַּרְכֵיהֶן בָּעוֹלָם, וּבְשָׁעָה שֶׁמַּגִּיעַ זְמַנָּן, קוֹרֵא הַקָּדוֹשׁ בָּרוּךְ הוּא לְאוֹתָהּ נְשָׁמָה וְאוֹמֵר לָהּ, לְכִי וְהִכָּנְסִי בְּמָקוֹם פְּלוֹנִי לְגוּף פְּלוֹנִי. וְהִיא מְשִׁיבָה לְפָנָיו, רִבּוֹן הָעוֹלָם, דַּי לִי בָּעוֹלָם הַזֶּה שֶׁאֲנִי יוֹשֶׁבֶת בּוֹ, וְלֹא אֵלֵךְ לְעוֹלָם אַחֵר שֶׁיִּשְׁתַּעְבְּדוּ בִי וְאֶהְיֶה מְלֻכְלֶכֶת בֵּינֵיהֶם. אוֹמֵר לָהּ הַקָּדוֹשׁ בָּרוּךְ הוּא: מִיּוֹם שֶׁנִּבְרֵאת, עַל מְנָת כֵּן נִבְרֵאת, לִהְיוֹת בְּאוֹתוֹ עוֹלָם. כֵּיוָן שֶׁרוֹאָה הַנְּשָׁמָה כָּךְ, בְּעַל כָּרְחָהּ יוֹרֶדֶת וְנִכְנֶסֶת לְשָׁם.

אוֹרַיְיתָא דְּיָהֲבַת עֵיטָא לְכָל עָלְמָא חָמָאת הָכִי, אַזְהִירַת לִבְנֵי עָלְמָא, וְאַמְרַת, חָמוּ כַּמָּה חָס קוּדְשָׁא בְּרִיךְ הוּא עֲלַיְיכוּ, מַרְגָּלִיתָא טָבָא דַּהֲוַת לֵיהּ, זַבִּין לְכוּ לְמַגָּנָא, דְּתִשְׁתַּעְבְּדוּן בָּהּ בְּהַאי עָלְמָא.

הַתּוֹרָה שֶׁנּוֹתֶנֶת עֵצָה לְכָל הָעוֹלָם רוֹאָה כָּךְ, וּמַזְהִירָה אֶת בְּנֵי הָעוֹלָם וְאוֹמֶרֶת, רְאוּ כַּמָּה חָס הַקָּדוֹשׁ בָּרוּךְ הוּא עֲלֵיכֶם. מַרְגָּלִית טוֹבָה שֶׁהָיְתָה לוֹ, מָכַר לָכֶם בְּחִנָּם כְּדֵי שֶׁתִּשְׁתַּעְבְּדוּ בָהּ בָּעוֹלָם הַזֶּה.

וְכִי יִמְכֹּר אִישׁ, דָּא קוּדְשָׁא בְּרִיךְ הוּא. אֶת בִּתּוֹ, דָּא נִשְׁמְתָא קַדִּישָׁא. לְאָמָה, לְמֶהֱוֵי אָמָה מִשְׁתַּעְבְּדָא בֵּינַיְיכוּ [דף צ"ז ע"א] **בְּהַאי עָלְמָא. בְּמָטוּ מִנַּיְיכוּ, בְּשַׁעֲתָא דְּמָטֵי זִמְנָא לְנָפְקָא מֵהַאי עָלְמָא,**

סדר לימוד ליום הפטירה לעילוי נשמה

לָא תֵצֵא כְּצֵאת הָעֲבָדִים, לָא תִפּוֹק מִתְטַנְּפָא בְּחוֹבִין, תִּפּוֹק בַּת חוֹרִין, בְּרִירָה נְקִיָּה, בְּגִין דְיֶחֱדֵי בָּהּ מָארָהּ וְיִשְׁתַּבַּח בָּהּ וְיָהִיב לָהּ אֲגַר טָב, בְּצַחְצוּחֵי דְגִנְתָּא דְעֵדֶן. כְּמָה דְאַתְּ אָמֵר וְהִשְׂבִּיעַ בְּצַחְצָחוֹת נַפְשֶׁךָ, וַדַּאי כַּד תִּפּוֹק בְּרִירָה נְקִיָּה כִּדְקָא יָאוֹת.

וְכִי יִמְכֹּר אִישׁ, זֶה הַקָּדוֹשׁ בָּרוּךְ הוּא. אֶת בִּתּוֹ, זוֹ הַנְּשָׁמָה הַקְּדוֹשָׁה. לְאָמָה, לִהְיוֹת אָמָה מְשֻׁעְבֶּדֶת בֵּינֵיכֶם בָּעוֹלָם הַזֶּה. בְּבַקָּשָׁה מִכֶּם, בְּשָׁעָה שֶׁמַּגִּיעַ זְמַנָּהּ לָצֵאת מִן הָעוֹלָם הַזֶּה, לֹא תֵצֵא כְּצֵאת הָעֲבָדִים, לֹא תֵצֵא מְטֻנֶּפֶת בַּחֲטָאִים. תֵּצֵא בַּת חוֹרִין, בְּרוּרָה נְקִיָּה, כְּדֵי שֶׁיִּשְׂמַח בָּהּ אֲדוֹנָהּ וְיִשְׁתַּבַּח בָּהּ וְיִתֵּן לָהּ שָׂכָר טוֹב בְּצַחְצוּחֵי גַּן עֵדֶן, כְּמוֹ שֶׁנֶּאֱמַר וְהִשְׂבִּיעַ בְּצַחְצָחוֹת נַפְשֶׁךָ. וַדַּאי כַּאֲשֶׁר תֵּצֵא בְּרוּרָה נְקִיָּה כָּרָאוּי.

אֲבָל אִם רָעָה בְּעֵינֵי אֲדֹנֶיהָ, כַּד נַפְקַת מְלוּכְלָכָא בְּטִנּוּפֵי חוֹבִין, וְלָא אִתְחֲזִיאַת קָמֵיהּ כִּדְקָא יָאוֹת, וַוי לְהַהוּא גוּפָא, דְאִתְאֲבִיד מֵהַהִיא נִשְׁמְתָא לְעָלְמִין. בְּגִין, דְכַד נִשְׁמָתִין סַלְקִין בְּרִירָן, וְנָפְקִין נְקִיִּין מֵהַאי עָלְמָא, כָּל נִשְׁמְתָא וְנִשְׁמְתָא, עָאלַת בְּסִפְרָא דְאַחְזָמְתָא דְמַלְכָּא, וְכֻלְּהוּ בִּשְׁמָהָן, וְאָמַר דָא הִיא נִשְׁמְתָא דִפְלַנְיָא, זְמִינַת תְּהֵא לְהַהוּא גוּפָא דְשַׁבְקַת, וּכְדֵין כְּתִיב, לוֹ יְעָדָהּ, בּוֹ'.

אֲבָל אִם רָעָה בְּעֵינֵי אֲדֹנֶיהָ, כְּשֶׁיּוֹצֵאת מְלֻכְלֶכֶת בְּטִנּוּפֵי הַחֲטָאִים וְלֹא נִרְאֵית לְפָנָיו כָּרָאוּי, אוֹי לְאוֹתוֹ הַגּוּף שֶׁאָבַד מֵאוֹתָהּ נְשָׁמָה לְעוֹלָמִים. מִשּׁוּם שֶׁכַּאֲשֶׁר הַנְּשָׁמוֹת עוֹלוֹת בְּרוּרוֹת וְיוֹצְאוֹת נְקִיּוֹת מִן הָעוֹלָם הַזֶּה, כָּל נְשָׁמָה וּנְשָׁמָה נִכְנֶסֶת לְסֵפֶר אוֹצַר הַמֶּלֶךְ, וְכֻלָּן בְּשֵׁמוֹת, וְאוֹמֵר: זוֹ הִיא נִשְׁמַת פְּלוֹנִי עֲתִידָה תִּהְיֶה לְאוֹתוֹ הַגּוּף שֶׁעֲזָבָה. וְאָז כָּתוּב לוֹ יְעָדָהּ, בּוֹ'.

וְכַד נַפְקַת רָעָה בְּעֵינֵי אֲדֹנֶיהָ, דְקָא אִסְתְּאָבַא בְּחוֹבִין, וּבְטִנּוּפָא דְחַטָּאִין, כְּדֵין לֹא יְעָדָהּ בְּא'. וְאִתְאֲבִיד הַהוּא גוּפָא מִינָהּ וְאִיהִי לָא אִזְדַּמְנַת לְגַבֵּיהּ בַּר הַהִיא דְמָארָהּ אִתְרְעֵי, וְתָב בִּתְיוּבְתָּא דְגוּפָא בָּהּ, כְּדֵין כְּתִיב, וְהֶפְדָּהּ. כְּמָה דְאַתְּ אָמֵר, פָּדָה נַפְשׁוֹ מֵעֲבוֹר בַּשָּׁחַת. וְהֶפְדָּהּ, הַאי אִיהוּ בְּבַר נָשׁ, דְעֵיטָא דִילֵיהּ, דְיִפְרוֹק לָהּ, וְיֵיתוּב בִּתְיוּבְתָּא, וְלִתְרֵין סִטְרִין קָאָמַר קוּדְשָׁא בְּרִיךְ הוּא, וְהֶפְדָּהּ בִּתְיוּבְתָּא. לְבָתַר דְתָב בִּתְיוּבְתָּא, פָּרָא לָהּ מֵאַרְזָא דְגֵיהִנָּם.

וּכְשֶׁיּוֹצֵאת רָעָה בְּעֵינֵי אֲדֹנֶיהָ, שֶׁנִּטְמְאָה בַּחֲטָאִים וּבְטִנּוּף שֶׁל הַחֲטָאִים, אָז לֹא יְעָדָהּ, בְּא'. וְנֶאֱבַד אוֹתוֹ הַגּוּף מִמֶּנָּה, וְהִיא לֹא

מִזְדַּמֶּנֶת אֵלָיו, פְּרָט לְאוֹתָהּ שֶׁבַּעְלָהּ הִתְרַצָּה וְשָׁב בִּתְשׁוּבָה שֶׁל הַגּוּף בָּהּ, אָז כָּתוּב וְהֶפְדָּהּ, כְּמוֹ שֶׁנֶּאֱמַר, פְּדָה נַפְשׁוֹ מֵעֲבֹר בַּשָּׁחַת. וְהֶפְדָּהּ, זֶהוּ בָּאָדָם, שֶׁהָעֵצָה שֶׁלּוֹ שֶׁיִּפְדֶּה אוֹתָהּ וְיָשׁוּב בִּתְשׁוּבָה. וְהַקָּדוֹשׁ בָּרוּךְ הוּא אָמַר אֶת זֶה לִשְׁנֵי צְדָדִים, וְהֶפְדָּהּ בִּתְשׁוּבָה. אַחַר שֶׁשָּׁב בִּתְשׁוּבָה, פָּדָה אוֹתָהּ מִדֶּרֶךְ הַגֵּיהִנֹּם.

לְעַם נָכְרִי לֹא יִמְשֹׁל לְמָכְרָהּ. מַאן עַם נָכְרִי. עֲלוּבְתָא אִיהִי נִשְׁמְתָא, דְּכַד נָפְקַת מֵעָלְמָא, וּבַר נָשׁ אַסְטֵי אָרְחוֹי בַּהֲדָהּ, הִיא בָּעָאת לְסַלְּקָא לְעֵילָּא, גּוֹ מַשִּׁרְיָין קַדִּישִׁין, בְּגִין דְּמַשִּׁרְיָין קַדִּישִׁין קַיְימִין בְּהַהוּא אָרְחָא דְּגַן עֵדֶן, וּמַשִּׁרְיָין נוּכְרָאִין קַיְימִין בְּהַהוּא אָרְחָא דְּגֵיהִנָּם.

לְעַם נָכְרִי לֹא יִמְשֹׁל לְמָכְרָהּ. מִי זֶה עַם נָכְרִי, עֲלוּבָה הִיא הַנְּשָׁמָה, שֶׁכַּאֲשֶׁר יוֹצֵאת מִן הָעוֹלָם וּבֶן אָדָם מַסְטֶה דַּרְכּוֹ עִמָּהּ, הִיא רוֹצָה לַעֲלוֹת לְמַעְלָה לְתוֹךְ הַמַּחֲנוֹת הַקְּדוֹשִׁים, מִשּׁוּם שֶׁהַמַּחֲנוֹת הַקְּדוֹשִׁים עוֹמְדִים בְּאוֹתָהּ דֶּרֶךְ שֶׁל גַּן עֵדֶן, וּמַחֲנוֹת נָכְרִיִּים עוֹמְדִים בְּאוֹתָהּ דֶּרֶךְ שֶׁל הַגֵּיהִנֹּם.

זָכְתָה נִשְׁמְתָא, וְהַהוּא נְטִירוּ, וּפְרִישׁוּ דִּלְבוּשָׁא יַקִּירָא עָלָהּ. כַּמָּה מַשִּׁרְיָין קַדִּישִׁין, קָא מִתְעַתְּדָן לָהּ, לְאִתְחַבְּרָא בַּהֲדָהּ, וּלְמֵיעָאל לָהּ לְגַן עֵדֶן. לֹא זָכְתָה, כַּמָּה מַשִּׁרְיָין נוּכְרָאִין מִתְעַתְּדָן לְמֵיעַל לָהּ בְּאָרְחָא דְּגֵיהִנָּם. וְאִינּוּן מַשִּׁרְיָין דְּמַלְאֲכֵי חַבָּלָה זְמִינִין לְמֶעְבַּד בָּהּ נוּקְמִין, אָתָא קְרָא וְאוֹכַח, לְעַם נָכְרִי לֹא יִמְשֹׁל לְמָכְרָהּ, אִלֵּין מַלְאֲכֵי חַבָּלָה. בְּבִגְדוֹ בָהּ, אִיהוּ נְטִירָא, דְּקוּדְשָׁא בְּרִיךְ הוּא עָבִיד לָהּ נְטִירָא, דְּלָא יִשְׁלוֹט בָּהּ עַם נָכְרִי, בְּהַהוּא פְּרִיסוּ דִּנְטִירוּ עָלָהּ. וְאִם לִבְנוֹ יִיעָדֶנָּה, תָּא חֲזֵי כַּמָּה אִית לֵיהּ לְבַר נָשׁ לְאִזְדַּהֲרָא דְּלָא יַסְטֵי אָרְחוֹי בְּהַאי עָלְמָא, דְּאִי זָכָה בַּר נָשׁ בְּהַאי עָלְמָא, וְנָטִיר לָהּ לְנִשְׁמְתָא כִּדְקָא יָאוּת, הַאי אִיהוּ בַּר נָשׁ דְּקוּדְשָׁא בְּרִיךְ הוּא אִתְרְעֵי בֵּיהּ, וְאִשְׁתְּבַח בֵּיהּ בְּכָל יוֹמָא, בְּפָמַלְיָא דִּילֵיהּ, וְאָמַר, חֲזוּ בְּרָא קַדִּישָׁא דְּאִית לִי בְּהַהוּא עָלְמָא, כַּךְ וְכָךְ עָבִיד, כַּךְ וְכָךְ עוֹבָדוֹי מִתְתַּקְּנָן.

זָכְתָה הַנְּשָׁמָה, וְאוֹתָהּ שְׁמִירָה וּפְרִישַׁת לְבוּשׁ הַנִּכְבָּד עָלֶיהָ. כַּמָּה מַחֲנוֹת קְדוֹשִׁים מְעֻתָּדִים לָהּ לְהִתְחַבֵּר עִמָּהּ וּלְהַכְנִיס אוֹתָהּ לְגַן עֵדֶן. לֹא זָכְתָה - כַּמָּה מַחֲנוֹת נָכְרִיִּים מְזֻמָּנִים לְהַכְנִיס אוֹתָהּ בְּדֶרֶךְ הַגֵּיהִנֹּם, וְאוֹתָם מַחֲנוֹת שֶׁל מַלְאֲכֵי חַבָּלָה מְזֻמָּנִים לַעֲשׂוֹת בָּהּ נְקָמוֹת. בָּא הַכָּתוּב וּמוֹכִיחַ, לְעַם נָכְרִי לֹא יִמְשֹׁל לְמָכְרָהּ, אֵלּוּ מַלְאֲכֵי חַבָּלָה. בְּבִגְדוֹ בָהּ, אוֹתָהּ שְׁמִירָה שֶׁהַקָּדוֹשׁ בָּרוּךְ הוּא

עוֹשֶׂה לָהּ שְׁמִירָה שֶׁלֹּא יִשְׁלֹט בָּהּ עַם נָכְרִי בְּאוֹתָהּ הַפְּרִיסָה שֶׁשּׁוֹמֶרֶת עָלֶיהָ. וְאִם לִבְנוֹ יִיעָדֶנָּה. בֹּא וּרְאֵה כַּמָּה יֵשׁ לָאָדָם לְהִזָּהֵר שֶׁלֹּא יִסְטוּ דְרָכָיו בָּעוֹלָם הַזֶּה. שֶׁאִם זָכָה אָדָם בָּעוֹלָם הַזֶּה וְשׁוֹמֵר אֶת הַנְּשָׁמָה כָּרָאוּי, זֶהוּ אָדָם שֶׁהַקָּדוֹשׁ בָּרוּךְ הוּא מְרֻצֶּה מִמֶּנּוּ, וּמִשְׁתַּבֵּחַ בּוֹ בְּכָל הַיָּמִים בַּפָּמַלְיָה שֶׁלּוֹ וְאוֹמֵר: רְאוּ בֵן קָדוֹשׁ שֶׁיֵּשׁ לִי בְּאוֹתוֹ הָעוֹלָם, כָּךְ וְכָךְ עָשָׂה, כָּךְ וְכָךְ מַעֲשָׂיו מְתֻקָּנִים.

וְכַד הַאי נִשְׁמְתָא, נַפְקַת מֵהַאי עָלְמָא, זַכְיָיא נְקִיָּיה בְּרִירָה, קוּדְשָׁא בְּרִיךְ הוּא אַנְהִיר לָהּ בְּכַמָּה נְהוֹרִין, בְּכָל יוֹמָא קָארֵי עָלָהּ, דָּא הִיא נִשְׁמְתָא דִּפְלַנְיָא בְּרִי, נְטִירָא לֶיהֱוֵי לֵיהּ לְהַהוּא גּוּפָא דְּשָׁבַק.

וּכְשֶׁנְּשָׁמָה זוֹ יוֹצֵאת מֵהָעוֹלָם הַזֶּה זַכָּה נְקִיָּה וּבְרוּרָה, הַקָּדוֹשׁ בָּרוּךְ הוּא מֵאִיר לָהּ בְּכַמָּה אוֹרוֹת, בְּכָל יוֹם קוֹרֵא עָלֶיהָ, זוֹהִי נִשְׁמַת פְּלוֹנִי בְּנִי, שְׁמִירָה תִּהְיֶה לְאוֹתוֹ הַגּוּף שֶׁעֲזָבָהּ.

וְדָא הוּא דִּכְתִיב, וְאִם לִבְנוֹ יִיעָדֶנָּה כְּמִשְׁפַּט הַבָּנוֹת יַעֲשֶׂה לָּהּ, מַאי כְּמִשְׁפַּט הַבָּנוֹת. הָכָא אִית רָזָא לְחַכִּימִין, בְּגוֹ טִנָּרָא תַּקִּיפָא, רְקִיעָא טְמִירָא, אִית הֵיכָלָא חֲדָא, דְּאִקְרֵי הֵיכַל אַהֲבָה. וְתַמָּן אִינּוּן גְּנִיזִין טְמִירִין, וְכָל נְשִׁיקִין דִּרְחִימוּ דְּמַלְכָּא אִינּוּן תַּמָּן, וְאִינּוּן נִשְׁמָתִין רְחִימָאן דְּמַלְכָּא עָאלִין תַּמָּן.

וְזֶהוּ שֶׁכָּתוּב וְאִם לִבְנוֹ יִיעָדֶנָּה כְּמִשְׁפַּט הַבָּנוֹת יַעֲשֶׂה לָּהּ. מַה זֶּה כְּמִשְׁפַּט הַבָּנוֹת, כָּאן יֵשׁ סוֹד לַחֲכָמִים. בְּתוֹךְ הַסֶּלַע הֶחָזָק, הָרָקִיעַ הַטָּמוּן, יֵשׁ הֵיכָל אֶחָד שֶׁנִּקְרָא הֵיכַל הָאַהֲבָה, וְשָׁם הַגְּנָזִים טְמוּנִים, וְכָל נְשִׁיקוֹת הָאַהֲבָה שֶׁל מֶלֶךְ הֵן שָׁם, וְאוֹתָן נְשָׁמוֹת אֲהוּבוֹת הַמֶּלֶךְ נִכְנָסוֹת לְשָׁם.

כֵּיוָן דְּמַלְכָּא עָאל בְּהַהוּא הֵיכָלָא דְּמַלְכָּא, תַּמָּן כְּתִיב, וַיִּשַּׁק יַעֲקֹב לְרָחֵל, וְקוּדְשָׁא בְּרִיךְ הוּא אַשְׁכַּח תַּמָּן לְהַהִיא נִשְׁמְתָא קַדִּישָׁא, קָדִים מִיַּד וְנָשִׁיק לָהּ, וְגָפִיף לָהּ, וְסָלִיק לָהּ בַּהֲדֵיהּ, וְאִשְׁתַּעֲשַׁע בָּהּ.

כֵּיוָן שֶׁהַמֶּלֶךְ נִכְנָס לְאוֹתוֹ הֵיכַל הַמֶּלֶךְ, שָׁם כָּתוּב, וַיִּשַּׁק יַעֲקֹב לְרָחֵל. וְהַקָּדוֹשׁ בָּרוּךְ הוּא מוֹצֵא שָׁם אֶת אוֹתָהּ נְשָׁמָה קְדוֹשָׁה, מַקְדִּים מִיָּד וְנוֹשֵׁק לָהּ, וּמְגַפֵּף אוֹתָהּ וּמַעֲלֶה אוֹתָהּ אֵלָיו וּמִשְׁתַּעֲשֵׁעַ בָּהּ.

וְדָא הוּא כְּמִשְׁפַּט הַבָּנוֹת יַעֲשֶׂה לָהּ, כְּדִינָא דְּאַבָּא עָבִיד לִבְרַתֵּיהּ, דְּאִיהִי חֲבִיבָא לְגַבֵּיהּ, דְּנָשִׁיק לָהּ, וְגָפִיף לָהּ, וְיָהִיב לָהּ

מַתְנָן. כַּךְ קוּדְשָׁא בְּרִיךְ הוּא עָבִיד, לְנִשְׁמְתָא זַכָּאָה בְּכָל יוֹמָא, כְּמָה דִּכְתִיב כְּמִשְׁפַּט הַבָּנוֹת יַעֲשֶׂה לָּהּ.

וְזֶהוּ כְּמִשְׁפַּט הַבָּנוֹת יַעֲשֶׂה לָּהּ, כְּדִין שֶׁאָב עוֹשֶׂה לְבִתּוֹ, שֶׁהִיא חֲבִיבָה עָלָיו, שֶׁנּוֹשֵׁק לָהּ וּמְגַפֵּף אוֹתָהּ וְנוֹתֵן לָהּ מַתָּנוֹת. כָּךְ הַקָּדוֹשׁ בָּרוּךְ הוּא עוֹשֶׂה לַנְּשָׁמָה הַצַּדִּיקָה בְּכָל יוֹם, כְּמוֹ שֶׁכָּתוּב כְּמִשְׁפַּט הַבָּנוֹת יַעֲשֶׂה לָּהּ.

הַיְינוּ דִּכְתִיב, יַעֲשֶׂה לִמְחַכֵּה לוֹ, כְּמָה דְּהַאי בְּרַתָּא, אַשְׁלִימַת עֲשִׂיָּיה בְּהַאי עָלְמָא. אוּף הָכִי קוּדְשָׁא בְּרִיךְ הוּא אַשְׁלִים לָהּ עֲשִׂיָּיה אַחֲרָא בְּעָלְמָא דְּאָתֵי, דִּכְתִיב, עַיִן לֹא רָאָתָה אֱלֹהִים זוּלָתְךָ יַעֲשֶׂה לִמְחַכֵּה לוֹ. וְהָכָא כְּתִיב [דף צ"ז ע"ב] **יַעֲשֶׂה לָהּ. עַד כָּאן. הַהוּא סָבָא אִשְׁתְּטַח, וְצַלֵּי צְלוֹתָא. בָּכָה כְּמִלְּקַדְּמִין.**

הַיְנוּ שֶׁכָּתוּב, יַעֲשֶׂה לִמְחַכֵּה לוֹ. כְּמוֹ שֶׁהַבַּת הַזֹּאת מַשְׁלִימָה עֲשִׂיָּה בָּעוֹלָם הַזֶּה, אַף כָּךְ הַקָּדוֹשׁ בָּרוּךְ הוּא מַשְׁלִים לָהּ עֲשִׂיָּה אַחֶרֶת בָּעוֹלָם הַבָּא, שֶׁכָּתוּב עַיִן לֹא רָאָתָה אֱלֹהִים זוּלָתְךָ יַעֲשֶׂה לִמְחַכֵּה לוֹ. וְכָאן כָּתוּב יַעֲשֶׂה לָּהּ. עַד כָּאן. אוֹתוֹ הַזָּקֵן הִשְׁתַּטֵּחַ וְהִתְפַּלֵּל תְּפִלָּה, וּבָכָה כְּמִקֹּדֶם.

וְאָמַר, אִם אַחֶרֶת יִקַּח לוֹ וְגוֹ', מַאי אִם אַחֶרֶת, וְכִי נִשְׁמְתָא אַחֲרָא זַמִּין קוּדְשָׁא בְּרִיךְ הוּא לְאָתָבָא לְצַדִּיקַיָּיא בְּהַאי עָלְמָא, וְלָאו הַאי נִשְׁמְתָא דְּאַשְׁלִימַת בְּהַאי עָלְמָא רְעוּתָא דְּמָארָהּ, אִי הָכִי לֵית אַבְטָחוּתָא לְצַדִּיקַיָּיא כְּלָל. מַאי אִם אַחֶרֶת יִקַּח לוֹ.

וְאָמַר, אִם אַחֶרֶת יִקַּח לוֹ וְגוֹ', מַה זֶּה אִם אַחֶרֶת, וְכִי נְשָׁמָה אַחֶרֶת עָתִיד הַקָּדוֹשׁ בָּרוּךְ הוּא לְהָשִׁיב לַצַּדִּיקִים בָּעוֹלָם הַזֶּה, וְלֹא נְשָׁמָה זוֹ שֶׁהִשְׁלִימָה בָּעוֹלָם הַזֶּה אֶת רְצוֹן רִבּוֹנָהּ, אִם כָּךְ, אָז אֵין הַבְטָחָה לַצַּדִּיקִים כְּלָל. מַה זֶּה אִם אַחֶרֶת יִקַּח לוֹ.

פָּתַח הַהוּא סָבָא וְאָמַר, וְיָשֹׁב הֶעָפָר עַל הָאָרֶץ כְּשֶׁהָיָה וְהָרוּחַ תָּשׁוּב אֶל הָאֱלֹהִים אֲשֶׁר נְתָנָהּ. הַאי קְרָא אוֹקְמוּהָ חַבְרַיָּיא, בְּחָרְבַּן בֵּי מַקְדְּשָׁא. וְיָשֹׁב הֶעָפָר עַל הָאָרֶץ כְּשֶׁהָיָה. הָכָא אִיהוּ מַאי דִּכְתִיב, וְהַכְּנַעֲנִי אָז בָּאָרֶץ, כְּשֶׁהָיָה וַדַּאי. וְהָרוּחַ תָּשׁוּב אֶל הָאֱלֹהִים אֲשֶׁר נְתָנָהּ, מַאי וְהָרוּחַ תָּשׁוּב. דָּא שְׁכִינְתָּא, דְּאִיהִי רוּחַ קַדִּישָׁא. כַּד חָמָאת שְׁכִינְתָּא, בְּאִינּוּן עֶשֶׂר מַסָּעוֹת דְּקָא נַטְלָא, וְלָא בָּעוּ יִשְׂרָאֵל לְאָתָבָא בִּתְיוּבְתָּא קָמֵי קוּדְשָׁא בְּרִיךְ הוּא, וְשָׁלְטָא סִטְרָא אַחֲרָא עַל אַרְעָא קַדִּישָׁא, וְאוּקְמוּהָ חַבְרַיָּיא.

סדר לימוד ליום הפטירה לעילוי נשמה

פָּתַח אוֹתוֹ זָקֵן וְאָמַר, וְיָשֹׁב הֶעָפָר עַל הָאָרֶץ כְּשֶׁהָיָה וְהָרוּחַ תָּשׁוּב אֶל הָאֱלֹהִים אֲשֶׁר נְתָנָהּ. פָּסוּק זֶה פֵּרְשׁוּהוּ הַחֲבֵרִים בְּחֻרְבַּן בֵּית הַמִּקְדָּשׁ. וְיָשֹׁב הֶעָפָר עַל הָאָרֶץ כְּשֶׁהָיָה. כָּאן הוּא מַה שֶּׁכָּתוּב וְהַכְּנַעֲנִי אָז בָּאָרֶץ, כְּשֶׁהָיָה וַדַּאי. וְהָרוּחַ תָּשׁוּב אֶל הָאֱלֹהִים אֲשֶׁר נְתָנָהּ, מַה זֶּה וְהָרוּחַ תָּשׁוּב, זוֹ שְׁכִינָה, שֶׁהִיא רוּחַ הַקֹּדֶשׁ. כְּשֶׁרָאֲתָה שְׁכִינָה בְּאוֹתָם עֲשָׂרָה מַסָּעוֹת שֶׁנָּסְעָה, וְלֹא רָצוּ בְּנֵי יִשְׂרָאֵל לָשׁוּב בִּתְשׁוּבָה שְׁלֵמָה לִפְנֵי הַקָּדוֹשׁ בָּרוּךְ הוּא, וְשׁוֹלֵט הַסִּטְרָא אַחֲרָא עַל הָאָרֶץ הַקְּדוֹשָׁה, וּפֵרְשׁוּהָ הַחֲבֵרִים.

תָּא חֲזֵי, רוּחָא דְּבַר נָשׁ זַכָּאָה, אִתְעַטָּר בִּדְיוּקְנָא בְּגַן עֵדֶן דִּלְתַתָּא, וּבְכָל שַׁבָּתֵי וּמוֹעֲדֵי וְרֵישֵׁי יַרְחֵי, מִתְעַטְּרָן רוּחֵי, וּמִתְפַּשְּׁטָן, וְסַלְּקִין לְעֵילָּא. כְּמָה דְּעָבִיד קוּדְשָׁא בְּרִיךְ הוּא, בְּהַהִיא נִשְׁמְתָא עִלָּאָה קַדִּישָׁא לְעֵילָּא, הָכִי נָמֵי עָבִיד בְּהַאי רוּחָא, לְתַתָּא בְּגַן עֵדֶן לְתַתָּא, דְּקָא סַלְּקַת קָמֵיהּ. וְאָמַר דָּא אִיהִי רוּחָא דִּפְלַנְיָא גּוּפָא, מִיָּד מְעַטְּרָא לָהּ קוּדְשָׁא בְּרִיךְ הוּא לְהַאי רוּחָא בְּכַמָּה עִטְרִין, וְאִשְׁתַּעֲשַׁע בָּהּ.

בֹּא וּרְאֵה, רוּחַ שֶׁל אִישׁ צַדִּיק מִתְעַטֶּרֶת בִּדְמוּת בְּגַן עֵדֶן שֶׁלְּמַטָּה, וּבְכָל הַשַּׁבָּתוֹת וְהַמּוֹעֲדִים וְרָאשֵׁי חֳדָשִׁים מִתְעַטְּרוֹת רוּחוֹת וּמִתְפַּשְּׁטוֹת, וְעוֹלוֹת לְמַעְלָה. כְּמוֹ שֶׁעָשָׂה הַקָּדוֹשׁ בָּרוּךְ הוּא בְּאוֹתָהּ נְשָׁמָה עֶלְיוֹנָה קְדוֹשָׁה לְמַעְלָה, כָּךְ גַּם עוֹשֶׂה בָּרוּחַ הַ את לְמַטָּה בְּגַן עֵדֶן הַתַּחְתּוֹן כְּשֶׁעוֹלָה לְפָנָיו, וְאוֹמֵר, זוֹהִי רוּחַ פְּלוֹנִי הַגּוּף. מִיָּד מְעַטֵּר אוֹתָהּ הַקָּדוֹשׁ בָּרוּךְ הוּא לְאוֹתָהּ רוּחַ בְּכַמָּה עֲטָרוֹת וּמִשְׁתַּעֲשֵׁעַ בָּהּ.

וְאִי תֵּימָא, דְּהָא בְּגִין רוּחָא דָּא, שָׁבִיק קוּדְשָׁא בְּרִיךְ הוּא מַה דְּעָבִיד לְנִשְׁמְתָא. לָאו הָכִי. אֶלָּא שְׁאֵרָהּ כְּסוּתָהּ וְעֹנָתָהּ לֹא יִגְרָע, אִלֵּין אִינּוּן תְּלַת שְׁמָהָן עִלָּאִין, דְּעַיִן לֹא רָאֲתָה אֱלֹהִים זוּלָתְךָ.

וְאִם תֹּאמַר, שֶׁהֲרֵי מִשּׁוּם רוּחַ זוֹ הִשְׁאִיר הַקָּדוֹשׁ בָּרוּךְ הוּא מַה שֶּׁעָשָׂה לַנְּשָׁמָה, לֹא כָּךְ, אֶלָּא שְׁאֵרָהּ כְּסוּתָהּ וְעֹנָתָהּ לֹא יִגְרָע. אֵלֶּה אוֹתָם שְׁלֹשֶׁת הַשֵּׁמוֹת הָעֶלְיוֹנִים שֶׁעַיִן לֹא רָאֲתָה אֱלֹהִים זוּלָתְךָ.

וְכֻלְּהוּ בְּעָלְמָא דְּאָתֵי וְאִתְמַשְּׁכוּ מִתַּמָּן. חַד מִנַּיְיהוּ שְׁאֵרָהּ, מְשִׁיכוּ דִּנְצִיצוּ וּנְהִירוּ, דְּנָהִיר בְּאַרְזֵי סָתִים, מְזוֹנָא דְּזָן כֹּלָּא, וְאִקְרֵי יהו"ה בִּנְקוּדַת אֱלֹהִים. שְׁאֵרָהּ בְּהִפּוּךְ אַתְוָון, אשר ה' וְדָא מֵאֲשֶׁר שְׁמֵנָה לַחְמוֹ, וְדָא הוּא שְׁאֵרָהּ.

וְכֻלָּם בָּעוֹלָם הַבָּא וְנִמְשָׁכוּ מִשָּׁם. אֶחָד מֵהֶם שְׁאֵרָהּ, מְשִׁיכָה שֶׁל הִתְנוֹצְצוּת וְאוֹר שֶׁמֵּאִיר בְּדֶרֶךְ נִסְתָּר, מָזוֹן שֶׁזָּן לַכֹּל, וְנִקְרָא יהו"ה עִם נִקּוּד אֱלֹהִ"ים. שְׁאֵרָהּ בְּהִפּוּךְ אוֹתִיּוֹת - אֲשֶׁר ה', וְזֶה מֵאֲשֶׁר שְׁמֵנָה לַחְמוֹ, וזה הוּא שְׁאֵרָהּ.

כְּסוּתָהּ, פְּרִישׁוּ דְּמַלְכָּא. דָּא מְשִׁיכוּ אַחֲרָא, דְּנָהִיר וְנָטִיר לָהּ תָּדִיר, פְּרִישׁוּ דִּלְבוּשָׁא דְּמַלְכָּא, דְּפָרִישׁ עָלָהּ אֱלוֹ"הַּ. דָּא בְּבִגְדוֹ בָהּ תָּדִיר, דְּלָא אִתְעֲדֵי מִינָהּ, וְהַאי אִיהוּ כְּסוּתָהּ.

כְּסוּתָהּ, פְּרִישָׁה שֶׁל הַמֶּלֶךְ. זוֹ מְשִׁיכָה אַחֶרֶת שֶׁמְּאִירָה וְשׁוֹמֶרֶת אוֹתָהּ תָּמִיד, פְּרִישָׁה שֶׁל לְבוּשׁ הַמֶּלֶךְ שֶׁפּוֹרֵשׂ עָלֶיהָ אֱלוֹהַּ. זֶה בְּבִגְדוֹ בָהּ תָּמִיד, שֶׁלֹּא זָז מִמֶּנָּה, וְזֶהוּ כְּסוּתָהּ.

וְעֹנָתָהּ, מַאן אִיהוּ. דָּא מְשִׁיכוּ דְּעָלְמָא דְּאָתֵי, דְּבֵיהּ כֹּלָּא. יְיָ צְבָאוֹת אִיהוּ, וְדָא אִיהוּ דְּנָהִיר בְּכָל נְהוֹרִין סְתִימִין עִלָּאִין דְּאִילָנָא דְּחַיֵּי, דְּבֵיהּ עוֹנָה טְמִירָא, דְּמִתַּמָּן נָפְקַת. וְכָל דָּא בְּעִדּוּנָא וְכִסּוּפָא דְּעָלְמָא דְּאָתֵי.

וְעֹנָתָהּ, מִי הוּא, זוֹ מְשִׁיכָה מִן הָעוֹלָם הַבָּא שֶׁבּוֹ הַכֹּל. ה' צְבָאוֹת הוּא, וְזֶהוּ שֶׁמֵּאִיר בְּכָל הָאוֹרוֹת הַנִּסְתָּרִים הָעֶלְיוֹנִים שֶׁל עֵץ הַחַיִּים שֶׁבּוֹ שְׁמוּרָה עוֹנָה, שֶׁמִּשָּׁם הִיא יוֹצֵאת, וְכָל זֶה בְּעִדּוּן וּתְשׁוּקָה שֶׁל הָעוֹלָם הַבָּא.

תְּלָתָא הָנֵי לָא יִגְרַע לָהּ, כַּד אִיהִי זַכָּאת כַּדְקָא יֵאוּת. וְאִי לָאו אִיהִי כַּדְקָא יֵאוּת, הָנֵי תְּלָתָא גָּרְעָאן מִנָּהּ, דְּלָא יִתְעֲבִיד לָהּ עֲטָרָה אֲפִילוּ מֵחָד מִנַּיְיהוּ, תָּא חֲזֵי, מַה כְּתִיב, וְאִם שְׁלָשׁ אֵלֶּה לֹא יַעֲשֶׂה לָהּ, דְּלָא זָכָאת בְּהוּ, וְיָצְאָה חִנָּם אֵין כָּסֶף תִּפּוּק מִקַּמֵּיהּ, וְדַחְיָין לָהּ לְבַר. אֵין כָּסֶף, לֵית לָהּ כִּסּוּפָא, וְלֵית לָהּ עִדּוּנָא כְּלַל.

שְׁלֹשׁ אֵלֶּה לֹא יִגְרַע לָהּ, כְּשֶׁהִיא זַכָּאִית כָּרָאוּי. וְאִם אֵינָהּ כָּרָאוּי, שְׁלֹשׁ אֵלֶּה נִגְרָעוֹת מִמֶּנָּה, שֶׁלֹּא יַעֲשֶׂה לָהּ עֲטָרָה אֲפִלּוּ מֵאֶחָד מֵהֶם. בֹּא וּרְאֵה מַה כָּתוּב, וְאִם שְׁלֹשׁ אֵלֶּה לֹא יַעֲשֶׂה לָהּ, שֶׁלֹּא זָכְתָה בָּהֶם, וְיָצְאָה חִנָּם אֵין כָּסֶף, תֵּצֵא מִלְּפָנָיו, וְדוֹחֶה אוֹתָהּ הַחוּצָה. אֵין כֶּסֶף, אֵין לָהּ כִּסּוּף וְלֹא עִדּוּן כְּלָל.

עַד כָּאן אוֹכִיחוּת אוֹרַיְיתָא, דְּכָל עִיטִין בָּהּ תַּלְיָין, וְיָהִיבַת עֵיטָא טָבָא לִבְנֵי נָשָׁא. מִכָּאן וּלְהָלְאָה נֶהְדַּר לְמִלִּין קַדְמָאִין, בְּהַהוּא נְטִירוּ עִלָּאָה, דְּקָא פָּרִישׂ עָלָהּ קוּדְשָׁא בְּרִיךְ הוּא, בְּגִין דְּלָא תְּהֵא לְעַם נָכְרִי, דְּהָא בִּגְדוֹ בָהּ, וּנְטִירוּ אִיהוּ לָהּ תָּדִיר. וְאִם לִבְנוֹ יִיעָדֶנָּה כְּמִשְׁפַּט הַבָּנוֹת יַעֲשֶׂה לָּהּ. אָמַר הַהוּא סָבָא,

סדר לימוד ליום הפטירה לעילוי נשמה

זַבְרַיָּיא, כַּד תַּהֲכוּן לְגַבֵּי הַהוּא טִינָרָא דְּעָלְמָא סָמִיךְ עָלֵיהּ, אִמְרוּ לֵיהּ, דְּיִדְכַּר יוֹמָא דְּתַלְגָּא דְּאִזְדְּרָעוּ פּוּלִין לְחַמְשִׁין וּתְרֵין גַּוְונִין, וַהֲדַר אַקְרֵינָן הַאי קְרָא, וְהוּא יֵימָא לְכוֹן.

עַד כָּאן מוֹכִיחָה הַתּוֹרָה שֶׁכָּל הָעֵצוֹת תְּלוּיוֹת בָּהּ, וְנוֹתֶנֶת עֵצָה טוֹבָה לִבְנֵי אָדָם. מִכָּאן וְהָלְאָה נַחֲזֹר לַדְּבָרִים הָרִאשׁוֹנִים, בְּאוֹתָהּ שְׁמִירָה עֶלְיוֹנָה שֶׁפּוֹרֵשׂ עָלֶיהָ הַקָּדוֹשׁ בָּרוּךְ הוּא כְּדֵי שֶׁלֹּא תִהְיֶה לְעַם נָכְרִי, שֶׁהֲרֵי בִּגְדוֹ בָהּ, וּשְׁמִירָה הִיא לָהּ תָּמִיד. וְאִם לִבְנוֹ יִיעָדֶנָּה כְּמִשְׁפַּט הַבָּנוֹת יַעֲשֶׂה לָּהּ. אָמַר אוֹתוֹ זָקֵן, חֲבֵרִים, כְּשֶׁתֵּלְכוּ לְאוֹתוֹ הַסֶּלַע שֶׁהָעוֹלָם סָמוּךְ עָלָיו, אִמְרוּ לוֹ שֶׁיִּזְכֹּר אֶת יוֹם הַשֶּׁלֶג שֶׁנִּזְרְעוּ פּוֹלִים לַחֲמִשִּׁים וּשְׁנַיִם גְּוָנִים, וְאַחַר כָּךְ קִרְאוּ אֶת הַפָּסוּק הַזֶּה, וְהוּא יֹאמַר לָכֶם.

אָמְרוּ בְּמָטוּ מִינָּךְ מַאן דְּשָׁארֵי מִלָּה הוּא יֵימָא. אָמַר לוֹן, וַדַּאי דְּיָדַעְנָא דְּזַכָּאִין אַתּוּן, וְאִית לְרַמְזָא לְכוֹן רַמְזָא דְּחַכִּימִין, וְעַל מָה דַּאֲנָא אֵימָא, כַּד תִּדְכְּרוּן לֵיהּ סִימָנָא דָּא, הוּא יַשְׁלִים עַל דָּא. הַשְׁתָּא אִית לוֹמַר, מַאן הוּא דְּאִקְרֵי בֵּן לְקוּדְשָׁא בְּרִיךְ הוּא.

אָמְרוּ, בְּבַקָּשָׁה מִמְּךָ, מִי שֶׁהִתְחִיל אֶת הַדָּבָר, הוּא שֶׁיֹּאמַר, אָמַר לָהֶם, וַדַּאי שֶׁיָּדַעְתִּי שֶׁאַתֶּם צַדִּיקִים, וְיֵשׁ לִרְמֹז לָכֶם רֶמֶז שֶׁל חֲכָמִים. וְעַל מַה שֶּׁאֲנִי אוֹמֵר, כְּשֶׁתַּזְכִּירוּ לוֹ סִימָן זֶה, הוּא יַשְׁלִים אֶת זֶה. עַכְשָׁו יֵשׁ לוֹמַר מִי הוּא שֶׁנִּקְרָא בֵּן לַקָּדוֹשׁ בָּרוּךְ הוּא.

תָּא חֲזֵי כָּל [דף צ"ח ע"א] **הַהוּא דְּזָכֵי לִתְלֵיסַר שְׁנִין וּלְהָלְאָה, אִקְרֵי בֵּן לִכְנֶסֶת יִשְׂרָאֵל. וְכָל מַאן דְּאִיהוּ מִבֶּן עֶשְׂרִין שְׁנִין וּלְעֵילָא וְזָכֵי בְּהוּ, אִקְרֵי בֵּן לְקוּדְשָׁא בְּרִיךְ הוּא וַדַּאי בָּנִים אַתֶּם לַיְיָ אֱלֹהֵיכֶם.**

בֹּא וּרְאֵה, כָּל מִי שֶׁהוּא זוֹכֶה לִשְׁלֹשׁ עֶשְׂרֵה שָׁנִים וָמַעְלָה, נִקְרָא בֵּן לִכְנֶסֶת יִשְׂרָאֵל. וְכָל מִי שֶׁהוּא מִבֶּן עֶשְׂרִים שָׁנָה וָמַעְלָה וְזוֹכֶה בָהֶם, נִקְרָא בֵּן לַקָּדוֹשׁ בָּרוּךְ הוּא וַדַּאי. בָּנִים אַתֶּם לַה' אֱלֹהֵיכֶם.

כַּד מָטָה דָּוִד לִתְלֵיסַר שְׁנִין, וְזָכָה בְּהַהוּא יוֹמָא דְּעָאל לְאַרְבֵּיסַר, כְּדֵין כְּתִיב, יְיָ אָמַר אֵלַי בְּנִי אַתָּה אֲנִי הַיּוֹם יְלִדְתִּיךָ. מַאי טַעְמָא. דְּהָא מִקַּדְמַת דְּנָא לָא הֲוָה לֵיהּ בְּרָא, וְלָא שָׁרָאת עָלֵיהּ נִשְׁמְתָא עִלָּאָה, דְּהָא בִּשְׁנֵי עָרְלָה הֲוָה, וּבְגִין כָּךְ, אֲנִי הַיּוֹם יְלִדְתִּיךָ, הַיּוֹם וַדַּאי יְלִדְתִּיךָ. אֲנִי, וְלָא סִטְרָא אַחֲרָא, כְּמָה דַּהֲוָה עַד הַשְׁתָּא, אֲנִי בִּלְחוֹדָאי. בַּר עֶשְׂרִין שְׁנִין, מַה כְּתִיב בִּשְׁלֹמֹה, כִּי בֵן הָיִיתִי לְאָבִי, לְאָבִי מַמָּשׁ וַדַּאי.

כְּשֶׁהִגִּיעַ דָּוִד לִשְׁלֹשׁ עֶשְׂרֵה שָׁנָה וְזָכָה בְּאוֹתוֹ יוֹם שֶׁנִּכְנַס לְאַרְבַּע עֶשְׂרֵה, אָז כָּתוּב, ה' אָמַר אֵלַי בְּנִי אַתָּה אֲנִי הַיּוֹם יְלִדְתִּיךָ. מָה הַטַּעַם, שֶׁהֲרֵי מִקֹּדֶם לָזֶה לֹא הָיָה לוֹ בֵּן, וְלֹא שָׁרְתָה עָלָיו נְשָׁמָה

עֶלְיוֹנָה, שֶׁהֲרֵי בִּשְׁנוֹת עָרְלָה הוּא הָיָה, וּמִשּׁוּם כָּךְ אֲנִי הַיּוֹם יְלִדְתִּיךָ, הַיּוֹם וַדַּאי יְלִדְתִּיךָ. אֲנִי, וְלֹא הַצַּד הָאַחֵר, כְּמוֹ שֶׁהָיָה עַד עַכְשָׁו, אֲנִי לְבַדִּי. בֶּן עֶשְׂרִים שָׁנִים, מַה כָּתוּב בִּשְׁלֹמֹה, כִּי בֵן הָיִיתִי לְאָבִי, לְאָבִי מַמָּשׁ וַדַּאי.

וְאִם לִבְנוֹ יִיעָדֶנָּה. בַּר תְּלֵיסַר שְׁנִין וּלְהָלְאָה, דְּהָא נַפְקָא מֵרְשׁוּ דְּסִטְרָא אַחֲרָא דְּאִזְדַּמְּנַת לֵיהּ, מַה כְּתִיב כְּמִשְׁפַּט הַבָּנוֹת יַעֲשֶׂה לָּהּ. מַהוּ כְּמִשְׁפַּט הַבָּנוֹת. תָּנֵינָן, בְּכָל יוֹמָא וְיוֹמָא, חָמֵי קוּדְשָׁא בְּרִיךְ הוּא לְהַהוּא יְנוּקָא דְּקָאֵי בִּרְשׁוּ דְּעָרְלָה, וְאִיהוּ נָפִיק מִינָּהּ, וְאִתְמְשַׁךְ לְבֵי סִפְרָא, וְתַבַּר לָהּ, וְאָזִיל לְבֵי כְּנִישְׁתָּא, וְתַבַּר לָהּ. מַה עָבִיד קוּדְשָׁא בְּרִיךְ הוּא לְהַהִיא נִשְׁמְתָא. אָעִיל לָהּ לְאִדְרָא דִּילֵיהּ, וְיָהִיב לָהּ מַתְּנָן, וּנְבִזְבְּזָן סַגִּיאִין, וְקָשִׁיט לָהּ בְּקִשּׁוּטִין עִלָּאִין, עַד זִמְנָא דְּאָעִיל לָהּ לַחֻפָּה בְּהַהוּא בַּר, מִתְּלֵיסַר שְׁנִין וּלְעֵילָּא.

וְאִם לִבְנוֹ יִיעָדֶנָּה. בֶּן שְׁלֹשׁ עֶשְׂרֵה שָׁנִים וָמַעְלָה, שֶׁהֲרֵי יָצָא מֵרְשׁוּת הַצַּד הָאַחֵר שֶׁהִזְדַּמֵּן לוֹ. מַה כָּתוּב, כְּמִשְׁפַּט הַבָּנוֹת יַעֲשֶׂה לָּהּ. מַה זֶּה כְּמִשְׁפַּט הַבָּנוֹת, שָׁנִינוּ, בְּכָל יוֹם וָיוֹם רוֹאֶה הַקָּדוֹשׁ בָּרוּךְ הוּא אֶת אוֹתוֹ תִּינוֹק שֶׁעוֹמֵד בִּרְשׁוּת הָעָרְלָה, וְהוּא יוֹצֵא מִמֶּנָּה וְנִמְשָׁךְ לְבֵית הַסֵּפֶר, וְשׁוֹבֵר אוֹתָהּ. מֶה עָשָׂה הַקָּדוֹשׁ בָּרוּךְ הוּא לְאוֹתָהּ נְשָׁמָה, מַכְנִיס אוֹתָהּ לַגֹּרֶן שֶׁלּוֹ, וְנוֹתֵן לָהּ מַתָּנוֹת וְאוֹצָרוֹת רַבִּים וּמְקַשֵּׁט אוֹתָהּ בְּקִשּׁוּטִים עֶלְאִיִּים, עַד הַזְּמַן שֶׁמַּכְנִיסָהּ לַחֻפָּה עִם אוֹתוֹ בֵּן מִשְּׁלֹשׁ עֶשְׂרֵה שָׁנִים וָמַעְלָה.

אִם אַחֶרֶת יִקַּח לוֹ. הָכָא אִית רָזָא דְּרָזִין, לְחַכִּימִין אִתְמְסָרֵי, וְאִית לְאוֹדָעָא בְּקַדְמִיתָא מִלָּה חֲדָא. תָּא חֲזֵי, בְּיוֹמָא דְּשַׁבְּתָא בְּשַׁעֲתָא דְּאִתְקַדָּשׁ יוֹמֵי, נַפְקֵי נִשְׁמָתִין מִגּוֹ אִילָנָא דְּחַיֵּי, וּמְנַשְּׁבָן אִינּוּן נִשְׁמָתִין קַדִּישִׁין לְתַתָּאֵי, וְנַיְיחִין בְּהוּ כָּל יוֹמָא דְּשַׁבְּתָא. וּלְבָתַר דְּנָפִיק שַׁבְּתָא, סַלְקִין כֻּלְּהוּ נִשְׁמָתִין וּמִתְעַטְּרָן בְּעִטְרִין קַדִּישִׁין לְעֵילָּא. אוּף הָכִי, קוּדְשָׁא בְּרִיךְ הוּא אַזְמִין לְהַהוּא בַּר נָשׁ, וְדָא הוּא נִשְׁמְתָא אַחֶרֶת, וְאַף עַל גַּב דְּדָא זְמִינָא לֵיהּ, נִשְׁמְתָא דַּהֲוַת לֵיהּ בְּקַדְמִיתָא, שְׁאֵרָהּ דְּקַדְמֵיתָא, כְּסוּתָהּ וְעֹנָתָהּ לֹא יִגְרָע, כְּמָה דְּאִתְּמַר.

אִם אַחֶרֶת יִקַּח לוֹ. כָּאן יֵשׁ סוֹד הַסּוֹדוֹת שֶׁלַּחֲכָמִים נִמְסְרוּ, וְיֵשׁ לְהוֹדִיעַ בָּרִאשׁוֹנָה דָּבָר אֶחָד. בֹּא וּרְאֵה, בְּיוֹם הַשַּׁבָּת, בְּשָׁעָה שֶׁמִּתְקַדֵּשׁ הַיּוֹם, יוֹצְאוֹת נְשָׁמוֹת מִתּוֹךְ עֵץ הַחַיִּים, וּמְנַשְּׁבוֹת אוֹתָן הַנְּשָׁמוֹת הַקְּדוֹשׁוֹת לַתַּחְתּוֹנִים וְנָחִים בָּהֶם כָּל יוֹם הַשַּׁבָּת. וְאַחַר

סדר לימוד ליום הפטירה לעילוי נשמה

שֶׁיּוֹצֵאת הַשַּׁבָּת, עוֹלוֹת כָּל הַנְּשָׁמוֹת וּמִתְעַטְּרוֹת בַּעֲטָרוֹת קְדוֹשׁוֹת לְמַעְלָה. אַף כָּאן מַזְמִין הַקָּדוֹשׁ בָּרוּךְ הוּא אֶת אוֹתוֹ הָאִישׁ, וְזוֹהִי נְשָׁמָה אַחֶרֶת, וְאַף עַל גַּב שֶׁזּוֹ מְזֻמֶּנֶת לוֹ, הַנְּשָׁמָה שֶׁהָיְתָה לוֹ בָּרִאשׁוֹנָה, שְׁאֵרָהּ הָרִאשׁוֹנָה, כְּסוּתָהּ וְעֹנָתָהּ לֹא יִגְרַע, כְּמוֹ שֶׁנִּתְבָּאֵר.

בָּכָה הַהוּא סָבָא כְּמִלְקַדְמִין, וְאָמַר אִיהוּ לְנַפְשֵׁיהּ, סָבָא סָבָא, כַּמָּה יָגַעְתְּ לְאַדְבְּקָא מִלִּין קַדִּישִׁין אִלֵּין, וְהַשְׁתָּא תֵּימָא לוֹן בְּרִגְעָא חֲדָא. אִי תֵּימָא דְּתֵיחוּס עֲלַיְיהוּ עַל אִינּוּן מִלִּין וְלָא תֵּימָא לוֹן, הָא כְּתִיב אַל תִּמְנַע טוֹב מִבְּעָלָיו בִּהְיוֹת לְאֵל יָדְךָ לַעֲשׂוֹת.

בָּכָה אוֹתוֹ זָקֵן כְּמִקֹּדֶם, וְהוּא אָמַר לְנַפְשׁוֹ, זָקֵן זָקֵן, כַּמָּה יָגַעְתָּ לְהַשִּׂיג דְּבָרִים קְדוֹשִׁים אֵלּוּ, וְעַכְשָׁו תֹּאמַר אוֹתָם בְּרֶגַע אֶחָד, אִם תֹּאמַר שֶׁתָּחוּס עַל אוֹתָם הַדְּבָרִים וְלֹא תֹאמַר אוֹתָם, הֲרֵי כָּתוּב, אַל תִּמְנַע טוֹב מִבְּעָלָיו בִּהְיוֹת לְאֵל יָדְךָ לַעֲשׂוֹת.

מַאי אַל תִּמְנַע טוֹב מִבְּעָלָיו. אֶלָּא, קוּדְשָׁא בְּרִיךְ הוּא וּכְנֶסֶת יִשְׂרָאֵל אִינּוּן הָכָא. דְּהָא בְּכָל אֲתַר דְּמִלִּין דְּאוֹרַיְיתָא אַמְרִין, קוּדְשָׁא בְּרִיךְ הוּא וּכְנֶסֶת יִשְׂרָאֵל אִינּוּן תַּמָּן, וְצַיְיתֵי לוֹן. וּכְדֵין, הַהוּא אִילָנָא דְּטוֹב וָרַע, בְּשַׁעֲתָא דְּאָזְלִין מִתַּמָּן, וְצַיְיתוּ אִינּוּן מִלִּין, הַהוּא סִטְרָא דְּטוֹב אִתְגַּבַּר, וְאִסְתַּלַּק לְעֵילָא, וְקוּדְשָׁא בְּרִיךְ הוּא וּכְנֶסֶת יִשְׂרָאֵל מִתְעַטְּרָן בְּהַהוּא טוֹב, וְאִלֵּין אִינּוּן בְּעָלָיו דְּהַהוּא טוֹב.

מַה זֶּה אַל תִּמְנַע טוֹב מִבְּעָלָיו, אֶלָּא הַקָּדוֹשׁ בָּרוּךְ הוּא וּכְנֶסֶת יִשְׂרָאֵל הֵם כָּאן, שֶׁהֲרֵי בְּכָל מָקוֹם שֶׁנֶּאֱמָרִים דִּבְרֵי תוֹרָה, הַקָּדוֹשׁ בָּרוּךְ הוּא וּכְנֶסֶת יִשְׂרָאֵל שָׁם וּמַקְשִׁיבִים לָהֶם. וְאָז אוֹתוֹ עֵץ שֶׁל טוֹב וָרָע, בְּשָׁעָה שֶׁהוֹלְכִים מִשָּׁם וּמַקְשִׁיבִים לְאוֹתָם דְּבָרִים, אוֹתוֹ צַד הַטּוֹב מִתְגַּבֵּר וּמִתְעַלֶּה לְמַעְלָה, וְהַקָּדוֹשׁ בָּרוּךְ הוּא עִם כְּנֶסֶת יִשְׂרָאֵל מִתְעַטְּרִים בְּאוֹתוֹ טוֹב, וְאֵלֶּה הֵם בְּעָלָיו שֶׁל אוֹתוֹ טוֹב.

סָבָא סָבָא, אַתְּ אָמַרְתְּ מִלִּין אִלֵּין, וְלָא יָדַעְתְּ אִי קוּדְשָׁא בְּרִיךְ הוּא הָכָא, וְאִי אִלֵּין דְּקַיְימֵי הָכָא זַכָּאִין לְמִלִּין אִלֵּין. לָא תִּדְחַל סָבָא, דְּהָא הֲוֵית בְּכַמָּה קְרָבִין דְּגַבְרִין תַּקִּיפִין, וְלָא דְּחִילַת, וְהַשְׁתָּא אַנְתְּ דָּחִיל, אֵימָא מִילָךְ, דְּהָא וַדַּאי הָכָא אִיהוּ קוּדְשָׁא בְּרִיךְ הוּא וּכְנֶסֶת יִשְׂרָאֵל, וְזַכָּאִין אִינּוּן אִלֵּין דְּהָכָא. וְאִי לָאו הָכִי, לָא אַעֲרַעְנָא בְּהוּ, וְלָא שָׁרֵינָא בְּאִלֵּין מִלִּין. אֵימָא מִלּוּלָךְ סָבָא, אֵימָא בְּלָא דְּחִילוּ.

סדר לימוד ליום הפטירה לעילוי נשמה

זָקֵן זָקֵן, אַתָּה אָמַרְתָּ דְּבָרִים אֵלּוּ וְלֹא יָדַעְתָּ אִם הַקָּדוֹשׁ בָּרוּךְ הוּא כָּאן, וְאִם אֵלֶּה שֶׁעוֹמְדִים כָּאן זַכָּאִים לַדְּבָרִים הָאֵלֶּה. אַל תִּפְחַד, זָקֵן, שֶׁהֲרֵי הָיִיתָ בְּכַמָּה קְרָבוֹת שֶׁל גִּבּוֹרִים חֲזָקִים וְלֹא פָּחַדְתָּ, וְעַכְשָׁו אַתָּה פּוֹחֵד. אֱמֹר דְּבָרֶיךָ, שֶׁהֲרֵי וַדַּאי כָּאן הַקָּדוֹשׁ בָּרוּךְ הוּא עִם כְּנֶסֶת יִשְׂרָאֵל, וְאַשְׁרֵי הֵם אֵלֶּה שֶׁכָּאן. וְאִם לֹא כָּךְ, לֹא הָיִינוּ פּוֹגְשִׁים אוֹתָם וְלֹא הִתְחַלְנוּ בַּדְּבָרִים הַלָּלוּ. אֱמֹר דְּבוּרְךָ, זָקֵן, אֱמֹר לְלֹא פַּחַד.

פָּתַח וְאָמַר, יְיָ אֱלֹהַי גָּדַלְתָּ מְּאֹד הוֹד וְהָדָר לָבָשְׁתָּ. יְיָ אֱלֹהַי. דָּא שֵׁירוּתָא דִּמְהֵימְנוּתָא, סְלִיקוּ דְּמַחֲשָׁבָה, וְעָלְמָא דְּאָתֵי, רָזָא חֲדָא בְּלָא פֵּרוּדָא. גָּדַלְתָּ: דָּא שֵׁירוּתָא, יוֹמָא קַדְמָאָה, וְאִינּוּן יוֹמִין עַתִּיקִין, סִטְרָא דִּימִינָא. מְאֹד: דָּא הוּא סִטְרָא דִּשְׂמָאלָא.

פָּתַח וְאָמַר, ה' אֱלֹהַי גָּדַלְתָּ מְּאֹד הוֹד וְהָדָר לָבָשְׁתָּ. ה' אֱלֹהַי, זוֹ רֵאשִׁית הָאֱמוּנָה, עֲלִיַּת הַמַּחֲשָׁבָה וְהָעוֹלָם הַבָּא, סוֹד אֶחָד בְּלֹא פֵּרוּד. גָּדַלְתָּ, זוֹ הָרֵאשִׁית, הַיּוֹם הָרִאשׁוֹן וְאוֹתָם יָמִים עַתִּיקִים, צַד הַיָּמִין. מְאֹד, זֶהוּ צַד הַשְּׂמֹאל.

הוֹד וְהָדָר לָבָשְׁתָּ: אִלֵּין תְּרֵין בַּדֵּי עֲרָבוֹת. עַד הָכָא, כֵּיוָן דְּמָטָא לְגוֹ אִילָנָא דְּחַיֵּי, אִתְטָמַּר, וְלָא אִסְתַּלַּק לְמֶהֱוֵי בְּמִנְיָנָא, בְּגִין הַהוּא מְאֹד. מַאי מְאֹד. שְׂמָאלָא, דְּכָל עַנְפִּין דִּלְתַתָּא וּבִכְלָלָא עַנְפָּא מְרִירָא חֲדָא. וְעַל דָּא אִתְטָמַּר הַהוּא אִילָנָא דְּחַיֵּי, וְלָא בָּעָא לְמֶהֱוֵי בְּמִנְיָנָא דָּא, עַד דְּאַהֲדָר כְּמִלְּקַדְּמִין, וְשַׁבַּח בְּגַוְונָא אַחֲרָא.

הוֹד וְהָדָר לָבָשְׁתָּ, אֵלּוּ שְׁנֵי בַּדֵּי עֲרָבוֹת. עַד כָּאן, כֵּיוָן שֶׁהִגִּיעַ לְתוֹךְ עֵץ הַחַיִּים, נִטְמַן וְלֹא הִתְעַלָּה לִהְיוֹת בְּמִנְיָן מִשּׁוּם אוֹתוֹ מְאֹד. מַה זֶּה מְאֹד, הַשְּׂמֹאל, שֶׁכָּל הָעֲנָפִים שֶׁלְּמַטָּה וּבִכְלָל עָנָף מַר אֶחָד. וְלָכֵן נִטְמַן אוֹתוֹ עֵץ הַחַיִּים וְלֹא רָצָה לִהְיוֹת בַּמִּנְיָן הַזֶּה, עַד שֶׁחָזַר כְּמוֹ מִקֹּדֶם וְשִׁבַּח בְּגָוֶן אַחֵר.

וְאָמַר, עֹטֶה אוֹר כַּשַּׂלְמָה דָּא שֵׁירוּתָא [דף צ"ח ע"ב] **דְּיוֹמָא קַדְמָאָה. נוֹטֶה שָׁמַיִם, הָכָא אִתְכְּלִיל שְׂמָאלָא, וְלָא אָמַר מְאֹד, אִתְכְּלִיל שְׂמָאלָא בִּימִינָא, לְמֶהֱוֵי נָהִיר בִּכְלָלָא דִּשְׁמַיִם. הַמְקָרֶה בַמַּיִם עֲלִיּוֹתָיו, הָכָא נָפִיק בְּחֶדְוָה הַהוּא אִילָנָא דְּחַיֵּי, נָהָר דְּנָפִיק מֵעֵדֶן, וְאִשְׁתְּרָשׁוּ בֵּיהּ בְּמֵימוֹי אִינּוּן תְּרֵי בַּדֵּי עֲרָבוֹת, דְּאִינּוּן גַּדְלִין בְּמֵימוֹי, הֲדָא הוּא דִּכְתִיב, הַמְקָרֶה בַמַּיִם עֲלִיּוֹתָיו. מַאן עֲלִיּוֹתָיו. אִלֵּין בַּדֵּי עֲרָבוֹת.**

וְאָמַר, עֹטֶה אוֹר כַּשַּׂלְמָה, זוֹ רֵאשִׁיתוֹ שֶׁל הַיּוֹם הָרִאשׁוֹן. נוֹטֶה שָׁמַיִם, כָּאן נִכְלָל הַשְּׂמֹאל, וְלֹא אָמַר מְאֹד, נִכְלָל הַשְּׂמֹאל בַּיָּמִין

לִהְיוֹת מֵאִיר בִּכְלָל שֶׁל שָׁמַיִם. הַמְקָרֶה בַמַּיִם עֲלִיּוֹתָיו, כָּאן יוֹצֵא בְשִׂמְחָה אוֹתוֹ עֵץ הַחַיִּים, הַנָּהָר שֶׁיּוֹצֵא מֵעֵדֶן, וְנִשְׁרְשׁוּ בוֹ בְּמֵימָיו אוֹתָם שְׁנֵי בַּדֵּי עֲרָבוֹת, שֶׁהֵם גְּדֵלִים בְּמֵימָיו. זֶהוּ שֶׁכָּתוּב, הַמְקָרֶה בַמַּיִם עֲלִיּוֹתָיו. מִי הֵם עֲלִיּוֹתָיו, אֵלּוּ בַּדֵּי עֲרָבוֹת.

וְדָא הוּא דִכְתִיב, וְעַל יוּבַל יְשַׁלַּח שָׁרָשָׁיו. וְדָא הוּא רָזָא דִכְתִיב, נָהָר פְּלָגָיו יְשַׂמְּחוּ עִיר אֱלֹהִים. מַאן פְּלָגָיו. אִלֵּין אִינּוּן שָׁרָשָׁיו. וְהָכִי אִקְרוּן, עֲלִיּוֹתָיו, שָׁרָשָׁיו, פְּלָגָיו, כֻּלְּהוּ אִשְׁתְּרָשׁוּ בְּאִינּוּן מַיִין דְּהַהוּא נָהָר. הַשָּׂם עָבִים רְכוּבוֹ. דָּא מִיכָאֵל וְגַבְרִיאֵל, אִלֵּין הֵם עָבִים. הַמְהַלֵּךְ עַל כַּנְפֵי רוּחַ, לְמֵיהַב אַסְוָותָא לְעָלְמָא, וְדָא אִיהוּ רְפָאֵל. מִכָּאן וּלְהָלְאָה עוֹשֶׂה מַלְאָכָיו רוּחוֹת וְגוֹ'. סָבָא סָבָא, אִי כָּל הָנֵי יָדַעְתְּ, אֵימָא וְלָא תִדְחַל, אֵימָא מִילָּךְ וְיִנְהֲרוּן מִלִּין דְּפוּמָךְ. חַדוּ חַבְרַיָּיא, וַהֲווּ צַיְיתִין בְּחֶדְוָה לְמִלּוֹי קַדִּישִׁין. אֲמַר אִי סָבָא אִי סָבָא, בְּמָה עַיְילַת גַּרְמָךְ, עָאלַת בְּיַמָּא רַבָּא, אִית לָךְ לְשַׁטְטָא וּלְנָפְקָא מִתַּמָּן. אִם אַחֶרֶת יִקַּח לוֹ, כַּמָּה גִּלְגּוּלִין עַתִּיקִין הָכָא, דְּלָא אִתְגַּלּוּן עַד הָאִידָנָא, וְכֻלְּהוּ קְשׁוֹט כִּדְקָא יָאוּת, דְּלֵית לְאַסְטָאָה מֵאֹרַח קְשׁוֹט, אֲפִילּוּ כִּמְלֹא נִימָא. בְּקַדְמִיתָא אִית לְאִתְעָרָא, נִשְׁמָתִין דְּגִיּוֹרִין כֻּלְּהוּ, פָּרְחָן מִגּוֹ גִּנְתָא דְעֵדֶן בְּאֹרַח סְתִים, כַּד מִסְתַּלְּקָן מֵהַאי עָלְמָא, נִשְׁמָתְהוֹן דְּקָא רְוָוחָא מִגּוֹ גִּנְתָא דְעֵדֶן, לְאָן אֲתַר תַּיְיבִין.

וְזֶהוּ שֶׁכָּתוּב, וְעַל יוּבַל יְשַׁלַּח שָׁרָשָׁיו. וְזֶהוּ סוֹד הַכָּתוּב, נָהָר פְּלָגָיו יְשַׂמְּחוּ עִיר אֱלֹהִים. מִי הֵם פְּלָגָיו, אֵלּוּ הֵם שָׁרָשָׁיו, וְכָךְ נִקְרָאִים. עֲלִיּוֹתָיו, שָׁרָשָׁיו, פְּלָגָיו, כֻּלָּם נִשְׁרְשׁוּ בְּאוֹתָם הַמַּיִם שֶׁל אוֹתוֹ נָהָר. הַשָּׂם עָבִים רְכוּבוֹ, זֶה מִיכָאֵל וְגַבְרִיאֵל, אֵלֶּה הֵם עָבִים. הַמְהַלֵּךְ עַל כַּנְפֵי רוּחַ, לָתֵת רְפוּאָה לָעוֹלָם, וְזֶהוּ רְפָאֵל. מִכָּאן וְהָלְאָה עֹשֶׂה מַלְאָכָיו רוּחוֹת וגו'. זָקֵן זָקֵן, אִם כָּל אֵלֶּה יָדַעְתָּ, אֱמֹר וְאַל תִּפְחַד, אֱמֹר דְּבָרֶיךָ וְיָאִירוּ דִּבְרֵי פִיךָ, שָׂמְחוּ הַחֲבֵרִים, וְהָיוּ מַקְשִׁיבִים בְּשִׂמְחָה לִדְבָרָיו הַקְּדוֹשִׁים. אָמַר, אִי זָקֵן, אִי זָקֵן, בַּמָּה הִכְנַסְתָּ אֶת עַצְמְךָ, נִכְנַסְתָּ לַיָּם הַגָּדוֹל, יֵשׁ לְךָ לְשׁוֹטֵט וְלָצֵאת מִשָּׁם. אִם אַחֶרֶת יִקַּח לוֹ. כַּמָּה גִלְגּוּלִים עַתִּיקִים יֵשׁ כָּאן שֶׁלֹּא הִתְגַּלּוּ עַד עַכְשָׁו, וְכֻלָּם אֱמֶת כָּרָאוּי, שֶׁאֵין לִסְטוֹת מִדֶּרֶךְ אֱמֶת אֲפִלּוּ כִּמְלֹא נִימָה. בַּתְּחִלָּה יֵשׁ לְהִתְעוֹרֵר, נִשְׁמוֹת הַגֵּרִים כֻּלָּן פּוֹרְחוֹת מִתּוֹךְ גַּן עֵדֶן בְּדֶרֶךְ נִסְתָּר. כְּשֶׁמִּסְתַּלְּקוֹת מִן הָעוֹלָם הַזֶּה, נִשְׁמוֹתָם שֶׁהִרְוִיחוּ מִתּוֹךְ גַּן הָעֵדֶן, לְאֵיזֶה מָקוֹם חוֹזְרוֹת.

אֶלָּא תָּנֵינָן, מַאן דְּנָטִיל וְאָחִיד בְּנִכְסֵי גִּיּוֹרִין בְּקַדְמִיתָא, זָכֵי בְּהוּ. אוּף הָכִי כָּל אִינּוּן נִשְׁמָתִין קַדִּישִׁין עִלָּאִין, דְּקָא זַמִּין לוֹן קוּדְשָׁא

סדר ליִמוּד לְיוֹם הַפְּטִירָה לְעִילוּי נִשְׁמָה

בְּרִיךְ הוּא לְתַתָּא כִּדְקָאמְרָן, כֻּלְּהוּ נָפְקִין לִזְמְנִין יְדִיעָן. בְּגִין לְאִשְׁתַּעְשְׁעָא בְּגַּן עֵדֶן, וּפַגְעָן בְּאִינּוּן נִשְׁמָתִין דְּגִיּוֹרִין, מַאן דְּאָחִיד בְּהוּ מֵאִלֵּין נִשְׁמָתִין, אָחִיד בְּהוּ וְזָכֵי בְּהוּ, וּמִתְלַבְּשָׁן בְּהוּ, וְסַלְקִין. וְכֻלְּהוּ קַיְימֵי בְּהַאי לְבוּשָׁא וְנַחְתּוּ גּוֹ גִּנְתָּא בִּלְבוּשָׁא דָא. בְּגִין דִּבְגִנְתָּא דְעֵדֶן, לָא קַיְּימָאן תַּמָּן, אֶלָּא בִּלְבוּשָׁא, כָּל אִינּוּן דְּקַיְּימֵי תַּמָּן.

אֶלָּא שָׁנִינוּ, מִי שֶׁנּוֹטֵל וְאוֹחֵז בְּנִכְסֵי הַגֵּר בַּתְּחִלָּה, זוֹכֶה בָּהֶם. אַף כָּךְ כָּל אוֹתָן הַנְּשָׁמוֹת הַקְּדוֹשׁוֹת הָעֶלְיוֹנוֹת שֶׁמְּזַמֵּן אוֹתָן הַקָּדוֹשׁ בָּרוּךְ הוּא לְמַטָּה, כְּפִי שֶׁאָמַרְנוּ, כֻּלָּן יוֹצְאוֹת לִזְמַנִּים יְדוּעִים, כְּדֵי לְהִשְׁתַּעֲשֵׁעַ בְּגַן עֵדֶן, וּפוֹגְעוֹת בְּאוֹתָן נִשְׁמוֹת הַגֵּרִים. מִי שֶׁאוֹחֵז בָּהֶן מֵאוֹתָן הַנְּשָׁמוֹת, אוֹחֵז בָּהֶם וְזוֹכֶה בָהֶם, וּמִתְלַבְּשִׁים בָּהֶם וְעוֹלִים. וְכֻלָּן עוֹמְדוֹת בִּלְבוּשׁ זֶה, וְיָרְדוּ לְתוֹךְ הַגָּן בַּלְּבוּשׁ הַזֶּה, מִשּׁוּם שֶׁבְּגַן עֵדֶן לֹא עוֹמְדוֹת שָׁם אֶלָּא בִּלְבוּשׁ כָּל אֵלּוּ שֶׁעוֹמְדוֹת שָׁם.

אִי תֵּימָא, דִּבְגִין הַאי לְבוּשָׁא, גַּרְעָן אִינּוּן נִשְׁמָתִין מִכָּל עִנּוּגָא דַּהֲוָה לוֹן בְּקַדְמִיתָא. הָא כְתִיב, אִם אַחֶרֶת יִקַּח לוֹ שְׁאֵרָהּ כְּסוּתָהּ וְעוֹנָתָהּ לֹא יִגְרָע. בְּגִנְתָּא קַיְימֵי בִּלְבוּשֵׁי דָא, דְּקַדְמָן לְאַחֲדָא בְהוּ וְזָכֵי בְּהוּ, וְכַד סַלְקִין לְעֵילָא, מִתְפַּשְּׁטָן מִנֵּיהּ, דְּהָא תַּמָּן לָא קַיְּימָן בִּלְבוּשָׁא.

אִם תֹּאמַר שֶׁבִּשְׁבִיל הַלְּבוּשׁ הַזֶּה גּוֹרְעִים אוֹתָן נְשָׁמוֹת מִכָּל הָעֹנֶג שֶׁהָיָה לָהֶן בַּתְּחִלָּה, הֲרֵי כָּתוּב אִם אַחֶרֶת יִקַּח לוֹ שְׁאֵרָהּ כְּסוּתָהּ וְעֹנָתָהּ לֹא יִגְרָע, בַּגָּן עוֹמְדוֹת בִּלְבוּשׁ זֶה, שֶׁקָּדְמוּ לֶאֱחֹז בָּהֶם וְזוֹכוֹת בָּהֶם, וּכְשֶׁעוֹלוֹת לְמַעְלָה מִתְפַּשְּׁטוֹת מִמֶּנּוּ, שֶׁהֲרֵי שָׁם לֹא עוֹמְדוֹת בִּלְבוּשׁ.

בָּכָה הַהוּא סָבָא כְּמִלְּקַדְמִין, וְאָמַר לְנַפְשֵׁיהּ, סָבָא סָבָא, בְּוַדַּאי אִית לָךְ לְמִבְכֵּי, בְּוַדַּאי אִית לָךְ לְאוֹשָׁדָא דִּמְעִין, עַל כָּל מִלָּה וּמִלָּה, אֲבָל גַּלֵּי קָמֵי קוּדְשָׁא בְּרִיךְ הוּא וּשְׁכִינְתֵּיהּ קַדִּישָׁא, דַּאֲנָא בִּרְעוּ דְּלִבָּא, וּבְפוּלְחָנָא דִּלְהוֹן קָאֲמֵינָא, בְּגִין דְּאִינּוּן בְּעָלָיו דְּכָל מִלָּה, וּמִתְעַטְּרָן בְּהוּ.

בָּכָה אוֹתוֹ זָקֵן כְּמִקֹּדֶם וְאָמַר לְנַפְשׁוֹ, זָקֵן זָקֵן, בְּוַדַּאי יֵשׁ לְךָ לִבְכּוֹת, בְּוַדַּאי יֵשׁ לְךָ לִשְׁפֹּךְ דְּמָעוֹת עַל כָּל דָּבָר וְדָבָר, אֲבָל גָּלוּי לִפְנֵי הַקָּדוֹשׁ בָּרוּךְ הוּא וּשְׁכִינָתוֹ הַקְּדוֹשָׁה שֶׁאֲנִי בִּרְצוֹן הַלֵּב וּבַעֲבוֹדָתָם אָמַרְתִּי, מִשּׁוּם שֶׁהֵם בְּעָלָיו שֶׁל כָּל דָּבָר וּמִתְעַטְּרִים בָּהֶם.

סדר לימוד ליום הפטירה לעילוי נשמה

כָּל אִינּוּן נִשְׁמָתִין קַדִּישִׁין, כַּד נַחְתֵּי לְהַאי עָלְמָא, בְּגִין לְמִשְׁרֵי כָּל חַד עַל דּוּכְתַּיְיהוּ, דְּאִתְחָזוּן בְּהוּ, לִבְנֵי נָשָׁא. כֻּלְּהוּ נַחְתֵּי מִתְלַבְּשָׁן בְּאִינּוּן נִשְׁמָתִין דְּקָא אֲמָרָן, וְהָכִי עָאלִין בְּזַרְעָא קַדִּישָׁא. וּבְמַלְבּוּשָׁא דָּא, קַיְימֵי לְאִשְׁתַּעְבְּדָא מִנַּיְיהוּ בְּהַאי עָלְמָא. וְכַד אִשְׁתַּאֲבָן אִינּוּן מַלְבּוּשִׁין מִמִּלִּין דְּהַאי עָלְמָא, אִינּוּן נִשְׁמָתִין קַדִּישִׁין, אִתְזָנָן מֵרֵיחָא דְּקָא אֲרִיחָא, מִגּוֹ לְבוּשַׁיְיהוּ אִלֵּין.

כָּל אוֹתָן נְשָׁמוֹת קְדוֹשׁוֹת, כְּשֶׁיּוֹרְדוֹת לָעוֹלָם הַזֶּה כְּדֵי לְשָׁרוֹת כָּל אַחַת עַל מְקוֹמָן שֶׁרְאוּיִים לָהֶם לִבְנֵי אָדָם, כֻּלָּן יוֹרְדוֹת מְלֻבָּשׁוֹת בְּאוֹתָן הַנְּשָׁמוֹת שֶׁאָמַרְנוּ, וְכָךְ נִכְנָסוֹת לְזֶרַע הַקֹּדֶשׁ. וּבְמַלְבּוּשׁ זֶה עוֹמְדוֹת לְהִשְׁתַּעְבֵּד מֵהֶם בָּעוֹלָם הַזֶּה. וּכְשֶׁנִּשְׁאָבִים אוֹתָם לְבוּשִׁים מִדִּבְרֵי הָעוֹלָם הַזֶּה, אוֹתָן נְשָׁמוֹת קְדוֹשׁוֹת נִזּוֹנוֹת מֵהָרֵיחַ שֶׁמֵּרִיחַ מִתּוֹךְ הַלְּבוּשִׁים הַלָּלוּ.

קוּדְשָׁא בְּרִיךְ הוּא כָּל מִלִּין סְתִימִין דְּאִיהוּ עָבִיד, עָאל לוֹן בְּאוֹרַיְיתָא קַדִּישָׁא, וְכֹלָּא אִשְׁתַּכַּח בְּאוֹרַיְיתָא, וְהַהִיא מִלָּה סְתִימָא גַּלֵּי לָהּ אוֹרַיְיתָא, וּמִיָּד אִתְלַבְּשָׁא בִּלְבוּשָׁא אַחֲרָא, וְאִתְטָמַר תַּמָּן, וְלָא אִתְגְּלֵי. וְחַכִּימִין דְּאִינּוּן מַלְיָין עַיְינִין, אַף עַל גַּב דְּהַהִיא מִלָּה אַסְתִּים בִּלְבוּשָׁהּ, חָמָאן לָהּ מִגּוֹ לְבוּשָׁהּ, וּבְשַׁעֲתָא דְּאִתְגְּלֵי הַהִיא מִלָּה עַד לָא תֵּיעוֹל בִּלְבוּשָׁא, רָמָאן בָּהּ פְּקִיחוּ דְּעֵינָא, וְאַף עַל גַּב דְּמִיָּד אַסְתִּים, לָא אִתְאֲבִיד מֵעַיְינַיְיהוּ.

כָּל הַדְּבָרִים הַנִּסְתָּרִים שֶׁהַקָּדוֹשׁ בָּרוּךְ הוּא עָשָׂה, הִכְנִיס אוֹתָם לַתּוֹרָה הַקְּדוֹשָׁה, וְהַכֹּל נִמְצָא בַּתּוֹרָה, וְאוֹתוֹ דָּבָר נִסְתָּר גִּלְּתָה אוֹתוֹ הַתּוֹרָה, וּמִיָּד הִתְלַבֵּשׁ בִּלְבוּשׁ אַחֵר, וְנִטְמַן שָׁם וְלֹא הִתְגַּלָּה. וְהַחֲכָמִים שֶׁהֵם מְלֵאִים עֵינַיִם, אַף עַל גַּב שֶׁאוֹתוֹ הַדָּבָר נִסְתָּר בִּלְבוּשׁוֹ, רוֹאִים אוֹתוֹ מִתּוֹךְ לְבוּשׁוֹ, וּבְשָׁעָה שֶׁהִתְגַּלָּה אוֹתוֹ דָּבָר, טֶרֶם יִכָּנֵס לַלְּבוּשׁ, זוֹרְקִים בּוֹ פְּקִיחַת עַיִן, וְאַף עַל גַּב שֶׁמִּיָּד נִסְתָּר, לֹא נֶאֱבָד מֵעֵינֵיהֶם.

בְּכַמָּה דּוּכְתִּין אַזְהַר קוּדְשָׁא בְּרִיךְ הוּא עַל גִּיּוֹרָא, דְּזַרְעָא קַדִּישָׁא, יִזְדַּהֲרוּן בֵּיהּ, וּלְבָתַר נָפִיק מִלָּה סְתִימָא מִנַּרְתְּקָהּ. [דף צ"ט ע"א] וְכֵיוָן דְּאִתְגְּלֵי אַהְדָּר לְנַרְתְּקָהּ מִיָּד, וְאִתְלַבַּשׁ תַּמָּן.

בְּכַמָּה מְקוֹמוֹת הִזְהִיר הַקָּדוֹשׁ בָּרוּךְ הוּא עַל הַגֵּר שֶׁיִּזָּהֲרוּ בּוֹ זֶרַע הַקֹּדֶשׁ, וְאַחַר הוֹצִיא דָּבָר נִסְתָּר מִנַּרְתִּיקוֹ. וְכֵיוָן שֶׁהִתְגַּלָּה, חוֹזֵר מִיָּד לְנַרְתִּיקוֹ וְהִתְלַבֵּשׁ שָׁם.

כֵּיוָן דְּאַזְהַר עַל גִּיּוֹרָא בְּכָל אִינּוּן דּוּכְתִּין, נָפַק מִלָּה מִנַּרְתְּקָהּ וְאִתְגְּלֵי, וְאָמַר, וְאַתֶּם יְדַעְתֶּם אֶת נֶפֶשׁ הַגֵּר. מִיָּד עָאלַת

לְנַרְתִּקָהּ, וְאִתְהַדְּרַת בִּלְבוּשָׁהּ וְאִתְטַמְּרַת, דִּכְתִיב כִּי גֵרִים הֱיִיתֶם בְּאֶרֶץ מִצְרָיִם, דְּחָשִׁיב קְרָא, דִּבְגִין דְּאִתְלַבַּשׁ מִיָּד, לָא הֲוָה מַאן דְּאַשְׁגַּח בָּהּ. בְּהַאי נֶפֶשׁ הַגֵּר, יַדְעַת נִשְׁמְתָא קַדִּישָׁא בְּמִלִּין דְּהַאי עָלְמָא, וְאִתְהֲנִיאַת מִנַּיְיהוּ.

כֵּיוָן שֶׁהִזְהִיר עַל הַגֵּר בְּכָל אוֹתָם מְקוֹמוֹת, יָצָא הַדָּבָר מִנַּרְתִּיקוֹ וְהִתְגַּלָּה וְאָמַר, וְאַתֶּם יְדַעְתֶּם אֶת נֶפֶשׁ הַגֵּר. מִיָּד נִכְנְסָה לְנַרְתִּיקָהּ, וְחָזְרָה בִּלְבוּשׁ וְנִטְמְנָה, שֶׁכָּתוּב כִּי גֵרִים הֱיִיתֶם בְּאֶרֶץ מִצְרָיִם, שֶׁחָשַׁב הַכָּתוּב, שֶׁבִּגְלַל שֶׁמִּיָּד הִתְלַבֵּשׁ, לֹא הָיָה מִי שֶׁיַּשְׁגִּיחַ בּוֹ. בְּנֶפֶשׁ הַגֵּר הַזּוֹ יוֹדַעַת הַנְּשָׁמָה הַקְּדוֹשָׁה בְּדִבְרֵי הָעוֹלָם הַזֶּה וְנֶהֱנֵית מֵהֶם.

פָּתַח הַהוּא סָבָא וְאָמַר, וַיָּבֹא מֹשֶׁה בְּתוֹךְ הֶעָנָן וַיַּעַל אֶל הָהָר וְגוֹ', עָנָן דָּא מַאי הִיא. אֶלָּא דָּא הוּא דִּכְתִיב, אֶת קַשְׁתִּי נָתַתִּי בֶּעָנָן. תָּנֵינָן, דְּהַהוּא קֶשֶׁת אַשְׁלַחַת לְבוּשׁוֹי, וְיָהִיב לוֹן לְמֹשֶׁה, וּבְהַהוּא לְבוּשָׁא סָלִיק מֹשֶׁה לְטוּרָא וּמִנֵּיהּ חָמָא מַה דְּחָמָא, וְאִתְהֲנֵי מִכֹּלָּא. עַד הַהוּא אֲתָר, אָתוּ אִינּוּן חַבְרַיָּיא, וְאִשְׁתְּטָחוּ קָמֵיהּ דְּהַהוּא סָבָא, וּבָכוּ וְאָמְרוּ, אִלְמָלֵא לָא אֲתֵינָא לְעָלְמָא, אֶלָּא לְמִשְׁמַע מִלִּין אִלֵּין מִפּוּמָךְ דַּי לָן.

פָּתַח אוֹתוֹ זָקֵן וְאָמַר, וַיָּבֹא מֹשֶׁה בְּתוֹךְ הֶעָנָן וַיַּעַל אֶל הָהָר וְגוֹ'. עָנָן זֶה מַהוּ, אֶלָּא זֶהוּ הַכָּתוּב, אֶת קַשְׁתִּי נָתַתִּי בֶּעָנָן. שָׁנִינוּ שֶׁאוֹתָהּ קֶשֶׁת הִפְשִׁיטָה אֶת לְבוּשֶׁיהָ וְנָתְנָה אוֹתָם לְמֹשֶׁה, וּבְאוֹתוֹ לְבוּשׁ עָלָה מֹשֶׁה לָהָר, וּמִמֶּנּוּ רָאָה מַה שֶּׁרָאָה וְנֶהֱנָה מֵהַכֹּל. עַד אוֹתוֹ מָקוֹם בָּאוּ אוֹתָם הַחֲבֵרִים, וְהִשְׁתַּטְּחוּ לִפְנֵי אוֹתוֹ זָקֵן וּבָכוּ וְאָמְרוּ, אִלְמָלֵא לֹא בָאנוּ לָעוֹלָם אֶלָּא כְּדֵי לִשְׁמֹעַ דְּבָרִים אֵלּוּ מִפִּיךָ, דַּי לָנוּ!

אָמַר הַהוּא סָבָא, אִם אַחֶרֶת יִקַּח לוֹ. חַבְרַיָּיא, לָאו בְּגִין דָּא בִּלְחוֹדוֹי שָׁרֵינָא מִלָּה, דְּהָא סָבָא כְּגִינִי, לָאו בְּמִלָּה חֲדָא עָבִיד קִישׁ קִישׁ, וְלָא קָרֵי, כַּמָּה בְּנֵי עָלְמָא בְּעִרְבּוּבְיָא בְּסָכְלְתָנוּ דִּלְהוֹן, וְלָא חָמָאן בְּאֹרַח קְשׁוֹט בְּאוֹרַיְיתָא, וְאוֹרַיְיתָא קָרֵי בְּכָל יוֹמָא בִּנְהִימוּ לְגַבַּיְיהוּ, וְלָא בָּעָאן לְאָתָבָא רֵישָׁא.

אָמַר אוֹתוֹ זָקֵן, אִם אַחֶרֶת יִקַּח לוֹ. חֲבֵרִים, לֹא בִּשְׁבִיל זֶה בִּלְבַד הִתְחַלְתִּי אֶת הַדָּבָר, שֶׁהֲרֵי זָקֵן כָּמוֹנִי לֹא בְּדָבָר אֶחָד עוֹשֶׂה קִישׁ קִישׁ וְלֹא קוֹרֵא, כַּמָּה בְּנֵי הָעוֹלָם שֶׁהֵם בְּעִרְבּוּבְיָה בַּתְּבוּנָה שֶׁלָּהֶם, וְלֹא רוֹאִים בְּדֶרֶךְ אֱמֶת בַּתּוֹרָה, וְתוֹרָה קוֹרֵאת בְּכָל יוֹם בִּנְהִימָה אֲלֵיהֶם, וְלֹא רוֹצִים לְהָשִׁיב רֹאשָׁם.

סדר לימוד ליום הפטירה לעילוי נשמה

וְאַף עַל גַּב דְּאַמֵּינָא, דְּהָא אוֹרַיְיתָא מִלָּה נָפְקָא מִנַּרְתִּקָהּ, וְאִתְחֲזִיאַת זְעֵיר, וּמִיָּד אִתְטַמָּרַת. הָכִי הוּא וַדַּאי. וּבְזִמְנָא דְּאִתְגַּלִּיאַת מִגּוֹ נַרְתִּקָהּ וְאִתְטַמְּרַת מִיָּד, לָא עַבְדַּת דָּא, אֶלָּא לְאִינּוּן דְּיַדְעִין בָּהּ, וְאִשְׁתְּמוֹדְעָאן בָּהּ.

וְאַף עַל גַּב שֶׁאָמַרְנוּ שֶׁהֲרֵי הַתּוֹרָה הוֹצִיאָה דָבָר מִנַּרְתִּיקָהּ, וְנִרְאָה קָטָן וּמִיָּד נִטְמַן, כָּךְ הוּא וַדַּאי. וּבִזְמַן שֶׁנִּתְגַּלָּה מִתּוֹךְ נַרְתִּיקָהּ וְנִטְמַן מִיָּד, לֹא עוֹשֶׂה אֶת זֶה אֶלָּא לְאוֹתָם שֶׁיּוֹדְעִים בָּהּ וְנוֹדָעִים בָּהּ.

מָשָׁל לְמָה הַדָּבָר דּוֹמֶה, לִרְחִימָתָא, דְּאִיהִי שַׁפִּירְתָּא בְּחֵיזוּ, וְשַׁפִּירְתָּא בְּרֵיוָא, וְאִיהִי טְמִירְתָּא בִּטְמִירוּ גּוֹ הֵיכָלָא דִּילָהּ, וְאִית לָהּ רְחִימָא יְחִידָאָה, דְּלָא יַדְעִין בֵּיהּ בְּנֵי נָשָׁא, אֶלָּא אִיהוּ בִּטְמִירוּ. הַהוּא רְחִימָא, מִגּוֹ רְחִימוּ דְּרָחִים לָהּ עָבַר לִתְרַע בֵּיתָהּ תָּדִיר, זָקִיף עֵינוֹי לְכָל סְטָר. אִיהִי, יַדְעַת דְּהָא רְחִימָא אַסְחַר תְּרַע בֵּיתָהּ תָּדִיר, מָה עַבְדַּת, פָּתְחַת פִּתְחָא זְעֵירָא בְּהַהוּא הֵיכָלָא טְמִירָא, דְּאִיהִי תַּמָּן, וְגַלִּיאַת אַנְפָּהָא לְגַבֵּי רְחִימְאָהּ, וּמִיָּד אִתְהַדְּרַת וְאִתְכַּסִּיאַת. כָּל אִינּוּן דַּהֲווּ לְגַבֵּי רְחִימָא, לָא חָמוּ וְלָא אִסְתַּכָּלוּ, בַּר רְחִימָא בִּלְחוּדוֹי, וּמֵעוֹי וְלִבֵּיהּ וְנַפְשֵׁיהּ אָזְלוּ אֲבַתְרָהּ. וְיָדַע דְּמִגּוֹ רְחִימוּ דִּרְחִימַת לֵיהּ, אִתְגַּלִּיאַת לְגַבֵּיהּ רִגְעָא חָדָא, לְאִתְעָרָא. הָכִי הוּא מִלָּה דְּאוֹרַיְיתָא, לָא אִתְגַּלִּיאַת, אֶלָּא לְגַבֵּי רְחִימְאָהּ. יַדְעַת אוֹרַיְיתָא, דְּהַהוּא חַכִּימָא דְּלִבָּא אַסְחַר לִתְרַע בֵּיתָהּ כָּל יוֹמָא, מָה עַבְדַּת, גַּלִּיאַת אַנְפָּהָא לְגַבֵּיהּ, מִגּוֹ הֵיכָלָא, וְאַרְמִיזַת לֵיהּ רְמִיזָא, וּמִיָּד אָהַדְרַת לְאַתְרָהּ וְאִתְטַמְּרַת. כָּל אִינּוּן דְּתַמָּן, לָא יַדְעֵי, וְלָא מִסְתַּכְּלֵי, אֶלָּא אִיהוּ בִּלְחוּדוֹי, וּמֵעוֹי וְלִבֵּיהּ וְנַפְשֵׁיהּ אָזִיל אֲבַתְרָהּ. וְעַל דָּא, אוֹרַיְיתָא אִתְגַּלִּיאַת וְאִתְכַּסִּיאַת, וְאַזְלַת בִּרְחִימוּ לְגַבֵּי רְחִימְהָא, לְאִתְעָרָא בַּהֲדֵיהּ רְחִימוּ.

מָשָׁל לְמָה הַדָּבָר דּוֹמֶה, לַאֲהוּבָה, שֶׁהִיא יָפָה בְּמַרְאֶה וְיָפָה בְּתֹאַר, וְהִיא טְמוּנָה בְּהֶסְתֵּר בְּתוֹךְ הַהֵיכָל שֶׁלָּהּ, וְיֵשׁ לָהּ אוֹהֵב יְחִידִי שֶׁלֹּא יוֹדְעִים עָלָיו בְּנֵי אָדָם, אֶלָּא שֶׁהוּא בְּנִסְתָּר. אוֹתוֹ אוֹהֵב, מִתּוֹךְ הָאַהֲבָה שֶׁאוֹהֵב אוֹתָהּ, עוֹבֵר עַל שַׁעַר בֵּיתָהּ תָּמִיד, מֵרִים עֵינָיו לְכָל צַד. הִיא יוֹדַעַת שֶׁהֲרֵי הָאוֹהֵב סוֹבֵב שַׁעַר בֵּיתָהּ תָּמִיד. מָה עוֹשָׂה, פּוֹתַחַת פֶּתַח קָטָן בְּאוֹתוֹ הֵיכָל נִסְתָּר שֶׁהִיא שָׁם וּמְגַלָּה אֶת פָּנֶיהָ לְאוֹהֲבָהּ, וּמִיָּד חוֹזֶרֶת וְנִתְכַּסֵּית. כָּל אוֹתָם

שֶׁהָיוּ אֵצֶל הָאוֹהֵב, לֹא רָאוּ וְלֹא הִסְתַּכְּלוּ, פְּרָט לָאוֹהֵב לְבַדּוֹ, וּמֵעָיו וְלִבּוֹ וְנַפְשׁוֹ הָלְכוּ אַחֲרֶיהָ. וְיוֹדֵעַ שֶׁמִּתּוֹךְ הָאַהֲבָה שֶׁהִיא אוֹהֶבֶת אוֹתוֹ, נִגְלֵית אֵלָיו רֶגַע אֶחָד לְעוֹרֵר אוֹתוֹ. כָּךְ הוּא דְּבַר הַתּוֹרָה לֹא נִגְלֶה אֶלָּא לְאוֹהֲבוֹ. יוֹדַעַת הַתּוֹרָה שֶׁאוֹתוֹ חֲכַם לֵב סוֹבֵב שַׁעַר בֵּיתָהּ כָּל יוֹם. מַה הִיא עוֹשָׂה, מְגַלָּה פָּנֶיהָ אֵלָיו מִתּוֹךְ הַהֵיכָל, וְרוֹמֶזֶת לוֹ רֶמֶז, וּמִיָּד חוֹזֶרֶת לִמְקוֹמָהּ וְנִסְתֶּרֶת. כָּל אֵלּוּ שֶׁשָּׁם לֹא יוֹדְעִים וְלֹא מִסְתַּכְּלִים, אֶלָּא רַק הוּא בִּלְבַדּוֹ, וּמֵעָיו וְלִבּוֹ וְנַפְשׁוֹ הוֹלְכִים אַחֲרֶיהָ, וְעַל זֶה הַתּוֹרָה נִגְלֵית וְנִכְסֵית וְהוֹלֶכֶת בְּאַהֲבָה לַאֲהוּבָהּ לְעוֹרֵר עִמּוֹ אַהֲבָה.

תָּא חֲזֵי, אָרְחָא דְּאוֹרַיְיתָא כַּךְ הוּא, בְּקַדְמִיתָא כַּד שַׁרְיָא לְאִתְגַּלָּאָה לְגַבֵּי בַּר נָשׁ, אַרְמִיזַת לֵיהּ בִּרְמִיזוּ, אִי יָדַע טָב. וְאִי לָא יָדַע, שַׁדְרַת לְגַבֵּיהּ, וְקָרָאת לֵיהּ פֶּתִי. וְאַמְרַת אוֹרַיְיתָא, לְהַהוּא דְּשַׁדְרַת לְגַבֵּיהּ, אִמְרוּ לְהַהוּא פֶּתִי, דְּיִקְרַב הָכָא, וְאִשְׁתָּעֵי בַּהֲדֵיהּ. הֲדָא הוּא דִּכְתִיב, מִי פֶתִי יָסוּר הֵנָּה חֲסַר לֵב וְגוֹ'. קָרִיב לְגַבָּהּ, שָׁרִיאַת לְמַלְלָא עִמֵּיהּ, מִבָּתַר פָּרוֹכְתָּא דְּפַרְסָא לֵיהּ, מִלִּין לְפוּם אָרְחוֹי, עַד דְּיִסְתַּכַּל זְעֵיר זְעֵיר, וְדָא הוּא דְּרָשָׁא.

בֹּא וּרְאֵה, כָּךְ הִיא דַּרְכָּהּ שֶׁל תּוֹרָה, בָּרִאשׁוֹנָה כְּשֶׁמַּתְחִילָה לְהִתְגַּלּוֹת אֶל הָאָדָם, רוֹמֶזֶת לוֹ בְּרֶמֶז. אִם יוֹדֵעַ, אָז טוֹב, וְאִם לֹא יוֹדֵעַ, שׁוֹלַחַת אֵלָיו וְקוֹרֵאת לוֹ פֶּתִי. וְהַתּוֹרָה אוֹמֶרֶת לְאוֹתוֹ שֶׁשָּׁלְחָה אֵלָיו, אִמְרוּ לְאוֹתוֹ הַפֶּתִי שֶׁיִּקְרַב לְכָאן וַאֲדַבֵּר עִמּוֹ. זֶהוּ שֶׁכָּתוּב מִי פֶתִי יָסֻר הֵנָּה חֲסַר לֵב וְגוֹ'. קָרַב אֵלֶיהָ, וּמַתְחִילָה לְדַבֵּר עִמּוֹ מֵאַחַר פָּרֹכֶת שֶׁפּוֹרֶשֶׂת לוֹ דְּבָרִים לְפִי דַרְכּוֹ, עַד שֶׁיִּתְבּוֹנֵן לְאַט לְאַט, וְזֶהוּ הַדְּרָשׁ.

לְבָתַר, תִּשְׁתָּעֵי בַּהֲדֵיהּ, מִבָּתַר שׁוֹשִׁיפָא דַּקִּיק, מִלִּין דְּחִידָה, וְדָא אִיהוּ הַגָּדָה. לְבָתַר דְּאִיהוּ רָגִיל לְגַבָּהּ, אִתְגַּלִיאַת לְגַבֵּיהּ אַנְפִּין בְּאַנְפִּין, וּמַלִּילַת בַּהֲדֵיהּ כָּל רָזִין סְתִימִין דִּילָהּ, וְכָל אָרְחִין סְתִימִין, דַּהֲווֹ בְּלִבָּאָה טְמִירִין, מִיּוֹמִין קַדְמָאִין. כְּדֵין [דף צ"ט ע"ב] אִיהוּ בַּר נָשׁ שְׁלִים, בַּעַל תּוֹרָה וַדַּאי, מָארֵי דְּבֵיתָא, דְּהָא כָּל רָזִין דִּילָהּ גַּלִיאַת לֵיהּ, וְלָא רְחִיקַת, וְלָא כַּסִּיאַת מִינֵּיהּ כְּלוּם.

אַחַר כָּךְ תְּדַבֵּר עִמּוֹ מֵאַחַר פִּשְׁפֵּשׁ קָטָן דִּבְרֵי חִידָה, וְזוֹהִי הַגָּדָה. אַחַר שֶׁהִתְרַגֵּל אֵלֶיהָ, נִגְלֵית אֵלָיו פָּנִים בְּפָנִים וּמְדַבֶּרֶת עִמּוֹ כָּל הַסּוֹדוֹת הַנִּסְתָּרִים שֶׁלָּהּ, וְכָל הַדְּרָכִים הַנִּסְתָּרוֹת שֶׁהָיוּ שְׁמוּרִים בְּלִבָּהּ מִיָּמִים רִאשׁוֹנִים, וְאָז אוֹתוֹ אָדָם הוּא שָׁלֵם, בַּעַל תּוֹרָה

וַדַּאי, בַּעַל הַבַּיִת, שֶׁהֲרֵי כָּל סוֹדוֹתֶיהָ גִּלְּתָה לוֹ, וְלֹא רִחֲקָה וְלֹא כִסְּתָה מִמֶּנּוּ כְלוּם.

אָמְרָה לֵיהּ, חָמֵית מִלָּה דִּרְמִיזָא דְּקָא רָמִיזְנָא לָךְ בְּקַדְמִיתָא, כַּךְ וְכָךְ רָזִין הֲווֹ, כַּךְ וְכָךְ הוּא. כְּדֵין חָמֵי, דְּעַל אִינּוּן מִלִּין לָאו לְאוֹסָפָא, וְלָאו לְמִגְרַע מִנַּיְיהוּ. וּכְדֵין פְּשָׁטֵיהּ דִּקְרָא, כְּמָה דְּאִיהוּ, דְּלָאו לְאוֹסָפָא וְלָא לְמִגְרַע אֲפִילוּ אָת חַד. וְעַל דָּא, בְּנֵי נָשָׁא אִצְטְרִיכוּ לְאִזְדַּהֲרָא, וּלְמִרְדַּף אֲבַתְרָא דְּאוֹרַיְיתָא, לְמֶהֱוֵי רְחִימִין דִּילָהּ, כְּמָה דְּאִתְּמַר.

אוֹמֶרֶת לוֹ, רָאִיתָ דְּבַר הָרֶמֶז שֶׁרָמַזְתִּי לְךָ בַּתְּחִלָּה, כָּךְ וְכָךְ הָיוּ הַסּוֹדוֹת, כָּךְ וְכָךְ הוּא. וְאָז רוֹאֶה שֶׁעַל הַדְּבָרִים הַלָּלוּ אֵין לְהוֹסִיף וְאֵין לִגְרֹעַ מֵהֶם, וְאָז פְּשַׁט הַכָּתוּב כְּמוֹ שֶׁהוּא, שֶׁלֹּא לְהוֹסִיף וְלֹא לִגְרֹעַ אֲפִלּוּ אוֹת אַחַת. וְעַל כָּךְ אֲנָשִׁים צְרִיכִים לְהִזָּהֵר וְלִרְדֹּף אַחֲרֵי הַתּוֹרָה לִהְיוֹת אוֹהֲבִים שֶׁלָּהּ, כְּמוֹ שֶׁנִּתְבָּאֵר.

תָּא חֲזֵי, אִם אַחֶרֶת יִקַּח לוֹ, גִּלְגּוּלִין דְּמִתְגַּלְגְּלָן בְּהַאי קְרָא, כַּמָּה רַבְרְבִין וְעִלָּאִין אִינּוּן, דְּהָא כָּל נִשְׁמָתִין עָאלִין בְּגִלְגּוּלָא. וְלָא יַדְעִין בְּנֵי נָשָׁא אָרְחוֹי דְּקוּדְשָׁא בְּרִיךְ הוּא, וְהֵיאַךְ קַיְימָא טִיקְלָא, וְהֵיךְ אִתְדָּנוּ בְּנֵי נָשָׁא בְּכָל יוֹמָא, וּבְכָל עִידָן, וְהֵיךְ נִשְׁמָתִין עָאלִין בְּדִינָא, עַד לָא יֵיתוּן לְהַאי עָלְמָא, וְהֵיךְ עָאלִין בְּדִינָא, לְבָתַר דְּנַפְקֵי מֵהַאי עָלְמָא.

בֹּא וּרְאֵה, אִם אַחֶרֶת יִקַּח לוֹ. הַגִּלְגּוּלִים שֶׁמִּתְגַּלְגְּלִים בַּפָּסוּק הַזֶּה כַּמָּה גְדוֹלִים וְעֶלְיוֹנִים הֵם, שֶׁהֲרֵי כָּל הַנְּשָׁמוֹת נִכְנָסוֹת בְּגִלְגּוּל, וְלֹא יוֹדְעִים בְּנֵי אָדָם דַּרְכֵי הַקָּדוֹשׁ בָּרוּךְ הוּא אֵיךְ עוֹמְדִים הַמֹּאזְנַיִם וְאֵיךְ נִדּוֹנִים בְּנֵי אָדָם בְּכָל יוֹם וּבְכָל זְמַן, וְאֵיךְ נְשָׁמוֹת נִכְנָסוֹת לַדִּין עַד שֶׁלֹּא בָאוֹת לָעוֹלָם הַזֶּה, וְאֵיךְ נִכְנָסוֹת לַדִּין אַחַר שֶׁיּוֹצְאוֹת מִן הָעוֹלָם הַזֶּה.

כַּמָּה גִּלְגּוּלִין, וְכַמָּה עוֹבָדִין סְתִימִין, עָבִיד קוּדְשָׁא בְּרִיךְ הוּא בַּהֲדֵי כַּמָּה נִשְׁמָתִין עַרְטִילָאִין, וְכַמָּה רוּחִין עַרְטִילָאִין אָזְלִין בְּהַהוּא עָלְמָא, דְּלָא עָאלִין לְפַרְגּוֹדָא דְּמַלְכָּא. וְכַמָּה עָלְמִין אִתְהַפַּךְ בְּהוּ וְעָלְמָא דְּאִתְהַפָּךְ בְּכַמָּה פְּלִיאָן סְתִימִין. וּבְנֵי נָשָׁא לָא יַדְעִין, וְלָא מַשְׁגִּיחִין, וְהֵיךְ מִתְגַּלְגְּלִין נִשְׁמָתִין, כְּאַבְנָא בְּקוּסְפִיתָא. כְּמָה דְּאַתְּ אָמֵר, וְאֵת נֶפֶשׁ אוֹיְבֶיךָ יְקַלְּעֶנָּה בְּתוֹךְ כַּף הַקָּלַע. הַשְׁתָּא אִית לְגַלָּאָה, דְּהָא כָּל נִשְׁמָתִין, מֵאִילָנָא רַבְרְבָא וְתַקִּיפָא דְּהוּא נָהָר דְּנָפִיק מֵעֵדֶן נַפְקֵי. וְכָל רוּחִין, מֵאִילָנָא אַחֲרָא

וְעֵירָא נָפְקִין. נִשָּׁמָה מִלְּעֵילָּא רוּחַ מִלְּתַתָּא, וּמִתְחַבְּרָן כַּחֲדָא, כְּגַוְונָא דִּדְכַר וְנוּקְבָא. וְכַד מִתְחַבְּרָן כַּחֲדָא, כְּדֵין נְהִרִין נְהִירוּ עִלָּאָה. וּבְחִבּוּרָא דְּתַרְוַיְיהוּ אִקְרֵי נֵר. נֵר יְיָ נִשְׁמַת אָדָם. מַהוּ נ״ר. נִשָּׁמָה רוּחַ. וְעַל חִבּוּרָא דְּתַרְוַיְיהוּ כַּחֲדָא אִקְרֵי נֵר, דִּכְתִיב נֵר יְיָ נִשְׁמַת אָדָם.

כַּמָּה גִלְגּוּלִים וְכַמָּה מַעֲשִׂים נִסְתָּרִים עוֹשֶׂה הַקָּדוֹשׁ בָּרוּךְ הוּא עִם כַּמָּה נְשָׁמוֹת מְעֻרְטָלוֹת, וְכַמָּה רוּחוֹת מְעֻרְטָלוֹת הוֹלְכוֹת בְּאוֹתוֹ הָעוֹלָם שֶׁלֹּא נִכְנָסוֹת לַפַּרְגּוֹד שֶׁל הַמֶּלֶךְ, וְכַמָּה עוֹלָמוֹת מִתְהַפֵּךְ בָּהֶם, וְהָעוֹלָם שֶׁמִּתְהַפֵּךְ בְּכַמָּה פְלָאִים נִסְתָּרִים, וּבְנֵי אָדָם לֹא יוֹדְעִים וְלֹא מַשְׁגִּיחִים, וְאֵיךְ מִתְגַּלְגְּלוֹת הַנְּשָׁמוֹת כְּאֶבֶן בְּכַף הַקֶּלַע, כְּמוֹ שֶׁנֶּאֱמַר וְאֵת נֶפֶשׁ אֹיְבֶיךָ יְקַלְּעֶנָּה בְּתוֹךְ כַּף הַקָּלַע. עַכְשָׁו יֵשׁ לְגַלּוֹת, שֶׁהֲרֵי כָּל הַנְּשָׁמוֹת מֵהָאִילָן הַגָּדוֹל וְהַתַּקִּיף, שֶׁהוּא הַנָּהָר שֶׁיּוֹצֵא מֵעֵדֶן, יוֹצְאוֹת, וְכָל הָרוּחוֹת מֵעֵץ אַחֵר קָטָן יוֹצְאוֹת. הַנְּשָׁמָה מִלְמַעְלָה וְהָרוּחַ מִלְּמַטָּה, וּמִתְחַבְּרוֹת כְּאַחַת כְּמוֹ זָכָר וּנְקֵבָה. וְכַאֲשֶׁר מִתְחַבְּרוֹת כְּאַחַת, אָז מְאִירוֹת אוֹר עֶלְיוֹן, וּבְחִבּוּר שֶׁל שְׁנֵיהֶם נִקְרָא נֵר. נֵר ה' נִשְׁמַת אָדָם. מַהוּ נֵ"ר, **נְ**שָׁמָה **ר**וּחַ. וְעַל הַחִבּוּר שֶׁל שְׁנֵיהֶם כְּאֶחָד נִקְרָא נֵר, שֶׁכָּתוּב, נֵר ה' נִשְׁמַת אָדָם.

נִשָּׁמָה וְרוּחַ. דְּכַר וְנוּקְבָא לְאַנְהֲרָא כַּחֲדָא, וְדָא בְּלָא דָא, לָא נְהִרִין, וְלָא אִקְרֵי נֵר, וְכַד מִתְחַבְּרָן כַּחֲדָא, אִקְרֵי כֹּלָּא נֵר. וּכְדֵין אִתְעַטָּף נִשָּׁמָה בְּרוּחַ, לְקַיְּימָא תַּמָּן לְעֵילָּא, בְּהֵיכְלָא טְמִירָא, דִּכְתִיב, כִּי רוּחַ מִלְּפָנַי יַעֲטוֹף. יִתְעַטֵּף לָא כְתִיב, אֶלָּא יַעֲטוֹף. מַאי טַעְמָא. בְּגִין דִּנְשָׁמוֹת אֲנִי עָשִׂיתִי, תַּמָּן לְעֵילָּא בְּגִנְתָּא, בְּהֵיכְלָא טְמִירָא, אִתְעַטָּף וְאִתְלָבַשׁ נִשָּׁמָה בְּרוּחַ, כְּמָה דְּאִתְחָזֵי.

נְשָׁמָה וְרוּחַ. זָכָר וּנְקֵבָה לְהָאִיר כְּאֶחָד, וְזֶה בְּלִי זֶה לֹא מְאִירִים וְלֹא נִקְרָא נֵר. וּכְשֶׁמִּתְחַבְּרִים כְּאֶחָד, הַכֹּל נִקְרָא נֵר. וְאָז מִתְעַטֶּפֶת הַנְּשָׁמָה בְּרוּחַ לַעֲמֹד שָׁם לְמַעְלָה בַּהֵיכָל הַגָּנוּז, שֶׁכָּתוּב, כִּי רוּחַ מִלְּפָנַי יַעֲטוֹף. לֹא כָתוּב יִתְעַטֵּף, אֶלָּא יַעֲטוֹף, מָה הַטַּעַם, מִשּׁוּם שֶׁנְּשָׁמוֹת אֲנִי עָשִׂיתִי. שָׁם לְמַעְלָה בַּגַּן, בַּהֵיכָל הַגָּנוּז, מִתְעַטֶּפֶת וּמִתְלַבֶּשֶׁת הַנְּשָׁמָה בְּרוּחַ כְּמוֹ שֶׁרָאוּי.

וְכֵיוָן דִּבְהַהוּא הֵיכָלָא, לָא הֲוֵי, וְלָא אִשְׁתַּמַּשׁ אֶלָּא בְּרוּחַ וּנְשָׁמָה, נֶפֶשׁ לָא אָתֵי לְתַמָּן, אֶלָּא מִתְלַבַּשׁ בְּהַהוּא רוּחַ תַּמָּן, וְכַד נַחְתָּא לְגוֹ גַּן עֵדֶן דִּלְתַתָּא, אִתְלָבַשׁ בְּהַהוּא רוּחָא אַחֲרָא דְּאַמֵּינָא, הַהוּא דְּנָפִיק מִתַּמָּן, וַהֲוָה מִתַּמָּן, וּבְכֻלְּהוּ שַׁרְיָא בְּהַאי עָלְמָא, וְאִתְלָבַשׁ בְּהוּ.

וְכֵיוָן שֶׁבְּאוֹתוֹ הֵיכָל לֹא הָיָה וְלֹא הִשְׁתַּמֵּשׁ אֶלָּא בְּרוּחַ וּנְשָׁמָה, הַנֶּפֶשׁ לֹא בָאָה לְשָׁם, אֶלָּא מִתְלַבֶּשֶׁת בְּאוֹתָהּ רוּחַ שָׁם, וּכְשֶׁיּוֹרֶדֶת לְתוֹךְ גַּן עֵדֶן הַתַּחְתּוֹן, מִתְלַבֶּשֶׁת בְּאוֹתָהּ רוּחַ אַחֶרֶת שֶׁאָמַרְנוּ, אוֹתָהּ שֶׁיָּצְאָה מִשָּׁם וְהָיְתָה מִשָּׁם, וּבְכֻלָּן הִיא שׁוֹרָה בָּעוֹלָם הַזֶּה וּמִתְלַבֶּשֶׁת בָּהֶם.

הַהוּא רוּחָא דְּנָפִיק מֵהַאי עָלְמָא, דְּלָא אִתְרַבֵּי וְלָא אִתְפָּשַׁט בְּהַאי עָלְמָא. אֲזְלָא בְּגִלְגּוּלָא, וְלָא אַשְׁכַּח נַיְיחָא, אָתֵי בְּגִלְגּוּלָא בְּעָלְמָא, כְּאַבְנָא בְּקוּסְפִּיתָא, עַד דְּיִשְׁכַּח הַהוּא פָּרוֹקָא דְּיִפְרוֹק לֵיהּ, וְאַיְיתֵי לֵיהּ בְּהַהוּא מָאנָא מַמָּשׁ, דַּהֲוָה אִיהוּ אִשְׁתַּמַּשׁ בֵּיהּ, וְדָבִיק בֵּיהּ תָּדִיר רוּחֵיהּ וְנַפְשֵׁיהּ, וַהֲוַת בַּת זוּגֵיהּ, רוּחָא בְּרוּחָא, וְהַהוּא פָּרוֹקָא בָּנֵי לֵיהּ כְּמִלְּקַדְמִין.

אוֹתָהּ רוּחַ שֶׁיּוֹצֵאת מִן הָעוֹלָם הַזֶּה, שֶׁלֹּא הִתְרַבְּתָה וְלֹא הִתְפַּשְּׁטָה בָּעוֹלָם הַזֶּה, הוֹלֶכֶת בְּגִלְגּוּל וְלֹא מוֹצֵאת מְנוּחָה. בָּאָה בְּגִלְגּוּל בָּעוֹלָם כְּאֶבֶן בְּכַף הַקֶּלַע, עַד שֶׁיִּמָּצֵא אוֹתוֹ גּוֹאֵל שֶׁיִּגְאָלֶנָּה, וּמֵבִיא אוֹתוֹ בְּאוֹתוֹ כְּלִי מַמָּשׁ שֶׁהוּא הָיָה מִשְׁתַּמֵּשׁ בּוֹ, וּמַדְבִּיק בּוֹ תָּמִיד רוּחוֹ וְנַפְשׁוֹ, וְהָיְתָה בַּת זוּגוֹ, רוּחַ בְּרוּחַ, וְאוֹתוֹ הַגּוֹאֵל בּוֹנֶה אוֹתוֹ כְּמִקֹּדֶם.

וְהַהוּא רוּחָא דְּשָׁבַק וְאִתְדַּבַּק בְּהַהוּא מָאנָא, לָא אִתְאֲבִיד. דְּהָא לֵית מִלָּה אֲפִילוּ זְעֵירָא בְּעָלְמָא, דְּלָא הֲוֵי לֵיהּ אֲתָר וְדוּכְתָּא לְאִתְטַמְּרָא וּלְאִתְכַּנְּשָׁא תַּמָּן, וְלָא אִתְאֲבִיד לְעָלְמִין. וּבְגִּין כָּךְ, הַהוּא רוּחָא דְּשָׁבַק בְּהַהוּא מָנָא, תַּמָּן הוּא, וַדַּאי רָדִיף בָּתַר עִקָּרָא וִיסוֹדָא דִּילֵיהּ, דְּהָא נָפִיק מִינֵּיהּ, וְאַיְיתֵי לֵיהּ, וּבָנֵי לֵיהּ בְּדוּכְתֵּיהּ, בַּאֲתָר דְּהַהוּא רוּחַ בַּת זוּגֵיהּ, דְּנַפְקַת בַּהֲדֵיהּ, וְאִתְבְּנֵי תַּמָּן כְּמִלְּקַדְמִין. וְדָא אִיהוּ בְּרִיָּה חַדְתָּא הַשְׁתָּא בְּעָלְמָא, רוּחָא חַדְתָּא וְגוּפָא חַדְתָּא.

וְאוֹתָהּ רוּחַ שֶׁהִשְׁאִיר וְנִדְבְּקָה בְּאוֹתוֹ הַכְּלִי, לֹא נֶאֶבְדָה. שֶׁהֲרֵי אֵין אֲפִלּוּ דָּבָר קָטָן בָּעוֹלָם שֶׁאֵין לוֹ אֲתַר וּמָקוֹם לְהִטָּמֵן וּלְהִתְכַּנֵּס לְשָׁם, וְלֹא נֶאֱבָד לְעוֹלָמִים. וּמִשּׁוּם כָּךְ, אוֹתָהּ הָרוּחַ שֶׁהִשְׁאִיר בְּאוֹתוֹ כְּלִי שָׁם, הוּא וַדַּאי רוֹדֵף אַחַר הָעִקָּר וְהַיְסוֹד שֶׁלּוֹ שֶׁיָּצָא מִמֶּנּוּ, וּמֵבִיא אוֹתוֹ וּבוֹנֶה אוֹתוֹ בִּמְקוֹמוֹ, בְּמָקוֹם שֶׁל אוֹתָהּ רוּחַ בַּת זוּגוֹ שֶׁיָּצְאָה עִמּוֹ, וְנִבְנֶה שָׁם כְּמִקֹּדֶם, וְזוֹהִי בְּרִיָּה חֲדָשָׁה עַכְשָׁו בָּעוֹלָם, רוּחַ חֲדָשָׁה וְגוּף חָדָשׁ.

וְאִי תֵּימָא, רוּחַ דָּא הוּא מַה דַּהֲוָה. הָכִי הוּא אֲבָל לָא אִתְבְּנֵי, אֶלָּא בְּגִין הַהוּא רוּחָא אַחֲרָא דְּקָא שָׁבַק בְּהַהוּא מָאנָא, [דף ק' ע"א] **הָכָא אִית רָזִין בְּסִפְרָא דַּחֲנוֹךְ, בִּנְיָינָא דָּא דְּאִתְבְּנֵי, לָא אִתְבְּנֵי,**

סֵדֶר לִימוּד לְיוֹם הַפְּטִירָה לְעִילּוּי נִשְׁמָה

אֶלָּא בְּהַהוּא רוּחָא אַחֲרָא דְּשָׁבִיק תַּמָּן, בְּהַהוּא מָאנָא. וְכַד שָׁארֵי לְאִתְבְּנָאָה, דָּא מָשִׁיךְ אֲבַתְרֵיהּ דְּהַהוּא רוּחַ דְּאָזִיל עַרְטִילָאָה, וּמָשִׁיךְ לֵיהּ לְגַבֵּיהּ, וְתַמָּן תְּרֵי רוּחוֹת דְּאִינּוּן חַד. לְבָתַר, דָּא אִיהוּ רוּחַ, וְדָא אִיהוּ נְשָׁמָה, וְתַרְוַויְיהוּ חַד.

וְאִם תֹּאמַר, רוּחַ זוֹ הִיא מַה שֶּׁהָיָה, כָּךְ זֶה, אֲבָל לֹא נִבְנֵית אֶלָּא בִּשְׁבִיל אוֹתָהּ רוּחַ אַחֶרֶת שֶׁהִשְׁאִיר בְּאוֹתוֹ כְּלִי. כָּאן יֵשׁ סוֹדוֹת. בְּסִפְרוֹ שֶׁל חֲנוֹךְ, בִּנְיָן זֶה שֶׁנִּבְנֶה, לֹא נִבְנֶה אֶלָּא בְּאוֹתָהּ רוּחַ אַחֶרֶת שֶׁהִשְׁאִיר שָׁם, בְּאוֹתוֹ הַכְּלִי. וּכְשֶׁהִתְחִיל לְהִבָּנוֹת, זֶה מוֹשֵׁךְ אַחֲרָיו שֶׁל אוֹתָהּ רוּחַ שֶׁהוֹלֶכֶת עַרְטִילָאִית וּמוֹשֵׁךְ אוֹתָהּ אֵלָיו, וְשָׁם שְׁתֵּי רוּחוֹת שֶׁהֵן אַחַת. אַחַר כָּךְ זוֹהִי רוּחַ, וְזוֹהִי נְשָׁמָה, וּשְׁתֵּיהֶן אַחַת.

אִי זָכָה לְאִתְדַּכְאָה כִּדְקָא יָאוּת, תַּרְוַויְיהוּ אִינּוּן חַד, לְאִתְלַבְּשָׁא בְּהוּ נִשְׁמְתָא אַחֲרָא עִלָּאָה. כְּמָה דְּאִית לִשְׁאַר בְּנֵי עָלְמָא, רוּחַ, דְּזַכְאִין בְּהוּ נִשְׁמָתִין, אִינּוּן דְּקַדְמָן וְאַחִידָן בְּהוּ, וְרוּחָא אַחֲרָא מִלְּעֵילָּא. וְנִשְׁמְתָא קַדִּישָׁא אִתְלַבְּשָׁא בְּהוּ. אוּף הָכִי נָמֵי, מִדִּילֵיהּ מַמָּשׁ אִית תְּרֵין רוּחִין, בְּגִין לְאִתְלַבְּשָׁא בְּהוּ נִשְׁמָה עִלָּאָה.

אִם זָכָה לְהִטָּהֵר כָּרָאוּי, שְׁתֵּיהֶן הֵן אַחַת לְהִתְלַבֵּשׁ בָּהֶן נְשָׁמָה אַחֶרֶת עֶלְיוֹנָה. כְּמוֹ שֶׁיֵּשׁ לִשְׁאָר בְּנֵי הָעוֹלָם רוּחַ שֶׁזּוֹכוֹת בָּהֶן הַנְּשָׁמוֹת, אוֹתָן שֶׁקּוֹדְמוֹת וְאוֹחֲזוֹת בָּהֶן, וְרוּחַ אַחֶרֶת מִלְמַעְלָה, וְהַנְּשָׁמָה הַקְּדוֹשָׁה הִתְלַבְּשָׁה בָהֶן, אַף כָּךְ גַּם מִשֶּׁלּוֹ מַמָּשׁ יֵשׁ שְׁתֵּי רוּחוֹת כְּדֵי לְהַלְבִּישׁ בָּהֶן הַנְּשָׁמָה הָעֶלְיוֹנָה.

יְהֵא לְדֵין גּוּפָא אַחֲרָא, דְּקָא אִתְבְּנֵי הַשְׁתָּא חַדְתָּא, הַהוּא גּוּפָא קַדְמָאָה דְּשָׁבַק, מָה אִתְעֲבִיד מִנֵּיהּ. אוֹ הַאי בְּרֵיקַנַּיָּא, אוֹ הַאי בְּרֵיקַנַּיָּא. לְפוּם סָכְלְתָנוּ דְּבַר נָשׁ אִשְׁתְּמַע, דְּהַאי קַדְמָאָה דְּלָא אִשְׁתְּלִים בְּקַדְמִיתָא, אִתְאֲבִיד, הוֹאִיל וְלָא זָכָה. אִי הָכִי, לְמַגָּנָא אִשְׁתַּדַּל בְּפִקּוּדֵי אוֹרַיְיתָא, אוֹ אֲפִילּוּ בְּחַד מִנַּיְיהוּ. וְהָא אֲנָן יַדְעֵינָן, דַּאֲפִילּוּ רֵיקָנִין שֶׁבְּיִשְׂרָאֵל, כֻּלְּהוּ מַלְיָין מִצְוֹת כְּרִמּוֹן. וְגוּפָא דָא, אַף עַל גַּב דְּלָא אִשְׁתְּלִים, לְאִתְרַבָּאָה, וּלְמִזְכֵּי וּלְמִסְגֵּי בְּעָלְמָא, פִּקּוּדִין אַחֲרָנִין דְּאוֹרַיְיתָא נָטַר, דְּלָא אִתְאֲבִידוּ מִנֵּיהּ, וְכִי לְמַגָּנָא הֲווֹ.

יִהְיֶה לָזֶה גּוּף אַחֵר שֶׁנִּבְנֶה עַכְשָׁו חָדָשׁ. אוֹתוֹ הַגּוּף הָרִאשׁוֹן שֶׁהִשְׁאִיר, מַה נַּעֲשָׂה מִמֶּנּוּ. אוֹ שֶׁזֶּה בְּרֵיקָנוּת, אוֹ שֶׁזֶּה בְּרֵיקָנוּת. לְפִי תְבוּנַת אָדָם נִשְׁמָע, שֶׁהָרִאשׁוֹן הַזֶּה שֶׁלֹּא נִשְׁתַּלֵּם בַּתְּחִלָּה נֶאֱבַד, הוֹאִיל וְלֹא זָכָה. אִם כָּךְ, לְחִנָּם הִשְׁתַּדֵּל בְּמִצְווֹת הַתּוֹרָה,

אוֹ אֲפִלּוּ בְּאַחַת מֵהֶן. וַהֲרֵי אָנוּ יוֹדְעִים שֶׁאֲפִלּוּ רֵיקָנִים שֶׁבְּיִשְׂרָאֵל, כֻּלָּם מְלֵאִים מִצְווֹת כְּרִמּוֹן. וְגוּף זֶה, אַף עַל גַּב שֶׁלֹּא הִשְׁתַּלֵּם לְהִתְרַבּוֹת וְלִזְכּוֹת וּלְהִשְׁתַּדֵּל בָּעוֹלָם, מִצְווֹת אֲחֵרוֹת שֶׁל הַתּוֹרָה הוּא שָׁמַר, שֶׁלֹּא נֶאֶבְדוּ מִמֶּנּוּ, וְכִי לְחִנָּם הֵם הָיוּ.

חַבְרַיָּיא חַבְרַיָּיא, פְּקִיחוּ עֵינַיְיכוּ, דְּהָא אֲנָא יָדַעְנָא, דְּהָכִי אַתּוּן סַבְרִין וְיַדְעִין, דְּכָל אִינּוּן גּוּפִין, צִיּוּנִין אִינּוּן בְּרֵיקָנַיָּיא, דְּלָא אִית לוֹן קִיּוּמָא לְעָלְמִין. לָאו הָכִי, וְחָס לָן לְאִסְתַּכְּלָא בְּאִלֵּין מִלִּין.

חֲבֵרִים חֲבֵרִים, פִּקְחוּ עֵינֵיכֶם, שֶׁהֲרֵי אֲנִי יָדַעְתִּי שֶׁכָּךְ אַתֶּם סְבוּרִים וְיוֹדְעִים, שֶׁכָּל אוֹתָם גּוּפִים נִצְטַיְּרוּ הֵם בְּרֵיקָנוּת, שֶׁאֵין לָהֶם קִיּוּם לְעוֹלָמִים. לֹא כָּךְ, וְחָס לָנוּ לְהִסְתַּכֵּל בִּדְבָרִים הַלָּלוּ.

פָּתַח סָבָא וְאָמַר, מִי יְמַלֵּל גְּבוּרוֹת יְיָ יַשְׁמִיעַ כָּל תְּהִלָּתוֹ. מַאן הוּא בְּעָלְמָא, דְּיָכִיל לְמַלְּלָא גְּבוּרָן, דְּעָבִיד קוּדְשָׁא בְּרִיךְ הוּא בְּעָלְמָא תָּדִיר. הַהוּא גּוּפָא קַדְמָאָה דְּשָׁבַק, לָא אִתְאֲבִיד, וְקִיּוּמָא לֶהֱוֵי לֵיהּ לְזִמְנָא דְּאָתֵי. דְּהָא עוֹנְשֵׁיהּ סָבַל בְּכַמָּה זִינִין, וְקוּדְשָׁא בְּרִיךְ הוּא לָא מְקַפֵּחַ אַגְרָא דְּשׁוּם בִּרְיָין דְּבָרָא, בַּר אִינּוּן דְּנַפְקוּ מִגּוֹ מְהֵימְנוּתָא דִּילֵיהּ, וְלָא הֲוָה בְּהוּ טָב לְעָלְמִין. וּבַר מֵאִינּוּן דְּלָא כָּרְעוּ בְּמוֹדִים, דְּהָנֵי קוּדְשָׁא בְּרִיךְ הוּא עָבִיד מִנַּיְיהוּ בִּרְיָין אַחֲרָנִין, בְּגִין דְּלָא יִתְבְּנֵי הַהוּא גּוּפָא דְּיוּקְנָא דְּבַר נָשׁ, וְלָא יְקוּם לְעָלְמִין. אֲבָל הָנֵי לָאו הָכִי.

פָּתַח הַזָּקֵן וְאָמַר, מִי יְמַלֵּל גְּבוּרוֹת ה' יַשְׁמִיעַ כָּל תְּהִלָּתוֹ. מִי הוּא בָּעוֹלָם שֶׁיָּכוֹל לְמַלֵּל הַגְּבוּרוֹת שֶׁעוֹשֶׂה הַקָּדוֹשׁ בָּרוּךְ הוּא בָּעוֹלָם תָּמִיד, אוֹתוֹ גּוּף הָרִאשׁוֹן שֶׁהִשְׁאִיר, לֹא נֶאֱבַד, וְיִהְיֶה לוֹ קִיּוּם לֶעָתִיד לָבֹא, שֶׁהֲרֵי אֶת עָנְשׁוֹ סָבַל בְּכַמָּה מִינִים, וְהַקָּדוֹשׁ בָּרוּךְ הוּא לֹא מְקַפֵּחַ שְׂכַר שׁוּם בְּרִיּוֹת שֶׁבָּרָא, פְּרָט לְאוֹתָם שֶׁיָּצְאוּ מִתּוֹךְ הָאֱמוּנָה שֶׁלּוֹ וְלֹא הָיָה בָהֶם טוֹב לְעוֹלָמִים, וּפְרָט לְאֵלּוּ שֶׁלֹּא כָרְעוּ בְּמוֹדִים, שֶׁמֵּאֵלֶּה עוֹשֶׂה הַקָּדוֹשׁ בָּרוּךְ הוּא בְּרִיּוֹת אֲחֵרוֹת, כְּדֵי שֶׁלֹּא יִבָּנֶה בְּאוֹתוֹ הַגּוּף בִּדְמוּת שֶׁל אָדָם וְלֹא יָקוּם לְעוֹלָמִים. אֲבָל אֵלֶּה לֹא כָּךְ.

מַה עָבֵד קוּדְשָׁא בְּרִיךְ הוּא. אִי הַהוּא רוּחַ, זָכֵי לְאִתְתַּקְּנָא בְּהַאי עָלְמָא, בְּהַהוּא גּוּפָא אַחֲרָא, מֶה עָבִיד קוּדְשָׁא בְּרִיךְ הוּא. הַהוּא פָּרוֹקָא דְּקָא פָּרִיק לֵיהּ, הַהוּא רוּחַ דִּילֵיהּ דְּקָא אָעִיל תַּמָּן, וְשָׁתַף וְעָרַב בְּהַהוּא רוּחַ דַּהֲוָה בְּהַהוּא מָאנָא, וַדַּאי לָא אִתְאֲבִיד, וּמַה אִתְעָבִיד, דְּהָא תְּלַת רוּחִין תַּמָּן, חַד, דַּהֲוָה בְּהַהוּא מָאנָא, וְאִשְׁתְּאַר תַּמָּן. וְחַד, הַהוּא דְּאִתְמְשַׁךְ תַּמָּן דַּהֲוָה עַרְטִילָאָה. וְחַד,

הַהוּא דְּאָעִיל תַּמָּן הַהוּא פָּרוֹקָא, וְאִתְעֲרַב בְּהוּ. לְמֶהֱוֵי בִּתְלַת רוּחִין אִי אֶפְשָׁר. וּמָה אִתְעָבִיד.

מָה עוֹשֶׂה הַקָּדוֹשׁ בָּרוּךְ הוּא, אִם אוֹתָהּ רוּחַ זוֹכָה לְהִתְתַּקֵּן בָּעוֹלָם הַזֶּה בְּאוֹתוֹ הַגּוּף הָאַחֵר, מָה עוֹשֶׂה הַקָּדוֹשׁ בָּרוּךְ הוּא, אוֹתוֹ הַגּוֹאֵל שֶׁגּוֹאֵל אוֹתָהּ, אוֹתָהּ הָרוּחַ שֶׁלּוֹ שֶׁמַּכְנִיס לְשָׁם, וּמְשַׁתֵּף וּמְעָרֵב בְּאוֹתָהּ רוּחַ שֶׁהָיְתָה בְּאוֹתוֹ הַכְּלִי, וַדַּאי שֶׁלֹּא נֶאֱבֶדֶת. וּמַה נַּעֲשֶׂה, שֶׁהֲרֵי יֵשׁ שָׁם שָׁלֹשׁ רוּחוֹת אַחַת שֶׁהָיְתָה בְּאוֹתוֹ הַכְּלִי וְנִשְׁאֲרָה שָׁם, וְאַחַת אוֹתָהּ שֶׁנִּמְשְׁכָה לְשָׁם וְהָיְתָה עַרְטִילָאִית, וְאַחַת אוֹתָהּ שֶׁהִכְנִיס לְשָׁם אוֹתוֹ הַגּוֹאֵל וְהִתְעָרֵב בָּהֶן. לִהְיוֹת שָׁלֹשׁ רוּחוֹת אִי אֶפְשָׁר, וּמָה נַעֲשָׂה.

אֶלָּא, כָּךְ אִינּוּן גְּבוּרָן עִלָּאִין, דְּעָבִיד קוּדְשָׁא בְּרִיךְ הוּא. הַהוּא רוּחָא דְּאָעִיל תַּמָּן הַהוּא פָּרוֹקָא, בֵּיהּ אִתְלַבַּשׁ הַהִיא נִשְׁמְתָא, בַּאֲתָר דִּלְבוּשָׁא דְּגִיּוֹרֵי, וְהַהוּא רוּחָא עַרְטִילָאָה, דְּתָב תַּמָּן לְאִתְבְּנָאָה, לֶהֱוֵי לְבוּשָׁא לְנִשְׁמְתָא עִלָּאָה. וְהַהוּא רוּחַ דְּהֲוָה בְּקַדְמִיתָא, דְּאִשְׁתְּאַר בְּהַהוּא מָנָא, פָּרַח מִתַּמָּן. וְקוּדְשָׁא בְּרִיךְ הוּא אַזְמִין לֵיהּ אֲתָר, בְּגוֹ רָזִין כַּוִּין דְּטִנָּרָא, דְּבָתַר כִּתְפוֹי דְּגַן עֵדֶן, וְאִתְטָמַר תַּמָּן. וְאִסְתַּלַּק לְהַהוּא גּוּפָא קַדְמָאָה, דְּהוּא בְּקַדְמִיתָא. וּבְהַהוּא רוּחַ יְקוּם הַהוּא גּוּפָא, וְדָא אִיהוּ חַד דְּאִינּוּן תְּרֵין, דְּקָא אֲמֵינָא.

אֶלָּא כָּךְ הֵן הַגְּבוּרוֹת הָעֶלְיוֹנוֹת שֶׁעוֹשֶׂה הַקָּדוֹשׁ בָּרוּךְ הוּא. אוֹתָהּ רוּחַ שֶׁהִכְנִיס לְשָׁם אוֹתוֹ הַגּוֹאֵל, בּוֹ הִתְלַבְּשָׁה הַנְּשָׁמָה הַזּוֹ בְּמָקוֹם שֶׁל לְבוּשׁ הַגֵּרִים, וְאוֹתָהּ רוּחַ עַרְטִילָאִית שֶׁשָּׁבָה שָׁם לְהִבָּנוֹת לִהְיוֹת לְבוּשׁ לַנְּשָׁמָה הָעֶלְיוֹנָה. וְאוֹתָהּ רוּחַ שֶׁהָיְתָה בַּתְּחִלָּה שֶׁנִּשְׁאֲרָה בְּאוֹתוֹ כְּלִי, פָּרְחָה מִשָּׁם, וְהַקָּדוֹשׁ בָּרוּךְ הוּא מַזְמִין לָהּ מָקוֹם בְּתוֹךְ סוֹדוֹת הַחַלּוֹנוֹת שֶׁבַּסֶּלַע שֶׁאַחַר כִּתְפֵי הַגַּן עֵדֶן, וְנִטְמֶנֶת שָׁם. וּמִתְעַלָּה לְאוֹתוֹ הַגּוּף הָרִאשׁוֹן שֶׁהָיָה בַּתְּחִלָּה, וּבְאוֹתָהּ רוּחַ יָקוּם אוֹתוֹ הַגּוּף, וְזֶהוּ אֶחָד מֵאוֹתָם הַשְּׁנַיִם שֶׁאָמַרְנוּ.

אֲבָל הַהוּא גּוּפָא, עַד דְּלָא יְקוּם, עוֹנְשֵׁיהּ סַגְיָא דְּהָא בְּגִין דְּלָא זָכָה לְאִתְרַבְּאָה, נַחְתֵּי לֵיהּ לְגוֹ אֲדָמָה, דְּסָמִיךְ לְאַרְקָא. וְאִתְדָּן תַּמָּן. וּלְבָתַר סַלְקִין לֵיהּ לְהַאי תֵּבֵל. הַשְׁתָּא נָחִית, וְהַשְׁתָּא סָלִיק, הָא סָלִיק, וְהָא נָחִית, לֵית לֵיהּ שְׁכִיכוּ בַּר בְּשַׁבָּתֵי, וּבְיוֹמִין טָבִין וּבְרֵישֵׁי יַרְחֵי.

אֲבָל אוֹתוֹ הַגּוּף טֶרֶם שֶׁיָּקוּם עָנְשׁוֹ גָּדוֹל, שֶׁהֲרֵי מִשּׁוּם שֶׁלֹּא זָכָה לְהִתְרַבּוֹת, הוֹרִידוּ אוֹתוֹ לְתוֹךְ הָאֲדָמָה, שֶׁסְּמוּכָה לְאַרְקָא, וְנִדּוֹן

שָׁם. וְאַחַר כָּךְ מַעֲלִים אוֹתוֹ לַתֵּבֵל הַ את. עַכְשָׁו יוֹרֵד וְעַכְשָׁו עוֹלֶה, הִנֵּה עָלָה וְהִנֵּה יָרַד, אֵין לוֹ מְנוּחָה, פְּרָט לְשַׁבָּתוֹת וְיָמִים טוֹבִים וּבְרָאשֵׁי חֳדָשִׁים.

וְאִלֵּין דְּמִיכִין בְּאַדְמַת עָפָר, [דף ק' ע"ב] אַדְמַת, מֵאֲדָמָה. עָפָר מִתֵּבֵל. וְעַל אִלֵּין כְּתִיב, וְרַבִּים מִיְּשֵׁנֵי אַדְמַת עָפָר יָקִיצוּ אֵלֶּה לְחַיֵּי עוֹלָם וְאֵלֶּה לַחֲרָפוֹת וּלְדִרְאוֹן עוֹלָם. כָּל אִלֵּין דְּלָא זָכוּ לְאִתְתַּקְנָא אֲבָל אִי זָכָה הַהוּא רוּחָא עַרְטִילָאָה, דְּתָב כְּמִלְּקַדְמִין, לְאִתְתַּקְנָא. זַכָּאָה אִיהוּ, דְּהָא הַהוּא רוּחָא דְּאִתְּמַר בֵּיהּ, דְּאִתְטְמַר בְּטִנָּרָא, יִתְתָּקַן בְּהַהוּא גּוּפָא קַדְמָאָה. וְעַל אִלֵּין כְּתִיב אֵלֶּה לְחַיֵּי עוֹלָם וְאֵלֶּה לַחֲרָפוֹת וְגוֹ'. כָּל אִינּוּן דְּלָא זָכוּ לְאִתְתַּקְנָא.

וְאֵלֶּה יְשֵׁנִים בְּאַדְמַת עָפָר. אַדְמַת, מֵאֲדָמָה. עָפָר, מִתֵּבֵל. וְעַל אֵלּוּ כָּתוּב, וְרַבִּים מִיְּשֵׁנֵי אַדְמַת עָפָר יָקִיצוּ אֵלֶּה לְחַיֵּי עוֹלָם וְאֵלֶּה לַחֲרָפוֹת וּלְדִרְאוֹן עוֹלָם. כָּל אֵלֶּה שֶׁלֹּא זָכוּ לְהִתְתַּקֵּן. אֲבָל אִם זָכְתָה אוֹתָהּ רוּחַ עַרְטִילָאִית שֶׁשָּׁבָה כְּמוֹ מִקֹּדֶם לְהִתְתַּקֵּן, אָז צַדִּיק הוּא, שֶׁהֲרֵי אוֹתָהּ רוּחַ שֶׁנֶּאֱמַר בָּהּ שֶׁנִּשְׁמְרָה בַּסֶּלַע, תִּתְתַּקֵּן בְּאוֹתוֹ הַגּוּף הָרִאשׁוֹן, וְעַל אֵלֶּה כָּתוּב אֵלֶּה לְחַיֵּי עוֹלָם וְאֵלֶּה לַחֲרָפוֹת וְגוֹ'. כָּל אוֹתָם שֶׁלֹּא זָכוּ לְהִתַּקֵּן.

וְאִלֵּין אִינּוּן גְּבוּרָן עִלָּאִין, דְּמַלְכָּא עִלָּאָה קַדִּישָׁא, וְלָא אִתְאֲבִיד כְּלוּם. אֲפִילוּ הֲבַל דְּפוּמָא אֲתָר וְדוּכְתָּא אִית לֵיהּ, וְקוּדְשָׁא בְּרִיךְ הוּא עָבִיד מִינֵּהּ מַה דְּעָבִיד. וַאֲפִילוּ מִלָּה דְּבַר נָשׁ, וַאֲפִילוּ קָלָא, לָא הֲוֵי בְּרֵיקָנַיָּיא, וַאֲתָר וְדוּכְתָּא אִית לְהוּ לְכֹלָּא.

וְאֵלּוּ הֵן הַגְּבוּרוֹת הָעֶלְיוֹנוֹת שֶׁל הַמֶּלֶךְ הָעֶלְיוֹן הַקָּדוֹשׁ, וּכְלוּם לֹא נֶאֱבָד. אֲפִלּוּ הֶבֶל הַפֶּה יֵשׁ לוֹ אֲתַר וּמָקוֹם, וְהַקָּדוֹשׁ בָּרוּךְ הוּא עוֹשֶׂה מִמֶּנּוּ מַה שֶּׁעוֹשֶׂה, וַאֲפִלּוּ דִּבּוּר שֶׁל אָדָם וַאֲפִלּוּ קוֹל אֵינוֹ בְּרֵיקָנוּת, וַאֲתַר וּמָקוֹם יֵשׁ לְכֻלָּם.

הַאי דְּאִתְבְּנֵי הַשְׁתָּא, וְנָפַק לְעָלְמָא בִּרְיָה חַדְתָּא, לֵית לֵיהּ בַּת זוּג. וְעַל דָּא לָא מַכְרִיזֵי, דְּהָא בַּת זוּגֵיהּ אִתְאֲבִידַת מִנֵּיהּ, בַּת זוּגֵיהּ דַּהֲוַת לֵיהּ, אִתְעָבִידַת אִמֵּיהּ, וְאָחוּהָ אֲבוּהָ.

זֶה שֶׁנִּבְנֶה עַכְשָׁו וְיָצָא לָעוֹלָם בְּרִיָּה חֲדָשָׁה, אֵין לוֹ בַּת זוּג, וְעַל זֶה לֹא מַכְרִיזִים, שֶׁהֲרֵי בַּת זוּגוֹ אָבְדָה מִמֶּנּוּ. בַּת הַזּוּג שֶׁהָיְתָה לוֹ נַעֲשְׂתָה אִמּוֹ, וְאָחִיו לְאָבִיו.

סָבָא סָבָא, מַה עַבְדַּת, טָב הֲוָה לָךְ שְׁתִיקָא, סָבָא סָבָא, הָא אֲמֵינָא דְּעָאלַת בְּיַמָּא רַבָּא, בְּלָא חַבְלִין, וּבְלָא דִּגְלָא, מָה תַּעֲבֵיד. אִי תֵּימָא דְּתִסְלַק לְעֵילָא, לָא תִיכוֹל. אִי תֵּימָא דְּתֵיזוּת

לְתַתָּא, הָא עֻמְקָא דִּתְהוֹמָא רַבָּא, מַה תַּעֲבֵיד. אִי סָבָא אִי סָבָא, לָא אִית לָךְ לְאַהֲדָרָא לַאֲחוֹרָא. בְּעִדָּנִין אִלֵּין, לָא הֲוֵית, וְלָא אִתְרְגִּילַת, לְאִתְחַלְּשָׁא בְּתוּקְפָּךְ, דְּהָא יַדְעַת, דְּבַר נָשׁ אַחֲרָא בְּכָל דָּרָא דָּא, לָא עָאל בְּאַרְבָּא בְּעֲמִיקָא דָּא דְּאַנְתְּ תַּמָּן.

זָקֵן זָקֵן, מֶה עָשִׂיתָ, טוֹבָה הָיְתָה לְךָ הַשְׁתִיקָה. זָקֵן זָקֵן, הֲרֵי אָמַרְנוּ שֶׁנִּכְנַסְתָּ לַיָּם הַגָּדוֹל בְּלִי חֲבָלִים וּבְלִי דֶגֶל, מַה תַּעֲשֶׂה, אִם תֹּאמַר שֶׁתַּעֲלֶה לְמַעְלָה, לֹא תוּכַל. וְאִם תֹּאמַר שֶׁתֵּרֵד לְמַטָּה, הֲרֵי עָמְקוֹ שֶׁל הַתְּהוֹם גָּדוֹל. מַה תַּעֲשֶׂה, אִי זָקֵן, אִי זָקֵן, אֵין לְךָ לַחֲזֹר לְאָחוֹר. בַּזְּמַנִּים הַלָּלוּ לֹא הָיִיתָ, וְלֹא הִתְרַגַּלְתָּ לְהֵחָלֵשׁ בְּכֹחֲךָ, שֶׁהֲרֵי יָדַעְתָּ שֶׁאָדָם אַחֵר בְּכָל הַדּוֹר הַזֶּה לֹא נִכְנָס לָאֳנִיָּה בָּעֹמֶק הַזֶּה שֶׁאַתָּה שָׁם.

בְּרֵיהּ דְּיוֹחָאי יָדַע לְאִסְתַּמְּרָא אָרְחוֹי, וְאִי עָאל בְּיַמָּא עֲמִיקָא, אַשְׁגַּח בְּקַדְמֵיתָא, הֵיךְ יַעֲבָר בְּזִמְנָא חֲדָא, וְיִשׁוֹטֵט בְּיַמָּא, עַד לָא יֵיעוֹל וְאַנְתְּ סָבָא, לָא אַשְׁגַּחַת בְּקַדְמֵיתָא. הַשְׁתָּא סָבָא, הוֹאִיל וְאַנְתְּ תַּמָּן, לָא תֶּחֱלַשׁ בְּתוּקְפָּךְ, לָא תִשְׁבּוֹק כָּל אָרְחָךְ, לְמִשַּׁטְטָא לִימִינָא וְלִשְׂמָאלָא, לְאָרְכָּא וּלְפוּתְיָיא, לְעָמְקָא וּלְרוּמָא, לָא תִדְחַל. סָבָא סָבָא, אִתְתָּקַף בְּתֻקְפָּךְ, כַּמָּה גַּבְרִין תַּקִּיפִין תָּבַרְתְּ בְּתֻקְפֵיהוֹן, וְכַמָּה קְרָבִין נָצַחְתְּ.

בֶּן יוֹחַאי יוֹדֵעַ לִשְׁמֹר אֶת דְּרָכוֹ, וְאִם הוּא נִכְנָס לַיָּם הֶעָמֹק, הוּא מַשְׁגִּיחַ בַּהַתְחָלָה אֵיךְ יַעֲבֹר בְּפַעַם אַחַת וְיָשׁוּט בַּיָּם טֶרֶם שֶׁיִּכָּנֵס. וְאַתָּה, זָקֵן, לֹא הִשְׁגַּחְתָּ בַּתְּחִלָּה. עַכְשָׁו, זָקֵן, הוֹאִיל וְאַתָּה שָׁם, אַל תֶּחֱלַשׁ בְּכֹחֲךָ, אַל תַּעֲזֹב אֶת כָּל דְּרָכְךָ, לָשׁוּט לְיָמִין וְלִשְׂמֹאל, לָאֹרֶךְ וְלָרֹחַב, לָעֹמֶק וְלַגֹּבַהּ. אַל תִּפְחַד. זָקֵן זָקֵן, הִתְחַזֵּק בְּכֹחֲךָ. כַּמָּה גְּבָרִים חֲזָקִים שָׁבַרְתָּ בְּכֹחָם וְכַמָּה קְרָבוֹת נִצַּחְתָּ.

בָּכָה, פָּתַח וְאָמַר, צְאֶינָה וּרְאֶינָה בְּנוֹת צִיּוֹן בַּמֶּלֶךְ שְׁלֹמֹה בַּעֲטָרָה שֶׁעִטְּרָה לּוֹ אִמּוֹ בְּיוֹם חֲתֻנָּתוֹ וּבְיוֹם שִׂמְחַת לִבּוֹ. הַאי קְרָא אוֹקְמוּהָ, וְהָכִי הוּא. אֲבָל צְאֶינָה וּרְאֶינָה, וְכִי מַאן יָכִיל לְמֶחֱמֵי בַּמֶּלֶךְ שְׁלֹמֹה, דְּהוּא מַלְכָּא דִּשְׁלָמָא דִּילֵיהּ, וְהָא סָתִים הוּא, מִכָּל חֵילֵי מְרוֹמִין דִּלְעֵילָּא, בְּהַהוּא אֲתָר, דְּעַיִן לֹא רָאָתָה אֱלֹהִים זוּלָתְךָ. וְאַתְּ אָמַרְתְּ צְאֶינָה וּרְאֶינָה בְּנוֹת צִיּוֹן בַּמֶּלֶךְ שְׁלֹמֹה. וְתוּ, דְּהָא כָּבוֹד דִּילֵיהּ, כֻּלְּהוּ מַלְאֲכֵי עִלָּאֵי שַׁאֲלֵי וְאַמְרֵי, אַיֵּה מְקוֹם כְּבוֹדוֹ.

בָּכָה, פָּתַח וְאָמַר, צְאֶינָה וּרְאֶינָה בְּנוֹת צִיּוֹן בַּמֶּלֶךְ שְׁלֹמֹה בָּעֲטָרָה שֶׁעִטְּרָה לוֹ אִמּוֹ בְּיוֹם חֲתֻנָּתוֹ וּבְיוֹם שִׂמְחַת לִבּוֹ. פָּסוּק זֶה

פֵּרְשׁוּהוּ, וְכָךְ הוּא. אֲבָל צְאֶינָה וּרְאֶינָה, וְכִי מִי יָכוֹל לִרְאוֹת בַּמֶּלֶךְ שְׁלֹמֹה, שֶׁהוּא הַמֶּלֶךְ שֶׁהַשָּׁלוֹם שֶׁלּוֹ. וַהֲרֵי הוּא נִסְתָּר מִכָּל חֵילוֹת הַמְּרוֹמִים שֶׁלְּמַעְלָה בְּאוֹתוֹ מָקוֹם, שֶׁעַיִן לֹא רָאֲתָה אֱלֹהִים זוּלָתְךָ, וְאַתָּה אָמַרְתָּ צְאֶינָה וּרְאֶינָה בְּנוֹת צִיּוֹן בַּמֶּלֶךְ שְׁלֹמֹה. וְעוֹד, שֶׁהֲרֵי כְּבוֹדוֹ, כָּל הַמַּלְאָכִים הָעֶלְיוֹנִים שׁוֹאֲלִים וְאוֹמְרִים אַיֵּה מְקוֹם כְּבוֹדוֹ.

אֶלָּא, מַה דְּאָמַר צְאֶינָה וּרְאֶינָה בְּנוֹת צִיּוֹן בַּמֶּלֶךְ שְׁלֹמֹה, בָּעֲטָרָה כְּתִיב, וְלָא כְּתִיב וּבָעֲטָרָה דְּכָל מַאן דְּזָמֵי הַהוּא עֲטָרָה, זָמֵי נֹעַם מַלְכָּא דִּשְׁלָמָא דִּילֵיהּ. שֶׁעִטְּרָה לוֹ אִמּוֹ, הָא תָּנֵינָן, קָרֵי לָהּ בַּת, וְקָרֵי לָהּ אָחוֹת, קָרֵי לָהּ אֵם, וְכֹלָּא אִיהוּ. וְכֹלָּא הֲוֵי, מַאן דְּיִסְתָּכַּל וְיִנְדַּע בְּהַאי, יִנְדַּע חָכְמְתָא יַקִּירָא.

אֶלָּא, מַה שֶּׁאָמַר צְאֶינָה וּרְאֶינָה בְּנוֹת צִיּוֹן בַּמֶּלֶךְ שְׁלֹמֹה, בָּעֲטָרָה כָּתוּב, וְלֹא כָתוּב וּבָעֲטָרָה. שֶׁכָּל מִי שֶׁרוֹאֶה אוֹתָהּ עֲטָרָה, רוֹאֶה אֶת הַנֹּעַם שֶׁל הַמֶּלֶךְ שֶׁהַשָּׁלוֹם שֶׁלּוֹ. שֶׁעִטְּרָה לוֹ אִמּוֹ, הֲרֵי שָׁנִינוּ, קוֹרֵא לָהּ בַּת וְקוֹרֵא לָהּ אָחוֹת, קוֹרֵא לָהּ אֵם, וְהַכֹּל הוּא, וְהַכֹּל הָיָה. מִי שֶׁיִּסְתַּכֵּל וְיֵדַע אֶת זֶה, יֵדַע חָכְמָה נִכְבָּדָה.

הַשְׁתָּא מָה אַעְבִּיד, אִי אֵימָא, רָזָא סְתִימָא דָּא, לָא אִצְטְרִיךְ לְגַלָּאָה. אִי לָא אֵימָא, יִשְׁתַּאֲרוּן זַכָּאִין אִלֵּין, יַתְמִין מֵהַאי רָזָא, נָפַל הַהוּא סָבָא עַל אַנְפּוֹי, וְאָמַר, בְּיָדְךָ אַפְקִיד רוּחִי פָּדִיתָ אוֹתִי יְיָ אֵל אֱמֶת. מָאנָא דַּהֲוַת לְתַתָּא, הֵיךְ יִתְעֲבִיד לְעֵילָּא, בְּעָלָה דַּהֲוָה לְעֵילָּא, הֵיךְ יִתְהַפַּךְ וַהֲוָה לְתַתָּא. בַּת זוּגֵיהּ אִתְעֲבִידַת אִמֵּיהּ. תְּוַוהָא עַל תְּוַוהָא. אֲחוּהָ אֲבוּהָ. אִי אֲבוּהָ דְּקַדְמֵיתָא, יִפְרוֹק לֵיהּ, יָאוֹת, אֲבָל אֲחוּהָ דְּלֶיהֱוֵי אֲבוּהָ, וְכִי לָא תְּוַוהָא אִיהוּ דָּא. עָלְמָא בְּהִפּוּכָא אִיהוּ. וַדַּאי עִלָּאִין לְתַתָּא, וְתַתָּאִין לְעֵילָּא.

עַכְשָׁו מָה אֶעֱשֶׂה, אִם אֹמַר סוֹד נִסְתָּר זֶה, לֹא צָרִיךְ לְגַלּוֹת. אִם לֹא אֹמַר, יִשָּׁאֲרוּ הַצַּדִּיקִים הַלָּלוּ יְתוֹמִים מִן הַסּוֹד הַזֶּה. נָפַל אוֹתוֹ הַזָּקֵן עַל פָּנָיו וְאָמַר, בְּיָדְךָ אַפְקִיד רוּחִי פָּדִיתָה אוֹתִי ה' אֵל אֱמֶת. כְּלִי שֶׁהָיָה לְמַטָּה, אֵיךְ יֵעָשֶׂה לְמַעְלָה, בַּעְלָהּ שֶׁהָיָה לְמַעְלָה, אֵיךְ יִתְהַפֵּךְ וְיִהְיֶה לְמַטָּה, בַּת זוּגוֹ נֶעֶשְׂתָה אִמּוֹ, תְּמִיהָה עַל תְּמִיהָה. אָחִיו הוֹפֵךְ לְאָבִיו, אִם אָבִיו שֶׁבָּרִאשׁוֹנָה יִגְאַל אוֹתוֹ, יָפֶה, אֲבָל אָחִיו שֶׁיִּהְיֶה אָבִיו, וְכִי זוֹ לֹא תְמִיהָה. עוֹלָם הָפוּךְ הוּא, וַדַּאי שֶׁעֶלְיוֹנִים לְמַטָּה וְתַחְתּוֹנִים לְמַעְלָה.

אֶלָּא, לֶהֱוֵא שְׁמֵיהּ דִּי אֱלָהָא מְבָרַךְ מִן עָלְמָא וְעַד עָלְמָא דִּי חָכְמְתָא וּגְבוּרְתָּא דִּילֵיהּ הִיא. וְהוּא מְהַשְׁנֵא עִדָּנַיָּא וְזִמְנַיָּא וְגוֹ' יָדַע מָה בַחֲשׁוֹכָא וּנְהוֹרָא עִמֵּיהּ שְׁרָא. תָּא חֲזֵי, מַאן דִּשְׁרֵי

סדר לימוד ליום הפטירה לעילוי נשמה

בִּנְהוֹרָא, לָא יָכִיל לְאִסְתַּכְּלָא וּלְמֶחֱמֵי בְּחָשׁוֹכָא. אֲבָל קוּדְשָׁא בְּרִיךְ הוּא לָאו הָכִי, [דף ק"א ע"א] **יָדַע מָה בַּחֲשׁוֹכָא, אַף עַל גַּב דִּנְהוֹרָא עִמֵּיהּ שָׁרָא. מִגּוֹ נְהוֹרָא, אִסְתַּכַּל בַּחֲשׁוֹכָא, וְיָדַע כָּל מַה דְּתַמָּן.**

אֶלָּא, יְהִיֶה שֵׁם הָאֱלוֹהַּ מְבֹרָךְ מִן הָעוֹלָם וְעַד הָעוֹלָם, שֶׁהַחָכְמָה וְהַגְּבוּרָה שֶׁלּוֹ הִיא, וְהוּא מְשַׁנֶּה עִדָּנִים וּזְמַנִּים וְגוֹ'. יוֹדֵעַ מַה בַּחֲשֵׁכָה, וְהָאוֹר עִמּוֹ שָׁרוּי. בֹּא וּרְאֵה, מִי שֶׁשָּׁרוּי בְּאוֹר לֹא יוּכַל לְהִסְתַּכֵּל וְלִרְאוֹת מַה שֶּׁבַּחֲשֵׁכָה. אֲבָל הַקָּדוֹשׁ בָּרוּךְ הוּא לֹא כָּךְ, יוֹדֵעַ מַה בַּחֲשֵׁכָה אַף עַל גַּב שֶׁהָאוֹר שָׁרוּי עִמּוֹ. מִתּוֹךְ הָאוֹר מִסְתַּכֵּל בַּחֹשֶׁךְ וְיוֹדֵעַ כֹּל מַה שֶּׁשָּׁם.

הָכָא, אִית לְאַקְדְּמָא בְּקַדְמִיתָא, מִלָּה חֲדָא, דְּאָמְרוּ קַדְמָאֵי, בְּאִינּוּן חֶזְוֵי לֵילְיָא. דִּתְנָן, מַאן דְּאָתֵי עַל אִמֵּיהּ בְּחֶלְמָא, יְצַפֶּה לַבִּינָה. דִּכְתִּיב, כִּי אִם לַבִּינָה תִקְרָא, הָכָא אִית לְאִסְתַּכְּלָא, אִי בְּגִין דְּאִיהִי אֵם יָאוּת, וַהֲוָה לֵיהּ לְמִכְתַּב הָכִי, דְּמַאן דְּחָזָא אִמֵּיהּ בְּחֶלְמָא, יִזְכֵּי לַבִּינָה. אֲבָל מַאן דְּאָתֵי עַל אִמֵּיהּ אֲמַאי.

עַכְשָׁו יֵשׁ לְהַקְדִּים בָּרִאשׁוֹנָה דָּבָר אֶחָד שֶׁאָמְרוּ הַקַּדְמוֹנִים בְּאוֹתָם מַרְאוֹת הַלַּיְלָה. שֶׁשָּׁנִינוּ, מִי שֶׁבָּא עַל אִמּוֹ בַּחֲלוֹם, יְצַפֶּה לְבִינָה, שֶׁכָּתוּב, כִּי אִם לַבִּינָה תִקְרָא. כָּאן יֵשׁ לְהִתְבּוֹנֵן, אִם מִשּׁוּם שֶׁהִיא אֵם, יָפֶה, וְהָיָה לוֹ לִכְתֹּב כָּךְ, שֶׁמִּי שֶׁרוֹאֶה אִמּוֹ בַּחֲלוֹם, יִזְכֶּה לְבִינָה. אֲבָל מִי שֶׁבָּא עַל אִמּוֹ לָמָּה.

אֶלָּא רָזָא עִלָּאָה אִיהוּ, בְּגִין דְּאִתְהַפָּךְ וְסָלִיק מִתַּתָּא לְעֵילָּא. בְּרָא הֲוָה בְּקַדְמִיתָא, כֵּיוָן דְּסָלִיק לְעֵילָּא, אִתְהַפָּךְ אִילָנָא, וְאִתְעֲבִיד אִיהוּ מֵעָלְמָא עִלָּאָה, וְשָׁלִיט עָלָהּ, וְזָכֵי לַבִּינָה.

אֶלָּא סוֹד עֶלְיוֹן הוּא, מִשּׁוּם שֶׁהִתְהַפֵּךְ וְעָלָה מִלְּמַטָּה לְמַעְלָה. בֵּן הָיָה בַּתְּחִלָּה, כֵּיוָן שֶׁעָלָה לְמַעְלָה, מִתְהַפֵּךְ הָאִילָן, וְנַעֲשָׂה הוּא מֵעוֹלָם עֶלְיוֹן, וְשׁוֹלֵט עָלֶיהָ וְזוֹכֶה לְבִינָה.

בְּקַדְמִיתָא כַּד סָלִיק אֱינָשׁ לי"ג שְׁנִין, מַה כְּתִיב, יְיָ אָמַר אֵלַי בְּנִי אַתָּה אֲנִי הַיּוֹם יְלִדְתִּיךָ, כְּדֵין אִיהוּ לְתַתָּא מִינָהּ. כֵּיוָן דְּסָלִיק עָלָהּ, הַאי אִיהוּ מֵעָלְמָא עִלָּאָה. דְּהָא אִסְתַּלָּק בְּדַרְגָּא דְּיוֹסֵף, וְדָא זָכֵי לַבִּינָה.

בַּתְּחִלָּה כְּשֶׁעוֹלֶה אָדָם לִשְׁלֹשׁ עֶשְׂרֵה שָׁנָה, מַה כָּתוּב, ה' אָמַר אֵלַי בְּנִי אַתָּה אֲנִי הַיּוֹם יְלִדְתִּיךָ. אָז הוּא לְמַטָּה מִמֶּנָּה. כֵּיוָן שֶׁעָלָה אֵלֶיהָ, הֲרֵי הוּא מִן הָעוֹלָם הָעֶלְיוֹן, שֶׁהֲרֵי הִתְעַלָּה לְדַרְגַּת יוֹסֵף, וְזֶה זוֹכֶה לְבִינָה.

אוּף הָכִי הַאי מָאנָא, בְּקַדְמִיתָא אִיהוּ הֲוָה בְּדַרְגָּא דְּיוֹסֵף, בַּעַל אִילָנָא תַּתָּאָה, קַיְימָא בִּרְעוּתֵיהּ, וְשַׁלִּיט עָלֵיהּ, דְּהָא כָּל נוּקְבָא, בְּדִיוּקְנָא דְּנוּקְבָא אִילָנָא תַּתָּאָה קַיְימָא. כֵּיוָן דְּאִיהוּ לָא בָּעָא לְקַיְימָא בְּהַהוּא דַּרְגָּא דְּיוֹסֵף, וְלָא אִתְקְיָים לְשַׁמְּשָׁא בֵּיהּ, וּלְאַפָּשָׁא בְּעָלְמָא, וּלְמֶעְבַּד תּוֹלָדִין, כְּדֵין נָחִית לְתַתָּא, וְאִתְעֲבִידַת אִיהִי אִמֵּיהּ. וְהַהוּא פָּרוֹקָא, יָרִית יָרוּתָא דְּיוֹסֵף, דְּהֲוָה הוּא בְּקַדְמִיתָא וְאִיהוּ נָחִית לְתַתָּא.

אַף כָּךְ הַכְּלִי הַזֶּה בַּתְּחִלָּה הוּא הָיָה בְּדַרְגַּת יוֹסֵף, בַּעַל הָאִילָן הַתַּחְתּוֹן, עוֹמֵד בִּרְצוֹנוֹ וְשׁוֹלֵט עָלָיו, שֶׁהֲרֵי כָּל נְקֵבָה בִּדְמוּת הַנְּקֵבָה הָעֵץ הַתַּחְתּוֹן עוֹמֶדֶת. כֵּיוָן שֶׁהוּא לֹא רָצָה לַעֲמֹד בְּאוֹתָהּ דַּרְגָּה שֶׁל יוֹסֵף וְלֹא הִתְקַיֵּם לְשַׁמֵּשׁ בָּהּ וּלְהִתְרַבּוֹת בָּעוֹלָם וְלַעֲשׂוֹת תּוֹלָדוֹת, אָז יוֹרֵד לְמַטָּה, וְהִיא נַעֲשֵׂית אִמּוֹ. וְאוֹתוֹ הַגּוֹאֵל יוֹרֵשׁ אֶת יְרֻשַּׁת יוֹסֵף, שֶׁהָיָה הוּא בָּרִאשׁוֹנָה וְהוּא יָרַד לְמַטָּה.

כֵּיוָן דְּנָחִית לְתַתָּא, כְּדֵין אִתְקַיָּים בֵּיהּ, יְיָ אָמַר אֵלַי בְּנִי אַתָּה אֲנִי הַיּוֹם יְלִדְתִּיךָ. אִתְהַפַּךְ אִילָנָא, מַה דַּהֲוָה תְּחוֹתֵיהּ וְאִיהוּ שָׁלִיט עָלֵיהּ, אִתְהַדַּר וְשָׁלִיט הַהוּא אִילָנָא עָלֵיהּ, וְאִיהוּ נָחִית לְתַתָּא. כֵּיוָן דְּאִיהוּ נָחִית לְתַתָּא, הַהוּא דְּיָרִית יָרוּתָא אֲתַר דְּיוֹסֵף, אֲבוֹי אִקְרֵי, אֲבוֹי הֲוֵי וַדַּאי, כֹּלָּא אִיהוּ עַל תִּקּוּנֵיהּ וַדַּאי כִּדְקָא יָאוּת.

כֵּיוָן שֶׁיָּרַד לְמַטָּה, אָז הִתְקַיֵּם בּוֹ, ה' אָמַר אֵלַי בְּנִי אַתָּה אֲנִי הַיּוֹם יְלִדְתִּיךָ. הִתְהַפֵּךְ הָאִילָן. מַה שֶּׁהָיָה תַּחְתָּיו וְהוּא שָׁלַט עָלָיו, חָזַר וְשָׁלַט הָאִילָן הַהוּא עָלָיו, וְהוּא יָרַד לְמַטָּה. כֵּיוָן שֶׁהוּא יָרַד לְמַטָּה, אוֹתוֹ שֶׁיָּרַשׁ יְרֻשַּׁת מְקוֹם יוֹסֵף, אָבִיו נִקְרָא, אָבִיו יִהְיֶה וַדַּאי, וְהַכֹּל בָּא עַל תִּקּוּנוֹ וַדַּאי כָּרָאוּי.

בְּקַדְמִיתָא הֲוָה מֵעָלְמָא דִּדְכוּרָא, וְהָא אִתְעֲקָר מִתַּמָּן, וְהַשְׁתָּא אִיהוּ מֵעָלְמָא דְּנוּקְבָא. וּמַה דַּהֲוָה אִיהוּ שָׁלִיט עָלָהּ, שַׁלְטָא אִיהִי עָלֵיהּ, וְאִתְהַדַּר לְמֶהֱוֵי בְּעָלְמָא דְּנוּקְבָא. וְעַל דָּא לֵית לֵיהּ בַּת זוּג כְּלָל. וְלָא מַכְרִיזֵי עָלֵיהּ, עַל נוּקְבָא. דְּהָא מֵעָלְמָא דְּנוּקְבָא אִתְהַדַּר אִיהוּ.

בַּתְּחִלָּה הָיָה מֵעוֹלַם הַזָּכָר, וַהֲרֵי נֶעֱקַר מִשָּׁם, וְעַכְשָׁו הוּא מֵעוֹלַם הַנְּקֵבָה. וּמַה שֶּׁהוּא הָיָה שׁוֹלֵט עָלֶיהָ, הִיא שׁוֹלֶטֶת עָלָיו, וְחוֹזֵר לִהְיוֹת בְּעוֹלַם הַנְּקֵבָה, וְעַל זֶה אֵין לוֹ בִּכְלָל בַּת זוּג, וְלֹא מַכְרִיזִים עָלָיו עַל הַנְּקֵבָה, שֶׁהֲרֵי הוּא חָזַר לִהְיוֹת מֵעוֹלַם הַנְּקֵבָה.

וְהַהוּא גּוּפָא קַדְמָאָה דְּשָׁבַק, אִלְמָלֵא יִנְדְּעוּן וְיִסְתַּכְּלוּן בְּנֵי עָלְמָא, צַעֲרָא דְּאִית לֵיהּ, כַּד יִתְעֲקַר מֵעָלְמָא דִּדְכוּרָא,

וְאִתְהַדַּר לְעָלְמָא דְּנוּקְבָא. יִנְדְּעוּן, דְּהָא לֵית צַעֲרָא בְּעָלְמָא, כְּהַהוּא צַעֲרָא. בַּת זוּג לֵית לֵיהּ, דְּהָא לָא קַיְּימָא בַּאֲתָר דִּדְכוּרָא. לָא מַכְרְזֵי עָלֵיהּ, עַל נוּקְבָא, דְּהָא מֵעָלְמָא דְּנוּקְבָא אִיהוּ. וְאִי אִית לֵיהּ בַּת זוּג, הֲוֵי בְּרַחֲמֵי, אִעֲרַעַת בַּהֲדֵי נוּקְבָא, דְּעַד כְּעַן לָא אִית לָהּ בַּר זוּג. וְעַל דָּא תָּנֵינָן, דִּילְמָא יַקְדְּמֶנּוּ אַחֵר בְּרַחֲמִים. אַחֵר תְּנָן. וְכֹלָּא אִיהוּ עַל תִּקּוּנֵיהּ.

וְאוֹתוֹ הַגּוּף הָרִאשׁוֹן שֶׁהִשְׁאִיר, אִלְמָלֵא יֵדְעוּ וְיִסְתַּכְּלוּ בְּנֵי הָעוֹלָם אֶת הַצַּעַר שֶׁיֵּשׁ לוֹ כְּשֶׁיֵּעָקֵר מִן עוֹלַם הַזָּכָר וְחוֹזֵר לְעוֹלַם הַנְּקֵבָה, יֵדְעוּ שֶׁהֲרֵי אֵין צַעַר בָּעוֹלָם כְּאוֹתוֹ הַצַּעַר. בַּת זוּג אֵין לוֹ, שֶׁהֲרֵי אֵינוֹ עוֹמֵד בִּמְקוֹם שֶׁל זָכָר. לֹא מַכְרִיזִים עָלָיו עַל הַנְּקֵבָה, שֶׁהֲרֵי הוּא מֵעוֹלַם הַנְּקֵבָה. וְאִם יֵשׁ לוֹ בַּת זוּג, זֶה בְּרַחֲמִים נִפְגָּשׁ עִם נְקֵבָה, שֶׁעַד עַכְשָׁו אֵין לָהּ בֶּן זוּג. וְעַל זֶה שָׁנִינוּ, שֶׁמָּא יַקְדִּימֶנּוּ אַחֵר בְּרַחֲמִים, אַחֵר שֶׁשָּׁנִינוּ. וְהַכֹּל הוּא עַל תִּקּוּנוֹ.

וְעַל דָּא כְּתִיב, וּבַת כֹּהֵן כִּי תִהְיֶה אַלְמָנָה וּגְרוּשָׁה וְזֶרַע אֵין לָהּ וְשָׁבָה אֶל בֵּית אָבִיהָ כִּנְעוּרֶיהָ. וּבַת כֹּהֵן, הָא אוֹקִימְנָא מִלָּה דָּא. אַלְמָנָה, מֵהַהוּא גּוּפָא קַדְמָאָה. וּגְרוּשָׁה, דְּלָא עָאלַת לְפַרְגּוֹדָא דְּמַלְכָּא, דְּכָל אִינּוּן דְּלָא קַיְימֵי בְּעָלְמָא דִּדְכוּרָא, לָא אִית לְהוּ בֵּיהּ חוּלָקָא. הוּא אִשְׁתְּמִיט וְאַעְקַר גַּרְמֵיהּ מֵעָלְמָא דִּדְכוּרָא, לָא אִית לֵיהּ חוּלָקָא בֵּיהּ וְעַל דָּא אִיהִי גְּרוּשָׁה. וְזֶרַע אֵין לָהּ, דְּאִי הֲוָה לָהּ זֶרַע, לָא אִתְעַקָּר מִנֵּיהּ, וְלָא הֲוָה נָחִית לְעָלְמָא דְּנוּקְבָא.

וְעַל זֶה כָּתוּב, וּבַת כֹּהֵן כִּי תִהְיֶה אַלְמָנָה וּגְרוּשָׁה וְזֶרַע אֵין לָהּ וְשָׁבָה אֶל בֵּית אָבִיהָ כִּנְעוּרֶיהָ. וּבַת כֹּהֵן, הֲרֵי בֵּאַרְנוּ דָּבָר זֶה. אַלְמָנָה - מֵאוֹתוֹ הַגּוּף הָרִאשׁוֹן. וּגְרוּשָׁה, שֶׁלֹּא נִכְנְסָה לְפַרְגּוֹד הַמֶּלֶךְ. שֶׁכָּל אוֹתָם שֶׁלֹּא עוֹמְדִים בְּעוֹלַם הַזָּכָר, אֵין לָהֶם בּוֹ חֵלֶק. הוּא הִשְׁתַּמֵּט וְעָקַר עַצְמוֹ מֵעוֹלַם הַזָּכָר, אָז אֵין לוֹ חֵלֶק בּוֹ, וְעַל כָּךְ הִיא גְרוּשָׁה. וְזֶרַע אֵין לָהּ, שֶׁאִם הָיָה לָהּ זֶרַע, לֹא נֶעֱקַר מִמֶּנּוּ וְלֹא הָיָה יוֹרֵד לְעוֹלַם הַנְּקֵבָה.

וְשָׁבָה אֶל בֵּית אָבִיהָ, מַאן בֵּית אָבִיהָ. דָּא עָלְמָא דְּנוּקְבָא, דְּהַהוּא עָלְמָא בֵּית אָבִיהָ אִקְרֵי, וְהַהוּא מָאנָא דַּהֲוָה אִתְתָּקַן לְאִשְׁתַּמְּשָׁא בֵּיהּ, אִתְהַפַּךְ וְאִיהוּ נָחִית לְתַתָּא, וְהַהוּא מָאנָא סָלִיק לְעֵילָּא. כִּנְעוּרֶיהָ, כְּהַהוּא זִמְנָא דִּכְתִיב, אֲנִי הַיּוֹם יְלִדְתִּיךָ, יְלִדְתִּיךָ וַדַּאי, יָשׁוּב לִימֵי עֲלוּמָיו, כְּמָה דַּהֲוָה מִתְּלֵיסַר שְׁנִין וּלְעֵילָּא.

וְשָׁבָה אֶל בֵּית אָבִיהָ, מַה זֶּה בֵּית אָבִיהָ, זֶה עוֹלַם הַנְּקֵבָה, שֶׁאוֹתוֹ הָעוֹלָם נִקְרָא בֵּית אָבִיהָ, וְאוֹתוֹ כְּלִי שֶׁהָיָה מְתֻקָּן לְהִשְׁתַּמֵּשׁ בּוֹ, הִתְהַפֵּךְ וְהוּא יוֹרֵד לְמַטָּה, וְאוֹתוֹ כְּלִי עוֹלֶה לְמַעְלָה. כִּנְעוּרֶיהָ, כְּמוֹ אוֹתוֹ זְמַן שֶׁכָּתוּב אֲנִי הַיּוֹם יְלִדְתִּיךָ. יְלִדְתִּיךָ וַדַּאי, יָשׁוּב לִימֵי עֲלוּמָיו, כְּמוֹ שֶׁהָיָה מִשָּׁלֹשׁ עֶשְׂרֵה שָׁנִים וּמַעְלָה.

אִי זָכָאת לְאִתְתַּקְנָא, הוֹאִיל וְשָׁבָה אֶל בֵּית אָבִיהָ, מִלֶּחֶם אָבִיהָ תֹּאכֵל, [דף ק"א ע"ב] תִּתְעַנַּג מֵהַהוּא עִנּוּגָא. דְּעָלְמָא דְּנוּקְבָא, דְּאַכְלֵי מִנַּהֲמָא דְּאַבִּירִים, דְּנָחִית מִלְעֵילָּא. אֲבָל לְאִסְתַּכְּלָא וּלְאִתְהֲנֵי בְּמַה דְּאִתְהֲנוּן שְׁאַר צַדִּיקַיָּיא, לָא יַכְלָא בְּגִין דְּהֲוָה זָר לְתַמָּן. וְעַל דָּא לָא אָכִיל קֹדֶשׁ אֲבָל אָכִיל תְּרוּמָה, דְּאִיהוּ יָתִיב בְּעָלְמָא דְּנוּקְבָא.

אִם זָכְתָה לְהִתַּקֵּן, הוֹאִיל וְשָׁבָה אֶל בֵּית אָבִיהָ, מִלֶּחֶם אָבִיהָ תֹּאכֵל, תִּתְעַנֵּג מֵאוֹתוֹ הָעֹנֶג שֶׁל עוֹלַם הַנְּקֵבָה שֶׁאוֹכְלִים מִלֶּחֶם אַבִּירִים שֶׁיּוֹרֵד מִלְמַעְלָה. אֲבָל לְהִסְתַּכֵּל וְלֵהָנוֹת בְּמַה שֶּׁנֶּהֱנִים שְׁאָר הַצַּדִּיקִים לֹא יָכוֹל, מִשּׁוּם שֶׁהָיָה זָר לְשָׁם. וְעַל זֶה הוּא לֹא אוֹכֵל קֹדֶשׁ, אֲבָל אוֹכֵל תְּרוּמָה, כִּי הוּא יוֹשֵׁב בְּעוֹלַם הַנְּקֵבָה.

וּמִגּוֹ דְּאִיהוּ מֵעָלְמָא דְּנוּקְבָא, לָא אָכִיל לֵיהּ אֶלָּא בְּלֵילְיָא, דִּכְתִּיב, וּבָא הַשֶּׁמֶשׁ וְטָהֵר וְאַחַר יֹאכַל מִן הַקֳּדָשִׁים כִּי לַחְמוֹ הוּא. דְּהָא קֹדֶשׁ דְּאִיהוּ מֵעָלְמָא דִּדְכוּרָא, לָא אִתְאֲכִיל אֶלָּא בְּיוֹם. בְּגִינֵי כַּךְ קֹדֶשׁ יִשְׂרָאֵל לַיְיָ' רֵאשִׁית תְּבוּאָתֹה, שֵׁירוּתָא עִלָּאָה דְּכָל עָלְמָא דִּדְכוּרָא, קֹדֶשׁ אִיהוּ, וּמַה דְּסָלִיק בֵּיהּ, בְּקֹדֶשׁ יִשְׂרָאֵל הֲוָה, וּבְגִינֵי כַּךְ קֹדֶשׁ יִשְׂרָאֵל לַיְיָ' רֵאשִׁית תְּבוּאָתֹה.

וּמִתּוֹךְ שֶׁהוּא מֵעוֹלַם הַנְּקֵבָה, לֹא אוֹכֵל אוֹתוֹ אֶלָּא בַּלַּיְלָה, שֶׁכָּתוּב, וּבָא הַשֶּׁמֶשׁ וְטָהֵר וְאַחַר יֹאכַל מִן הַקֳּדָשִׁים כִּי לַחְמוֹ הוּא. שֶׁהֲרֵי קֹדֶשׁ שֶׁהוּא מֵעוֹלַם הַזָּכָר לֹא נֶאֱכָל אֶלָּא בַּיּוֹם. מִשּׁוּם כָּךְ, קֹדֶשׁ יִשְׂרָאֵל לַה' רֵאשִׁית תְּבוּאָתֹה, רֵאשִׁית עֶלְיוֹנָה שֶׁל כָּל עוֹלַם הַזָּכָר הִיא קֹדֶשׁ, וּמַה שֶּׁעוֹלֶה בּוֹ, בַּקֹּדֶשׁ הָיָה יִשְׂרָאֵל, וּמִשּׁוּם כָּךְ קֹדֶשׁ יִשְׂרָאֵל לַה' רֵאשִׁית תְּבוּאָתֹה.

כַּד רוּחִין פְּקִידָאן, בְּאִינּוּן זִמְנִין דְּפַקְדִין לְבֵי קִבְרֵי, אִינּוּן לָא פַּקְדִין, דְּהָא לָא זָכָאן לְעָלְמָא דְּקֹדֶשׁ, דִּכְתִּיב, וְכָל זָר לֹא יֹאכַל קֹדֶשׁ. וְאִי לָא זָכָה הַהוּא רוּחָא לְאִתְתַּקְנָא כִּדְקָא יֵאוֹת, כֵּיוָן דְּאַהֲדַר בְּגִלְגּוּלָא, אֲפִילּוּ בְּהַהוּא אֲתָר, בִּתְרוּמָה לָא אָכִיל, וְזָר אִתְקְרֵי, אֲפִילּוּ לְעָלְמָא תַּתָּאָה וְלָא אָכִיל בָּהּ. עַד הָכָא בְּרָזָא דָּא.

כְּשֶׁרוּחוֹת פּוֹקְדוֹת, בְּאוֹתָם זְמַנִּים שֶׁפּוֹקְדִים אֶת בֵּית הַקְּבָרוֹת, אוֹתָם לֹא פּוֹקְדִים, שֶׁהֲרֵי לֹא זוֹכוֹת לְעוֹלָם הַקֹּדֶשׁ, שֶׁכָּתוּב, וְכָל זָר לֹא יֹאכַל קֹדֶשׁ. וְאִם אוֹתָהּ רוּחַ לֹא זָכְתָה לְהִתַּקֵּן כָּרָאוּי, כֵּיוָן שֶׁחָזַר בְּגִלְגּוּל אֲפִלּוּ בְּאוֹתוֹ מָקוֹם, לֹא אוֹכֵל בִּתְרוּמָה, וְנִקְרָא זָר אֲפִלּוּ לָעוֹלָם הַתַּחְתּוֹן וְלֹא אוֹכֵל בָּהּ. עַד כָּאן בְּסוֹד זֶה.

סָבָא סָבָא, כֵּיוָן דִּשְׁרִיאַת לְשַׁטְטָא בְּיַמָּא רַבָּא, זִיל בִּרְעוּתָךְ, לְכָל סִטְרִין דְּיַמָּא. הַשְׁתָּא אִית לְגַלָּאָה, דְּהָא אֲמֵינָא, דְּהַאי פָּרוֹקָא כַּד אָתֵי, עָאל גַּבֵּי הַהוּא מָאנָא, דְּקָא אֲמֵינָא, אָעִיל תַּמָּן, וְדָבִיק תַּמָּן רוּחָא דִּילֵיהּ בְּהַהוּא מָאנָא וְלָא אִתְאֲבִיד כְּלוּם, אֲפִילוּ הֲבַל דְּפוּמָא, יָאוֹת הוּא וְכָךְ הוּא. סָבָא סָבָא, אִי תֵּימָא וּתְגַלֵּי, אֵימָא בְּלָא דְּחִילוּ.

זָקֵן זָקֵן, כֵּיוָן שֶׁהִתְחַלְתָּ לָשׁוּט בַּיָּם הַגָּדוֹל, לֵךְ בִּרְצוֹנְךָ לְכָל צִדְדֵי הַיָּם. עַכְשָׁו יֵשׁ לְגַלּוֹת, שֶׁהֲרֵי אָמַרְנוּ, שֶׁכְּשֶׁבָּא הַגּוֹאֵל הַזֶּה וְנִכְנָס אֶל אוֹתוֹ הַכְּלִי שֶׁאָמַרְנוּ, מַכְנִיס לְשָׁם וּמַדְבִּיק שָׁם אֶת הָרוּחַ שֶׁלּוֹ בְּאוֹתוֹ כְּלִי וּכְלוּם לֹא נֶאֱבָד, אֲפִלּוּ הֶבֶל הַפֶּה, יָפֶה הוּא וְכָךְ הוּא. זָקֵן זָקֵן, אִם תֹּאמַר וּתְגַלֶּה, אֱמֹר בְּלִי פַחַד.

שְׁאַר בְּנֵי נָשָׁא דְּעָלְמָא, דְּקָא מִסְתַּלְּקֵי מִנֵּיהּ, וְהָא יַדְעָנָא, דְּרוּחַ דִּילֵיהּ שָׁבִיק בְּהַהִיא אִתְּתָא דַּהֲוַת לֵיהּ, וְרוּחָא אָעִיל תַּמָּן, מָה אִתְעָבִיד מֵהַהוּא רוּחַ. וְאִי נַסְבָא הַאי אִתְּתָא, אוּף הָכִי, מָה אִתְעָבִיד מֵהַהוּא רוּחַ דִּשְׁבַק בָּהּ בַּעְלָהּ קַדְמָאָה, דְּהָא גְּבַר אַחֲרָא אָתֵי עָלָהּ.

שְׁאָר בְּנֵי הָאָדָם שֶׁל הָעוֹלָם שֶׁעוֹלִים מִמֶּנּוּ, וַהֲרֵי יָדַעְנוּ שֶׁרוּחוֹ הִשְׁאִיר בְּאוֹתָהּ אִשָּׁה שֶׁהָיְתָה לוֹ, וְהִכְנִיס לְשָׁם רוּחַ, מַה נַּעֲשֶׂה מֵאוֹתָהּ הָרוּחַ, וְאִם נִשֵּׂאת הָאִשָּׁה הַזּוֹ, אַף כָּךְ - מַה נַּעֲשֶׂה מֵאוֹתָהּ רוּחַ שֶׁהִשְׁאִיר בָּהּ בַּעְלָהּ הָרִאשׁוֹן, שֶׁהֲרֵי אִישׁ אַחֵר בָּא עָלֶיהָ.

לְאִתְקַיְּימָא רוּחַ בְּרוּחַ לָא אֶפְשָׁר, דְּהָא הַאי דְּאָתֵי עָלָהּ הַשְׁתָּא, רוּחַ אָעִיל בָּהּ. וְכֵן הַהוּא קַדְמָאָה דְּאִסְתַּלִּיק, רוּחַ אָעִיל בָּהּ. הַהוּא קַדְמָאָה דְּאִסְתַּלָּק בְּנִין הֲווֹ לֵיהּ, וַדַּאי דְּהַשְׁתָּא לָאו פָּרוֹקָא אִיהוּ, רוּחַ דִּשְׁבַק הַהוּא קַדְמָאָה בְּהַהוּא מָאנָא, וְאָתָא הַאי אַחֲרָא וְאָעִיל בָּהּ רוּחַ, וַדַּאי לָא יַכְלֵי תַּרְוַייְהוּ לְאִתְקַיְּימָא בְּהַהוּא גּוּפָא דְּאִתְּתָא כַּחֲדָא, אִי נֵימָא דְּאִתְאֲבִיד, אִי אֶפְשָׁר, מָה אִתְעָבִיד מִנֵּיהּ.

סדר לימוד ליום הפטירה לעילוי נשמה

לְהִתְקַיֵּם רוּחַ עִם רוּחַ אִי אֶפְשָׁר, שֶׁהֲרֵי זֶה שֶׁעַכְשָׁו בָּא עָלֶיהָ, הִכְנִיס בָּהּ רוּחַ, וְכֵן אוֹתוֹ הָרִאשׁוֹן שֶׁהִסְתַּלֵּק הִכְנִיס בָּהּ רוּחַ. אוֹתוֹ רִאשׁוֹן שֶׁהִסְתַּלֵּק הָיוּ לוֹ בָּנִים, וְזֶה שֶׁל עַכְשָׁו אֵינוֹ גּוֹאֵל רוּחַ שֶׁהִשְׁאִיר אוֹתוֹ רִאשׁוֹן בְּאוֹתוֹ כְּלִי, וּבָא הָאַחֵר הַזֶּה וְהִכְנִיס בָּהּ רוּחַ, וַדַּאי שֶׁלֹּא יוּכְלוּ שְׁנֵיהֶם לְהִתְקַיֵּם בְּאוֹתוֹ גּוּף הָאִשָּׁה כְּאֶחָד. וְאִם נֹאמַר שֶׁנֶּאֱבַד, אִי אֶפְשָׁר. מַה נַּעֲשָׂה מִמֶּנּוּ.

אוּף הָכִי אִי אִיהִי לָא אִתְנְסִיבַת, הַהוּא רוּחָא דְּשָׁבַק בָּהּ בַּעְלָהּ, מַאי אִתְעָבִיד מִנֵּיהּ. אִי נֵימָא דְּאִתְאֲבִיד, לָאו הָכִי. כָּל דָּא צָרִיךְ לְגַלָּאָה הַשְׁתָּא. סָבָא סָבָא, חֲמֵי מָה עַבְדַּת, וּבַמֶּה אָעִילַת גַּרְמָךְ. קוּם סָבָא, אָרִים דִּגְלָךְ. קוּם סָבָא, וְאַשְׁפִּיל גַּרְמָךְ קָמֵי מָארָךְ.

אַף כָּךְ אִם הִיא לֹא נִשְּׂאָה, אוֹתָהּ רוּחַ שֶׁהִשְׁאִיר בָּהּ בַּעְלָהּ מַה נַּעֲשָׂה מִמֶּנָּה, אִם נֹאמַר שֶׁתֹּאבַד, לֹא כָּךְ. כָּל זֶה צָרִיךְ עַכְשָׁו לְגַלּוֹת. זָקֵן זָקֵן, רְאֵה מֶה עָשִׂיתָ וּבַמֶּה הִכְנַסְתָּ אֶת עַצְמְךָ. קוּם זָקֵן הָרֵם דִּגְלְךָ, קוּם זָקֵן וְהַשְׁפֵּל עַצְמְךָ לִפְנֵי רִבּוֹנְךָ.

פָּתַח הַהוּא סָבָא וְאָמַר, יְיָ לֹא גָבַהּ לִבִּי וְלֹא רָמוּ עֵינַי וְגוֹ'. דָּוִד מַלְכָּא אָמַר דָּא, בְּגִין דַּהֲוָה מַלְכָּא עִלָּאָה, וְשַׁלִּיטָא עַל כָּל מַלְכִין עִלָּאִין, וְשַׁלִּיטִין דְּאִית מִמִּזְרָח וְעַד מַעֲרָב, וְלָא סָלִיק עַל לִבֵּיהּ לְאַסְטָאָה מֵאָרְחָא, וְתָדִיר שָׁפִיל לִבֵּיהּ קָמֵי מָארֵיהּ, וְכַד הֲוָה לָעֵי בְּאוֹרַיְיתָא, הֲוָה מִתְגַּבַּר כְּאַרְיָא, וְעֵינוֹי תָּדִיר מְאִיכִין בְּאַרְעָא, מִדְּחִילוּ דְּמָארֵיהּ. וְכַד הֲוָה אָזִיל בֵּין עַמָּא, לָא הֲוָה בֵּיהּ גַּסּוּת רוּחָא כְּלַל.

פָּתַח אוֹתוֹ זָקֵן וְאָמַר, ה' לֹא גָבַהּ לִבִּי וְלֹא רָמוּ עֵינַי וְגוֹ'. דָּוִד הַמֶּלֶךְ אָמַר אֶת זֶה מִשּׁוּם שֶׁהָיָה מֶלֶךְ עֶלְיוֹן וְשׁוֹלֵט עַל כָּל הַמְּלָכִים הָעֶלְיוֹנִים וְהַשַּׁלִּיטִים שֶׁיֵּשׁ מִמִּזְרָח וְעַד מַעֲרָב, וְלֹא עָלָה עַל לִבּוֹ לִסְטוֹת מִן הַדֶּרֶךְ, וְתָמִיד שָׁפַל לִבּוֹ לִפְנֵי רִבּוֹנוֹ, וּכְשֶׁהָיָה עוֹסֵק בַּתּוֹרָה, הָיָה מִתְגַּבֵּר כָּאַרְיֵה, וְעֵינָיו תָּמִיד מֻנְמָכוֹת לָאָרֶץ מִפַּחַד רִבּוֹנוֹ, וּכְשֶׁהָיָה הוֹלֵךְ בֵּין הָעָם, לֹא הָיְתָה בּוֹ גַּסּוּת הָרוּחַ כְּלָל.

וְעַל דָּא כְּתִיב, יְיָ לֹא גָבַהּ לִבִּי וְגוֹ', לֹא גָבַהּ לִבִּי, אַף עַל גַּב דַּאֲנָא מַלְכָּא שַׁלִּיטָא עַל כָּל שְׁאַר מַלְכִין דְּעָלְמָא. וְלֹא רָמוּ עֵינַי, בִּזְמְנָא דַּאֲנָא קַיְימָא קַמָּךְ, לָעֵי בְּאוֹרַיְיתָא. וְלֹא הִלַּכְתִּי בִּגְדוֹלוֹת וּבְנִפְלָאוֹת מִמֶּנִּי, בְּשַׁעֲתָא דַּאֲנָא אָזִיל בֵּין עַמָּא. וְאִי דָּוִד מַלְכָּא אָמַר הָכִי, שְׁאַר בְּנֵי עָלְמָא עַל אַחַת כַּמָּה וְכַמָּה. וַאֲנָא כַּמָּה אֲנָא שָׁפִיל לִבָּא, וּמָאִיךְ עֵינָא קָמֵי מַלְכָּא קַדִּישָׁא. וְחָס לִי, דִּבְמִלִּין קַדִּישִׁין דְּאוֹרַיְיתָא, יָרוּם לִבָּאִי. בָּכָה וְדִמְעוֹי נָפְלִין עַל דִּיקְנֵיהּ.

וְעַל זֶה כָּתוּב, ה' לֹא גָבַהּ לִבִּי וְגוֹ'. לֹא גָבַהּ לִבִּי, אַף עַל גַּב שֶׁאֲנִי מֶלֶךְ שַׁלִּיט עַל כָּל שְׁאָר מַלְכֵי הָעוֹלָם. וְלֹא רָמוּ עֵינַי, בִּזְמַן שֶׁאֲנִי עוֹמֵד לְפָנֶיךָ וְעוֹסֵק בַּתּוֹרָה. וְלֹא הִלַּכְתִּי בִּגְדֹלוֹת וּבְנִפְלָאוֹת מִמֶּנִּי, בְּשָׁעָה שֶׁאֲנִי הוֹלֵךְ בֵּין הָעָם. וְאִם דָּוִד הַמֶּלֶךְ אָמַר כָּךְ - שְׁאָר בְּנֵי הָעוֹלָם עַל אַחַת כַּמָּה וְכַמָּה. וַאֲנִי כַּמָּה אֲנִי שְׁפַל לֵב עִם עַיִן נְמוּכָה לִפְנֵי הַמֶּלֶךְ הַקָּדוֹשׁ, וַחֲבָל לִי שֶׁבִּדְבָרִים קְדוֹשִׁים שֶׁל הַתּוֹרָה יָרוּם לִבִּי. בָּכָה וְדִמְעוֹתָיו נוֹפְלוֹת עַל זְקָנוֹ.

אָמַר, סָבָא לָאֵי בְּזֵילָא, כַּמָּה שַׁפִּירָאן דִּמְעִין עַל דִּיקְנָךְ, כְּמָה דַּהֲוָה שַׁפִּיר מִשְׁחָא טָבָא, כַּד הֲוָה נָחִית עַל דִּיקְנָא דְּסָבָא טָבָא דְּאַהֲרֹן. אֵימָא מִילָךְ סָבָא [דף ק"ב ע"א] **דְּהָא מַלְכָּא קַדִּישָׁא הָכָא. שְׁאַר בְּנֵי נָשָׁא דְּעָלְמָא, דְּקָא אִסְתָּלְקוּ מִנֵּיהּ, וְשָׁבְקוּ רוּחָא בְּהַהוּא מָאנָא, דַּהֲווּ מִשְׁתַּמְּשֵׁי בֵּיהּ, וְאִתְנְסִיבַת, וְאָתָא אַחֲרָא וְאָעִיל בְּהַהוּא מָאנָא רוּחָא אַחֲרָא, מָה אִתְעָבִיד מֵהַהוּא קַדְמָאָה, כְּמָה דְּאִתְּמַר.**

אָמַר, זָקֵן עָיֵף בְּכֹחַ, כַּמָּה יָפוֹת הַדְּמָעוֹת עַל זְקָנְךָ, כְּמוֹ שֶׁהָיָה יָפֶה הַשֶּׁמֶן הַטּוֹב כְּשֶׁהָיָה יוֹרֵד עַל הַזָּקָן שֶׁל הַזָּקֵן הַטּוֹב אַהֲרֹן. אֱמֹר דְּבָרְךָ, זָקֵן, שֶׁהֲרֵי הַמֶּלֶךְ הַקָּדוֹשׁ כָּאן. שְׁאָר בְּנֵי אָדָם שֶׁל הָעוֹלָם שֶׁהִסְתַּלְּקוּ מִמֶּנּוּ, וְהִשְׁאִירוּ רוּחַ בְּאוֹתוֹ כְּלִי שֶׁהָיוּ מִשְׁתַּמְּשִׁים בּוֹ, וְנִשְּׂאָה, וּבָא אַחֵר וְהִכְנִיס לְאוֹתוֹ כְּלִי רוּחַ אַחֶרֶת, מַה נַּעֲשֶׂה מֵאוֹתוֹ רִאשׁוֹן, כְּמוֹ שֶׁנִּתְבָּאֵר.

תָּא חֲזֵי, כַּמָּה עִלָּאִין גְּבוּרָאן דְּמַלְכָּא קַדִּישָׁא, דְּקָא עָבִיד, וּמַאן יָכִיל לְמַלְּלָא לוֹן. כַּד הַאי בַּעְלָהּ תִּנְיָינָא, אָתֵי וְאָעִיל רוּחָא בְּהַהוּא מָאנָא, רוּחָא קַדְמָאָה, מְקַטְרְגָא בְּהַאי רוּחַ דְּעָאל, וְלָא אִתְיַישְׁבָן כַּחֲדָא.

בֹּא וּרְאֵה, כַּמָּה עֶלְיוֹנִים גְּבוּרוֹת הַמֶּלֶךְ הַקָּדוֹשׁ שֶׁהוּא עוֹשֶׂה, וּמִי יָכוֹל לְהַגִּיד אוֹתָם. כְּשֶׁהַבַּעַל הַשֵּׁנִי הַזֶּה בָּא וּמַכְנִיס רוּחַ לְאוֹתוֹ כְּלִי, הָרוּחַ הָרִאשׁוֹנָה מְקַטְרֶגֶת בָּרוּחַ הַזּוֹ שֶׁנִּכְנְסָה, וְלֹא מִתְיַשְּׁבוֹת כְּאֶחָד.

וּבְגִינֵי כַּךְ, אִתְּתָא לָא אִתְיַישְּׁבַת כִּדְקָא יֵאוֹת, בַּהֲדֵי בַּעְלָהּ תִּנְיָינָא, בְּגִין דְּרוּחָא קַדְמָאָה מְכַשְׁכְּשָׁא בָּהּ, וּכְדֵין אִיהִי דְּכִירַת לֵיהּ תָּדִיר, וּבָכָאת עָלֵיהּ, אוֹ אִתְאַנְּחַת עָלֵיהּ, דְּהָא רוּחָא דִּילֵיהּ, מְכַשְׁכְּשָׁא בִּמְעָהָא כְּחִוְיָא, וּמְקַטְרְגָא בַּהֲדֵי רוּחַ אַחֲרָא, דְּעָאל בָּהּ מִבַּעְלָהּ תִּנְיָנָא. עַד זְמַן סַגֵּי מְקַטְרְגִין דָּא בְּדָא.

וּמִשּׁוּם כָּךְ הָאִשָּׁה לֹא מְיֻשֶּׁבֶת כָּרָאוּי עִם בַּעְלָהּ הַשֵּׁנִי, מִשּׁוּם שֶׁהָרוּחַ הָרִאשׁוֹנָה מְכַשְׁכֶּשֶׁת בָּהּ, וְאָז הִיא זוֹכֶרֶת אוֹתוֹ תָּמִיד

וּבוֹכָה עָלָיו אוֹ נֶאֱנַחַת עָלָיו, שֶׁהֲרֵי רוּחוֹ מְכַשְׁכֶּשֶׁת בְּמֵעֶיהָ כְּנָחָשׁ, וּמְקַטְרֶגֶת עִם הָרוּחַ הָאַחֶרֶת שֶׁנִּכְנְסָה בָּהּ מֵהַבַּעַל הַשֵּׁנִי. עַד זְמַן רַב מְקַטְרְגִים זֶה בָּזֶה.

וְאִי אַעְבָּר דָּא דְּעָאל, לְהַהוּא דְּהֲוָה קַדְמָאָה, דָּא קַדְמָאָה נָפִיק וְאָזִיל לֵיהּ. וּלְזִמְנִין, דְּדָחֵי דָּא קַדְמָאָה לְהַהוּא תִּנְיָינָא, וְאִתְעָבִיד לֵיהּ מְקַטְרְגָא, עַד דְּאַפִּיק לֵיהּ מֵעָלְמָא. וְעַל דָּא תָּנֵינָן, דְּמִתְרֵין וּלְהַלְאָה, לָא יִסַּב בַּר נָשׁ לְהַאי אִתְּתָא, דְּהָא מַלְאַךְ הַמָּוֶת אִתְתַּקַּף בָּהּ, וּבְנֵי עָלְמָא לָא יַדְעִין, דְּהָא רוּחָא כֵּיוָן דְּאִתְתַּקַּף וְקָא נָצַח לְהַהוּא רוּחָא אַחֲרָא תִּנְיָינָא, מִכָּאן וּלְהַלְאָה לָא יִתְעָרַב בַּר נָשׁ אַחֲרָא בַּהֲדָהּ.

וְאִם מַעֲבִירָה זוֹ שֶׁנִּכְנְסָה לְאוֹתָהּ שֶׁהָיְתָה רִאשׁוֹנָה, זוֹ הָרִאשׁוֹנָה יוֹצֵאת וְהוֹלֶכֶת לָהּ. וְלִפְעָמִים שֶׁדּוֹחָה הָרִאשׁוֹנָה הַזּוֹ אֶת אוֹתָהּ הַשְּׁנִיָּה וְנַעֲשֵׂית לָהּ מְקַטְרֵג, עַד שֶׁמּוֹצִיאָה אוֹתָהּ מִן הָעוֹלָם. וְעַל זֶה שָׁנִינוּ, שֶׁמִּשְּׁנַיִם וּמַעְלָה לֹא יִשָּׂא אָדָם אֶת הָאִשָּׁה הַזּוֹ, שֶׁהֲרֵי מַלְאַךְ הַמָּוֶת הִתְחַזֵּק בָּהּ, וּבְנֵי הָעוֹלָם לֹא יוֹדְעִים שֶׁהֲרֵי הָרוּחַ, כֵּיוָן שֶׁנִּתְחַזֵּק וְנִצַּח אֶת אוֹתָהּ הָרוּחַ הָאַחֶרֶת הַשְּׁנִיָּה, מִכָּאן וָהָלְאָה לֹא יִתְעָרֵב אִישׁ אַחֵר עִמָּהּ.

חַבְרַיָּיא, הָא יַדְעְנָא דְּבַאֲתַר דָּא אִית לְכוּ לְמִקְשֵׁי, וְלֵימָא אִי הָכִי לָא מִיּת בְּדִינָא הַאי תִּנְיָינָא, וְלָא דַּיְינִין לֵיהּ מִלְעֵילָא. תָּא חֲזֵי, כֹּלָּא אִיהוּ בְּדִינָא, דְּיִנָּצַח פְּלוֹנִי לִפְלוֹנִי אוֹ דְּלָא יְקַטְרֵג עָלֵיהּ פְּלוֹנִי לִפְלוֹנִי. וּמַאן דְּנָסִיב אַרְמַלְתָּא, כְּמַאן דְּעָאל בְּיַמָּא, בְּרוּחִין תַּקִּיפִין, בְּלָא חַבְלִין, וְלָא יָדַע אִי יַעֲבָר בִּשְׁלָם, אִי יִטְבַּע גּוֹ תְּהוֹמֵי.

חֲבֵרִים, הֲרֵי יָדַעְנוּ שֶׁבְּמָקוֹם זֶה יֵשׁ לָכֶם לְהַקְשׁוֹת וְלוֹמַר, אִם כָּךְ, הַשֵּׁנִי הַזֶּה לֹא מֵת בַּדִּין וְלֹא דָנוּ אוֹתוֹ מִלְמַעְלָה. בֹּא וּרְאֵה, הַכֹּל הוּא בְּדִין שֶׁיִּנָּצַח פְּלוֹנִי אֶת פְּלוֹנִי אוֹ שֶׁלֹּא יְקַטְרֵג עָלָיו פְּלוֹנִי לִפְלוֹנִי, וּמִי שֶׁנּוֹשֵׂא אַלְמָנָה כְּמוֹ שֶׁנִּכְנַס לַיָּם בְּרוּחוֹת עַזּוֹת בְּלִי חֲבָלִים, וְלֹא יוֹדֵעַ אִם יַעֲבֹר בְּשָׁלוֹם אוֹ יִטְבַּע לְתוֹךְ הַתְּהוֹמוֹת.

וְאִי דָּא דְּעָאל הַהוּא רוּחָא תִּנְיָינָא, אִתְתָּקִיף וְנָצַח לְהַהוּא קַדְמָאָה, הַהוּא קַדְמָאָה נָפַק מִתַּמָּן וְאָזִיל לֵיהּ. לְאָן אֲתַר אָזִיל לֵיהּ, וּמָה אִתְעָבִיד. סָבָא סָבָא מָה עַבְדַּת. חָשַׁבְתְּ דְּתִתַּמֵּלֵל זְעֵיר, וְנַפְקַת לְהַאי, הָא עָאלַת בַּאֲתַר דְּלָא עָאל בַּר נָשׁ אַחֲרָא, מִן יוֹמָא דְּדוֹאֵג וַאֲחִיתוֹפֶל עָבְדוּ בָּעְיָין אִלֵּין, בְּאִינּוּן אַרְבַּע מֵאָה בַּעְיֵי, דַּהֲווֹ בָּעָאן עַל מִגְדְּלָא דְּפָרַח בַּאֲוִירָא, וְלָא אָתִיב עֲלַיְיהוּ

בַּר נָשׁ, עַד דְּאָתָא שְׁלֹמֹה מַלְכָּא, וּבִירֵר לוֹן כָּל חַד וְחַד עַל תִּקּוּנֵיהּ. סָבָא סָבָא, רָזָא עִלָּאָה דַּהֲוָה טְמִירָא, אָתִית לְגַלָּאָה, מָה עֲבַדִית.

וְאִם זֶה שֶׁהִכְנִיס אוֹתָהּ רוּחַ שְׁנִיָּה הִתְחַזֵּק וְנִצַּח אֶת אוֹתוֹ הָרִאשׁוֹן, אוֹתוֹ הָרִאשׁוֹן יוֹצֵא מִשָּׁם וְהוֹלֵךְ לוֹ. לְאֵיזֶה מָקוֹם הוֹלֵךְ לוֹ וּמַה נַּעֲשָׂה אִתּוֹ, זָקֵן זָקֵן, מֶה עָשִׂיתָ, חָשַׁבְתָּ שֶׁתְּדַבֵּר מְעַט וְיָצָאתָ לָזֶה, הֲרֵי נִכְנַסְתָּ לְמָקוֹם שֶׁלֹּא נִכְנַס לְשָׁם אִישׁ אַחֵר, וּמִיּוֹם שֶׁדּוֹאֵג וַאֲחִיתֹפֶל עָשׂוּ קֻשְׁיוֹת אֵלּוּ, בְּאוֹתָם אַרְבַּע מֵאוֹת קֻשְׁיוֹת, שֶׁהָיוּ מַקְשִׁים עַל מִגְדָּל הַפּוֹרֵחַ בָּאֲוִיר וְלֹא הֵשִׁיב עֲלֵיהֶן אִישׁ, עַד שֶׁבָּא שְׁלֹמֹה הַמֶּלֶךְ וּבֵרֵר אוֹתָם כָּל אֶחָד וְאֶחָד עַל תִּקּוּנוֹ. זָקֵן זָקֵן, הַסּוֹד הָעֶלְיוֹן שֶׁהָיָה טָמִיר בָּאתָ לְגַלּוֹת, מֶה עָשִׂיתָ.

סָבָא סָבָא, בְּקַדְמִיתָא הֲוָה לָךְ לְנַטְרָא אָרְחָךְ, וְתִסְתַּכַּל בְּרֵישָׁךְ. אֲבָל הַשְׁתָּא, לָאו שַׁעֲתָא לְאִתְטַמְּרָא. סָבָא, אַהְדָּר בְּתֻקְפָּךְ. הַהוּא רוּחַ דְּנָפַק, לְאָן אָזֹל. בָּכָה וְאָמַר, חַבְרַיָּא, כָּל הָנֵי בִּכְיָין דְּקָא בָּכֵינָא, לָאו בְּגִינַיְיכוּ הוּא, אֶלָּא דְּחֵילְנָא לְמָארֵי עָלְמָא, דְּגַלֵּינָא אָרְחִין סְתִימִין, בְּלָא רְשׁוּ. אֲבָל גַּלֵּי קָמֵי קוּדְשָׁא בְּרִיךְ הוּא, דְּלָא לִיקָרָא דִּילִי עֲבִידְנָא, וְלָא לִיקָרָא דְּאַבָּא, אֲבָל רְעוּתִי לְפוּלְחָנָא דִּילֵיהּ, וַאֲנָא חֲמֵינָא, יְקָרָא דְּחָד מִנַּיְיכוּ, בְּהַהוּא עָלְמָא, וְאַחֲרָא יְדַעְנָא דְּהָכִי הוּא. אֲבָל לָא גַּלֵּי קָמָאי, וְהַשְׁתָּא חֲמֵינָא.

זָקֵן זָקֵן, בַּתְּחִלָּה הָיָה לְךָ לִשְׁמֹר דַּרְכְּךָ, וְתִסְתַּכֵּל בְּרֹאשְׁךָ. אֲבָל עַכְשָׁו אֵינָהּ שָׁעָה לְהִתְחַבֵּא. זָקֵן, חֲזֹר בְּכֹחֲךָ. אוֹתָהּ רוּחַ שֶׁיָּצְאָה, לְאָן הוֹלֶכֶת, בָּכָה וְאָמַר, חֲבֵרִים, כָּל הַבְּכִיּוֹת הַלָּלוּ שֶׁאֲנִי בּוֹכֶה אֵינָם בִּגְלַלְכֶם, אֶלָּא פּוֹחֵד אֲנִי לְרִבּוֹן הָעוֹלָם שֶׁאֲנִי מְגַלֶּה דְרָכִים נִסְתָּרוֹת בְּלִי רְשׁוּת. אֲבָל גָּלוּי לִפְנֵי הַקָּדוֹשׁ בָּרוּךְ הוּא שֶׁלֹּא לִכְבוֹדִי עָשִׂיתִי וְלֹא לִכְבוֹד אָבִי, אֲבָל רְצוֹנִי הוּא לַעֲבוֹדָתוֹ, וַאֲנִי רוֹאֶה הַכָּבוֹד שֶׁל אֶחָד מִכֶּם בְּאוֹתוֹ עוֹלָם, וְאַחֵר יָדַעְתִּי שֶׁכָּךְ הוּא, אֲבָל לֹא גָלוּי לְפָנַי, וְעַכְשָׁו רָאִיתִי.

תָּנֵינָן, דְּחָזְיָין גַּבְרָא מִקָּמֵי גַּבְרָא, בְּכַמָּה אָרְחִין סְתִימִין אִתְהַדְּרָן. הַהוּא רוּחָא קַדְמָאָה, דְּאִתְדָּחֵי מִקָּמֵי הַהוּא תִּנְיָינָא, לְאָן אָזִיל. הַהוּא רוּחָא, נָפִיק וְאָזִיל, וּמְשַׁטְטָא בְּעָלְמָא, וְלָא יְדִיעַ, וְאָזִיל לְגוֹ קִבְרָא דְּהַהוּא בַּר נָשׁ, וּמִתַּמָּן מְשַׁטְטָא בְּעָלְמָא, וְאִתְחֲזֵי בְּחֶלְמָא לִבְנֵי נָשָׁא, וְחָמָאן בְּחֶלְמָא דְּיוּקְנָא דְּהַהוּא בַּר נָשׁ, וְאוֹדַע לוֹן מִלִּין לְפוּם אָרְחֵיהּ דְּהַהוּא רוּחַ קַדְמָאָה, דְּקָא אִתְמְשַׁךְ מִנֵּיהּ,

סדר לימוד ליום הפטירה לעילוי נשמה

כְּמָה דְּאִיהוּ בְּהַהוּא עָלְמָא, הָכִי מְשַׁטְּטָא הָאי, וְאוֹדַע בְּהַאי עָלְמָא.

שְׁנִינוּ, דּוֹחִים אִישׁ מִפְּנֵי אִישׁ, בְּכַמָּה דְרָכִים נִסְתָּרוֹת נִדְחִים. אוֹתָהּ רוּחַ רִאשׁוֹנָה שֶׁנִּדְחֲתָה מִלִּפְנֵי אוֹתָהּ הַשְּׁנִיָּה, לְאָן הוֹלֶכֶת, אוֹתָהּ רוּחַ יוֹצֵאת וְהוֹלֶכֶת וּמְשׁוֹטֶטֶת בָּעוֹלָם, וְלֹא יָדוּעַ, וְהוֹלֶכֶת לְקִבְרוֹ שֶׁל אוֹתוֹ הָאִישׁ, וּמִשָּׁם מְשׁוֹטֶטֶת בָּעוֹלָם וְנִרְאֵית בַּחֲלוֹם לִבְנֵי אָדָם, וְרוֹאִים בַּחֲלוֹם אֶת דְּמוּת אוֹתוֹ הָאִישׁ, וּמוֹדִיעַ לָהֶם דְּבָרִים לְפִי דַרְכָּהּ שֶׁל אוֹתָהּ רוּחַ רִאשׁוֹנָה שֶׁנִּמְשְׁכָה מִמֶּנּוּ, כְּמוֹ שֶׁהוּא בְּאוֹתוֹ עוֹלָם, כָּךְ מְשׁוֹטֶטֶת זוֹ וּמוֹדִיעָה בָּעוֹלָם הַזֶּה.

וְהָכִי אָזִיל וּמְשַׁטְּטָא בְּעָלְמָא, וּפַקְדַת תָּדִיר לְהַהוּא קִבְרָא, עַד זִמְנָא דְּרוּחוֹת פַּקְדָן לְגַבֵּי קִבְרַיְיהוּ דְּגוּפִין. כְּדֵין, הַאי רוּחָא, אִתְחַבַּר בְּהַהוּא רוּחַ דִּילֵיהּ, וְאִתְלַבַּשׁ בֵּיהּ, וְאָזִיל לֵיהּ. כַּד עָאל לְדוּכְתֵּיהּ, אִתְפַּשַּׁט מִנֵּיהּ. וְדוּכְתָּא אִית לֵיהּ [דף ק"ב ע"ב] **בְּאִינּוּן הֵיכָלִין דְּגַן עֵדֶן, אוֹ לְבַר, לְפוּם אָרְחוֹי דְּכָל חַד וְחַד, וְתַמָּן אִתְטָמַּר.**

וְכָךְ הוֹלֵךְ וּמְשׁוֹטֵט בָּעוֹלָם, וּפוֹקֶדֶת תָּמִיד אֶת אוֹתוֹ הַקֶּבֶר עַד הַזְּמַן שֶׁהָרוּחוֹת פּוֹקְדוֹת לְקִבְרוֹת הַגּוּפִים. אָז הָרוּחַ הַזּוֹ מִתְחַבֶּרֶת בְּאוֹתָהּ רוּחַ שֶׁלּוֹ, וּמִתְלַבֶּשֶׁת בָּהּ, וְהוֹלֵךְ לוֹ. כְּשֶׁנִּכְנָס לִמְקוֹמוֹ, מִתְפַּשֵּׁט מִמֶּנּוּ, וְיֵשׁ לוֹ מָקוֹם בְּאוֹתָם הֵיכָלוֹת שֶׁל גַּן עֵדֶן אוֹ בַּחוּץ לְפִי דַרְכֵי כָּל אֶחָד וְאֶחָד, וְשָׁם נִשְׁמָר.

וְכַד רוּחִין פַּקְדָן לְהַאי עָלְמָא, דְּמֵתִין נִזְקָקִין לְגַבֵּי חַיִּין, לָא נִזְקָקִין אֶלָּא בְּהַהוּא מְשִׁיכוּ דְּרוּחָא, וּבֵיהּ אִתְלַבַּשׁ רוּחָא אַחֲרָא. וְאִי תֵּימָא, אִי הָכִי, תּוֹעַלְתָּא אִיהוּ לְרוּחָא, וְהַאי אִתְּתָא תּוֹעַלְתָּא עֲבַדַת לְכֹלָּא. לָאו הָכִי, דְּאִלְמָלֵא לָא אִתְנְסִיבַת לְגַבֵּי אַחֲרָא, וְהַאי רוּחָא קַדְמָאָה לָא מִתְדַּחְיָיא מִקָּמֵי הַאי גַּבְרָא אָחֳרָא, תּוֹעַלְתָּא אַחֲרָא הֲוָה לֵיהּ, בְּגַוְונָא אַחֲרָא, וְלָא יְהֵא לָאֵי בְּעָלְמָא, כְּמָה דַּהֲוֵי, וְלָא יִזְדַּקַּק לְגַבֵּי חַיִּין דְּהַאי עָלְמָא, כְּמָה דַּהֲוֵי מְשַׁטְּטָא הָכָא וְהָכָא.

וּכְשֶׁהָרוּחוֹת פּוֹקְדוֹת אֶת הָעוֹלָם הַזֶּה, שֶׁהַמֵּתִים נִזְקָקִים אֶל הַחַיִּים, הֵם לֹא נִזְקָקִים אֶלָּא רַק בְּאוֹתָהּ מְשִׁיכַת הָרוּחַ, וּבָהּ מִתְלַבֶּשֶׁת רוּחַ אַחֶרֶת. וְאִם תֹּאמַר, אִם כָּךְ, אָז זוֹ תּוֹעֶלֶת לָרוּחַ, וְהָאִשָּׁה הַזּוֹ עוֹשָׂה תּוֹעֶלֶת לַכֹּל - לֹא כָךְ, שֶׁאִלְמָלֵא לֹא נִשְּׂאָה לְאַחֵר וְאוֹתָהּ רוּחַ רִאשׁוֹנָה לֹא הָיְתָה נִדְחֵית מִלִּפְנֵי הָאִישׁ הָאַחֵר הַזֶּה, תּוֹעֶלֶת אַחֶרֶת הָיְתָה לוֹ בְּגֶוֶן אַחֵר, וְלֹא יִהְיֶה יָגֵעַ בָּעוֹלָם כְּמוֹ שֶׁהוּא, וְלֹא יִזְדַּקֵּק לַחַיִּים שֶׁל הָעוֹלָם הַזֶּה כְּמוֹ שֶׁהָיָה מְשׁוֹטֵט כָּאן וְכָאן.

אִי הָכִי זִוּוּגָא תִּנְיָינָא דְּהַאי אִתְּתָא, לָא הֲוֵי מִלְּעֵילָּא. וְאַתְּ אַמָּרְתְּ דְּאִתְדַּחְיָיא גְּבַר מִקָּמֵי גְּבַר, וַאֲמֵינָא דְּהַאי בַּעְלָהּ תִּנְיָינָא, דְּנָסִיב לְאִתְּתָא דָּא, אִיהוּ בַּת זוּגֵיהּ מַמָּשׁ. וְהַהוּא קַדְמָאָה לָאו בַּר זוּגֵיהּ מַמָּשׁ הֲוָה. וְהַאי תִּנְיָינָא דִּילֵיהּ הֲוָה, וְכַד מָטָא זִמְנֵיהּ, אִתְדַּחְיָיא דָּא מִקַּמֵּיהּ. וַדַּאי הָכִי הוּא, דְּהָא לָא אִתְדַּחְיָיא הַהוּא רוּחַ קַדְמָאָה, דַּהֲוָה בְּהַאי אִתְּתָא. אֶלָּא בְּגִין דְּהַאי תִּנְיָינָא, דְּאִיהוּ בַּר זוּגָהּ.

אִם כָּךְ, הַזִּוּוּג הַשֵּׁנִי שֶׁל הָאִשָּׁה הַזּוֹ לֹא הָיָה מִלְמַעְלָה, וְאַתָּה אוֹמֵר שֶׁנִּדְחֶה אִישׁ מִפְּנֵי אִישׁ, וְאָמַרְנוּ שֶׁהַבַּעַל הַשֵּׁנִי שֶׁנָּשָׂא אֶת הָאִשָּׁה הַזּוֹ הִיא בַּת זוּגוֹ מַמָּשׁ, וְאוֹתוֹ הָרִאשׁוֹן לֹא הָיָה מַמָּשׁ בֶּן זוּגָהּ, וְהַשֵּׁנִי הָיָה שֶׁלָּהּ, וּכְשֶׁהִגִּיעַ זְמַנּוֹ נִדְחֶה זֶה מִפָּנָיו, וַדַּאי זֶה כָּךְ, שֶׁהֲרֵי לֹא נִדְחֵית אוֹתָהּ רוּחַ רִאשׁוֹנָה שֶׁהָיְתָה בָּאִשָּׁה הַזּוֹ אֶלָּא בִּשְׁבִיל הַשֵּׁנִי הַזֶּה, שֶׁהוּא בֶּן זוּגָהּ.

וְכָל אִינּוּן תִּנְיָינִין, דְּאִתְדַּחְיָין מִקָּמֵי קַדְמָאִין. קַדְמָאִין הֲווֹ בְּנֵי זוּגַיְיהוּ, וְלָא הָנֵי. וּבְגִין כָּךְ, לָא אִית לוֹן קִיּוּמָא בַּהֲדַיְיהוּ, וְאִתְדַּחְיָיא רוּחַ תִּנְיָינָא מִקָּמֵי רוּחָא קַדְמָאָה. וּבְגִין כָּךְ, מַאן דְּנָסִיב אַרְמַלְתָּא, קָרֵינָן עָלֵיהּ, וְלָא יָדַע כִּי בְנַפְשׁוֹ הוּא. כִּי חִנָּם מְזוֹרָה הָרָשֶׁת וְגוֹ' וְלָא יְדִיעַ אִי הִיא בַּת זוּגֵיהּ מַמָּשׁ אִי לָאו.

וְכָל אוֹתָם הַשְּׁנִיִּים שֶׁנִּדְחִים מִלִּפְנֵי הָרִאשׁוֹנִים, הָרִאשׁוֹנִים הָיוּ בְּנֵי זוּגָם וְלֹא אֵלֶּה, וְלָכֵן אֵין לָהֶם קִיּוּם עִמָּם, וְנִדְחֵית הָרוּחַ הַשְּׁנִיָּה מִלִּפְנֵי הָרוּחַ הָרִאשׁוֹנָה. וְלָכֵן מִי שֶׁנּוֹשֵׂא אַלְמָנָה, קוֹרְאִים עָלָיו, וְלֹא יָדַע כִּי בְנַפְשׁוֹ הוּא. כִּי חִנָּם מְזֹרָה הָרָשֶׁת וְגוֹ'. וְלֹא יָדוּעַ אִם הִיא בַּת זוּגוֹ מַמָּשׁ וְאִם לֹא.

אַרְמַלְתָּא דְּלָא נְסִיבַת, אַף עַל גַּב דְּאָתֵי בַּר זוּגָהּ, וְאִיהִי לָא בָּעָאת לְאִתְנַסְּבָא, קוּדְשָׁא בְּרִיךְ הוּא לָא כַּיִיף לָהּ מִן דִּינָא, וְקוּדְשָׁא בְּרִיךְ הוּא אַזְמִין לְהַהוּא בַּר נָשׁ אִתְּתָא אַחֲרָא, וְלָא עָאלַת בְּדִינָא כְּהַאי בְּהַהוּא עָלְמָא, וְאַף עַל גַּב דְּלֵית לָהּ בַּר, דְּהָא אִתְּתָא לָא אִתְפַּקְּדַת אַפְּרִיָּה וּרְבִיָּה, כְּמָה דְּאוּקְמוּהָ.

אַלְמָנָה שֶׁלֹּא נִשֵּׂאת, אַף עַל גַּב שֶׁבָּא בֶּן זוּגָהּ וְהִיא לֹא רוֹצָה לְהִנָּשֵׂא, הַקָּדוֹשׁ בָּרוּךְ הוּא לֹא כּוֹפֶה אוֹתָהּ מִן הַדִּין, וְהַקָּדוֹשׁ בָּרוּךְ הוּא מַזְמִין לְאוֹתוֹ הָאִישׁ אִשָּׁה אַחֶרֶת, וְלֹא נִכְנֶסֶת בְּדִין כָּזֶה בְּאוֹתוֹ הָעוֹלָם, וְאַף עַל גַּב שֶׁאֵין לָהּ בֵּן, שֶׁהֲרֵי אִשָּׁה לֹא מְצֻוָּה עַל פְּרִיָּה וּרְבִיָּה, כְּמוֹ שֶׁבֵּאֲרוּהָ.

סדר לימוד ליום הפטירה לעילוי נשמה

אִתְּתָא דָא דְּלָא אִתְנְסִיבַת זִמְנָא תִּנְיָינָא, הַהוּא רוּחַ דְּשָׁבַק בָּהּ בַּעְלָהּ מָה אִתְעֲבִיד מִנֵּיהּ. יָתִיב תַּמָּן תְּרֵיסַר יַרְחֵי, וּבְכָל לֵילְיָא וְלֵילְיָא, נָפִיק וּפַקְדָא לְנַפְשָׁא, וְאִתְהֲדָר לְאַתְרֵיהּ. לְבָתַר תְּרֵיסַר יַרְחֵי, דְּקָא אִסְתַּלָּק דִּינָא דְּהַהוּא גַּבְרָא, דְּהָא כָּל אִינּוּן תְּרֵיסַר יַרְחֵי, הָא רוּחָא אִתְכַּפְיָיא בַּעֲצִיבוּ כָּל יוֹמָא. לְבָתַר תְּרֵיסַר יַרְחֵי, נָפִיק מִתַּמָּן, וְאָזִיל וְקַיְימָא לְתַרַע גַּן עֵדֶן, וּפַקְדָא לְהַאי עָלְמָא, לְגַבֵּי הַהוּא מָאנָא, דְּנָפִיק מִנֵּיהּ. וְכַד הַאי אִתְּתָא אִסְתַּלָּקַת מֵעָלְמָא, הַהוּא רוּחַ נָפִיק וְאִתְלָבַשׁ בְּהַהוּא רוּחַ דִּילָהּ, וְזָכָאת בֵּיהּ לְגַבֵּי בַּעְלָהּ, וְנָהֲרִין תַּרְוַויְיהוּ, כִּדְקָא יֵאוֹת, בְּחִבּוּרָא חֲדָא.

הָאִשָּׁה הַזּוֹ שֶׁלֹּא נִשֵּׂאת פַּעַם שְׁנִיָּה, אוֹתָהּ רוּחַ שֶׁהִשְׁאִיר בָּהּ בַּעְלָהּ, מַה נַּעֲשֶׂה מִמֶּנָּה, יוֹשֶׁבֶת שָׁם שְׁנֵים עָשָׂר חֳדָשִׁים, וּבְכָל לַיְלָה וָלַיְלָה יוֹצֵא וּפוֹקֵד אֶת הַנֶּפֶשׁ, וְחוֹזֵר לִמְקוֹמוֹ אַחַר שְׁנֵים עָשָׂר חֳדָשִׁים, כְּשֶׁהִסְתַּלֵּק דִּינוֹ שֶׁל אוֹתוֹ הָאִישׁ. שֶׁהֲרֵי כָּל אוֹתָם שְׁנֵים עָשָׂר חֳדָשִׁים, זוֹ הָרוּחַ כְּפוּפָה בְּעַצְבוּת כָּל יוֹם. אַחַר שְׁנֵים עָשָׂר חֳדָשִׁים יוֹצֵאת מִשָּׁם וְהוֹלֶכֶת וְעוֹמֶדֶת בְּשַׁעַר גַּן עֵדֶן וּפוֹקֶדֶת אֶת הָעוֹלָם הַזֶּה אֶל אוֹתוֹ הַכְּלִי שֶׁיּוֹצֵאת מִמֶּנּוּ. וּכְשֶׁהָאִשָּׁה הַזּוֹ מִסְתַּלֶּקֶת מִן הָעוֹלָם, אוֹתָהּ רוּחַ יוֹצֵאת וּמִתְלַבֶּשֶׁת בְּאוֹתָהּ רוּחַ שֶׁלָּהּ, וְזוֹכָה בָּהּ לְבַעְלָהּ, וּשְׁנֵיהֶם מְאִירִים כָּרָאוּי בְּחִבּוּר אֶחָד.

כֵּיוָן דְּאָתֵינָא לְהַאי אֲתַר, הַשְׁתָּא אִית לְגַלָּאָה אָרְחִין סְתִימִין, דְּמָארֵי עָלְמָא, לָא יַדְעִין בְּהוּ בְּנֵי נָשָׁא. וְכֻלְּהוּ אֲזְלִין בְּאֹרַח קְשׁוֹט, כְּמָה דְּאַתְּ אָמֵר, כִּי יְשָׁרִים דַּרְכֵי יְיָ וְצַדִּיקִים יֵלְכוּ בָם וּפוֹשְׁעִים יִכָּשְׁלוּ בָם. וּבְנֵי נָשָׁא לָא יַדְעִין, וְלָא מַשְׁגִּיחִין, כַּמָּה אִינּוּן עִלָּאִין, עוֹבָדִין דְּקוּדְשָׁא בְּרִיךְ הוּא, וְכַמָּה מְשַׁנְיָין אִינּוּן, וּבְנֵי עָלְמָא לָא יַדְעִין, וְכֻלְּהוּ בְּאֹרַח קְשׁוֹט, דְּלָא סָטָאן לִימִינָא וְלִשְׂמָאלָא.

כֵּיוָן שֶׁבָּאנוּ לְמָקוֹם זֶה, עַכְשָׁו יֵשׁ לְגַלּוֹת דְּרָכִים נִסְתָּרוֹת שֶׁל רִבּוֹן הָעוֹלָם וְלֹא יוֹדְעִים בָּהֶם בְּנֵי אָדָם, וְכֻלָּם הוֹלְכִים בְּדֶרֶךְ אֱמֶת, כְּמוֹ שֶׁנֶּאֱמַר, כִּי יְשָׁרִים דַּרְכֵי ה' וְצַדִּקִים יֵלְכוּ בָם וּפֹשְׁעִים יִכָּשְׁלוּ בָם. וּבְנֵי אָדָם לֹא יוֹדְעִים וְלֹא מַשְׁגִּיחִים כַּמָּה הֵם עֶלְיוֹנִים מַעֲשֵׂי הַקָּדוֹשׁ בָּרוּךְ הוּא וְכַמָּה הֵם מְשֻׁנִּים, וּבְנֵי הָעוֹלָם לֹא יוֹדְעִים, וְכֻלָּם בְּדֶרֶךְ אֱמֶת, שֶׁלֹּא סוֹטִים יָמִינָה וּשְׂמֹאלָה.

הָנֵי דְּמִתְגַּלְגְּלִין, דְּקָא אִתְתָּרְכוּ בְּתִרוּכִין מֵהַהוּא עָלְמָא, וְלֵית לוֹן בַּת זוּג. בַּת זוּג דְּקָא מִזְדַּוְּגָן בְּהַאי עָלְמָא, מֵאָן אִינּוּן, אִינּוּן נָשִׁין,

דְּקָא מִזְדַּוְּוגָן בְּהַדַּיְיהוּ בְּהַאי עָלְמָא. דְּהָא לְכֻלְּהוּ בְּנֵי נָשָׁא, אִית לוֹן בַּת זוּג, בַּר מֵהַאי.

אֵלֶּה שֶׁמִּתְגַּלְגְּלִים, שֶׁגֹּרְשׁוּ בְּגֵרוּשִׁין מֵאוֹתוֹ הָעוֹלָם וְאֵין לָהֶם בַּת זוּג, בַּת הַזּוּג שֶׁהֵם מִזְדַּוְּגִים בָּעוֹלָם הַזֶּה, מֵאֵיפֹה הֵן אוֹתָן נָשִׁים שֶׁמִּזְדַּוְּגוֹת עִמָּם בָּעוֹלָם הַזֶּה, שֶׁהֲרֵי לְכָל בְּנֵי הָאָדָם יֵשׁ בַּת זוּג, חוּץ מִזֶּה.

חֲמוּ הַשְׁתָּא, כַּמָּה אִינּוּן רַבְרְבִין וְעִלָּאִין גְּבוּרָן דִּילֵיהּ. תָּנֵינָן, מַאן דִּמְתָרֵךְ אִתְּתֵיהּ קַדְמָאָה, מַדְבְּחָא אָחִית עֲלוֹי דִּמְעִין. מַדְבְּחָא אַמַּאי. אֶלָּא, הָא אֲמֵינָא, דְּכָל נָשִׁין דְּעָלְמָא בְּדִיוּקְנָא דְּהַאי מַדְבְּחָא קַיְימֵי, וְעַל דָּא יָרְתָאן אִינּוּן שֶׁבַע בִּרְכָאן, דְּכֻלְּהוּ מִכְּנֶסֶת יִשְׂרָאֵל אִינּוּן. וְאִי אִיהוּ [דף ק"ג ע"א] מְתָרֵךְ לָהּ, אַהֲדָר אַבְנָא לְגַרְעוֹנָא. מַאי טַעְמָא, בְּגִין דְּמִתְחַבְּרָן תְּרוּכִין בַּהֲדֵי הֲדָדֵי.

רְאוּ עַכְשָׁו כַּמָּה גְדוֹלִים וְעֶלְיוֹנִים גְּבוּרוֹתָיו. שָׁנִינוּ, מִי שֶׁמְּגָרֵשׁ אִשְׁתּוֹ הָרִאשׁוֹנָה, מִזְבֵּחַ מוֹרִיד עָלָיו דְּמָעוֹת. לָמָּה מִזְבֵּחַ, אֶלָּא הֲרֵי אָמַרְנוּ שֶׁכָּל נְשׁוֹת הָעוֹלָם עוֹמְדוֹת בִּדְמוּת הַמִּזְבֵּחַ הַזֶּה, וְעַל זֶה הֵן יוֹרְשׁוֹת שֶׁבַע בְּרָכוֹת, שֶׁכֻּלָּן הֵן מִכְּנֶסֶת יִשְׂרָאֵל. וְאִם הוּא מְגָרֵשׁ אוֹתָהּ, חוֹזֶרֶת הָאֶבֶן לְגֵרָעוֹן. מָה הַטַּעַם, מִשּׁוּם שֶׁמִּתְחַבְּרִים הַגֵּרוּשִׁין זֶה עִם זֶה.

וְרָזָא דָּא דִּכְתִּיב, וְכָתַב לָהּ סֵפֶר כְּרִיתוּת וְנָתַן בְּיָדָהּ וְגוֹ', וְיָצְאָה מִבֵּיתוֹ וְהָלְכָה וְהָיְתָה לְאִישׁ אַחֵר. מִמַּשְׁמַע דְּאָמַר, וְהָלְכָה וְהָיְתָה לְאִישׁ, לָא יָדַעְנָא מַאי אַחֵר. אֶלָּא כְּמָה דְּאִתְּמַר, אַחֵר תְּנָן, וְאַחֵר כְּתִיב, וְאַחֵר קָרֵינָן לֵיהּ, דִּכְתִּיב, וּמֵעָפָר אַחֵר יִצְמָחוּ. וּתְרוּכִין מִתְחַבְּרָן כַּחֲדָא, תְּרוּכִין דְּהַהוּא עָלְמָא, וּתְרוּכִין דְּהַאי עָלְמָא. וּמַה דַּהֲוַת הַאי אִתְּתָא, בְּדִיוּקְנָא עִלָּאָה, הָא אִשְׁתַּעְבְּדָא לְדִיוּקְנָא תַּתָּאָה, קָרֵינָא לֵיהּ אַחֵר.

וְסוֹד זֶה, שֶׁכָּתוּב, וְכָתַב לָהּ סֵפֶר כְּרִיתֻת וְנָתַן בְּיָדָהּ וְגוֹ', וְיָצְאָה מִבֵּיתוֹ וְהָלְכָה וְהָיְתָה לְאִישׁ אַחֵר. מִמַּשְׁמָע שֶׁאָמַר וְהָלְכָה וְהָיְתָה לְאִישׁ, לֹא יָדַעְנוּ, מַה זֶּה אַחֵר, אֶלָּא כְּמוֹ שֶׁנֶּאֱמַר, שָׁנִינוּ אַחֵר, וְאַחֵר כָּתוּב, וְאַחֵר קוֹרְאִים אוֹתוֹ, שֶׁכָּתוּב, וּמֵעָפָר אַחֵר יִצְמָחוּ. וְהַגֵּרוּשִׁים מִתְחַבְּרִים כְּאֶחָד, גֵּרוּשִׁים שֶׁל אוֹתוֹ הָעוֹלָם וְגֵרוּשִׁים שֶׁל הָעוֹלָם הַזֶּה. וּמַה שֶּׁהָאִשָּׁה הַזּוֹ הָיְתָה בִּדְיוֹקָן עֶלְיוֹן, הֲרֵי הִשְׁתַּעְבְּדָה לִדְיוֹקָן תַּחְתּוֹן, קוֹרְאִים לוֹ אַחֵר.

וְקָרֵינָן לֵיהּ אַחֲרוֹן, אַחֲרוֹן מִנָּלָן. דִּכְתִּיב, וְאַחֲרוֹן עַל עָפָר יָקוּם. וְהָכָא כְּתִיב וּשְׂנֵאָהּ הָאִישׁ הָאַחֲרוֹן. אוֹ כִּי יָמוּת הָאִישׁ הָאַחֲרוֹן.

אַחֲרוֹן, שֵׁנִי מִבָּעֵי לֵיהּ. וְאִי תֵּימָא, דְּלָא תִּזְדַּוֵּג אֲפִילוּ לַעֲשָׂרָה, דָּא בָּתַר דָּא. לָאו הָכִי. וְכִי לְבַעְלָהּ דָּא תִּזְדַּוֵּג, וְלָא לְאַחֲרָא, מַאי אַחֲרוֹן.

וְקוֹרְאִים לוֹ אַחֲרוֹן. מִנַּיִן לָנוּ אַחֲרוֹן. שֶׁכָּתוּב, וְאַחֲרוֹן עַל עָפָר יָקוּם. וְכָאן כָּתוּב וּשְׂנֵאָהּ הָאִישׁ הָאַחֲרוֹן. אוֹ, כִּי יָמוּת הָאִישׁ הָאַחֲרוֹן. אַחֲרוֹן, שֵׁנִי הָיָה צָרִיךְ לִהְיוֹת. וְאִם תֹּאמַר שֶׁלֹּא תִזְדַּוֵּג אֲפִלּוּ לַעֲשָׂרָה זֶה אַחַר זֶה, לֹא כָּךְ. וְכִי לַבַּעַל הַזֶּה תִּזְדַּוֵּג וְלֹא לְאַחֵר. מַה זֶּה אַחֲרוֹן.

אֶלָּא דָּא אִיהוּ הַאי אַחֵר דְּקָאָמְרָן, וְאִיהוּ אַחֵר, וְאִיהוּ אַחֲרוֹן. הַשְׁתָּא אַבְנָא מִתְגַּלְגְּלָא בְּקוּסְפָּתָא. אַחֵר אֲמַאי אִקְרֵי הָכִי דְּהָא כָּל בִּנְיָינָא נָפַל, וְאִתְהַדָּר לְעַפְרָא, אִיהוּ הֲוָה מַה דַּהֲוָה, וְלָא אַחֲרָא. אֲמַאי קָרֵינָן לֵיהּ אַחֵר. אוּף הָכִי אֲמַאי אִקְרֵי אַחֲרוֹן, וְכִי אַחֲרוֹן אִיהוּ, וְהָא אִי יִתְיַשַּׁר יְאוּת, וְאִי לָא, יֶהְדַּר וְיִתְגַּלְגֵּל וְיִתְנְטַע כְּמִלְּקַדְמִין, אֲמַאי אִקְרֵי אַחֲרוֹן.

אֶלָּא זֶהוּ הָאַחֵר הַזֶּה שֶׁאָמַרְנוּ, וְהוּא אַחֵר, וְהוּא אַחֲרוֹן. עַכְשָׁו הָאֶבֶן מִתְגַּלְגֶּלֶת בְּכַף הַקֶּלַע. לָמָּה אַחֵר נִקְרָא כָּךְ, שֶׁהֲרֵי כָּל הַבִּנְיָן נָפַל וְחָזַר לְעָפָר, הוּא הָיָה מַה שֶּׁהָיָה וְלֹא אַחֵר. לָמָּה קוֹרְאִים לוֹ אַחֵר, אַף כָּךְ לָמָּה נִקְרָא אַחֲרוֹן, וְכִי הוּא אַחֲרוֹן, וַהֲרֵי אִם יִתְיַשֵּׁר, יָפֶה. וְאִם לֹא, יַחֲזֹר וְיִתְגַּלְגֵּל וְיִנָּטַע כְּמִקֹּדֶם. לָמָּה נִקְרָא אַחֲרוֹן.

אֲבָל תָּא חֲזֵי, כְּתִיב, וַיַּרְא אֱלֹהִים אֶת כָּל אֲשֶׁר עָשָׂה וְהִנֵּה טוֹב מְאֹד, מַאי טוֹב. תָּנֵינָן, דָּא מַלְאָךְ דְּטוֹב. מְאֹד, דָּא מַלְאַךְ הַמָּוֶת. וּלְכֹלָּא קוּדְשָׁא בְּרִיךְ הוּא אַזְמִין תִּקּוּנוֹי.

אֲבָל בֹּא וּרְאֵה, כָּתוּב, וַיַּרְא אֱלֹהִים אֶת כָּל אֲשֶׁר עָשָׂה וְהִנֵּה טוֹב מְאֹד. מַה זֶּה טוֹב, שָׁנִינוּ, זֶה מַלְאַךְ הַטּוֹב. מְאֹד, זֶה מַלְאַךְ הַמָּוֶת. וְלַכֹּל הַקָּדוֹשׁ בָּרוּךְ הוּא הִזְמִין תִּקּוּנוֹ.

תָּא חֲזֵי, כְּתִיב, וְנָהָר יוֹצֵא מֵעֵדֶן לְהַשְׁקוֹת אֶת הַגָּן, נָהָר דָּא, לָא שָׁכִיךְ לְעָלְמִין, מִלְּאַפָּשָׁא וּלְמִסְגֵּי וּלְמֶעְבַּד פֵּירִין. וְאֵל אַחֵר אִסְתְּרַס, וְלֵית לֵיהּ תֵּיאוּבְתָּא לְעָלְמִין, וְלָא אַפֵּישׁ, וְלָא עָבִיד פֵּירִין, דְּאִלְמָלֵי עָבִיד פֵּירִין, יְטַשְׁטֵשׁ לְכָל עָלְמָא.

בֹּא וּרְאֵה, כָּתוּב, וְנָהָר יֹצֵא מֵעֵדֶן לְהַשְׁקוֹת אֶת הַגָּן. נָהָר זֶה לֹא שׁוֹכֵךְ לְעוֹלָמִים מִלְּהַרְבּוֹת וּמִלְּגַדֵּל וְלַעֲשׂוֹת פֵּרוֹת. וְאֵל אַחֵר הִסְתָּרֵס, וְאֵין לוֹ תְּשׁוּקָה לְעוֹלָמִים, וְלֹא מַרְבֶּה וְלֹא עוֹשֶׂה פֵּרוֹת. שֶׁאִלְמָלֵא עָשָׂה פֵּרוֹת, יְבַלְבֵּל אֶת כָּל הָעוֹלָם.

וּבְגִין כָּךְ, בַּר נָשׁ דְּגָרִים לְהַהוּא סִטְרָא דְּיִפּוּשׁ בְּעָלְמָא, אִקְרֵי רַע, וְלָא זָמֵי אַפֵּי שְׁכִינְתָּא לְעָלְמִין, דִּכְתִיב, לֹא יְגֻרְךָ רָע. הַאי בַּר נָשׁ, דְּמִתְגַּלְגְּלָא בְּגִלְגּוּלָא, אִי אִיהוּ עָבַר וְאִתְדַּבָּק בְּהַהוּא אֵל אַחֵר, דְּלָא עָבִיד פֵּירִין, וְלָא אַפִּישׁ בְּעָלְמָא, בְּגִין כַּךְ אִקְרֵי אַחֵר, וּשְׁמָא גָּרִים לֵיהּ, אִיהוּ הוּא, וְאַחֵר אִקְרֵי, אַחֵר וַדַּאי.

וּמִשּׁוּם כָּךְ אָדָם שֶׁגּוֹרֵם לְאוֹתוֹ הַצַּד לְגַדֵּל בָּעוֹלָם נִקְרָא רַע, וְלֹא רוֹאֶה פְּנֵי שְׁכִינָה לְעוֹלָמִים, שֶׁכָּתוּב, לֹא יְגֻרְךָ רָע. הָאִישׁ הַזֶּה שֶׁמִּתְגַּלְגֵּל בְּגִלְגּוּל, אִם עָבַר וְנִדְבַּק בְּאוֹתוֹ אֵל אַחֵר שֶׁלֹּא עוֹשֶׂה פֵּרוֹת וְלֹא מִתְרַבֶּה בָּעוֹלָם, מִשּׁוּם כָּךְ נִקְרָא אַחֵר, וְהַשֵּׁם גּוֹרֵם לוֹ. הוּא הוּא, וְאַחֵר נִקְרָא, אַחֵר וַדַּאי.

אַחֲרוֹן. מִקַּדְמָאָה וְאֵילָךְ, אַחֲרוֹן קָרֵינָן לֵיהּ, וְאַחֲרוֹן אִקְרֵי. תִּנְיָינָא אִיהוּ, וּמִיָּד אִקְרֵי אַחֲרוֹן, וְהָכִי קָרֵי לֵיהּ קוּדְשָׁא בְּרִיךְ הוּא אַחֲרוֹן, בְּגִין דְּיִתְתַּקַּן לְמֶהֱוֵי אַחֲרוֹן, וְלָא יְתוּב כְּמִלְקַדְמִין. תְּלִיתָאָה אוּף הָכִי. וְכֵן בְּכָל זִמְנִין, מִקַּדְמָאָה וְאֵילָךְ. הָכִי אִקְרֵי אַחֲרוֹן, וְהָכִי אִצְטְרִיךְ לְמִקְרֵי אַחֲרוֹן, דְּאִלְמָלֵא אִתְקְרֵי מִיַּד תִּנְיָינָא, הָא פִּתְיָזוּ דְּפוּמָא לְאַהֲדְרָא כְּמִלְקַדְמִין, וְהַהוּא בִּנְיָינָא אִסְתְּתַר.

אַחֲרוֹן. מֵרִאשׁוֹן וָאֵילָךְ אַחֲרוֹן קוֹרְאִים לוֹ, וְאַחֲרוֹן נִקְרָא. שֵׁנִי הוּא, וּמִיָּד נִקְרָא אַחֲרוֹן, וְכָךְ קוֹרֵא לוֹ הַקָּדוֹשׁ בָּרוּךְ הוּא אַחֲרוֹן, מִשּׁוּם שֶׁנִּתְקַן לִהְיוֹת אַחֲרוֹן וְלֹא יָשׁוּב כְּמִקֹּדֶם. הַשְּׁלִישִׁי אַף כָּךְ. וְכֵן בְּכָל הַפְּעָמִים מֵהָרִאשׁוֹן וָאֵילָךְ, כָּךְ נִקְרָא אַחֲרוֹן, וְכֵן צָרִיךְ לִקְרֹא אַחֲרוֹן, שֶׁאִלְמָלֵא נִקְרָא מִיָּד שֵׁנִי, הֲרֵי יֵשׁ פִּתְחוֹן פֶּה לַחְזֹר כְּמִקֹּדֶם, וְאוֹתוֹ בִּנְיָן נֶהֱרַס.

מְנָלָן. מִבַּיִת שֵׁנִי דְּאִקְרֵי אַחֲרוֹן, דִּכְתִיב, גָּדוֹל יִהְיֶה כְּבוֹד הַבַּיִת הַזֶּה הָאַחֲרוֹן מִן הָרִאשׁוֹן. דְּהָא מִקַּדְמָאָה וְאֵילָךְ, אַחֲרוֹן אִקְרֵי, דְּהָא לָא יְהֵא פִּתְיָזוּ דְּפוּמָא, דְּהַהוּא בִּנְיָינָא יִנְפּוֹל, וְיִתְהַדָּר כְּמִלְקַדְמִין.

מִנַּיִן לָנוּ. מִבַּיִת שֵׁנִי שֶׁנִּקְרָא אַחֲרוֹן, שֶׁכָּתוּב, גָּדוֹל יִהְיֶה כְּבוֹד הַבַּיִת הַזֶּה הָאַחֲרוֹן מִן הָרִאשׁוֹן. שֶׁהֲרֵי מֵרִאשׁוֹן וָאֵילָךְ נִקְרָא אַחֲרוֹן, שֶׁהֲרֵי לֹא יִהְיֶה פִּתְחוֹן פֶּה שֶׁאוֹתוֹ בִּנְיָן יִפֹּל וְיַחְזֹר כְּמִקֹּדֶם.

אוּף הָכִי דָּא, אַחֲרוֹן קָרֵינָן לֵיהּ. וּבְגִין כַּךְ כְּתִיב, לֹא יוּכַל בַּעְלָהּ הָרִאשׁוֹן אֲשֶׁר שִׁלְּחָהּ לָשׁוּב לְקַחְתָּהּ. לֹא יוּכַל, לָא יְקַזְנָה מִבָּעֵי לֵיהּ, מַאי לֹא יוּכַל. אֶלָּא כֵּיוָן דְּהַאי אִתְּתָא אִתְדַּבְּקַת בְּאַחֵר, וְנַזְוְתַת לְאִשְׁתַּעְבְּדָא בְּדַרְגָּא תַּתָּאָה, לָא בָּעֵי קוּדְשָׁא בְּרִיךְ הוּא,

דְּאִיהוּ יְתוּב מִדַּרְגָּא דִּילֵיהּ, לְמֵיהַב אִיבָּא, וּלְאִתְדַּבְּקָא בְּהַהוּא דַּרְגָּא דְּלָאו דִּילֵיהּ.

אַף זֶה כָּךְ, אַחֲרוֹן קוֹרְאִים לוֹ. וְלָכֵן כָּתוּב לֹא יוּכַל בַּעְלָהּ הָרִאשׁוֹן אֲשֶׁר שִׁלְּחָהּ לָשׁוּב לְקַחְתָּהּ. לֹא יוּכַל, לֹא יְקַנֵּא הָיָה צָרִיךְ לִהְיוֹת! מַה זֶּה לֹא יוּכַל, אֶלָּא כֵּיוָן שֶׁהָאִשָּׁה הַזּוֹ נִדְבְּקָה בְּאַחֵר וְיָרְדָה לְהִשְׁתַּעְבֵּד בְּדַרְגָּה תַּחְתּוֹנָה, לֹא רוֹצֶה הַקָּדוֹשׁ בָּרוּךְ הוּא שֶׁיָּשׁוּב מִדַּרְגָּתוֹ לָתֵת פְּרִי וּלְהִדָּבֵק בְּאוֹתָהּ דַּרְגָּה שֶׁאֵינָהּ שֶׁלּוֹ.

וְתָא חֲזֵי, אִי הַאי אִתְּתָא לָא אִתְנְסִיבַת, אֲפִילּוּ תִּזְנֶה בְּכָל גּוּבְרִין דְּעָלְמָא, אִי בָּעֵי בַּעְלָהּ יְתוּב לְגַבָּהּ, אֲבָל אִי אִתְדַּבְּקָא בְּנִשּׂוּאִין לְאָחֳרָא, הָא לָא יוּכַל לָשׁוּב לְדַרְגָּא קַדְמָאָה, דַּהֲוָה בְּקַדְמִיתָא לְגַבָּהּ. לָא יוּכַל וַדַּאי לְאַתְבָא לְהַהוּא דַּרְגָּא לְעָלְמִין.

וּבֹא רְאֵה, אִם הָאִשָּׁה הַזּוֹ לֹא נִשֵּׂאת, אֲפִלּוּ תִּזְנֶה עִם כָּל הָאֲנָשִׁים שֶׁבָּעוֹלָם - אִם רוֹצֶה בַעְלָהּ, יָשׁוּב אֵלֶיהָ. אֲבָל אִם נִדְבְּקָה בְּנִשּׂוּאִין לְאַחֵר, זֶה לֹא יוּכַל לָשׁוּב לְדַרְגָּתוֹ הָרִאשׁוֹנָה שֶׁהָיָה בַּתְּחִלָּה אֵלֶיהָ. לֹא יוּכַל וַדַּאי לְהָשִׁיב אוֹתָהּ הַדַּרְגָּה לְעוֹלָמִים.

אַחֲרֵי אֲשֶׁר הֻטַּמָּאָה. תָּנִינָן, דְּהֻטַּמְּאָה בְּלִבֵּיהּ. אִי הָכִי, אֲפִילּוּ אִי תִּתְרַחַק וְתִזְנֶה בְּלָא נִשּׂוּאִין. אֶלָּא, כֵּיוָן דְּאִתְדַּבְּקַת לְאָחֳרָא, הָא קַבִּילַת עָלָהּ חוּלָקָא דְּהַהוּא סִטְרָא, וּבַעְלָהּ [דף ק"ג ע"ב] **קַדְמָאָה דְּאִיהוּ מִסִּטְרָא אַחֲרָא טָבָא דְּטוֹב, לָא יְהֵא לֵיהּ בָּהּ חוּלָקָא לְעָלְמִין, וְלָא יַפִּישׁ כְּלָל לְהַהוּא אֲתַר. הָא אִם שְׂלָחָהּ הָאִישׁ הָאַחֲרוֹן, אוֹ כִּי יָמוּת הָאִישׁ הָאַחֲרוֹן, לְקַדְמָאָה אֲסוּרָא, אֲבָל לִשְׁאַר בְּנֵי נָשָׁא, תִּשְׁתְּרֵי. דִּילְמָא תִּשְׁכַּח אַתְרָא כְּמִלְּקַדְמִין, וְאַחֲרוֹן יָקוּם דְּיִזְדַּוּוּג בַּהֲדָהּ.**

אַחֲרֵי אֲשֶׁר הֻטַּמָּאָה. שָׁנִינוּ, שֶׁהֻטַּמְּאָה בְּלִבּוֹ. אִם כָּךְ, אֲפִלּוּ אִם תִּתְרַחֵק וְתִזְנֶה בְּלִי נִשּׂוּאִין, אֶלָּא כֵּיוָן שֶׁנִּדְבְּקָה לְאַחֵר, הֲרֵי קִבְּלָה עָלֶיהָ אֶת הַחֵלֶק שֶׁל אוֹתוֹ הַצַּד, וּבַעְלָהּ הָרִאשׁוֹן שֶׁהוּא מִצַּד אַחֵר טוֹב שֶׁל טוֹב, לֹא יִהְיֶה לוֹ בָּהּ חֵלֶק לְעוֹלָמִים, וְלֹא יַרְבֶּה כְּלָל אֶת אוֹתוֹ מָקוֹם. הֲרֵי אִם שִׁלְּחָהּ הָאִישׁ הָאַחֲרוֹן אוֹ כִּי יָמוּת הָאִישׁ הָאַחֲרוֹן, לָרִאשׁוֹן אֲסוּרָה, אֲבָל לִשְׁאָר בְּנֵי אָדָם מֻתֶּרֶת. אוּלַי תִּמְצָא מָקוֹם כְּמוֹ מִקֹּדֶם, וְאַחֲרוֹן יָקוּם וְיִזְדַּוֵּג עִמָּהּ.

מַאן דְּאִית לֵיהּ בְּנִין מֵאִתְּתֵיהּ קַדְמִיתָא, וְאָעִיל הַאי לְגוֹ בֵּיתֵיהּ, הַהוּא יוֹמָא אִתְדַּבַּק בְּחַרְבָּא קַשְׁיָא דְּמִתְהַפְּכָא, בְּגִין תְּרֵין סִטְרִין. חַד, דְּהָא תְּרֵין דָּחַת לוֹן לְבַר, וְהַשְׁתָּא אִיהוּ תְּלִיתָאָה. וְתוּ, בְּמָאנָא דְּאִשְׁתַּעְבֵּד בֵּיהּ אָחֳרָא, הֵיךְ יֵיתֵי אִיהוּ לְמֵיהַב בֵּיהּ

רוּחָא דִּילֵיהּ, וְיִשְׁתַּתֵּף בַּהֲדָהּ, וְיִתְדַּבַּק בָּהּ. לָאו דְּאִיהִי אֲסוּרָא, אֲבָל וַדַּאי שִׁתּוּפָא בִּישָׁא אִיהוּ לְגַרְמֵיהּ.

מִי שֶׁיֵּשׁ לוֹ בָּנִים מֵאִשְׁתּוֹ הָרִאשׁוֹנָה וּמַכְנִיס אֶת זוֹ לְתוֹךְ בֵּיתוֹ, אוֹתוֹ הַיּוֹם הוּא נִדְבָּק בְּחֶרֶב קָשָׁה שֶׁמִּתְהַפֶּכֶת בִּשְׁבִיל שְׁנֵי צְדָדִים. אֶחָד, שֶׁהֲרֵי שְׁנַיִם הִיא דְּחָתָה הַחוּצָה, וְעַכְשָׁו הוּא הַשְּׁלִישִׁי. וְעוֹד, כְּלִי שֶׁהִשְׁתַּעְבֵּד בּוֹ אַחֵר, אֵיךְ הוּא יָבֹא לָתֵת בָּהּ רוּחוֹ שֶׁלּוֹ וְיִשְׁתַּתֵּף עִמָּהּ וְיִדָּבֵק בָּהּ, לֹא שֶׁהִיא אֲסוּרָה, אֲבָל וַדַּאי שִׁתּוּף רַע הוּא לְעַצְמוֹ.

רַבִּי לְוִיטַס אִישׁ כְּפַר אוֹנוֹ, הֲוָה חַיֵּיךְ וּמִתְלוֹצֵץ עַל אִתְּתָא דָּא, כַּד חָמֵי מַאן דְּאִזְדַּוָּג בַּהֲדָהּ, וַהֲוָה אָמַר, וַתִּשְׂחַק לְיוֹם אַחֲרוֹן כְּתִיב, מַאן דְּאִתְדַּבְּקַת בֵּיהּ בְּאִישׁ אַחֲרוֹן, חִיּוּכָא אִיהִי לְבָתַר.

רַבִּי לְוִיטַס אִישׁ כְּפַר אוֹנוֹ הָיָה צוֹחֵק וּמִתְלוֹצֵץ עַל הָאִשָּׁה הַזּוֹ, כְּשֶׁרָאָה מִי מִזְדַּוֵּג עִמָּהּ, וְהָיָה אוֹמֵר, וַתִּשְׂחַק לְיוֹם אַחֲרוֹן כָּתוּב. מִי שֶׁנִּדְבֶּקֶת בּוֹ בְּאִישׁ אַחֲרוֹן, אַחַר כָּךְ הִיא צְחוֹק.

הַשְׁתָּא, אִית לְאַהַדְרָא וּלְעַיְּינָא, עַל אֲתָר חַד רַב וְעִלָּאָה, דַּהֲוָה בְּעָלְמָא, וְגִזְעָא וְשָׁרְשָׁא דִּקְשׁוֹט, וְאִיהוּ עוֹבֵד אֲבִי יִשַׁי אֲבִי דָוִד. דְּהָא אִתְּמַר דְּאַחֲרוֹן הֲוָה, הֵיךְ נָפַק שָׁרְשָׁא דִּקְשׁוֹט, מִגּוֹ אֲתָר דָּא.

עַכְשָׁו יֵשׁ לַחֲזֹר וּלְעַיֵּן עַל מָקוֹם אֶחָד גָּדוֹל וְעֶלְיוֹן שֶׁהָיָה בָּעוֹלָם, וְגֶזַע וְשֹׁרֶשׁ שֶׁל אֱמֶת, וְהוּא עוֹבֵד אֲבִי יִשַׁי אֲבִי דָוִד, שֶׁהֲרֵי נֶאֱמַר שֶׁהָיָה אַחֲרוֹן, אֵיךְ יָצָא שֹׁרֶשׁ אֱמֶת מֵהַמָּקוֹם הַזֶּה.

אֶלָּא, עוֹבֵד אִתְתָּקַן בְּתִקּוּנָא עִלָּאָה, וְאַהְדַּר שָׁרְשָׁא דְּאִילָנָא דְּקָא אִתְהַפַּךְ, עַל תִּקּוּנֵיהּ, וְאִסְתַּלִּיק בֵּיהּ, וְאִתְתָּקַן כִּדְקָא יֵאוֹת, וְעַל דָּא אִקְרֵי עוֹבֵד. מַה דְּלָא זָכוּ הָכִי, שְׁאַר בְּנֵי עָלְמָא.

אֶלָּא עוֹבֵד נִתְקַן בְּתִקּוּן עֶלְיוֹן, וְחָזַר הַשֹּׁרֶשׁ שֶׁל הָאִילָן שֶׁהִתְהַפֵּךְ עַל תִּקּוּנוֹ, וְהִתְעַלָּה בּוֹ וְהִתְתַּקֵּן כָּרָאוּי, וְעַל זֶה נִקְרָא עוֹבֵד, מַה שֶּׁלֹּא זָכוּ כָּךְ שְׁאָר בְּנֵי הָעוֹלָם.

אָתָא אִיהוּ, פָּלַח וְאַעְדַּר עִקָּרָא וְשָׁרְשָׁא דְּאִילָנָא, וְנָפַק מֵאַנְפִּין מְרִירָן, וְאַהְדַּר וְאִתְתַּקַּן בְּנוֹפָא דְּאִילָנָא אַחֲרָא עִלָּאָה, אָתָא יִשַׁי בְּרֵיהּ, וְאַחֲסִין לֵיהּ, וְתָקִין לֵיהּ, וְאִתְאֲחָד בְּעַנְפּוֹי דְּאִילָנָא אַחֲרָא עִלָּאָה, וְחִבֵּר אִילָנָא בְּאִילָנָא, וְאִסְתְּבָכוּ דָּא בְּדָא. כֵּיוָן דְּאָתָא דָוִד, אַשְׁכַּח אִילָנִין מִסְתַּבְּכָן וּמִתְאַחֲדָן דָּא בְּדָא, כְּדֵין יָרִית שֻׁלְטָנוּ בְּאַרְעָא, וְעוֹבֵד גָּרִים דָּא.

הוּא בָּא, עָבַד וְעָדַר אֶת עִקַּר וְשֹׁרֶשׁ הָאִילָן, וְיָצָא מֵהַפְּנִים הַמָּרִים, וְחָזַר וְנִתְקַן בְּנוֹף שֶׁל אִילָן אַחֵר עֶלְיוֹן. בָּא יִשַׁי בְּנוֹ וְחִזֵּק אוֹתוֹ וְתִקֵּן אוֹתוֹ, וְנֶאֱחַז בְּעַנְפֵי הָאִילָן הָעֶלְיוֹן הָאַחֵר, וְחִבֵּר אִילָן בְּאִילָן, וְהִסְתַּבְּכוּ זֶה בָּזֶה. כֵּיוָן שֶׁבָּא דָוִד, מָצָא אִילָנוֹת מְסֻבָּכִים וּמְאֻחָדִים זֶה בָּזֶה. אָז יָרַשׁ הַשִּׁלְטוֹן בָּאָרֶץ, וְעוֹבֵד גָּרַם אֶת זֶה.

בָּכָה הַהוּא סָבָא וְאָמַר, אִי סָבָא סָבָא, וְלָא אֲמֵינָא לָךְ, דְּעָלַת בְּיַמָּא רַבָּא, הַשְׁתָּא אַנְתְּ הוּא גּוֹ תְּהוֹמֵי רַבְרְבִין, אִתְתָּקַן לְסַלְּקָא. סָבָא סָבָא, אַנְתְּ גָּרַמְתְּ דָּא, דְּאִלְמָלֵא הֲוֵית שָׁתִיק בְּקַדְמֵיתָא, הֲוָה יָאוּת לָךְ, אֲבָל הַשְׁתָּא לָא יָכִילַת וְלֵית מַאן דְּאָזִיד בִּידָךְ, אֶלָּא אַנְתְּ בִּלְחוֹדָךְ. קוּם סָבָא וְאִסְתַּלָּק בִּסְלִיקוּ.

בָּכָה אוֹתוֹ זָקֵן וְאָמַר, אִי זָקֵן זָקֵן, וְלֹא אָמַרְנוּ לְךָ שֶׁנִּכְנַסְתָּ לַיָּם הַגָּדוֹל, עַכְשָׁו אַתָּה הוּא בְּתוֹךְ הַתְּהוֹמוֹת הַגְּדוֹלִים. הִתְתַּקֵּן לַעֲלוֹת. זָקֵן זָקֵן, אַתָּה גָּרַמְתָּ לָזֶה, שֶׁאִלְמָלֵא הָיִיתָ שׁוֹתֵק בַּתְּחִלָּה, הָיָה נָאֶה לְךָ, אֲבָל עַכְשָׁו לֹא יָכֹלְתָּ וְאֵין מִי שֶׁיֹּאחֵז בְּיָדְךָ, אֶלָּא אַתָּה בִּלְבַדְּךָ. קוּם זָקֵן וַעֲלֵה בְּמַעֲלָה.

עוֹבֵד דָּא, אִתְתָּקַן וְנָפַק מִגּוֹ זְהַל בִּישָׁא, דְּגוּבִין בִּישִׁין. אָתָא יִשַׁי בְּרֵיהּ, וְאַתְקִין וְאַעְדָּר אִילָנָא, וְעִם כָּל דָּא, דָּא רָזָא דְּרָזִין, וְלָא יָדַעְנָא אִי אֵימָא, אִי לָא אֵימָא. אֵימָא מִילָּךְ סָבָא, וַדַּאי אֵימָא, בְּדָא יָדִיעָאן כָּל שְׁאַר בְּנֵי גִּלְגּוּלָא. עוֹבֵד עִם כָּל דָּא אִילָנָא אַתְקִין. כַּד אָתָא דָּוִד מַלְכָּא, בְּאִילָנָא תַּתָּאָה דְּנוּקְבָא אִשְׁתְּאַר, וְאִצְטְרִיךְ לְקַבְּלָא חַיִּין מֵאַחֲרָא, וּמָה אִי הַאי דְּאִתְתָּקַן, וְאַתְקִין כֹּלָּא, הָכִי. שְׁאַר בְּנֵי עָלְמָא דְּאַתְיָין בְּגִלְגּוּלָא, דְּלָא יַכְלִין לְאִתְתַּקְנָא הָכִי, עַל אַחַת כַּמָּה וְכַמָּה.

עוֹבֵד זֶה הִתְתַּקֵּן וְיָצָא מִתּוֹךְ שָׂדֶה רַע שֶׁל בּוֹרוֹת רָעִים. בָּא יִשַׁי בְּנוֹ וְהִתְקִין וְעָדַר אֶת הָאִילָן, וְעִם כָּל זֶה, זֶה סוֹד הַסּוֹדוֹת, וְלֹא יָדַעְתִּי אִם אֹמַר וְאִם לֹא אֹמַר. אֱמֹר דְּבָרֶיךָ, זָקֵן, וַדַּאי אֱמֹר, בָּזֶה יְדוּעִים כָּל שְׁאָר בְּנֵי הַגִּלְגּוּל. עוֹבֵד עִם כָּל זֶה הִתְקִין אִילָן. כְּשֶׁבָּא דָוִד הַמֶּלֶךְ, נִשְׁאַר בָּאִילָן הַתַּחְתּוֹן שֶׁל הַנְּקֵבָה, וְהִצְטָרֵךְ לְקַבֵּל חַיִּים מֵאַחֵר. וּמָה אִם זֶה שֶׁהִתְתַּקֵּן וְהִתְקִין הַכֹּל כָּךְ - שְׁאָר בְּנֵי הָעוֹלָם שֶׁבָּאִים בְּגִלְגּוּל, שֶׁלֹּא יְכוֹלִים לְהִתְתַּקֵּן כָּךְ, עַל אַחַת כַּמָּה וְכַמָּה.

בְּכָל סִטְרִין אִתְהַפָּךְ בְּגִלְגּוּלָא. פֶּרֶץ הָכִי הֲוָה. בֹּעַז הָכִי הֲוָה. עוֹבֵד הָכִי הֲוָה. וּבְכֹלָּא נָפִיק אִילָנָא מִסִּטְרָא דְּרַע, וְאִתְדָּבַק לְבָתַר בְּסִטְרָא דְּטוֹב. בְּקַדְמֵיתָא, וַיְהִי עֵר בְּכוֹר יְהוּדָה רַע. מַחְלוֹן אוּף הָכִי, וְלָאו כָּל כַּךְ. אֲבָל בְּהָנֵי אִתְעֲכָל רָע, וְנָפִיק טוֹב

לְבָתַר, הַהוּא דִכְתִיב בֵּיהּ, וְטוֹב רֹאִי. וַיְיָ עִמּוֹ. הָכָא קַיְימָא אִילָנָא תַּתָּאָה עַל תִּקּוּנֵיהּ, וּמֶלֶךְ אֱלֹהִים עַל גּוֹיִם.

בְּכָל הַצְּדָדִים מִתְהַפֵּךְ בְּגִלְגּוּל. כָּךְ הָיָה פֶּרֶץ. כָּךְ הָיָה בֹּעַז. כָּךְ הָיָה עוֹבֵד. וּבַכֹּל יוֹצֵא אִילָן מִצַּד הָרָע, וְאַחַר כָּךְ נִדְבָּק בַּצַּד הַטּוֹב. בַּתְּחִלָּה, וַיְהִי עֵר בְּכוֹר יְהוּדָה רַע. מַחְלוֹן אַף כָּךְ וְלֹא כָל כָּךְ. אֲבָל בְּאֵלֶּה הִתְעַכֵּל הָרָע, וְיָצָא אַחַר כָּךְ טוֹב, אוֹתוֹ שֶׁכָּתוּב בּוֹ וְטוֹב רֹאִי. וַה' עִמּוֹ. עַכְשָׁו עוֹמֵד אִילָן תַּחְתּוֹן עַל תִּקּוּנוֹ, וּמֶלֶךְ אֱלֹהִים עַל גּוֹיִם.

בְּשֵׁירוּתָא דְכֹלָּא, מֵעִקָּרָא וִיסוֹדָא עִלָּאָה, אִשְׁתְּרָשׁוּ דַרְגִּין, רְאוּבֵן שִׁמְעוֹן לֵוִי יְהוּדָה, מַה כְּתִיב בֵּיהּ, הַפַּעַם אוֹדֶה אֶת יְיָ, וּכְתִיב וַתַּעֲמוֹד מִלֶּדֶת. הַיְינוּ, רָנִּי עֲקָרָה לֹא יָלָדָה. בְּגִין דְּכַד אִתְיְלִיד יְהוּדָה, נָפְקַת נוּקְבָא מִתְדַּבְּקָא בִּדְכוּרָא, וְלָא הֲוַת עַל תִּקּוּנָהָא אַנְפִּין בְּאַנְפִּין, וְלָא אִתְכְּשָׁרַת לְאוֹלָדָא כֵּיוָן דְּנָסַר לָהּ קוּדְשָׁא בְּרִיךְ הוּא, וְאַתְקִין לָהּ, כְּדֵין אִתְכְּשָׁרַת לְאִתְעַבְּרָא וּלְאוֹלָדָא.

בְּרֵאשִׁית הַכֹּל, מֵעִקָּר וִיסוֹד עֶלְיוֹן הִשְׁתָּרְשׁוּ דְרָגוֹת, רְאוּבֵן שִׁמְעוֹן לֵוִי יְהוּדָה. מַה כָּתוּב בּוֹ, הַפַּעַם אוֹדֶה אֶת ה'. וְכָתוּב וַתַּעֲמֹד מִלֶּדֶת. הַיְנוּ, רָנִּי עֲקָרָה לֹא יָלָדָה. מִשּׁוּם שֶׁכְּשֶׁנּוֹלַד יְהוּדָה, יָצְאָה נְקֵבָה דְּבוּקָה בְּזָכָר, וְלֹא הָיְתָה עַל תִּקּוּנֶיהָ פָּנִים בְּפָנִים וְלֹא הֻכְשְׁרָה לָלֶדֶת. כֵּיוָן שֶׁנִּסֵּר אוֹתָהּ הַקָּדוֹשׁ בָּרוּךְ הוּא וְהִתְקִין אוֹתָהּ, אָז הֻכְשְׁרָה לְהִתְעַבֵּר וְלָלֶדֶת.

וּבְסִפְרָא דַחֲנוֹךְ, וַתַּעֲמוֹד מִלֶּדֶת, לָאו עַל לֵאָה אִתְּמַר, אֶלָּא עַל רָחֵל אִתְּמַר, הַהִיא דִמְבַכָּה [דף ק"ד ע"א] **עַל בָּנֶיהָ, הַהִיא דְאִשְׁתָּרְשַׁת בִּיהוּדָה, יְה"וּ ד"ה. וַתַּעֲמוֹד מִלֶּדֶת, דְּהָא לָא אִתְתַּקְנָא.**

וּבְסִפְרוֹ שֶׁל חֲנוֹךְ, וַתַּעֲמֹד מִלֶּדֶת לֹא נֶאֱמַר עַל לֵאָה, אֶלָּא נֶאֱמַר עַל רָחֵל, אוֹתָהּ שֶׁמְּבַכָּה עַל בָּנֶיהָ, אוֹתָהּ שֶׁנִּשְׁרְשָׁה בִּיהוּדָה, **יְה"וּ דָ"ה**. וַתַּעֲמֹד מִלֶּדֶת, שֶׁהֲרֵי לֹא נִתְקְנָה.

בְּקַדְמֵיתָא, דְּיוּקְנָא דִלְעֵילָא הֲוָה כֹּלָּא רְאוּבֵן, אוֹ"ר בֵּ"ן. וַיֹּאמֶר אֱלֹהִים יְהִי אוֹר, יְמִינָא אוֹר. שִׁמְעוֹן, שְׂמָאלָא אוֹר בְּהַהוּא סִיגָא דְּדַהֲבָא בַּהֲדֵיהּ שֵׁם עָוֹן. לֵוִ"י, חִבּוּרָא דְכֹלָּא, לְאִתְחַבְּרָא מִתְּרֵין סִטְרִין. יְהוּדָה, נוּקְבָא בַּהֲדֵי דְכוּרָא מִתְדַּבְּקָת, יְה"וּ, דָא דְכוּרָא. ד"ה, דָא נוּקְבָא דַהֲוַת בַּהֲדֵיהּ.

בַּתְּחִלָּה דְּיוֹקַן הָעֶלְיוֹן הָיָה הַכֹּל רְאוּבֵן, אוֹ"ר בֵּ"ן. וַיֹּאמֶר אֱלֹהִים יְהִי אוֹר, יָמִין אוֹר. שִׁמְעוֹן, שְׂמֹאל אוֹר, בְּאוֹתוֹ סִיג שֶׁהַזָּהָב עִמּוֹ,

שֵׁם עָון. לֵוִי, חִבּוּר שֶׁל הַכֹּל לְהִתְחַבֵּר מִשְּׁנֵי צְדָדִים. יְהוּדָה, נְקֵבָה עִם זָכָר נִדְבֶּקֶת. **יְה"ו** זֶה זָכָר. **דָ"ה** זוֹ נְקֵבָה שֶׁהָיְתָה עִמּוֹ.

ד"ה, אֲמַאי ד"ה. אֶלָּא ד', בְּאִתְדַּבְּקוּתָא דְּרַע בַּהֲדָהּ, אִיהִי דָּלֶ"ת, מִסְכְּנָא אִיהִי, וְאִצְטְרִיךְ לְאָתָבָא בְּגִלְגּוּלָא, לְאִתְעַכְּלָא הַהוּא רַע, וּלְמִתְבְּלֵי בְּעַפְרָא. וּלְבָתַר לְצַמְּחָא בְּסִטְרָא דְּטוֹב, וּלְנָפְקָא מִמִּסְכְּנוּ לַעֲתִירוּ, וּכְדֵין ה'. וְעַל דָּא, יְה"ו ד"ה.

דָ"ה, לָמָּה **דָ"ה**, אֶלָּא **ד'** בְּהִדַּבְּקוּת שֶׁל רַע עִמָּהּ הִיא דָלֶ"ת, הִיא עֲנִיָּה, וּצְרִיכָה לָשׁוּב בְּגִלְגּוּל לְבַעֵר אֶת אוֹתוֹ הָרָע וּלְהִתְבַּלּוֹת בֶּעָפָר, וְאַחַר לִצְמֹחַ בְּצַד הַטּוֹב וְלָצֵאת מֵעֹנִי לְעֹשֶׁר, וְאָז ה'. וְעַל זֶה **יְה"ו דָ"ה**.

פּוּק סָבָא, מִגּוֹ תְּהוֹמֵי, לָא תִּדְחַל, כַּמָּה אַרְבִּין זְמִינִין לָךְ, בְּשַׁעֲתָא דְּתִשּׁוֹטֵט יַמָּא, בְּגִין לְנַיְיחָא בְּהוּ. בָּכָה כְּמִלְּקַדְמִין וְאָמַר, מָארֵי דְּעָלְמָא, דִּילְמָא יֵימְרוּן מַשִּׁרְיָין עִלָּאִין, דַּאֲנָא סָבָא, וּבָכֵי כִּינוֹקָא. גַּלֵּי קַמָּךְ, דְּעַל יְקָרָךְ אֲנָא עָבִיד, וְלָא עֲבִידְנָא עַל יְקָרָא דִּילִי, דְּהָא בְּקַדְמֵיתָא הֲוָה לִי לְאִסְתַּמְּרָא, דְּלָא אֵיעוֹל בְּיַמָּא רַבָּא, וְהַשְׁתָּא כֵּיוָן דַּאֲנָא בֵּיהּ, אִית לִי לְשַׁטְטָא בְּכָל סִטְרִין, וּלְנָפְקָא מִנֵּיהּ. יְהוּדָה אַתָּה יוֹדוּךָ אַחֶיךָ, הַיְינוּ דַּאֲנַן אַמְרִין בָּרוּךְ אַתָּה. אִיהוּ בָּרוּךְ וְאִיהִי אַתָּה, לְכֻלְּהוּ בְּנוֹי לָא אָמַר יַעֲקֹב אַתָּה, אֶלָּא לַאֲתָר דְּאִצְטְרִיךְ. דָּא אִיהוּ אַתָּה.

צֵא זָקֵן מִתּוֹךְ הַתְּהוֹמוֹת, אַל תִּפְחַד, כַּמָּה סְפִינוֹת מְזֻמָּנוֹת לְךָ בְּשָׁעָה שֶׁתָּשׁוּט בַּיָּם כְּדֵי לָנוּחַ בָּהֶן. בָּכָה כְּמוֹ מִקֹּדֶם וְאָמַר, רִבּוֹן הָעוֹלָם, אוּלַי יֹאמְרוּ הַמַּחֲנוֹת הָעֶלְיוֹנִים שֶׁאֲנִי זָקֵן וּבוֹכֶה כְּתִינוֹק. גָּלוּי לְפָנֶיךָ שֶׁעַל כְּבוֹדְךָ אֲנִי עוֹשֶׂה, וְלֹא עָשִׂיתִי לִכְבוֹדִי, שֶׁהֲרֵי בַּתְּחִלָּה הָיָה לִי לְהִשָּׁמֵר שֶׁלֹּא אֶכָּנֵס לַיָּם הַגָּדוֹל, וְעַכְשָׁו כֵּיוָן שֶׁאֲנִי בּוֹ, יֵשׁ לִי לְשׁוֹטֵט בְּכָל הַצְּדָדִים וְלָצֵאת מִמֶּנּוּ. יְהוּדָה אַתָּה יוֹדוּךָ אַחֶיךָ, הַיְנוּ מַה שֶּׁאָנוּ אוֹמְרִים בָּרוּךְ אַתָּה, הוּא בָּרוּךְ וְהִיא אַתָּה. לְכָל בָּנָיו לֹא אָמַר יַעֲקֹב אַתָּה, אֶלָּא לְמָקוֹם שֶׁהִצְטָרֵךְ. זֶהוּ אַתָּה.

שְׁמָא דָּא, יוֹדוּךָ אַחֶיךָ, כֻּלְּהוּ אוֹדָן לָךְ עַל שְׁמָא דָּא, וַדַּאי אַתָּה יוֹדוּךָ אַחֶיךָ, עַל שְׁמָא דָּא, אִסְתַּלָּק וְאִתְכַּפְיָא סְטָר אַחֲרָא, בְּגִין דְּכַד אִתְקְרֵי וְאַדְכַּר, הָא נָפְקַת סִטְרָא אַחֲרָא בַּהֲדָהּ. כֵּיוָן דְּאַמְרֵי אַתָּה, שַׁלְטָנוּ וְרַבְרְבָנוּ אִית לָהּ, וְסִטְרָא אַחֲרָא אִתְכַּפְיָיא, וְלָא אִתְחֲזִיאַת תַּמָּן. וַדַּאי בִּשְׁמָא דָּא אִתְרְשִׁים וְאִתְבְּרִיר מִסִּטְרָא אַחֲרָא. וְדָא אִסְתַּלָּקוּ וְשַׁלְטָנוּ דִּילָהּ, וּתְבִירוּ

סדר לימוד ליום הפטירה לעילוי נשמה

וּבִישׁ לְסִטְרָא אַחֲרָא. כֵּיוָן דְּיוֹדוּךָ אַחֶיךָ עַל שְׁמָא דָּא, אַתָּה, כְּדֵין יָדְךָ בְּעֹרֶף אוֹיְבֶיךָ, מִיָּד אִתְכַּפְיָין לְגַבָּךְ, וּשְׁמָא דָּא גָּרִים.

הַשֵּׁם הַזֶּה יוֹדוּךָ אַחֶיךָ. כֻּלָּם מוֹדִים לְךָ עַל הַשֵּׁם הַזֶּה. וַדַּאי אַתָּה יוֹדוּךָ אַחֶיךָ, עַל הַשֵּׁם הַזֶּה הִסְתַּלֵּק וְנִכְפָּה הַצַּד הָאַחֵר, מִשּׁוּם שֶׁכְּשֶׁנִּקְרָא וְנִזְכָּר, הֲרֵי יוֹצֵא אִתּוֹ הַצַּד הָאַחֵר. כֵּיוָן שֶׁאוֹמְרִים אַתָּה, שִׁלְטוֹן וּגְדֻלָּה יֵשׁ לָהּ, וְהַצַּד הָאַחֵר נִכְפֶּה וְלֹא נִרְאֶה שָׁם. וַדַּאי שֶׁבַּשֵּׁם הַזֶּה נִרְשַׁם וְנִבְחַר מֵהַצַּד הָאַחֵר. וְזוֹ הָעֲלִיָּה וְהַמֶּמְשָׁלָה שֶׁלָּהּ, וְשֶׁבֶר וָרַע לַצַּד הָאַחֵר. כֵּיוָן, שֶׁיּוֹדוּךָ אַחֶיךָ עַל הַשֵּׁם הַזֶּה, אַתָּה, אָז יָדְךָ בְּעֹרֶף אֹיְבֶיךָ, מִיָּד נִכְנָעִים אֵלֶיךָ, וְהַשֵּׁם הַזֶּה גּוֹרֵם.

יָדַעְנָא חַבְרַיָּיא יָדַעְנָא, דְּהָא אַתָּה שְׁמָא דָּא, אַתּוּן אַמְרִין לַאֲתַר אַחֲרָא עִלָּאָה, דִּכְתִּיב, אַתָּה כֹהֵן לְעוֹלָם, בִּימִינָא עִלָּאָה. שַׁפִּיר אִיהוּ, דְּהָא כֵּיוָן דְּרַבִּי שִׁמְעוֹן אוֹדָן לֵיהּ עִלָּאִין וְתַתָּאִין, וְזָכָה לְכֹלָּא, כָּל מַה דְּאִיהוּ אָמַר, הָכִי אִיהוּ וְשַׁפִּיר.

יָדַעְתִּי, חֲבֵרִים, יָדַעְתִּי, שֶׁאַתָּה הֲרֵי הַשֵּׁם הַזֶּה, אַתֶּם אוֹמְרִים לְמָקוֹם עֶלְיוֹן אַחֵר, שֶׁכָּתוּב אַתָּה כֹהֵן לְעוֹלָם, בַּיָּמִין הָעֶלְיוֹן. יָפֶה הוּא, שֶׁהֲרֵי כֵּיוָן שֶׁרַבִּי שִׁמְעוֹן מוֹדִים לוֹ עֶלְיוֹנִים וְתַחְתּוֹנִים, וְזָכָה לַכֹּל. כָּל מַה שֶּׁהוּא אוֹמֵר, כָּךְ זֶה וְיָפֶה.

אֲבָל כַּד תֶּהֱווֹן מָטָאן לְגַבֵּיהּ, אִמְרוּ לֵיהּ, וְאַדְכְּרוּ לֵיהּ, יוֹמָא דְּתַלְגָּא, כַּד זְרַעְנָא פּוּלִין, לְחַמְשִׁין וּתְרֵין גַּוְונִין. דְּהָא אַתָּה כֹּהֵן, הָכָא אִתְקְשַׁר כּוֹס דִּבְרָכָה בִּימִינָא, בְּלָא פְּרוּדָא כְּלָל. וּבְגִין כָּךְ, אַתָּה כֹהֵן לְעוֹלָם, הָכָא אִתְקְשַׁר כּוֹס בִּימִינָא, כִּדְקָא יָאוּת.

אֲבָל כְּשֶׁתִּהְיוּ מַגִּיעִים אֵלָיו, אִמְרוּ לוֹ וְהַזְכִּירוּ לוֹ אֶת יוֹם הַשֶּׁלֶג כְּשֶׁזָּרַעְנוּ פּוֹלִים לַחֲמִשִּׁים וּשְׁנַיִם גְּוָנִים, שֶׁהֲרֵי אַתָּה כֹהֵן. כָּאן נִקְשַׁר כּוֹס שֶׁל בְּרָכָה בַּיָּמִין בְּלִי פֵרוּד כְּלָל, וּמִשּׁוּם כָּךְ, אַתָּה כֹהֵן לְעוֹלָם. כָּאן נִקְשַׁר כּוֹס בַּיָּמִין כָּרָאוּי.

וְעַל דָּא אָמַר קְרָא, יְהוּדָה אַתָּה, לְהַאי אַתָּה יוֹדוּךָ אַחֶיךָ, וְלָא כְּתִיב יְהוּדָה יוֹדוּךָ אַחֶיךָ, וְלָא יַתִּיר, אֶלָּא עַל שְׁמָא דְּאַתָּ"ה. אַתָּה, אֲתַר דָּא, אִצְטְרִיךְ לִשְׁמָא דָּא, וְלָא אַחֲרָא.

וְעַל זֶה אָמַר הַכָּתוּב, יְהוּדָה אַתָּה, לְאַתָּה הַזֶּה יוֹדוּךָ אַחֶיךָ, וְלֹא כָתוּב יְהוּדָה יוֹדוּךָ אַחֶיךָ וְלֹא יוֹתֵר, אֶלָּא עַל שֵׁם שֶׁל אַתָּ"ה. אַתָּה, מָקוֹם זֶה הִצְטָרֵךְ לַשֵּׁם הַזֶּה, וְלֹא אַחֵר.

יְהוּדָה. אַבָּא קַדְמָאָה, וְאַבָּא תִּנְיָינָא, וְלָא הֲוָה בֵּיהּ חִלּוּפָא לְעָלְמִין. וּבְגִין כָּךְ פֶּרֶץ אִתְתַּקַּף בֵּיהּ בְּתוּקְפוֹי, מַה דְּלָא הֲוָה הָכִי לְכָל בְּנֵי עָלְמָא. וְעַל דָּא בִּנְיָינָא דְּדָוִד, שָׁארֵי וְיָשְׁבָנָא מִפֶּרֶץ,

וְלָא מִבֹּעַז, דַּהֲוָה בֵּיהּ שִׁנּוּיָא. וַחֲבְרַיָּיא, אִי תַּשְׁגְּחוּן, לָאו מִלִּין בִּסְתִּימוּ קָא אֲמֵינָא, וְאַף עַל גַּב דִּסְתִּימִין אִינּוּן.

יְהוּדָה. הָאָב הָרִאשׁוֹן וְהָאָב הַשֵּׁנִי, וְלֹא הָיָה בּוֹ חִלּוּף לְעוֹלָמִים. וּמִשּׁוּם כָּךְ פֶּרֶץ הִתְגַּבֵּר בּוֹ בִּגְבוּרָתוֹ מַה שֶּׁלֹּא הָיָה כָּךְ לְכָל בְּנֵי הָעוֹלָם. וְעַל כָּךְ בִּנְיָנוֹ שֶׁל דָּוִד מַתְחִיל אֶת הַחֶשְׁבּוֹן מִפֶּרֶץ, וְלֹא מִבֹּעַז, שֶׁהָיָה בּוֹ שִׁנּוּי. חֲבֵרִים, אִם תַּשְׁגִּיחוּ, לֹא אָמַרְתִּי דְבָרִים בְּסֵתֶר, וְאַף עַל גַּב שֶׁהֵם נִסְתָּרִים.

וְעַל דָּא, יְהוּדָה רָוַוח שְׁמָא דָא, דְּאִקְרֵי אַתָּה. קָם עַל בּוּרְיֵהּ זִמְנָא קַדְמָאָה, וְזִמְנָא תִּנְיָינָא, וְלָא אִשְׁתַּנֵּי לְעָלַם. וּבְנוֹי דִּיהוּדָה וְזַרְעָא דִּילֵיהּ, אוֹדָן וְאָמְרִין כִּי אַתָּה אָבִינוּ. מַה דְּלֵית הָכִי לִשְׁאַר בְּנֵי גִּלְגּוּלָא לְעָלְמִין. שְׁאַר בְּנֵי גִּלְגּוּלָא, תְּרֵין אֲבָהָן, תְּרֵין אִמָּהָן, אִית לוֹן גַּוָּון לְבִנְיָינָא. וְרָזִין אִלֵּין, בְּעִמְקֵי יַמָּא, בְּלִבָּא דִּתְהוֹמֵי אִינּוּן, מַאן יָכִיל לְאַפָּקָא לוֹן. קוּם סָבָא, אִתְגַּבַּר וְאִתְתַּקַּף בְּתוּקְפָךְ, אַפִּיק מַרְגְּלָן מִגּוֹ תְּהוֹמֵי.

וְעַל כָּךְ יְהוּדָה הִרְוִיחַ אֶת הַשֵּׁם הַזֶּה שֶׁנִּקְרָא אַתָּ"ה. עָמַד עַל בֻּרְיוֹ פַּעַם רִאשׁוֹנָה וּפַעַם שְׁנִיָּה וְלֹא הִשְׁתַּנָּה לְעוֹלָם. וּבְנֵי יְהוּדָה וְזַרְעוֹ מוֹדִים וְאוֹמְרִים כִּי אַתָּה אָבִינוּ, מַה שֶּׁאֵין כֵּן לִשְׁאָר בְּנֵי הַגִּלְגּוּל לְעוֹלָמִים. שְׁאָר בְּנֵי הַגִּלְגּוּל, שְׁנֵי אָבוֹת, שְׁתֵּי אִמָּהוֹת, יֵשׁ לָהֶם גָּוֶן לַבִּנְיָן. וְסוֹדוֹת הַלָּלוּ בְּעִמְקֵי הַיָּם, הֵם בְּלֵב הַתְּהוֹמוֹת, מִי יָכוֹל לְהוֹצִיא אוֹתָם, קוּם זָקֵן, הִתְגַּבֵּר וְהִתְחַזֵּק בְּחָזְקְךָ וְהוֹצֵא מַרְגָּלִיּוֹת מִתּוֹךְ הַתְּהוֹמוֹת.

בֹּעַז, אִתְחֲזֵי דַּהֲוָה בֵּיהּ שִׁנּוּיָא, כַּד אוֹלִיד לְעוֹבֵד, דְּהָא עוֹבֵד בְּשִׁנּוּיָא הוּא. לָאו הָכִי. אִבְצָן הוּא בֹּעַז, הוּא אַבָּא קַדְמָאָה, דְּלָא עָבֵד שִׁנּוּיָא. וְאִי תֵּימָא, אִיהוּ הֲוָה, וַדַּאי כַּד אִתְּעַר לְעוֹבָדָא דָא, בֵּיהּ הֲוָה, מַאן דְּהוּא תַּקִּיף כְּאַרְיָא וּכְלֵיתָא בֵּיהּ הֲוָה. בְּגִין דְּלָא [דף ק"ד ע"ב] **לֶהֱוֵי שִׁנּוּיָא בֵּיהּ בְּדָוִד, וְאִתְהַדַּר מִלָּה לְעִקָּרָא קַדְמָאָה, בְּגִין דִּיהֵא כֹּלָּא מֵאַבָּא חֲדָא, וְשַׁלְשְׁלָא חֲדָא. וְכֹלָּא חַד, וְלָא הֲוָה שִׁנּוּיָא בְּגִלְגּוּלָא דְּזַרְעָא דְּדָוִד. וְעַל דָּא, אַתָּה מֵרֵישָׁא וְעַד סוֹפָא, בְּלָא שִׁנּוּיָא כְּלָל.**

בֹּעַז נִרְאֶה שֶׁהָיָה בּוֹ שִׁנּוּי כְּשֶׁהוֹלִיד אֶת עוֹבֵד, שֶׁהֲרֵי עוֹבֵד הוּא בְּשִׁנּוּי. לֹא כָּךְ. אִבְצָן הוּא בֹּעַז, הוּא הָאָב הָרִאשׁוֹן שֶׁלֹּא עָשָׂה שִׁנּוּי. וְאִם תֹּאמַר שֶׁהוּא הָיָה, וַדַּאי כְּשֶׁהִתְעוֹרֵר לַמַּעֲשֶׂה הַזֶּה הָיָה בּוֹ, מִי שֶׁהוּא גִּבּוֹר כַּאֲרִי וּכְלָבִיא הָיָה בּוֹ, כְּדֵי שֶׁלֹּא יִהְיֶה שִׁנּוּי בְּדָוִד, וְחָזַר הַדָּבָר לָעִקָּר הָרִאשׁוֹן כְּדֵי שֶׁהַכֹּל יִהְיֶה מֵאָב אֶחָד,

וְשַׁלְשֶׁלֶת אַחַת. וְהַכֹּל אֶחָד, וְלֹא הָיָה שִׁנּוּי בְּגִלְגּוּל שֶׁל זֶרַע דָּוִד. וְעַל זֶה אַתָּה, מֵרֹאשׁ וְעַד סוֹף, בְּלִי שִׁנּוּי כְּלָל.

הַשְׁתָּא, נַפְקַת סָבָא, מֵעִמְקֵי לִבָּא דְיַמָּא. יְהוּדָה אַתָּה, וַדַּאי מֵרֵישָׁא וְעַד סוֹפָא וְלָא אִתְחֲזֵי לְכָל שְׁאַר בְּנִין, לְאִתְקְרֵי אַתָּה, אֶלָּא לֵיהּ בִּלְחוֹדוֹי. זַכָּאָה חוּלָקֵיהּ דְדָוִד, דְּהָכִי אִתְבְּרִיר, וְאִסְתַּלַּק מִשְּׁאָר עִקָּרָא דִבְנֵי נָשָׁא בְּאַרְעָא.

עַכְשָׁו יָצָאתָ זָקֵן מֵעֹמֶק שֶׁל לֵב הַיָּם. יְהוּדָה אַתָּה, וַדַּאי מֵרֹאשׁ וְעַד סוֹף, וְלֹא רָאוּי לְכָל שְׁאָר הַבָּנִים שֶׁיִּקָּרְאוּ אַתָּה, אֶלָּא לוֹ לְבַדּוֹ. אַשְׁרֵי חֶלְקוֹ שֶׁל דָּוִד שֶׁכָּךְ נִבְחַר וְהִתְעַלָּה מִשְּׁאָר הָעִקָּר שֶׁל אָדָם בָּאָרֶץ.

יוֹדוּךָ אַחֶיךָ, יוֹדוּךָ כָּל בְּנֵי עָלְמָא מִבָּעֵי לֵיהּ, מַאי טַעְמָא אַחֶיךָ. אֶלָּא אֲרַח כָּל בְּנֵי עָלְמָא, לָא מִתְיַבְּמִין לְגִלְגּוּלָא, אֶלָּא מִסִּטְרָא דְאַחִין, וְאָחָא אִזְדַּמַּן לְיִבּוּמָא, וְהָכָא כֻּלְּהוּ אַחֶיךָ יוֹדוּךָ, דְּלָא יִשְׁתַּלְשֵׁל מִנַּיְיהוּ, וְלָא מֵחַד מִנַּיְיהוּ, שַׁלְשְׁלָא דְמַלְכוּ, אֶלָּא אַתָּה בִּלְחוֹדָךְ. אַתָּה, מֵרֵישָׁא וְעַד סוֹפָא אַתָּה עֲבַדְתְּ, וּמִינָּךְ נָפַק, כָּל שַׁלְשְׁלָא וְגִזְעָא דְאַרְיֵה.

יוֹדוּךָ אַחֶיךָ, יוֹדוּךָ כָּל בְּנֵי הָעוֹלָם הָיָה צָרִיךְ לִהְיוֹת! מָה הַטַּעַם אַחֶיךָ, אֶלָּא שֶׁדֶּרֶךְ כָּל בְּנֵי הָעוֹלָם לֹא מִתְיַבְּמִים לְגִלְגּוּל אֶלָּא מֵהַצַּד שֶׁל הָאַחִים, וְהָאָח מְזֻמָּן לְיִבּוּם, וְכָאן כָּל אַחֶיךָ יוֹדוּךָ, שֶׁלֹּא יִשְׁתַּלְשֵׁל מֵהֶם וְלֹא מֵאֶחָד מֵהֶם שַׁלְשֶׁלֶת הַמְּלוּכָה, אֶלָּא אַתָּה לְבַדְּךָ. אַתָּה מֵרֹאשׁ וְעַד סוֹף אַתָּה עָשִׂיתָ, וּמִמְּךָ יָצָא כָּל הַשַּׁלְשֶׁלֶת וְגֶזַע שֶׁל הָאַרְיֵה.

בָּנֶיךָ, בְּנֵי אַרְיֵה, דְּלָא אִתְעֲבָרוּ לְשִׁנּוּיָא דְאָחֶיךָ, לָא אִתְחַזְּלָפוּ לְטָלֶה, וְלָא לְשׁוֹר, וְלָא לִגְדִי, וְלָא לְשׁוּם דְּיוּקְנָא אַחֲרָא, אֶלָּא אַרְיֵה שָׁארֵי לְמִבְנֵי, וְאַרְיֵה סַיֵּים בִּנְיָנָא. כָּל שַׁלְשׁוּלָךְ, בְּנֵי אַרְיֵה נִינְהוּ. דְּאִלְמָלֵא אָתָא גִּלְגּוּלָא מִסִּטְרָא דְאַחוּךְ, יִתְחַלְּפוּן כָּל דְּיוּקְנִין, וְיִתְעָרְבוּן אִלֵּין בְּאִלֵּין. וְעַל דָּא יוֹדוּךָ אַחֶיךָ, דְּלָא הֲוָה חַד מִנְּהוֹן, בְּגִלְגּוּלָא דְשַׁלְשְׁלָאָה דִבְנָךְ. יָדְךָ זָקִיף, דְּלָא הֲוָה בָּךְ עִרְבּוּבְיָא אַחֲרָא מִנַּיְיהוּ. וְהַיְינוּ מִטֶּרֶף בְּנִי עָלִיתָ, דְּלָא הֲוָה טַרְפָּא לְאַחֲרָא עַל פָּתוֹרָךְ. כָּרַע, בְּמִיתַת עֵר. רָבַץ, בְּמִיתַת אוֹנָן. לְבָתַר אִתְגַּבַּר כַּאֲרִי, לְאָקָמָא לְפֶרֶץ. וּכְלָבִיא, לְאָקָמָא לְזֶרַח. מִי יְקִימֶנּוּ, דִּכְתִיב, וְלֹא יָסַף עוֹד לְדַעְתָּהּ. וְתַרְגּוּם וְלָא פָסַק. מִי יְקִימֶנּוּ, מַאן הוּא דְיֵיבָמָא, אֲסוּרָה אִתְּתָא דָא. מַאן הוּא דְיֵיבָמָא,

הוֹאִיל וְאַשְׁלִימַת אַרְזָהָא, לָא אִצְטְרִיכָא לָךְ יַתִּיר, יְבָמָה דָּא, כֵּיוָן דְּאַשְׁלִימַת אַרְזָהָא, לָא אִצְטְרִיכַת לָךְ יַתִּיר, וְאִתְחֲזִיאַת לְאִתְפָּרְשָׁא מִינָּהּ, אֲבָל מִי יְקִימֶנּוּ, וַדַּאי מִתַּמָּן וּלְהָלְאָה אִיהִי דִּילֵיהּ. דְּהָא אַפִּיק מַאן דִּמְכַשְׁכֵּשׁ בִּמְעָהָא. רָזָא סְתִימָא הָכָא, אֲחוּהָ דְּבַר נָשׁ אֲמַאי. תּוּ יְהוּדָה דַּהֲוָה אֲבוּי אֲמַאי. אֶלָּא, הַהוּא דִּמְכַשְׁכְּשָׁא בִּמְעָהָא, חָמֵי דְּמַאן דַּהֲוָה נָטִיר לֵיהּ, מְקַטְרֵג לֵיהּ קִטְרוּגִין, בְּכָל סִטְרִין. בָּעֵי לְאַפָּקָא. כֵּיוָן דְּנָפִיק, זַמִּין לְאַחֲרָא הַהוּא רוּחַ אַחֲרָא, וְאַתְיָין לְאָעֳלָא כְּמִלְּקַדְמִין, עַד דְּאִתְבְּנֵי כְּמִלְּקַדְמִין, בְּחֵילָא דְּקִטְרוּגָא תַּקִּיף דְּקָא מְקַטְרֵג בְּאֲחוּהָ. מִתַּמָּן וּלְהָלְאָה שָׁרִיאַת אִתְּתָא דָּא לֵיהּ. זַכָּאָה חוּלָקָא דִּיהוּדָה, בְּקַדְמִיתָא הֲוָה גּוּר. לְבָתַר אַרְיֵה, דְּקָא אִתְגַּבַּר וְאִתְפָּשַׁט בְּחֵילֵיהּ אַרְיֵה. וְסַיֵּים בְּלָבִיא. כָּל שְׁאַר בְּנֵי עָלְמָא לָאו הָכִי, וְעַל דָּא יְהוּדָה כִּדְקַאֲמָרָן.

בָּנֶיךָ בְּנֵי אַרְיֵה, שֶׁלֹּא עָבְרוּ לְשִׁנּוּי שֶׁל אַחֶיךָ, לֹא הִתְחַלְּפוּ לְטָלֶה וְלֹא לְשׁוֹר וְלֹא לִגְדִי וְלֹא לְשׁוּם דְּיוֹקָן אַחֵר, אֶלָּא אַרְיֵה הִתְחִיל לִבְנוֹת, וְאַרְיֵה סִיֵּם אֶת הַבִּנְיָן. כָּל הַשַּׁלְשֶׁלֶת שֶׁלְּךָ הֵם בְּנֵי אַרְיֵה, שֶׁאִלְמָלֵא בָּא גִלְגּוּל מִצַּד אַחֶיךָ, יִתְחַלְּפוּ כָּל הַדְּיוֹקְנָאוֹת וְיִתְעָרְבוּ אֵלֶּה בְּאֵלֶּה. וְלָכֵן יוֹדוּךָ אַחֶיךָ, שֶׁלֹּא הָיָה אֶחָד מֵהֶם בְּגִלְגּוּל הַשַּׁלְשֶׁלֶת שֶׁל בָּנֶיךָ. יָדְךָ הָרֵם, שֶׁלֹּא הָיָה בְּךָ עִרְבּוּבְיָה אַחֶרֶת מֵהֶם. וְהַיְנוּ מִטֶּרֶף בְּנִי עָלִיתָ, שֶׁלֹּא הָיָה טֶרֶף לְאַחֵר עַל שֻׁלְחָנְךָ. כָּרַע, בְּמִיתַת עֵר. רָבַץ, בְּמִיתַת אוֹנָן. אַחַר כָּךְ הִתְגַּבֵּר כְּאֲרִי לְהָקִים אֶת פֶּרֶץ, וּכְלָבִיא לְהָקִים אֶת זֶרַח. מִי יְקִימֶנּוּ, שֶׁכָּתוּב, וְלֹא יָסַף עוֹד לְדַעְתָּהּ. וְתַרְגּוּם, וְלָא פָסַק. מִי יְקִימֶנּוּ, מִי הוּא שֶׁאָמַר אֲסוּרָה אִשָּׁה זוֹ. מִי הוּא שֶׁאָמַר, הוֹאִיל וְהִשְׁלִימָה אֶת צְרָכֶיהָ, לֹא הִצְטָרְכָה לְךָ יוֹתֵר, יְבָמָה זוֹ, כֵּיוָן שֶׁהִשְׁלִימָה דְרָכֶיהָ, לֹא הִצְטָרְכָה לְךָ יוֹתֵר, וְנִרְאֵית לִפְרֹשׁ מִמֶּנָּה. אֲבָל מִי יְקִימֶנּוּ, וַדַּאי שֶׁמִּשָּׁם וָהָלְאָה הִיא שֶׁלּוֹ, שֶׁהֲרֵי הוֹצִיאָה מִי שֶׁמְּכַשְׁכֵּשׁ בְּמֵעֶיהָ. סוֹד נִסְתָּר כָּאן, אֲחִי הָאָדָם לָמָּה, וְעוֹד, יְהוּדָה שֶׁהָיָה אָבִיו לָמָּה, אֶלָּא אוֹתוֹ שֶׁמְּכַשְׁכֵּשׁ בְּמֵעֶיהָ רוֹאֶה שֶׁמִּי שֶׁשּׁוֹמֵר אוֹתוֹ, מְקַטְרֵג עָלָיו קִטְרוּגִים בְּכָל הַצְּדָדִים וְרוֹצֶה לָצֵאת. כֵּיוָן שֶׁיָּצָא, מַזְמִין אַחֵר אוֹתָהּ רוּחַ אַחֶרֶת, וּבָאִים לְהִכָּנֵס כְּמוֹ מִקֹּדֶם, עַד שֶׁנִּבְנֶה כְּמוֹ מִקֹּדֶם בְּכֹחַ הַקִּטְרוּג הַקָּשֶׁה שֶׁמְּקַטְרֵג בְּאָחִיו. מִשָּׁם וָהָלְאָה מֻתֶּרֶת לוֹ הָאִשָּׁה הַזּוֹ. אַשְׁרֵי חֶלְקוֹ שֶׁל יְהוּדָה. בַּהַתְחָלָה הָיָה גּוּר. אַחַר כָּךְ אַרְיֵה, שֶׁמִּתְגַּבֵּר וּמִתְפַּשֵּׁט בְּכֹחוֹ כְּאַרְיֵה. וְסִיֵּם בְּלָבִיא. כָּל שְׁאָר בְּנֵי הָעוֹלָם לֹא כָּךְ, וְעַל זֶה יְהוּדָה, כְּמוֹ שֶׁאָמַרְנוּ.

סדר לימוד ליום הפטירה לעילוי נשמה

[דף ק"ה ע"א] רְאוּבֵן שִׁמְעוֹן לֵוִי, הָא תְּלָתָא, כִּדְקָאֲמָרָן. יְהוּדָה אִתְחַבָּר בַּהֲדַיְיהוּ, וְכֹלָּא כִּדְקָא יָאוּת.

רְאוּבֵן שִׁמְעוֹן לֵוִי, הֲרֵי שְׁלֹשָׁה, כְּמוֹ שֶׁאָמַרְנוּ. יְהוּדָה הִתְחַבֵּר עִמָּם, וְהַכֹּל כָּרָאוּי.

יִשָּׂשכָר וּזְבוּלוּן, תְּרֵין יַרְכִין. אֲתָר דְּיַנְקֵי נְבִיאֵי קְשׁוֹט. יִשָּׂשכָר יַרְכָא יְמִינָא, כְּתִיב, וּמִבְּנֵי יִשָּׂשכָר יוֹדְעֵי בִינָה לָעִתִּים וּכְתִיב, שְׂמַח זְבוּלוּן בְּצֵאתֶךָ, וּבְשִׁיעוּרָא רַבְרְבָא, כְּתִיב, זְבוּלוּן לְחוֹף יַמִּים יִשְׁכֹּן וְהוּא לְחוֹף אֳנִיּוֹת. מַאי טַעְמָא. בְּגִין דְּוַיַּרְכָתוֹ עַל צִידוֹן. שִׁיעוּרָא עַד צִידוֹן.

יִשָּׂשכָר וּזְבוּלוּן שְׁתֵּי יְרֵכַיִם. מָקוֹם שֶׁיּוֹנְקִים נְבִיאֵי הָאֱמֶת. יִשָּׂשכָר יָרֵךְ יָמִין, כָּתוּב וּמִבְּנֵי יִשָּׂשכָר יוֹדְעֵי בִינָה לָעִתִּים, וְכָתוּב, שְׂמַח זְבוּלֻן בְּצֵאתֶךָ. וּבְשִׁעוּר גָּדוֹל כָּתוּב, זְבוּלֻן לְחוֹף יַמִּים יִשְׁכֹּן וְהוּא לְחוֹף אֳנִיֹּת. מָה הַטַּעַם, מִשּׁוּם שֶׁוְּיַרְכָתוֹ עַל צִידֹן. שִׁעוּר עַד צִידוֹן.

בִּנְיָמִין, אִשְׁתְּאַר לְעֵילָּא בֵּין יַרְכִין, דְּהָא יוֹסֵף הֲוָה דְּיוּקְנֵיהּ בְּאַרְעָא, וּלְאִשְׁתַּמְּשָׁא בְּעָלְמָא דָּא, וְעִמֵּיהּ אִשְׁתַּמַּשׁ מֹשֶׁה, דִּכְתִיב, וַיִּקַּח מֹשֶׁה אֶת עַצְמוֹת יוֹסֵף עִמּוֹ. בִּנְיָמִין אִסְתַּלַּק לְעֵילָּא, בִּנְיָמִין צַדִּיקוֹ דְּעָלְמָא.

בִּנְיָמִין נִשְׁאַר לְמַעְלָה בֵּין הַיְרֵכַיִם, שֶׁהֲרֵי יוֹסֵף הָיָה דְיוֹקְנוֹ בָּאָרֶץ, וּלְהִשְׁתַּמֵּשׁ בָּעוֹלָם הַזֶּה, וְעִמּוֹ הִשְׁתַּמֵּשׁ מֹשֶׁה, שֶׁכָּתוּב וַיִּקַּח מֹשֶׁה אֶת עַצְמוֹת יוֹסֵף עִמּוֹ. בִּנְיָמִין הִסְתַּלֵּק לְמַעְלָה, בִּנְיָמִין צַדִּיקוֹ שֶׁל עוֹלָם.

מִבָּרְכִין לְתַתָּא, דָּן וְנַפְתָּלִי גָּד וְאָשֵׁר. בְּיַרְכָא שְׂמָאלָא, דָּן עַד פִּרְקָא דְּרַגְלָא. פִּרְקָא דְּרַגְלָא נַפְתָּלִי. וּבְגִין כָּךְ, נַפְתָּלִי אַיָּלָה שְׁלוּחָה, קַל בְּרַגְלוֹי. בְּיַרְכָא יְמִינָא. גָּד, וְהוּא יָגוּד עָקֵב, עַד פִּרְקָא דְּעָקֵב. אָשֵׁר פִּרְקָא דְּעָקֵב יְמִינָא. וְטוֹבֵל בַּשֶּׁמֶן רַגְלוֹ. וּכְתִיב בַּרְזֶל וּנְחֹשֶׁת מִנְעָלֶיךָ. כָּל אִלֵּין, אִינּוּן דְּיוּקְנִין עִלָּאִין, דְּיוּקְנָא דִּלְעֵילָּא. וּבְגִין דַּהֲווֹ בִּרְיָין מַמָּשׁ בְּהַאי עָלְמָא, אִתַּקְּנַת בְּהוּ שְׁכִינְתָּא, בְּאִלֵּין תְּרֵיסַר פִּרְקִין, תְּרֵיסַר מִתִּיחִין, דְּאִתְמְתָחוּ מִיִּשְׂרָאֵל מַמָּשׁ. דִּכְתִיב, כָּל אֵלֶּה שִׁבְטֵי יִשְׂרָאֵל שְׁנֵים עָשָׂר. מִתִּיחִין דְּיִשְׂרָאֵל, אֵלֶּה אִקְרוּן. לְאִתְמַתְּחָא שְׁמָא דְּמ"י, לְמֶהֱוֵי בִּנְיָינָא כַּדְקָא יָאוּת, לְמֶהֱוֵי יִשְׂרָאֵל בִּכְלָלָא דִּשְׁמָא דֶּאֱלֹהִים. אֵלֶ"ה אִיהוּ יִשְׂרָאֵל בִּכְלָל. מ"י חִבֵּר אֵלֶּה בַּהֲדֵיהּ, וַהֲוָה בִּנְיָינָא שְׁלִים עַל תִּקּוּנֵיהּ, שְׁמָא חֲדָא מַמָּשׁ.

סדר לימוד ליום הפטירה לעילוי נשמה

מְבָרְכִים לְמַטָּה, דָּן וְנַפְתָּלִי גָּד וְאָשֵׁר. בְּיָרֵךְ שְׂמֹאל, דָּן עַד פֶּרֶק הָרֶגֶל, פֶּרֶק הָרֶגֶל נַפְתָּלִי, וּמִשּׁוּם כָּךְ נַפְתָּלִי אַיָּלָה שְׁלֻחָה, קַל בְּרַגְלָיו. בְּיָרֵךְ יָמִין גָּד, וְהוּא יָגֻד עָקֵב, עַד פֶּרֶק הֶעָקֵב. אָשֵׁר פֶּרֶק שֶׁל עָקֵב יָמִין, וְטֹבֵל בַּשֶּׁמֶן רַגְלוֹ, וְכָתוּב בַּרְזֶל וּנְחֹשֶׁת מִנְעָלֶיךָ. כָּל אֵלֶּה הֵם דְּיוֹקְנָאוֹת עֶלְיוֹנִים, דְּיוֹקָן שֶׁלְּמַעְלָה. וּמִשּׁוּם שֶׁהָיוּ בְּרִיּוֹת מַמָּשׁ בָּעוֹלָם הַזֶּה, נִתְקְנָה בָהֶם הַשְּׁכִינָה בִּשְׁנֵים עָשָׂר הַפְּרָקִים הַלָּלוּ שְׁתֵּים עֶשְׂרֵה הִתְפַּשְּׁטֻיּוֹת שֶׁנִּתְפַּשְּׁטוּ מַמָּשׁ מִיִּשְׂרָאֵל, שֶׁכָּתוּב כָּל אֵלֶּה שִׁבְטֵי יִשְׂרָאֵל שְׁנֵים עָשָׂר. הִתְפַּשְּׁטֻיּוֹת שֶׁל יִשְׂרָאֵל, אֵלֶּה נִקְרָאִים. לְהִתְפַּשְּׁטוּת שֵׁם שֶׁל מ"י לִהְיוֹת בִּנְיָן כָּרָאוּי, לִהְיוֹת יִשְׂרָאֵל בִּכְלָל שֶׁל שֵׁם אֱלֹהִים. אֵלֶּ"ה הוּא יִשְׂרָאֵל בִּכְלָל. מ"י חִבֵּר אֵלֶּה עִמּוֹ, וְהָיָה בִּנְיָן שָׁלֵם עַל תִּקּוּנוֹ, שֵׁם אֶחָד מַמָּשׁ.

הֲדָא הוּא דְּאָמַר לֵיהּ לְיַעֲקֹב, הַהוּא מְמָנָא דְּעֵשָׂו, דִּכְתִיב, כִּי שָׂרִיתָ עִם אֱלֹהִים, לְעֵילָּא, בְּתִקּוּנָא קַדְמָאָה, בְּבִנְיָנָא קַדְמָאָה. כָּל אֵלֶּה, וַדַּאי בִּנְיָנָא קַדְמָאָה אִיהוּ. וְעַל דָּא, לֵית שֵׁיצִיאוּ לְיִשְׂרָאֵל, לְעָלַם וּלְעָלְמֵי עָלְמִין. וְחָס וְשָׁלוֹם אִלְמָלֵא יִשְׁתֵּצִיאוּ, שְׁמָא דָּא לָא הֲוֵי, הֲדָא הוּא דִּכְתִיב, וְהִכְרִיתוּ אֶת שְׁמֵנוּ מִן הָאָרֶץ וּמַה תַּעֲשֶׂה לְשִׁמְךָ הַגָּדוֹל. שְׁמָא גָּדוֹל, דָּא, בִּנְיָנָא קַדְמָאָה, שְׁמָא קַדְמָאָה אֱלֹהִים. וְהַשְׁתָּא דְּיִשְׂרָאֵל אִינּוּן בְּגָלוּתָא, כִּבְיָכוֹל כָּל בִּנְיָנָא נָפַל. לְזִמְנָא דְּאָתֵי, כַּד יִפְרוֹק קוּדְשָׁא בְּרִיךְ הוּא לִבְנוֹי מִגָּלוּתָא, מ"י וְאֵלֶ"ה דַּהֲוָה בְּפֵרוּדָא בְּגָלוּתָא, יִתְחַבְּרוּן כַּחֲדָא, וּשְׁמָא דֶּאֱלֹהִים יְהֵא שְׁלִים עַל תִּקּוּנֵיהּ, וְעָלְמָא יִתְבְּסָם. הֲדָא הוּא דִּכְתִיב, מִי אֵלֶּה כָּעָב תְּעוּפֶינָה וְכַיּוֹנִים אֶל אֲרֻבֹּתֵיהֶם.

זֶהוּ שֶׁאָמַר לוֹ לְיַעֲקֹב אוֹתוֹ הַמְמֻנֶּה שֶׁל עֵשָׂו, שֶׁכָּתוּב כִּי שָׂרִיתָ עִם אֱלֹהִים, לְמַעְלָה, בְּתִקּוּן רִאשׁוֹן בְּבִנְיָן רִאשׁוֹן. כָּל אֵלֶּה, וַדַּאי בִּנְיָן רִאשׁוֹן הוּא. וְלָכֵן אֵין כִּלָּיוֹן לְיִשְׂרָאֵל לְעוֹלָם וּלְעוֹלְמֵי עוֹלָמִים. וְחַס וְשָׁלוֹם, אִלְמָלֵא יִכְלוּ, הַשֵּׁם הַזֶּה לֹא הָיָה. זֶהוּ שֶׁכָּתוּב, וְהִכְרִיתוּ אֶת שְׁמֵנוּ מִן הָאָרֶץ וּמַה תַּעֲשֶׂה לְשִׁמְךָ הַגָּדוֹל. שֵׁם הַגָּדוֹל זֶה הַבִּנְיָן הָרִאשׁוֹן, שֵׁם הָרִאשׁוֹן אֱלֹהִים. וְעַכְשָׁו שֶׁיִּשְׂרָאֵל בַּגָּלוּת, כִּבְיָכוֹל נָפַל כָּל הַבִּנְיָן, וְלֶעָתִיד לָבֹא כְּשֶׁיִּגְאַל הַקָּדוֹשׁ בָּרוּךְ הוּא אֶת בָּנָיו מֵהַגָּלוּת, מ"י וְאֵלֶ"ה שֶׁהָיוּ בְּפֵרוּד בַּגָּלוּת יִתְחַבְּרוּ כְּאֶחָד, וְשֵׁם הָאֱלֹהִים יִהְיֶה שָׁלֵם עַל תִּקּוּנוֹ וְהָעוֹלָם יִתְבַּסֵּם. זֶהוּ שֶׁכָּתוּב מִי אֵלֶּה כָּעָב תְּעוּפֶינָה וְכַיּוֹנִים אֶל אֲרֻבֹּתֵיהֶם.

סדר לימוד ליום הפטירה לעילוי נשמה

וּבְגִין דְּאִיהוּ שְׁמָא חֲדָא, לָא כְּתִיב מִי וְאֵלֶּה, אֶלָּא מִי אֵלֶּה, שְׁמָא חֲדָא, בְּלָא פֵּרוּדָא, וְהוּא אֱלֹהִים. דְּהַשְׁתָּא בְּגָלוּתָא, אִסְתַּלָּק מִי לְעֵילָּא, כִּבְיָכוֹל אִימָא מֵעַל בְּנִין. וּבְנִין נַפְלוּ. וּשְׁמָא דַּהֲוָה שְׁלִים, דְּהוּא שְׁמָא עִלָּאָה רַבְרְבָא קַדְמָאָה, נָפִיל. וְעַל דָּא, אֲנָן מְצַלָּן, וּמְקַדְּשָׁן בְּבָתֵּי כְּנֵסִיּוֹת, עַל שְׁמָא דָּא, דְּיִתְבְּנֵי כְּמָה דַּהֲוָה. וְאַמְרֵי יִתְגַּדַּל וְיִתְקַדַּשׁ שְׁמֵיהּ רַבָּא. אָמֵן יְהֵא שְׁמֵיהּ רַבָּא מְבָרַךְ. מַאן שְׁמֵיהּ רַבָּא. הַהוּא קַדְמָאָה דְּכֹלָּא, בְּגִין דְּלֵית לֵיהּ בִּנְיָנָא אֶלָּא בַּהֲדָן. מ״י לָא יִתְבְּנֵי לְעוֹלָם, אֶלָּא בְּאֵלֶּה. וְעַל דָּא, בְּהַהוּא זִמְנָא, מִי אֵלֶּה כָּעָב תְּעוּפֶינָה. וְיֶחֱזוּן כָּל עָלְמָא, דְּהָא שְׁמָא עִלָּאָה אִתְתָּקַן עַל תִּקּוּנֵיהּ. וְאִי שְׁמֵיהּ רַבָּא דָּא אִתְקַן, וְאִתְבְּנֵי עַל תִּקּוּנֵיהּ, הָא יִשְׂרָאֵל שַׁלִּיטִין עַל כֹּלָּא, וְכָל שְׁאַר שְׁמָהָן יִתְהַדְּרוּן עַל תִּקּוּנַיְיהוּ, וְיִשְׂרָאֵל שַׁלִּיטִין עַל כֹּלָּא, דְּהָא כֻּלְּהוּ תַּלְיָין בִּשְׁמֵיהּ רַבָּא, קַדְמָאָה לְכָל בִּנְיָינִין. רָזָא דָּא, כַּד בָּרָא קוּדְשָׁא בְּרִיךְ הוּא עָלְמִין. קַדְמָאָה לְכָל בִּנְיָינִין, שְׁמָא דָּא אִתְבְּנֵי. דִּכְתִיב, שְׂאוּ מָרוֹם עֵינֵיכֶם וּרְאוּ מִי בָרָא אֵלֶּה, בָּרָא שְׁמֵיהּ עַל תִּקּוּנֵיהּ, וְכַד בָּרָא אֵלֶּה, בָּרָא לֵיהּ בְּכָל חֵילִין דְּיִתְחֲזוּן לֵיהּ, לְמֶהֱוֵי שְׁמֵיהּ עַל תִּקּוּנֵיהּ כִּדְקָא יָאוֹת, דִּכְתִיב, הַמּוֹצִיא בְמִסְפָּר צְבָאָם.

וּמִשּׁוּם שֶׁהוּא שֵׁם אֶחָד, לֹא כָתוּב מִי וְאֵלֶּה, אֶלָּא מִי אֵלֶּה, שֵׁם אֶחָד לְלֹא פֵרוּד, וְהוּא אֱלֹהִים. שֶׁעַכְשָׁו בַּגָּלוּת הִתְעַלָּה מִי לְמַעְלָה, כִּבְיָכוֹל הָאֵם מֵעַל הַבָּנִים, וְהַבָּנִים נָפְלוּ, וְהַשֵּׁם שֶׁהָיָה שָׁלֵם, שֶׁהוּא הַשֵּׁם הָעֶלְיוֹן הַגָּדוֹל הָרִאשׁוֹן, נָפַל. וְעַל זֶה אָנוּ מִתְפַּלְּלִים וּמְקַדְּשִׁים בְּבָתֵּי כְּנֵסִיּוֹת עַל הַשֵּׁם הַזֶּה שֶׁיִּבָּנֶה כְּמוֹ שֶׁהָיָה, וְאוֹמְרִים יִתְגַּדַּל וְיִתְקַדַּשׁ שְׁמֵיהּ רַבָּא. אָמֵן יְהֵא שְׁמֵיהּ רַבָּא מְבָרַךְ. מִי זֶה שְׁמוֹ הַגָּדוֹל, אוֹתוֹ הָרִאשׁוֹן שֶׁל הַכֹּל, מִשּׁוּם שֶׁאֵין לוֹ בִּנְיָן אֶלָּא עִמָּנוּ. מ״י לֹא יִבָּנֶה לְעוֹלָם אֶלָּא בְּאֵלֶּה. וְעַל זֶה בְּאוֹתוֹ זְמַן, מִי אֵלֶּה כָּעָב תְּעוּפֶינָה, וְיִרְאוּ כָּל הָעוֹלָם שֶׁהֲרֵי הַשֵּׁם הָעֶלְיוֹן נִתְקָן עַל תִּקּוּנוֹ. וְאִם שְׁמוֹ הַגָּדוֹל הַזֶּה נִתְקָן וְנִבְנֶה עַל תִּקּוּנוֹ, הֲרֵי יִשְׂרָאֵל שׁוֹלְטִים עַל הַכֹּל, וְכָל שְׁאָר הַשֵּׁמוֹת יַחְזְרוּ עַל תִּקּוּנָם, וְיִשְׂרָאֵל שׁוֹלְטִים עַל הַכֹּל, שֶׁהֲרֵי כֻּלָּם תְּלוּיִים בִּשְׁמוֹ הַגָּדוֹל, רִאשׁוֹן לְכָל הַבִּנְיָנִים. סוֹד זֶה, כְּשֶׁבָּרָא הַקָּדוֹשׁ בָּרוּךְ הוּא אֶת הָעוֹלָמוֹת. רִאשׁוֹן לְכָל הַבִּנְיָנִים, שֵׁם זֶה נִבְנָה, שֶׁכָּתוּב, שְׂאוּ מָרוֹם עֵינֵיכֶם וּרְאוּ מִי בָרָא אֵלֶּה. בָּרָא שְׁמוֹ עַל תִּקּוּנוֹ. וּכְשֶׁבָּרָא

אֱלֹהַ, בָּרָא אוֹתוֹ בְּכָל הַחֲיָלוֹת שֶׁנִּרְאִים לוֹ לִהְיוֹת שְׁמוֹ עַל תִּקּוּנוֹ כָּרָאוּי, שֶׁכָּתוּב הַמּוֹצִיא בְמִסְפָּר צְבָאָם.

מַאי בְּמִסְפָּר. אֶלָּא בְּרָא חַד דְּנָהִיר מִסַּייְפֵי עָלְמָא עַד סַייְפֵי עָלְמָא, אִית לֵיהּ לְקוּדְשָׁא בְּרִיךְ הוּא, וְהוּא אִילָנָא רַבָּא וְתַקִּיף. רֵישֵׁיהּ מָטֵי לְצִית שְׁמַיָּא, וְסוֹפֵיהּ מִתְאַחֵז שָׁרְשׁוֹי, וְאִשְׁתָּרְשָׁן בְּעָפָר קַדִּישָׁא, וּמִסְפָּר שְׁמֵיהּ. וְתַלְיָא בַּשָּׁמַיִם עִלָּאִין, וְחָמֵשׁ רְקִיעִין תַּלְיָין מִנֵּיהּ, עַד הַאי מִסְפָּר, וְכֻלְּהוּ נַטְלִין שְׁמָא דָא בְּגִינֵיהּ דִּכְתִיב, הַשָּׁמַיִם מְסַפְּרִים, בְּגִין הַאי מִסְפָּר, כֻּלְּהוּ שָׁמַיִם רַוְוחִין שְׁמָא דָא בְּגִינֵיהּ, וְעַל דָּא הַמּוֹצִיא בְמִסְפָּר צְבָאָם, דְּאִלְמָלֵא מִסְפָּר דָא, לָא יִשְׁתַּכְּחוּן חַיָּילִין וְתוֹלָדִין לְעָלְמִין. וְעַל דָּא כְּתִיב, מִי מָנָה עֲפַר יַעֲקֹב וּמִסְפָּר אֶת רֹבַע יִשְׂרָאֵל, תְּרֵין אִינּוּן, דְּמָנוּ עָאנָא, וְעָאלוּ בְּחוּשְׁבָנָא עַל יְדַיְיהוּ, בְּגִין דְּלָא שַׁלְטָא בְּהוּ עֵינָא בִּישָׁא. מִי מָנָה עֲפַר יַעֲקֹב, הָא חַד, דְּעָבִיד חוּשְׁבָנָא. וּמִסְפָּר אֶת רֹבַע יִשְׂרָאֵל, הָא מוֹנֶה אַחֲרָא. וְעַל תְּרֵין אִלֵּין לָא שַׁלְטָא בְהוּ עֵינָא בִישָׁא, דְּהָא מִי מָנָה לַעֲפַר יַעֲקֹב, אִלֵּין אִינּוּן אַבְנִין קַדִּישִׁין, אַבְנִין מְפוּלָמִין, דְּמִנַּיְהוּ נָפְקֵי מַיִין לְעָלְמָא. וְעַל דָּא כְתִיב וְהָיָה זַרְעֲךָ כַּעֲפַר הָאָרֶץ. מַה הַהוּא עָפָר, עָלְמָא מִתְבָּרֵךְ בְּגִינֵיהּ. אוּף הָכִי וְהִתְבָּרֲכוּ בְזַרְעֲךָ כָּל גּוֹיֵי הָאָרֶץ. כַּעֲפַר הָאָרֶץ מַמָּשׁ. וּמִסְפָּר דְּאִיהוּ מוֹנֶה תִּנְיָינָא, מָנָה לְרֹבַע כָּל אִינּוּן נוּקְבִין, מַרְגְּלָן עִלָּאִין, דְּמִטָּה דְּשָׁכִיב עָלֵיהּ יִשְׂרָאֵל. וּמִתַּמָּן [דף ק"ה ע"ב] וּלְהָלְאָה, אִיהוּ מוֹנֶה לְכֹלָּא, בְּגִין דְּאִיהוּ טוֹב עַיִן. הֲדָא הוּא דִּכְתִיב, מוֹנֶה מִסְפָּר לַכּוֹכָבִים. מַאן הוּא מוֹנֶה לַכּוֹכָבִים. מִסְפָּר. מוֹנֶה מִסְפָּר לַכּוֹכָבִים, עַל יְדוֹי עַבְרִין כֻּלְּהוּ בְּחֻשְׁבָנָא, וּלְזִמְנָא דְּאָתֵי, עוֹד תַּעֲבוֹרְנָה הַצֹּאן עַל יְדֵי מוֹנֶה, וְלָא יַדְעִינָן מַאן הוּא. אֶלָּא בְּגִין דִּבְהַהוּא זִמְנָא, יְהֵא כֹּלָּא בְּיִחוּדָא בְּלָא פֵּרוּדָא, כֹּלָּא לֶיהֱוֵי מוֹנֶה חַד.

מַה זֶּה בְּמִסְפָּר, אֶלָּא בֵּן אֶחָד שֶׁמֵּאִיר מִסּוֹף הָעוֹלָם וְעַד סוֹף הָעוֹלָם יֵשׁ לַקָּדוֹשׁ-בָּרוּךְ-הוּא, וְהוּא עֵץ גָּדוֹל וְחָזָק. רֹאשׁוֹ מַגִּיעַ לְגֹבַהּ הַשָּׁמַיִם, וְסוֹפוֹ מִתְפַּשְּׁטִים שָׁרָשָׁיו, וּמֻשְׁרָשִׁים בֶּעָפָר הַקָּדוֹשׁ, וּמִסְפָּר שְׁמוֹ. וְתָלוּי בַּשָּׁמַיִם הָעֶלְיוֹנִים, וַחֲמִשָּׁה רְקִיעִים תְּלוּיִים מִמֶּנּוּ עַד הַמִּסְפָּר הַזֶּה, וְכֻלָּם נוֹטְלִים שֵׁם זֶה בִּגְלָלוֹ, שֶׁכָּתוּב, הַשָּׁמַיִם מְסַפְּרִים, בִּגְלַל מִסְפָּר זֶה. כָּל הַשָּׁמַיִם מַרְוִיחִים אֶת הַשֵּׁם הַזֶּה בִּגְלָלוֹ. וְעַל זֶה הַמּוֹצִיא בְמִסְפָּר צְבָאָם, שֶׁאִלְמָלֵא מִסְפָּר זֶה לֹא יִמָּצְאוּ חֲיָלוֹת וְתוֹלָדוֹת לְעוֹלָמִים. וְעַל זֶה כָּתוּב, מִי

מָנָה עֲפַר יַעֲקֹב וּמִסְפָּר אֶת רֹבַע יִשְׂרָאֵל. שְׁנַיִם הֵם שֶׁמָּנוּ צֹאן וְנִכְנְסוּ בְּחֶשְׁבּוֹן עַל יְדֵיהֶם, בִּגְלַל שֶׁלֹּא שָׁלְטָה בָהֶם עַיִן הָרָע. מִי מָנָה עֲפַר יַעֲקֹב, הֲרֵי אֶחָד שֶׁעָשָׂה חֶשְׁבּוֹן. וּמִסְפָּר אֶת רֹבַע יִשְׂרָאֵל, הֲרֵי מוֹנֶה אַחֵר. וְעַל שְׁנֵי אֵלֶּה לֹא שָׁלְטָה בָהֶם עַיִן הָרָע, שֶׁהֲרֵי מִי מָנָה לַעֲפַר יַעֲקֹב - אֵלֶּה אוֹתָן אֲבָנִים קְדוֹשׁוֹת, אֲבָנִים מְפֻלָּמוֹת שֶׁמֵּהֶן יוֹצְאִים מַיִם לְעוֹלָם. וְעַל זֶה כָּתוּב, וְהָיָה זַרְעֲךָ כַּעֲפַר הָאָרֶץ. מָה אוֹתוֹ עָפָר הָעוֹלָם מִתְבָּרֵךְ בִּשְׁבִילוֹ, אַף כָּךְ וְהִתְבָּרְכוּ בְזַרְעֲךָ כֹּל גּוֹיֵי הָאָרֶץ. כַּעֲפַר הָאָרֶץ מַמָּשׁ. וּמִסְפָּר, שֶׁהוּא מוֹנֶה שֵׁנִי, מָנָה אֶת רֹבַע כָּל אוֹתָן נְקֵבוֹת, מַרְגָּלִיּוֹת עֶלְיוֹנוֹת, שֶׁל הַמִּטָּה שֶׁשּׁוֹכֵב עָלֶיהָ יִשְׂרָאֵל. וּמִשָּׁם וָהָלְאָה הוּא מוֹנֶה לַכֹּל, מִשּׁוּם שֶׁהוּא טוֹב עַיִן. זֶהוּ שֶׁכָּתוּב מוֹנֶה מִסְפָּר לַכּוֹכָבִים. מִי הוּא שֶׁמּוֹנֶה אֶת הַכּוֹכָבִים, מִסְפָּר. מוֹנֶה מִסְפָּר לַכּוֹכָבִים. וְעַל יָדוֹ עוֹבְרִים כֻּלָּם בְּחֶשְׁבּוֹן. וְלֶעָתִיד לָבֹא, עוֹד תַּעֲבֹרְנָה הַצֹּאן עַל יְמֵי מוֹנֶה. וְלֹא יוֹדְעִים מִי הוּא. אֶלָּא מִשּׁוּם שֶׁבְּאוֹתוֹ זְמַן יִהְיֶה הַכֹּל בְּיִחוּד בְּלֹא פֵרוּד, הַכֹּל יִהְיֶה מוֹנֶה אֶחָד.

קוּם סָבָא, אִתְּעַר וְאִתְגַּבַּר בְּזֵיוָךְ, וְשׁוּט יַמָּא. פָּתַח וְאָמַר, מִי מָנָה עֲפַר יַעֲקֹב וּמִסְפָּר אֶת רֹבַע יִשְׂרָאֵל. בְּשַׁעֲתָא דְיִתְּעַר קוּדְשָׁא בְּרִיךְ הוּא לְאַחֲזָיָא מֵתַיָּא, הָנֵי דְאִתְהַדָּרוּ בְּגִלְגּוּלָא, תְּרֵין גּוּפִין בְּרוּזָא חֲדָא, תְּרֵין אֲבָהָן, תְּרֵין אִמָּהָן, כַּמָּה גִּלְגּוּלִין מִתְגַּלְגְּלָן עַל דָּא, אַף עַל גַּב דְאִתְּמַר, וְהָכִי הוּא, אֲבָל מִי מָנָה עֲפַר יַעֲקֹב, וְאִיהוּ יַתְקִין כֹּלָּא, וְלָא יִתְאֲבִיד כְּלוּם, וְכֹלָּא יְקוּם. וְהָא אִתְּמַר, וְרַבִּים מִיְּשֵׁנֵי אַדְמַת עָפָר יָקִיצוּ. אַדְמַת עָפָר הָנֵי, כְּמָה דְאִתְּמַר בְּסִפְרָא דַחֲנוֹךְ, כַּד חַבְרַיָּיא אִסְתַּכָּלוּ בְּאִינּוּן אַתְוָון בַּאֲוִירָא בֵּיהּ, וְאִינּוּן אע"ד פמת"ר, הַיְינוּ, אַדְמַ"ת עָפָ"ר. הַיְינוּ וְשַׁבֵּחַ אֲנִי אֶת הַמֵּתִים שֶׁכְּבָר מֵתוּ, אַדְמַת עָפָר אִינּוּן אַתְוָון וְקָלָא אִתְּעַר וְאוֹדַע וְהָכִי אָמַר בְּבִנְיָינָא תִּנְיָינָא. עָפָר, עָפָר קַדְמָאָה. אַדְמַת תִּנְיָינָא, דְאִתְתַּקַּן עָקָר קַדְמָאָה פְּסוֹלֶת לְגַבֵּיהּ. אַדְמַת עָפָר כֻּלְּהוּ, יָקִיצוּ. אֵלֶּה דְאִתְתָּקְנוּ, לְחַיֵּי עוֹלָם. מַאן עוֹלָם. דָּא עוֹלָם דִלְתַתָּא דְהָא לָא זָכוּ לְמֶהֱוֵי בְּעוֹלָם דִלְעֵילָא. וְאֵלֶּה דְלָא זָכוּ, לַחֲרָפוֹת וּלְדִרְאוֹן עוֹלָם. מַאי לַחֲרָפוֹת, אֶלָּא בְּגִין דְסִטְרָא אַחֲרָא יִתְעַבָּר מֵעָלְמָא, וְקוּדְשָׁא בְּרִיךְ הוּא, אִלֵּין דַהֲווֹ מִנְּבִיעוּ דְהַהוּא סִטְרָא, יַשְׁאַר לוֹן, לְתַוְהָא בְּהוֹן כָּל בְּנֵי עָלְמָא. כָּל דָּא מַאן גָּרִים, הַהוּא דְלָא בָּעֵי לְאַפָּשָׁא בְּעָלְמָא, וְלָא בָּעֵי לְקַיְּימָא בְּרִית קַדִּישָׁא, עַל דָּא גָּרִים כָּל מַה דְגָרִים, וְכָל הָנֵי גִּלְגּוּלִין דְקָא

אֲמֵינָא עָלָהּ עַד הָכָא. עַד כָּאן סָבָא. שָׁתִיק רִגְעָא חֲדָא, וְחַבְרַיָּיא הֲווּ תָּוְוהִין, וְלָא הֲווּ יַדְעִין, אִי הֲוָה יְמָמָא, אִי הֲוָה לֵילְיָא, אִי קַיְּימֵי תַּמָּן, אִי לָא קַיְּימֵי.

קוּם זָקֵן, הִתְעוֹרֵר וְהִתְגַּבֵּר בְּכֹחֲךָ וְשׁוּט בַּיָּם. פָּתַח וְאָמַר, מִי מָנָה עֲפַר יַעֲקֹב וּמִסְפָּר אֶת רֹבַע יִשְׂרָאֵל. בְּשָׁעָה שֶׁהַקָּדוֹשׁ בָּרוּךְ הוּא יִתְעוֹרֵר לְהַחֲיוֹת מֵתִים, אֵלּוּ שֶׁחָזְרוּ בְּגִלְגּוּל שְׁנֵי גוּפִים בְּרוּחַ אַחַת, שְׁנֵי אָבוֹת, שְׁתֵּי אִמָּהוֹת, כַּמָּה גִלְגּוּלִים מִתְגַּלְגְּלִים עַל יְדֵי זֶה, אַף עַל גַּב שֶׁנִּתְבָּאֵר, וְכָךְ הוּא. אֲבָל מִי מָנָה עֲפַר יַעֲקֹב, וְהוּא יְתַקֵּן הַכֹּל, וְלֹא יֹאבַד כְּלוּם, וְהַכֹּל יָקוּם. וַהֲרֵי נֶאֱמַר, וְרַבִּים מִיְּשֵׁנֵי אַדְמַת עָפָר יָקִיצוּ. אַדְמַת עָפָר אֵלֶּה, כְּמוֹ שֶׁנֶּאֱמַר בְּסִפְרוֹ שֶׁל חֲנוֹךְ, כְּשֶׁהַחֲבֵרִים הִסְתַּכְּלוּ בְּאוֹתָן אוֹתִיּוֹת בָּאֲוִיר בּוֹ, וְהֵם אע"ד פמת"ר, הַיְנוּ אַדְמַ"ת עָפָ"ר. הַיְנוּ וְשַׁבֵּחַ אֲנִי אֶת הַמֵּתִים שֶׁכְּבָר מֵתוּ. אַדְמַת עָפָר הֵן אוֹתִיּוֹת, וְקוֹל מִתְעוֹרֵר וּמוֹדִיעַ וְכָךְ אוֹמֵר בַּבִּנְיָן הַשֵּׁנִי. עָפָר, עָפָר רִאשׁוֹן. אַדְמַת, שֵׁנִי. שֶׁהִתְתַּקֵּן הָעִקָּר הָרִאשׁוֹן פְּסֹלֶת אֵלָיו. אַדְמַת עָפָר, כֻּלָּם יָקִיצוּ, אֵלֶּה שֶׁהִתְתַּקְּנוּ לְחַיֵּי עוֹלָם. מִי זֶה עוֹלָם, זֶהוּ עוֹלָם שֶׁלְּמַטָּה, שֶׁהֲרֵי לֹא זָכוּ לִהְיוֹת בָּעוֹלָם שֶׁלְּמַעְלָה. וְאֵלֶּה שֶׁלֹּא זָכוּ - לַחֲרָפוֹת וּלְדִרְאוֹן עוֹלָם. מַה זֶּה לַחֲרָפוֹת, מִשּׁוּם שֶׁצַּד הָאַחֵר יַעֲבֹר מִן הָעוֹלָם, וְהַקָּדוֹשׁ בָּרוּךְ הוּא יַשְׁאִיר אֶת אֵלֶּה שֶׁהָיוּ מְנֻבִּיעַת אוֹתוֹ הַצַּד לְהַתְמִיהַּ בָּהֶם אֶת כָּל בְּנֵי הָעוֹלָם. מִי גָרַם כָּל זֶה, אוֹתוֹ שֶׁלֹּא רָצָה לְהִתְרַבּוֹת בָּעוֹלָם וְלֹא רָצָה לְקַיֵּם בְּרִית הַקֹּדֶשׁ, וְלָכֵן גָּרַם כָּל מַה שֶּׁגָּרַם וְכָל הַגִּלְגּוּלִים הַלָּלוּ שֶׁאָמַרְנוּ עָלֶיהָ עַד כָּאן. עַד כָּאן זָקֵן. שָׁתַק רֶגַע אֶחָד, וְהַחֲבֵרִים הָיוּ תְּמֵהִים, וְלֹא הָיוּ יוֹדְעִים אִם הָיָה יוֹם אִם הָיָה לַיְלָה, אִם עוֹמְדִים שָׁם אִם לֹא עוֹמְדִים.

פָּתַח הַהוּא סָבָא וְאָמַר, כִּי תִקְנֶה עֶבֶד עִבְרִי שֵׁשׁ שָׁנִים יַעֲבֹד וּבַשְּׁבִיעִית וְגוֹ'. קְרָא דָא אוֹכַח, עַל כָּל מַה דְּאִתְּמַר. תָּא חֲזֵי, כָּל דְּכוּרָא, קָאִים בִּדְיוּקְנָא, בְּעָלְמָא דִּדְכוּרָא. וְכָל נוּקְבָא קָאִים בִּדְיוּקְנָא, בְּעָלְמָא דְּנוּקְבָא. בְּעוֹד דְּאִיהוּ עַבְדָּא דְּקוּדְשָׁא בְּרִיךְ הוּא אִתְדַּבַּק בֵּיהּ, בְּאִינּוּן שֵׁשׁ שָׁנִים קַדְמוֹנִיּוֹת, וְאִי אִתְעֲקַר גַּרְמֵיהּ מִפּוּלְחָנֵיהּ, יַעֲקַר לֵיהּ קוּדְשָׁא בְּרִיךְ הוּא מֵאִינּוּן שֵׁשׁ שָׁנִים, דְּעָלְמָא דִּדְכוּרָא, וְאִתְמְסַר לְבַר נָשׁ, דְּאִיהוּ מִשִּׁית סִטְרִין, יִפְלַח לֵיהּ שִׁית שְׁנִין, וְיִתְעֲקַר מִשִּׁית שְׁנִין דִּלְעֵילָא. לְבָתַר נָזִיית מִתַּמָּן, וְאִתְמְסַר בְּעָלְמָא דְּנוּקְבָא. הוּא לָא בָּעָא לְקַיְּימָא בִּדְכוּרָא, נָזִיית וְקַיְּימָא בְּנוּקְבָא. אָתָאת נוּקְבָא, דְּאִיהִי שְׁבִיעִית, וְנָטְלָא לֵיהּ, הָא מִכָּאן וּלְהָלְאָה, מֵעָלְמָא דְּנוּקְבָא אִיהוּ. לָא בָּעָא לְקַיְּימָא בָּהּ,

וּבְפִירוּקָא דִּילָהּ, נָזְוִית לְתַתָּא, וְאִתְדַּבַּק לְתַתָּא, וְאִתְאֲחִיד בְּסִטְרָא אַחֲרָא. מִכָּאן וּלְהָלְאָה, אִתְעַקָּר מֵעָלְמָא דִּדְכוּרָא, וּמֵעָלְמָא דְּנוּקְבָא. הָא אִתְאֲחָד, בְּאִינּוּן עֲבָדִים דְּאִינּוּן מִסִּטְרָא אַחֲרָא. הַשְׁתָּא כֵּיוָן דְּהָכִי הוּא, אִיצְטְרִיךְ פְּגָם, וּלְמֶעְבַּד בֵּיהּ רְשִׁימוּ דִּפְגָם, דְּהָא כָּל פְּגָם דְּסִטְרָא אַחֲרָא אִיהוּ, וּמִיּוֹבֵל וּלְהָלְאָה אִתְהַדַּר לְגִלְגּוּלָא, וְתָב לְעָלְמָא כְּמִלְּקַדְמִין. וְאִתְדַּבַּק בְּהַהוּא עָלְמָא דְּנוּקְבָא, וְלָא יַתִּיר. זָכָה עָבִיד תּוֹלָדִין בְּעָלְמָא דְּנוּקְבָא, וְכֻלְּהוּ רָזָא דִּכְתִיב, בְּתוּלוֹת אַחֲרֶיהָ רֵעוֹתֶיהָ מוּבָאוֹת לָךְ. וְזַכָּאָה אִיהוּ כַּד אִתְתַּקַּן וְזָכֵי לְכָךְ. וְאִי לָא זָכָה אֲפִילוּ בְּגִלְגּוּלָא דְּיוֹבְלָא, הָא אִיהוּ כְּלָא הֲוָה אִתְהַדַּר, וְלָא אַשְׁלִימוּ יוֹמוֹי, לְאִתְנַסְּבָא בְּעָלְמָא, וּלְמֶעְבַּד תּוֹלָדִין. מַה כְּתִיב, אִם בְּגַפּוֹ יָבֹא בְּגַפּוֹ יֵצֵא. אִי יְחִידָאי יֵעוּל בְּהַהוּא עָלְמָא בְּלָא [דף ק"ו ע"א] תּוֹלָדִין, וְלָא בָּעָא לְאִשְׁתַּדְּלָא בְּהַאי, וְנָפַק מֵהַאי עָלְמָא יְחִידָאי, בְּלָא זַרְעָא, אָזִיל כְּאַבְנָא בְּקוּסְפִּיתָא, עַד הַהוּא אֲתָר דְּטִנָּרָא תַּקִּיפָא, וְעָאל תַּמָּן וּמִיַּד נָשַׁב רוּחָא דְּהַהוּא יְחִידָאי, דְּקָא אִשְׁתְּבִיק מִנּוּקְבֵיהּ, וְאָזִיל יְחִידָאי, כְּחִוְיָא דְּלָא אִתְחַבַּר בְּאַחֲרָא בְּאוֹרְחָא, וְנָשִׁיב בֵּיהּ. וּמִיַּד נָפַק מִגּוֹ הַהוּא אֲתָר דְּטִנָּרָא תַּקִּיפָא, הוּא בִּלְחוֹדוֹי, וְאָזִיל וּמְשַׁטְּטָא בְּעָלְמָא, עַד דְּקָא אַשְׁכַּח פָּרוּקָא לְאַתְבָּא. וְהַיְינוּ אִם בְּגַפּוֹ יָבֹא בְּגַפּוֹ יֵצֵא, הַאי דְּלָא בָּעָא לְאִתְנַסְּבָא, לְמֶהֱוֵי לֵיהּ תּוֹלָדִין.

פָּתַח אוֹתוֹ זָקֵן וְאָמַר, כִּי תִקְנֶה עֶבֶד עִבְרִי שֵׁשׁ שָׁנִים יַעֲבֹד וּבַשְּׁבִיעִית וְגוֹ'. פָּסוּק זֶה מוֹכִיחַ עַל כָּל מַה שֶּׁנִּתְבָּאֵר. בֹּא וּרְאֵה, כָּל זָכָר עוֹמֵד בְּדְיוֹקָן בְּעוֹלַם הַזָּכָר, וְכָל נְקֵבָה עוֹמֶדֶת בִּדְיוֹקָן בְּעוֹלַם הַנְּקֵבָה. בְּעוֹד שֶׁהוּא עֶבֶד שֶׁנִּדְבָּק בּוֹ הַקָּדוֹשׁ בָּרוּךְ הוּא בְּאוֹתָן שֵׁשׁ שָׁנִים קַדְמוֹנִיּוֹת, וְאִם עָקַר עַצְמוֹ מֵעֲבוֹדָתוֹ, יַעֲקֹר אוֹתוֹ הַקָּדוֹשׁ בָּרוּךְ הוּא מֵאוֹתָן שֵׁשׁ שָׁנִים שֶׁל עוֹלַם הַזָּכָר, וְיִמָּסֵר לְאָדָם שֶׁהוּא מִשִּׁשָּׁה צְדָדִים, יַעֲבֹד לוֹ שֵׁשׁ שָׁנִים, וְיֵעָקֵר מִשֵּׁשׁ שָׁנִים שֶׁלְּמַעְלָה. אַחַר כָּךְ יוֹרֵד מִשָּׁם וְנִמְסָר לְעוֹלַם הַנְּקֵבָה. הוּא לֹא רָצָה לַעֲמֹד בַּזָּכָר, יוֹרֵד וְעוֹמֵד בַּנְּקֵבָה. בָּאָה הַנְּקֵבָה, שֶׁהִיא שְׁבִיעִית, וְנוֹטֶלֶת אוֹתוֹ. הֲרֵי מִכָּאן וְהָלְאָה הוּא מֵעוֹלַם הַנְּקֵבָה. לֹא רָצָה לַעֲמֹד בָּהּ וּבַגְּאֻלָּה שֶׁלָּהּ - יוֹרֵד לְמַטָּה וְנִדְבָּק לְמַטָּה וְנֶאֱחָז בַּצַּד הָאַחֵר. מִכָּאן וְהָלְאָה נֶעֱקָר מֵעוֹלַם הַזָּכָר וּמֵעוֹלַם הַנְּקֵבָה. הֲרֵי נֶאֱחָז בְּאוֹתָם עֲבָדִים שֶׁהֵם מִצַּד הָאַחֵר. עַכְשָׁו, כֵּיוָן שֶׁכָּךְ הוּא, הִצְטָרֵךְ פְּגָם וְלַעֲשׂוֹת בּוֹ רֹשֶׁם שֶׁל פְּגָם, שֶׁהֲרֵי כָּל פְּגָם

הוּא שֶׁל צַד הָאַחֵר, וּמִיּוֹבֵל וְהָלְאָה חוֹזֵר לְגִלְגּוּל, וְשָׁב לָעוֹלָם כְּמִקֹּדֶם, וְנִדְבָּק בְּאוֹתוֹ עוֹלַם הַנְּקֵבָה וְלֹא יוֹתֵר. זָכָה, עוֹשֶׂה תוֹלָדוֹת בְּעוֹלַם הַנְּקֵבָה, וְכֻלָּם סוֹד הַכָּתוּב, בְּתוּלוֹת אַחֲרֶיהָ רֵעוֹתֶיהָ מוּבָאוֹת לָךְ. וְאַשְׁרָיו כְּשֶׁמִּתְתַּקֵּן וְזוֹכֶה לְכָךְ. וְאִם לֹא זָכָה אֲפִלּוּ בְּגִלְגּוּל הַיּוֹבֵל, הֲרֵי הוּא כְּלֹא הָיָה, שֶׁחָזַר וְלֹא הִשְׁלִים יָמָיו לְהִנָּשֵׂא בָּעוֹלָם וְלַעֲשׂוֹת תוֹלָדוֹת. מַה כָּתוּב, אִם בְּגַפּוֹ יָבֹא בְּגַפּוֹ יֵצֵא. אִם יְחִידִי יִכָּנֵס לְאוֹתוֹ הָעוֹלָם בְּלִי תוֹלָדוֹת וְלֹא רָצָה לְהִשְׁתַּדֵּל בְּכָךְ, וְיָצָא מֵהָעוֹלָם הַזֶּה יְחִידִי בְּלִי זֶרַע, הוֹלֵךְ כְּמוֹ אֶבֶן בְּכַף הַקֶּלַע עַד אוֹתוֹ מָקוֹם שֶׁל הַסֶּלַע הֶחָזָק, וְנִכְנָס לְשָׁם, וּמִיָּד נוֹשֶׁבֶת רוּחַ שֶׁל אוֹתוֹ יָחִיד שֶׁנֶּעֱזַב מִנְּקֵבָתוֹ, וְהוֹלֵךְ יְחִידִי כְּנָחָשׁ שֶׁלֹּא מִתְחַבֵּר עִם אַחֵר בַּדֶּרֶךְ, וְנוֹשֵׁב בּוֹ. וּמִיָּד יוֹצֵא מִתּוֹךְ אוֹתוֹ מָקוֹם שֶׁל הַסֶּלַע הֶחָזָק הוּא לְבַדּוֹ, וְהוֹלֵךְ וּמְשׁוֹטֵט בָּעוֹלָם עַד שֶׁמּוֹצֵא גוֹאֵל לַהֲשִׁיבוֹ. וְהַיְנוּ אִם בְּגַפּוֹ יָבֹא בְּגַפּוֹ יֵצֵא, זֶה שֶׁלֹּא רָצָה לָשֵׂאת שֶׁיִּהְיוּ לוֹ תוֹלָדוֹת.

אֲבָל אִם בַּעַל אִשָּׁה הוּא, דְּקָא אִתְנְסִיב, וְאִשְׁתָּדַל בְּאִתְּתֵיהּ, וְלָא יָכִיל, הַהוּא לָא אִתְתָּרַךְ כְּהַהוּא אַזְוָרָא, לָא יֵיעוּל יְחִידָאי, וְלָא נָפִיק יְחִידָאי, אֶלָּא אִם בַּעַל אִשָּׁה הוּא, קוּדְשָׁא בְּרִיךְ הוּא לָא מְקַפֵּחַ אֲגַר כָּל בִּרְיָין, אַף עַל גַּב דְּלָא זָכוּ בִּבְנֵי, מַה כְּתִיב וְיָצְאָה אִשְׁתּוֹ עִמּוֹ. וְתַרְוַוייְהוּ אַתְיָין בְּגִלְגּוּלָא, וְזַכְיָין לְאִתְחַבְּרָא כַּחֲדָא כְּמִלְּקַדְמִין. וְהַאי לָא נָסִיב אִתְּתָא דְּתְרוּכִין, אֶלָּא הַהִיא דְּאִשְׁתַּדַּל בָּהּ בְּקַדְמִיתָא, וְלָא זָכוּ, הַשְׁתָּא יִזְכּוּ כַּחֲדָא, אִי יִתַקְּנוּן עוֹבָדִין, וְעַל דָּא וְיָצְאָה אִשְׁתּוֹ עִמּוֹ. אִם אֲדוֹנָיו יִתֵּן לוֹ אִשָּׁה וְגוֹ'. אַהֲדַר קְרָא לְמִלִּין אַחֲרָנִין, לְהַהוּא דְּנָפִיק יְחִידָאי בְּלָא נוּקְבָא כְּלָל, וְיִפְרוֹק לֵיהּ הַהוּא דוּכְתָּא דְּאִקְרֵי שְׁבִיעִית. וְהַהוּא שְׁבִיעִית אִקְרֵי אֲדוֹנָיו, אֲדוֹן כָּל הָאָרֶץ אִיהוּ. אִם דָּא אֲדוֹנָיו חָס עָלֵיהּ, וְאָתִיב לֵיהּ לְהַאי עָלְמָא יְחִידָאי כְּמָה דַּהֲוָה, וְיָהִיב לֵיהּ אִתְּתָא הַהִיא דְּמִזְּבֵּחַ אַחְזִיאַת עֲלוֹי דִּמְעִין, וְאִתְחַבְּרָא כַּחֲדָא. וְיָלְדָה לוֹ בָנִים אוֹ בָנוֹת הָאִשָּׁה וִילָדֶיהָ תִּהְיֶה לַאדֹנֶיהָ כְּמָה דְּאִתְּמַר. דְּהָא אִי תָּב, וְאִתְקַּין הַהוּא אֲתַר דְּפָגִים בְּחַיּוֹי, אִתְקַבַּל קָמֵי מַלְכָּא קַדִּישָׁא, נָטִיל לֵיהּ, וְאִתְקִין לֵיהּ עַל תִּקּוּנוֹי לְבָתַר. וְדָא אִקְרֵי בַּעַל תְּשׁוּבָה, דְּהָא יָרִית מוּתְבֵיהּ, דְּהַהוּא אֲתַר, דְּהַהוּא נָהָר דְּנָגִיד וְנָפִיק, וְאִתְקִין גַּרְמֵיהּ מִמַּה דַּהֲוָה בְּקַדְמִיתָא. כֵּיוָן דְּאִתְתַּקַּן וְתָב בִּתְיוּבְתָּא, הָא סָלִיק עַל תִּקּוּנֵיהּ. דְּלֵית מִלָּה בְּעָלְמָא, וְלֵית מַפְתְּחָא בְּעָלְמָא, דְּלָא תָּבַר הַהוּא דְּתָב

בְּתִיוּבְתָּא. מַאי יֵצֵא בְּגַפּוֹ. הָא אִתְּמַר, אֲבָל תּוּ רָזָא אִית בֵּיהּ, יֵצֵא בְּגַפּוֹ, כְּמָה דְּאַתְּ אָמַר, עַל גַּפֵּי מְרוֹמֵי קָרֶת, מַה לְּהָתָם עִלּוּיָא וּסְלִיקוּ, אוּף הָכָא עִלּוּיָא וּסְלִיקוּ, אֲתָר דְּמָרֵיהוֹן דְּתִיוּבְתָּא סַלְקִין, אֲפִילוּ צַדִּיקִים גְּמוּרִים לָא יַכְלִין לְמֵיקָם תַּמָּן. וּבְגִין כָּךְ כֵּיוָן דְּתָב בְּתִיוּבְתָּא, קוּדְשָׁא בְּרִיךְ הוּא מְקַבֵּל לֵיהּ וַדַּאי מִיָּד.

אֲבָל אִם בַּעַל אִשָּׁה הוּא, שֶׁנָּשָׂא וְהִשְׁתַּדֵּל בְּאִשְׁתּוֹ וְלֹא יָכֹל, הַהוּא לֹא מְגֹרָשׁ כְּאוֹתוֹ אַחֵר, לֹא יִכָּנֵס יְחִידִי וְלֹא יֵצֵא יְחִידִי. אֶלָּא אִם בַּעַל אִשָּׁה הוּא, הַקָּדוֹשׁ בָּרוּךְ הוּא לֹא מְקַפֵּחַ שְׂכַר כָּל בְּרִיּוֹתָיו, אַף עַל גַּב שֶׁלֹּא זָכוּ לְבָנִים, מַה כָּתוּב, וְיָצְאָה אִשְׁתּוֹ עִמּוֹ. וּשְׁנֵיהֶם בָּאִים בְּגִלְגּוּל וְזוֹכִים לְהִתְחַבֵּר כְּאֶחָד כְּמִקֹּדֶם. וְזֶה לֹא נָשָׂא אִשָּׁה שֶׁל גֵּרוּשִׁין, אֶלָּא אוֹתָהּ שֶׁהִשְׁתַּדֵּל בָּהּ בַּהַתְחָלָה וְלֹא זָכוּ, כָּעֵת יִזְכּוּ כְּאֶחָד אִם יְתַקְּנוּ מַעֲשֵׂיהֶם, וְעַל זֶה וְיָצְאָה אִשְׁתּוֹ עִמּוֹ. אִם אֲדֹנָיו יִתֶּן לוֹ אִשָּׁה וְגוֹ'. חוֹזֵר הַכָּתוּב לִדְבָרִים אֲחֵרִים, לְאוֹתוֹ שֶׁיָּצָא יְחִידִי בְּלִי נְקֵבָה כְּלָל, וְיִגְאַל אוֹתוֹ אוֹתוֹ מָקוֹם שֶׁנִּקְרָא שְׁבִיעִית, וְאוֹתָהּ שְׁבִיעִית נִקְרֵאת אֲדֹנָיו, הוּא אֲדוֹן כָּל הָאָרֶץ. אִם אֲדֹנָיו, זֶה חָס עָלָיו וּמֵשִׁיב אוֹתוֹ לָעוֹלָם הַזֶּה יְחִידִי כְּמוֹ שֶׁהָיָה, וְנוֹתֵן לוֹ אִשָּׁה, אוֹתָהּ שֶׁמִּזְבֵּחַ הוֹרִיד עָלֶיהָ דְּמָעוֹת, וּמִתְחַבְּרִים כְּאֶחָד. וְיָלְדָה לוֹ בָנִים אוֹ בָנוֹת הָאִשָּׁה וִילָדֶיהָ תִּהְיֶה לַאדֹנֶיהָ, כְּמוֹ שֶׁנֶּאֱמַר. שֶׁהֲרֵי אִם שָׁב וְהִתְקִין אוֹתוֹ מָקוֹם שֶׁפָּגַם בְּחַיָּיו, מִתְקַבֵּל לִפְנֵי הַמֶּלֶךְ הַקָּדוֹשׁ, נוֹטֵל אוֹתוֹ וּמְתַקְּנוֹ עַל תִּקּוּנוֹ אַחַר כָּךְ. וְזֶה נִקְרָא בַּעַל תְּשׁוּבָה, שֶׁהֲרֵי יָרַשׁ אֶת מוֹשָׁבוֹ שֶׁל אוֹתוֹ הַמָּקוֹם שֶׁל אוֹתוֹ נָהָר שֶׁשּׁוֹפֵעַ וְיוֹצֵא, וּמְתַקֵּן אֶת עַצְמוֹ מִמַּה שֶּׁהָיָה בַּתְּחִלָּה. כֵּיוָן שֶׁנִּתְקַן וְשָׁב בִּתְשׁוּבָה, הֲרֵי עָלָה עַל תִּקּוּנוֹ. שֶׁאֵין דָּבָר בָּעוֹלָם וְאֵין מַפְתֵּחַ בָּעוֹלָם שֶׁלֹּא שׁוֹבֵר אוֹתוֹ שֶׁשָּׁב בִּתְשׁוּבָה. מַה זֶּה יֵצֵא בְגַפּוֹ, הֲרֵי נִתְבָּאֵר. אֲבָל עוֹד סוֹד יֵשׁ בּוֹ, יֵצֵא בְּגַפּוֹ - כְּמוֹ שֶׁנֶּאֱמַר עַל גַּפֵּי מְרֹמֵי קָרֶת. מַה לְּשָׁם עִלּוּי וְהִתְעַלּוּת, אַף כָּאן עִלּוּי וְהִתְעַלּוּת. מָקוֹם שֶׁבַּעֲלֵי תְשׁוּבָה עוֹלִים, אֲפִלּוּ צַדִּיקִים גְּמוּרִים לֹא יְכוֹלִים לַעֲמֹד שָׁם. וּמִשּׁוּם כָּךְ, כֵּיוָן שֶׁשָּׁב בִּתְשׁוּבָה, הַקָּדוֹשׁ בָּרוּךְ הוּא מְקַבֵּל אוֹתוֹ וַדַּאי מִיָּד.

תָּנֵינָן, לֵית מִלָּה בְּעָלְמָא דְּקַיְּימָא קַמֵּי תְּשׁוּבָה, וּלְכֹלָּא קוּדְשָׁא בְּרִיךְ הוּא מְקַבֵּל וַדַּאי. וְאִי תָּב בְּתִיוּבְתָּא הָא אִזְדַּמַּן לְקַבְּלֵיהּ אָרַזוּ זַוִּים, וְאַף עַל גַּב דְּפָגִים מַה דְּפָגִים, כֹּלָּא אִתְתַּקַּן, וְכֹלָּא אִתְהַדַּר עַל תִּקּוּנֵיהּ, דְּהָא אֲפִילוּ בְּמַה דְּאִית בֵּיהּ אוּמָאָה, קוּדְשָׁא בְּרִיךְ הוּא מְקַבֵּל, דִּכְתִיב, חַי אֲנִי נְאֻם יְיָ כִּי אִם יִהְיֶה כָּנְיָהוּ וְגוֹ' וּכְתִיב, כִּתְבוּ אֶת הָאִישׁ הַזֶּה עֲרִירִי וְגוֹ'. וּבָתַר דְּתָב

סֵדֶר לִימּוּד לְיוֹם הַפְּטִירָה לְעִילּוּי נִשְׁמָה

בְּתִיוּבְתָּא כְּתִיב, וּבְנֵי יְכָנְיָה אַסִּיר בְּנוֹ וְגוֹ', מִכָּאן דִּתְשׁוּבָה מִתְּבַּר כַּמָּה גְּזֵרִין וְדִינִין, וְכַמָּה שַׁלְשְׁלָאִין דְּפַרְזְלָא, וְלֵית מַאן דְּקַיְּימָא קַמֵּי דְּתִיוּבְתָּא. וְעַל דָּא כְּתִיב, וְיָצְאוּ וְרָאוּ בְּפִגְרֵי הָאֲנָשִׁים הַפּוֹשְׁעִים בִּי. אֲשֶׁר פָּשְׁעוּ בִּי, לָא כְּתִיב, אֶלָּא הַפּוֹשְׁעִים בִּי, דְּלָא בָּעָאן לְאָתָבָא, וּלְאִתְנַחֲמָא עַל מַה דְּעָבְדוּ. אֲבָל כֵּיוָן דְּאִתְנַחֲמוּ, הָא מְקַבֵּל לוֹן קוּדְשָׁא בְּרִיךְ הוּא. בְּגִין כָּךְ, בַּר נָשׁ דָּא, אַף עַל גַּב דְּפָשַׁע בֵּיהּ, וּפָגִים בְּאַתְרָא דְּלָא אִצְטְרִיךְ, וְתָב לְקַמֵּיהּ, מְקַבֵּל לֵיהּ, וְחָס עָלֵיהּ, דְּהָא קוּדְשָׁא בְּרִיךְ הוּא [דף ק"ב ע"ב] מָלֵא רַחֲמִין אִיהוּ, וְאִתְמְלֵי רַחֲמִים עַל כָּל עוֹבָדוֹי, כְּמָה דְּאַתְּ אָמֵר וְרַחֲמָיו עַל כָּל מַעֲשָׂיו. אֲפִילוּ עַל בְּעִירֵי וְעוֹפֵי מָאטוֹן רַחֲמוֹי. אִי עֲלַיְיהוּ מָאטוֹן רַחֲמוֹי, כָּל שֶׁכֵּן עַל בְּנֵי נָשָׁא, דְּיַדְעִין וְאִשְׁתְּמוֹדְעָאן לְשַׁבְחָא לְמָארֵיהוֹן, דְּרַחֲמוֹי מָאטוֹן עֲלַיְיהוּ, וְשָׁרָאן עֲלַיְיהוּ. וְעַל דָּא אָמַר דָּוִד, רַחֲמֶיךָ רַבִּים יְיָ כְּמִשְׁפָּטֶיךָ חַיֵּינִי. אִי עַל חַיָּיבִין מָאטוֹן רַחֲמוֹי, כָּל שֶׁכֵּן עַל זַכָּאִין. אֶלָּא מַאן בָּעֵי אַסְוָותָא, אִינּוּן מָארֵי כְּאֵבִין, וּמַאן אִינּוּן מָארֵי כְּאֵבִין. אִלֵּין אִינּוּן חַיָּיבִין, אִינּוּן בָּעָאן אַסְוָותָא וְרַחֲמֵי, דְּקוּדְשָׁא בְּרִיךְ הוּא עֲלַיְיהוּ, דְּלָא יְהוֹן שְׁבִיקִין מִנֵּיהּ, וְאִיהוּ דְּלָא אִסְתַּלַּק מִנַּיְיהוּ, וִיתוּבוּן לְקַבְלֵיהּ. כַּד מְקָרֵב קוּדְשָׁא בְּרִיךְ הוּא, בִּימִינָא מְקָרֵב. וְכַד דָּחֵי, בִּשְׂמָאלָא דָּחֵי. וּבְשַׁעְתָּא דְּדָחֵי, יְמִינָא מְקָרֵב. מִסִּטְרָא דָּא דָּחֵי, וּמִסִּטְרָא דָּא מְקָרֵב, וְקוּדְשָׁא בְּרִיךְ הוּא לָא שָׁבִיק רַחֲמוֹי מִנַּיְיהוּ.

שָׁנִינוּ, אֵין דָּבָר בָּעוֹלָם שֶׁעוֹמֵד לִפְנֵי הַתְּשׁוּבָה, וְאֶת הַכֹּל הַקָּדוֹשׁ בָּרוּךְ הוּא מְקַבֵּל וַדַּאי. וְאִם שָׁב בִּתְשׁוּבָה, הֲרֵי מְזֻמָּן כְּנֶגְדּוֹ אֹרַח חַיִּים. וְאַף עַל גַּב שֶׁפָּגַם מַה שֶּׁפָּגַם - הַכֹּל נִתְקָן וְהַכֹּל חוֹזֵר עַל תִּקּוּנוֹ, שֶׁהֲרֵי אֲפִלּוּ בְּמָה שֶׁיֵּשׁ בּוֹ שְׁבוּעָה, הַקָּדוֹשׁ בָּרוּךְ הוּא מְקַבֵּל, שֶׁכָּתוּב חַי אָנִי נְאֻם ה' כִּי אִם יִהְיֶה כָּנְיָהוּ וְגוֹ'. וְכָתוּב כִּתְבוּ אֶת הָאִישׁ הַזֶּה עֲרִירִי וְגוֹ'. וְאַחַר שֶׁשָּׁב בִּתְשׁוּבָה כָּתוּב, וּבְנֵי יְכָנְיָה אַסִּר בְּנוֹ וְגוֹ'. מִכָּאן שֶׁתְּשׁוּבָה מְשַׁבֶּרֶת כַּמָּה גְּזֵרוֹת וְדִינִים וְכַמָּה שַׁלְשְׁלָאוֹת בַּרְזֶל, וְאֵין מִי שֶׁעוֹמֵד לִפְנֵי הַתְּשׁוּבָה. וְעַל זֶה כָּתוּב, וְיָצְאוּ וְרָאוּ בְּפִגְרֵי הָאֲנָשִׁים הַפֹּשְׁעִים בִּי. אֲשֶׁר פָּשְׁעוּ בִּי לֹא כָתוּב, אֶלָּא הַפֹּשְׁעִים בִּי. שֶׁלֹּא רוֹצִים לָשׁוּב וּלְהִתְנַחֵם עַל מַה שֶּׁעָשׂוּ. אֲבָל כֵּיוָן שֶׁהִתְנַחֲמוּ, הַקָּדוֹשׁ בָּרוּךְ הוּא מְקַבֵּל אוֹתָם. לָכֵן הָאָדָם הַזֶּה, אַף עַל גַּב שֶׁפָּשַׁע בּוֹ וּפָגַם בְּמָקוֹם שֶׁלֹּא צָרִיךְ וְשָׁב

לְפָנָיו - מְקַבֵּל אוֹתוֹ וְחָס עָלָיו, שֶׁהֲרֵי הַקָּדוֹשׁ בָּרוּךְ הוּא הוּא מָלֵא רַחֲמִים, וּמִתְמַלֵּא רַחֲמִים עַל כָּל מַעֲשָׂיו, כְּמוֹ שֶׁנֶּאֱמַר וְרַחֲמָיו עַל כָּל מַעֲשָׂיו. אֲפִלּוּ עַל בְּהֵמוֹת וְעוֹפוֹת מַגִּיעִים רַחֲמָיו. אִם עֲלֵיהֶם מַגִּיעִים רַחֲמָיו, כָּל שֶׁכֵּן עַל בְּנֵי אָדָם שֶׁיּוֹדְעִים וּמַכִּירִים לְשַׁבֵּחַ רִבּוֹנָם שֶׁרַחֲמָיו מַגִּיעִים עֲלֵיהֶם וְשׁוֹרִים עֲלֵיהֶם. וְעַל זֶה אָמַר דָּוִד, רַחֲמֶיךָ רַבִּים ה' כְּמִשְׁפָּטֶיךָ חַיֵּנִי. אִם עַל רְשָׁעִים מַגִּיעִים רַחֲמָיו, כָּל שֶׁכֵּן עַל צַדִּיקִים. אֶלָּא מִי צָרִיךְ רְפוּאָה, אוֹתָם בַּעֲלֵי כְאֵבִים. וּמִי הֵם בַּעֲלֵי כְאֵבִים, אֵלֶּה אוֹתָם רְשָׁעִים, הֵם צְרִיכִים רְפוּאָה וְרַחֲמִים, שֶׁהַקָּדוֹשׁ בָּרוּךְ הוּא עֲלֵיהֶם שֶׁלֹּא יִהְיוּ עֲזוּבִים מִמֶּנּוּ, וְהוּא - שֶׁלֹּא מִסְתַּלֵּק מֵהֶם, וְיָשׁוּבוּ כְנֶגְדּוֹ. כְּשֶׁהַקָּדוֹשׁ בָּרוּךְ הוּא מְקָרֵב, הוּא מְקָרֵב בַּיָּמִין. וּכְשֶׁדּוֹחֶה, דּוֹחֶה בַּשְּׂמֹאל. וּבְשָׁעָה שֶׁדּוֹחֶה, הַיָּמִין מְקָרֶבֶת. מִצַּד הַזֶּה דּוֹחֶה וּמֵהַצַּד הַזֶּה מְקָרֵב, וְהַקָּדוֹשׁ בָּרוּךְ הוּא לֹא עוֹזֵב אֶת רַחֲמָיו מֵהֶם.

תָּא חֲזֵי, מַה כְּתִיב וַיֵּלֶךְ שׁוֹבָב בְּדֶרֶךְ לִבּוֹ. וּכְתִיב בַּתְרֵיהּ, דְּרָכָיו רָאִיתִי וְאֶרְפָּאֵהוּ וְאַנְחֵהוּ וַאֲשַׁלֵּם נִחֻמִים לוֹ וְלַאֲבֵלָיו. וַיֵּלֶךְ שׁוֹבָב, אַף עַל גַּב דְּחַזְיָין עַבְדִין, כָּל מַה דְּעַבְדִין בְּזָדוֹן דְּאַזְלִין בְּאָרְחָא דְּלִבַּיְיהוּ, וְאַחֲרָנִין עַבְדִין בְּהוּ הַתְרָאָה, וְלָא בָּעָאן לְצַיְּיתָא לוֹן. בְּשַׁעֲתָא דְּתָבִין בִּתְיוּבְתָּא, וְנַטְלִין אָרְחָא טָבָא דִּתְיוּבְתָּא, הָא אַסְוָותָא זְמִינָא לְקַבְּלַיְהוּ. הַשְׁתָּא אִית לְאִסְתַּכְּלָא, אִי עַל חַיַּיָּא אָמַר קְרָא, אוֹ עַל מֵתַיָּיא אָמַר קְרָא. דְּהָא רֵישָׁא דִּקְרָא, לָאו אִיהוּ סֵיפָא. וְסֵיפָא, לָאו אִיהוּ רֵישָׁא. רֵישָׁא דִּקְרָא, אַחְזֵי עַל חַיַּיָּא. וְסוֹפֵיהּ אַחְזֵי עַל מֵתַיָּיא. אֶלָּא, קְרָא אָמַר, בְּעוֹד דְּבַר נָשׁ אִיהוּ בְּחַיּוֹי, וְהָכִי הוּא, וַיֵּלֶךְ שׁוֹבָב בְּדֶרֶךְ לִבּוֹ, בְּגִין דְּיֵצֶר הָרַע דְּבֵיהּ, תַּקִּיף וְאִתְתַּקַּף בֵּיהּ, וְעַל דָּא אָזֵל שׁוֹבָב, וְלָא בָּעֵי לְאָתָבָא בִּתְיוּבְתָּא. קוּדְשָׁא בְּרִיךְ הוּא חָמֵי אָרְחוֹי, דְּקָא אַזְלִין בְּבִישׁ, בְּלָא תוֹעַלְתָּא, אָמַר קוּדְשָׁא בְּרִיךְ הוּא, אֲנָא אִצְטְרִיכְנָא לְאִתְקָפָא בִּידֵיהּ, הֲדָא הוּא דִּכְתִיב דְּרָכָיו רָאִיתִי, דְּקָא אַזְלִין בַּחֲשׁוֹכָא, אֲנָא בָּעֵי לְמֵיהַב לֵיהּ אַסְוָותָא הֲדָא הוּא דִּכְתִיב וְאֶרְפָּאֵהוּ, קוּדְשָׁא בְּרִיךְ הוּא אִיהוּ אָעִיל בְּלִבֵּיהּ אָרְחֵיהּ דִּתְיוּבְתָּא וְאַסְוָותָא לְנִשְׁמָתֵיהּ. וְאַנְחֵהוּ, מַאי וְאַנְחֵהוּ. כְּמָה דְּאַתְּ אָמַר לֵךְ נְחֵה אֶת הָעָם. אַנְהִיג לֵיהּ קוּדְשָׁא בְּרִיךְ הוּא בְּאֹרַח מֵישָׁר, כְּמַאן דְּאַתְקִיף בִּידָא דְּאַחֲרָא, וְאַפְּקֵיהּ מִגּוֹ חֲשׁוֹכָא. וַאֲשַׁלֵּם נִחוּמִים לוֹ וְלַאֲבֵלָיו, הָא אִתְחֲזֵי דְּמִיתָא אִיהוּ, אִין, וַדַּאי

מֵיתָא אִיהוּ, וְקַיְּימָא בְּחַיִּין דְּהוּאִיל וְאִיהוּ רָשָׁע, מֵיתָא אִקְרֵי. מַהוּ וַאֲשַׁלֵּם נִחוּמִים לוֹ וְלַאֲבֵלָיו. אֶלָּא קוּדְשָׁא בְּרִיךְ הוּא עָבִיד טִיבוּ עִם בְּנֵי נָשָׁא, דְּכֵיוָן דְּעָאל מִי"ג שְׁנִין וּלְהָלְאָה, פָּקִיד עִמֵּיהּ תְּרֵין מַלְאָכִין נְטוּרִין דְּנַטְרֵי לֵיהּ, חַד מִימִינֵיהּ, וְחַד מִשְּׂמָאלֵיהּ. כַּד אָזִיל בַּר נָשׁ בְּאֹרַח מֵישָׁר, אִינּוּן חַדָּאן בֵּיהּ, וְאִתְתָּקִיפוּ עִמֵּיהּ בְּחֶדְוָה, מַכְרְזָן קָמֵּיהּ וְאַמְרִין, הָבוּ יְקָר לְדִיוּקְנָא דְּמַלְכָּא. וְכַד אָזִיל בְּאֹרַח עָקִימוּ, אִינּוּן מִתְאַבְּלָן עָלֵיהּ, וּמִתְעַבְרָן מִנֵּיהּ. כֵּיוָן דְּאִתְתָּקִיף בֵּיהּ קוּדְשָׁא בְּרִיךְ הוּא, וְאַנְהִיג לֵיהּ בְּאֹרַח מֵישָׁר, כְּדֵין כְּתִיב, וַאֲשַׁלֵּם נִחֻמִים לוֹ וְלַאֲבֵלָיו. וַאֲשַׁלֵּם נִחוּמִים לוֹ בְּקַדְמִיתָא, דְּאִיהוּ אִתְנַחַם עַל מַה דְּעָבַד בְּקַדְמִיתָא, וְעַל מַה דְּעָבַד הַשְׁתָּא, וְתָב בִּתְיוּבְתָּא. וּבָתַר כֵּן וְלַאֲבֵלָיו, אִינּוּן מַלְאָכִין דַּהֲווֹ מִתְאַבְּלָן עָלֵיהּ כַּד אִתְעֲבָרוּ מִנֵּיהּ, וְהַשְׁתָּא דְּאִתְהַדָּרוּ בַּהֲדֵיהּ, הָא וַדַּאי נִחוּמִים לְכָל סִטְרִין. וְהַשְׁתָּא אִיהוּ חַי וַדַּאי. חַי בְּכָל סִטְרִין, אָחִיד בְּאִילָנָא דְּחַיֵּי, וְכֵיוָן דְּאָחִיד בְּאִילָנָא דְּחַיֵּי, כְּדֵין אִקְרֵי בַּעַל תְּשׁוּבָה, דְּהָא כְּנֶסֶת יִשְׂרָאֵל, תְּשׁוּבָה אוּף הָכִי אִקְרֵי. וְאִיהוּ בַּעַל תְּשׁוּבָה אִקְרֵי. וְקַדְמָאֵי אָמְרוּ, בַּעַל תְּשׁוּבָה מַמָּשׁ. וְעַל דָּא, אֲפִילוּ צַדִּיקִים גְּמוּרִים אֵינָם יְכוֹלִים לַעֲמוֹד, בְּמָקוֹם שֶׁבַּעֲלֵי תְּשׁוּבָה עוֹמְדִים.

בֹּא וּרְאֵה מַה כָּתוּב, וַיֵּלֶךְ שׁוֹבָב בְּדֶרֶךְ לִבּוֹ. וְכָתוּב אַחֲרָיו, דְּרָכָיו רָאִיתִי וְאֶרְפָּאֵהוּ וְאַנְחֵהוּ וַאֲשַׁלֵּם נִחֻמִים לוֹ וְלַאֲבֵלָיו. וַיֵּלֶךְ שׁוֹבָב, אַף עַל גַּב שֶׁהָרְשָׁעִים עוֹשִׂים כָּל מַה שֶּׁעוֹשִׂים בְּזָדוֹן, שֶׁהוֹלְכִים בְּדֶרֶךְ לִבָּם, וַאֲחֵרִים עוֹשִׂים בָּהֶם הַתְרָאָה וְלֹא רוֹצִים לְצַיֵּת לָהֶם, בְּשָׁעָה שֶׁשָּׁבִים בִּתְשׁוּבָה וְנוֹטְלִים דֶּרֶךְ טוֹבָה שֶׁל תְּשׁוּבָה, הֲרֵי הָרְפוּאָה מְזֻמֶּנֶת כְּנֶגְדָּם. עַכְשָׁו יֵשׁ לְהִתְבּוֹנֵן, אִם עַל הַחַיִּים אוֹמֵר הַכָּתוּב, אוֹ שֶׁעַל הַמֵּתִים אוֹמֵר הַכָּתוּב, שֶׁהֲרֵי רֹאשׁ הַפָּסוּק אֵינוֹ סוֹף, וְהַסּוֹף אֵינוֹ רֹאשׁ - רֹאשׁ הַכָּתוּב מַרְאֶה עַל הַחַיִּים, וְסוֹפוֹ מַרְאֶה עַל הַמֵּתִים. אֶלָּא שֶׁהַפָּסוּק אוֹמֵר, בְּעוֹד שֶׁהָאָדָם הוּא בְּחַיָּיו, וְכָךְ הוּא, וַיֵּלֶךְ שׁוֹבָב בְּדֶרֶךְ לִבּוֹ, מִשּׁוּם שֶׁיֵּשׁ בּוֹ יֵצֶר הָרָע חָזָק וּמַחֲזִיק בּוֹ, וְלָכֵן הוֹלֵךְ שׁוֹבָב וְלֹא רוֹצֶה לָשׁוּב בִּתְשׁוּבָה. הַקָּדוֹשׁ בָּרוּךְ הוּא רוֹאֶה אֶת דְּרָכָיו שֶׁהוֹלְכִים בְּרַע בְּלִי תוֹעֶלֶת, אוֹמֵר הַקָּדוֹשׁ בָּרוּךְ הוּא, אֲנִי צָרִיךְ לְהַחֲזִיק בְּיָדוֹ. זֶהוּ שֶׁכָּתוּב דְּרָכָיו רָאִיתִי, שֶׁהוֹלְכִים בַּחֲשֵׁכָה, אֲנִי רוֹצֶה תֵת לוֹ רְפוּאָה. זֶהוּ שֶׁכָּתוּב וְאֶרְפָּאֵהוּ. הַקָּדוֹשׁ בָּרוּךְ הוּא מַכְנִיס לְלִבּוֹ דֶּרֶךְ הַתְּשׁוּבָה שֶׁלּוֹ וּרְפוּאָה לְנִשְׁמָתוֹ. וְאַנְחֵהוּ, מַה זֶּה וְאַנְחֵהוּ, כְּמוֹ שֶׁנֶּאֱמַר לֵךְ

נֹחֵה אֶת הָעָם. הַקָּדוֹשׁ בָּרוּךְ הוּא מַנְהִיג אוֹתוֹ בְּדֶרֶךְ יָשָׁר כְּמִי שֶׁמַּחֲזִיק בְּיָדוֹ שֶׁל אַחֵר וּמוֹצִיא אוֹתוֹ מִתּוֹךְ הַחֲשֵׁכָה. וַאֲשַׁלֵּם נִחֻמִים לוֹ וְלַאֲבֵלָיו, הֲרֵי נִרְאֶה שֶׁהוּא מֵת, כֵּן הוּא וַדַּאי מֵת וְעוֹמֵד בַּחַיִּים. שֶׁהוֹאִיל וְהוּא רָשָׁע, נִקְרָא מֵת. מַה זֶּה וַאֲשַׁלֵּם נִחֻמִים לוֹ וְלַאֲבֵלָיו, אֶלָּא הַקָּדוֹשׁ בָּרוּךְ הוּא עוֹשֶׂה טוֹב עִם בְּנֵי אָדָם, שֶׁכֵּיוָן שֶׁנִּכְנָס מִשְּׁלֹשׁ עֶשְׂרֵה שָׁנִים וָמַעְלָה, מַפְקִיד עִמּוֹ שְׁנֵי מַלְאָכִים שׁוֹמְרִים שֶׁשּׁוֹמְרִים אוֹתוֹ, אֶחָד מִימִינוֹ וְאֶחָד מִשְּׂמֹאלוֹ. כְּשֶׁאָדָם הוֹלֵךְ בְּדֶרֶךְ יָשָׁר, הֵם שְׂמֵחִים בּוֹ וּמַחֲזִיקִים אוֹתוֹ בְּשִׂמְחָה, מַכְרִיזִים לְפָנָיו וְאוֹמְרִים, תְּנוּ כָבוֹד לִדְמוּת הַמֶּלֶךְ. וּכְשֶׁהוֹלֵךְ בְּדֶרֶךְ עָקֹם, הֵם מִתְאַבְּלִים עָלָיו וְעוֹבְרִים מִמֶּנּוּ. כֵּיוָן שֶׁהַקָּדוֹשׁ בָּרוּךְ הוּא מַחֲזִיק בּוֹ וּמַנְהִיג אוֹתוֹ בְּדֶרֶךְ יְשָׁרָה, אָז כָּתוּב וַאֲשַׁלֵּם נִחֻמִים לוֹ וְלַאֲבֵלָיו. וַאֲשַׁלֵּם נִחֻמִים לוֹ בַּתְּחִלָּה, שֶׁהוּא הִתְנַחֵם עַל מַה שֶּׁעָשָׂה בַּתְּחִלָּה וְעַל מַה שֶּׁעוֹשֶׂה עַכְשָׁו וְשָׁב בִּתְשׁוּבָה. וְאַחַר כָּךְ וְלַאֲבֵלָיו, אוֹתָם מַלְאָכִים שֶׁהָיוּ מִתְאַבְּלִים עָלָיו כְּשֶׁעָבְרוּ מִמֶּנּוּ, וְעַכְשָׁו שֶׁחָזְרוּ עִמּוֹ, הֲרֵי וַדַּאי נִחוּמִים לְכָל הַצְּדָדִים. וְעַכְשָׁו הוּא וַדַּאי חַי. חַי בְּכָל הַצְּדָדִים, אָחוּז בְּעֵץ הַחַיִּים. וְכֵיוָן שֶׁאָחוּז בְּעֵץ הַחַיִּים, אָז נִקְרָא בַּעַל תְּשׁוּבָה, שֶׁהֲרֵי כְּנֶסֶת יִשְׂרָאֵל נִקְרֵאת אַף כָּךְ תְּשׁוּבָה, וְהוּא נִקְרָא בַּעַל תְּשׁוּבָה. וְהָרִאשׁוֹנִים אָמְרוּ, בַּעַל תְּשׁוּבָה מַמָּשׁ. וְעַל זֶה אֲפִלּוּ צַדִּיקִים גְּמוּרִים אֵינָם יְכוֹלִים לַעֲמֹד בַּמָּקוֹם שֶׁבַּעֲלֵי תְשׁוּבָה עוֹמְדִים.

דָּוִד מַלְכָּא אָמַר, לְךָ לְבַדְּךָ חָטָאתִי וְהָרַע בְּעֵינֶיךָ עָשִׂיתִי וְגוֹ', לְךָ לְבַדְּךָ, מַאי לְךָ לְבַדְּךָ. אֶלָּא, בְּגִין דְּאִית חוֹבִין, דְּחָטֵי בַּר נָשׁ לְקוּדְשָׁא בְּרִיךְ הוּא וְלִבְנֵי נָשָׁא. וְאִית חוֹבִין דְּחָטָא לִבְנֵי נָשָׁא, וְלָא לְקוּדְשָׁא בְּרִיךְ הוּא. וְאִית חוֹבִין דְּחָטֵי לְקוּדְשָׁא בְּרִיךְ הוּא בִּלְחוֹדוֹי וְלָא לִבְנֵי נָשָׁא. דָּוִד מַלְכָּא, חָב לְקוּדְשָׁא בְּרִיךְ הוּא בִּלְחוֹדוֹי, וְלָא לִבְנֵי נָשָׁא. וְאִי תֵּימָא הָא [דף ק"ז ע"א] חָב הַהוּא חוֹבָה דְּבַת שֶׁבַע, וְתָנֵינָן, מַאן דְּאָתֵי עַל עֶרְוָה אִתְּתָא בִּרְעוּתָהּ אַסְרָהּ עַל בַּעְלָהּ, וְחָב לְחַבְרֵיהּ, וְחָב לְקוּדְשָׁא בְּרִיךְ הוּא. לָאו הָכִי הוּא דְּהַהוּא דְּאַתְּ אָמַר. בְּהֶיתֵּרָא הֲוָה, וְדָוִד דִּילֵיהּ נָקַט, וְגֵט הֲוָה לָהּ מִבַּעְלָהּ, עַד לָא יְהַךְ לִקְרָבָא, דְּהָכִי הֲוָה מִנְהֲגָא דְּכָל יִשְׂרָאֵל, דְּיַהֲבִין גֵּט זְמַן לְאִתְּתֵיהּ, כָּל דְּנָפִיק חֵילָא. וְכֵן עָבֵד אוּרִיָּה לְבַת שֶׁבַע. וּלְבָתַר דְּעָבַר זְמַן וַהֲוַת פְּטוּרָא לְכֹלָּא, נָטַל לָהּ דָּוִד. וּבְהֶיתֵּרָא עָבַד כָּל מַה דְּעָבַד. דְּאִלְמָלֵא לָאו הָכִי, וּבְאִסּוּרָא הֲוָה, לָא שַׁבְקָהּ קוּדְשָׁא בְּרִיךְ הוּא לְגַבֵּיהּ. וְהַיְינוּ דִּכְתִיב לְסַהֲדוּתָא, וַיְנַחֵם דָּוִד אֵת בַּת שֶׁבַע אִשְׁתּוֹ. סַהֲדוּתָא

דְּאִשְׁתּוֹ הִיא, וַדַּאי אִשְׁתּוֹ, וּבַת זוּגוֹ הֲוַת, דְּאִזְדַּמְּנַת לְגַבֵּיהּ, מִיּוֹמָא דְּאִתְבְּרֵי עָלְמָא. הָא סַהֲדוּתָא דְּלָא חָב דָּוִד חוֹבָה דְּבַת שֶׁבַע כִּדְקָאָמְרָן. וּמַה הִיא חוֹבָה דְּחָב, לְקוּדְשָׁא בְּרִיךְ הוּא בִּלְחוֹדוֹי, וְלָא לְאַחֲרָא. דְּקָטַל לְאוּרִיָּה בְּחֶרֶב בְּנֵי עַמּוֹן, וְלָא קַטְלֵיהּ אִיהוּ בְּשַׁעֲתָא דְּאָמַר לֵיהּ וַאֲדֹנִי יוֹאָב, דְּהָא דָּוִד הֲוָה רִבּוֹן עָלֵיהּ, וְקָרָא אוֹכַח, דִּכְתִיב, אֵלֶּה שְׁמוֹת הַגִּבֹּרִים אֲשֶׁר לְדָוִד, וְלֹא אֲשֶׁר לְיוֹאָב, וְלָא קַטְלֵיהּ הַהִיא שַׁעֲתָא, וְקַטְלֵיהּ בְּחֶרֶב בְּנֵי עַמּוֹן. וְקָרָא אָמַר, וְלֹא נִמְצָא אִתּוֹ דָּבָר, רַק בִּדְבַר אוּרִיָּה הַחִתִּי. רַק לְמָעוּטֵי קָא אָתֵי, בִּדְבַר אוּרִיָּה, וְלָא בְּאוּרִיָּה. וְקוּדְשָׁא בְּרִיךְ הוּא אָמַר, וְאוֹתוֹ הָרַגְתָּ בְּחֶרֶב בְּנֵי עַמּוֹן, וְכָל חֶרֶב בְּנֵי עַמּוֹן, הֲוָה חָקִיק בֵּיהּ חִוְיָא עָקִים, דְּיוּקְנָא דְּדַרְקוֹן, וְאִיהוּ עֲבוֹדָה זָרָה דִּלְהוֹן. אָמַר קוּדְשָׁא בְּרִיךְ הוּא, יָהַבַת חֵילָא לְהַהוּא שִׁקּוּץ. בְּגִין דִּבְשַׁעֲתָא דְּקָטְלוּ בְּנֵי עַמּוֹן לְאוּרִיָּה, וְסַגִּיאִין מִבְּנֵי יִשְׂרָאֵל עִמֵּיהּ, וְאִתְגַּבַּר בְּהַהִיא שַׁעֲתָא חֶרֶב בְּנֵי עַמּוֹן, כַּמָּה תֻּקְפָּא אִתְתַּקַּף הַהִיא עֲבוֹדָה זָרָה שִׁקּוּץ.

דָּוִד הַמֶּלֶךְ אָמַר, לְךָ לְבַדְּךָ חָטָאתִי וְהָרַע בְּעֵינֶיךָ עָשִׂיתִי וְגוֹ'. לְךָ לְבַדְּךָ, מַה זֶּה לְךָ לְבַדְּךָ, אֶלָּא מִשּׁוּם שֶׁיֵּשׁ חֲטָאִים שֶׁחוֹטֵא אָדָם לַקָּדוֹשׁ בָּרוּךְ הוּא וְלִבְנֵי אָדָם, וְיֵשׁ חֲטָאִים שֶׁחָטָא לִבְנֵי אָדָם וְלֹא לַקָּדוֹשׁ בָּרוּךְ הוּא, וְיֵשׁ חֲטָאִים שֶׁחוֹטֵא לַקָּדוֹשׁ בָּרוּךְ הוּא לְבַדּוֹ וְלֹא לִבְנֵי אָדָם. דָּוִד הַמֶּלֶךְ חָטָא לַקָּדוֹשׁ בָּרוּךְ הוּא לְבַדּוֹ וְלֹא לִבְנֵי אָדָם. וְאִם תֹּאמַר, הֲרֵי חָטָא אוֹתוֹ הַחֵטְא שֶׁל בַּת שֶׁבַע, וְשָׁנִינוּ, מִי שֶׁבָּא עַל אִשָּׁה עֶרְוָה בִּרְצוֹנָהּ אָסַר אוֹתָהּ עַל בַּעְלָהּ, וְחָטָא לַחֲבֵרוֹ, וְחָטָא לַקָּדוֹשׁ בָּרוּךְ הוּא לֹא כָּךְ הוּא. שֶׁהַהוּא שֶׁאַתָּה אוֹמֵר בְּהֶתֵּר הָיָה, וְדָוִד לָקַח אֶת שֶׁלּוֹ, וְגֵט הָיָה לָהּ מִבַּעְלָהּ טֶרֶם שֶׁיָּצָא לַקְּרָב, שֶׁכָּךְ הָיָה מִנְהָג שֶׁל כָּל יִשְׂרָאֵל שֶׁנּוֹתְנִים גֵּט זְמַן לְאִשְׁתּוֹ כָּל שֶׁיּוֹצֵא לַחַיִל, וְכָךְ עָשָׂה אוּרִיָּה לְבַת שֶׁבַע, וְאַחַר שֶׁעָבַר זְמַן וְהָיְתָה פְּטוּרָה לַכֹּל, לָקַח אוֹתָהּ דָּוִד, וּבְהֶתֵּר עָשָׂה כָּל מַה שֶּׁעָשָׂה. שֶׁאִלְמָלֵא לֹא כָּךְ וְזֶה הָיָה בְּאִסּוּר, לֹא הָיָה מַשְׁאִיר אוֹתָהּ הַקָּדוֹשׁ בָּרוּךְ הוּא בְּיָדוֹ. וְהַיְנוּ שֶׁכָּתוּב לְעֵדוּת, וַיְנַחֵם דָּוִד אֵת בַּת שֶׁבַע אִשְׁתּוֹ. עֵדוּת שֶׁאִשְׁתּוֹ הִיא, וַדַּאי אִשְׁתּוֹ, וּבַת זוּגוֹ הָיְתָה שֶׁהִזְדַּמְּנָה אֵלָיו מִיּוֹם שֶׁנִּבְרָא הָעוֹלָם. הֲרֵי עֵדוּת שֶׁלֹּא חָטָא דָוִד אֶת חֵטְא בַּת שֶׁבַע כְּמוֹ שֶׁאָמַרְנוּ. וּמָה הַחֵטְא שֶׁחָטָא, לַקָּדוֹשׁ בָּרוּךְ הוּא לְבַדּוֹ וְלֹא לְאַחֵר. שֶׁהָרַג אֶת אוּרִיָּה בְּחֶרֶב בְּנֵי עַמּוֹן וְלֹא הָרַג אוֹתוֹ בְּשָׁעָה שֶׁאָמַר לוֹ וַאדֹנִי יוֹאָב, שֶׁהֲרֵי דָּוִד הָיָה רִבּוֹן עָלָיו, וְהַכָּתוּב מוֹכִיחַ, שֶׁכָּתוּב, אֵלֶּה שְׁמוֹת הַגִּבֹּרִים אֲשֶׁר

לְדָוִד, וְלֹא אֲשֶׁר לְיוֹאָב. וְלֹא הָרַג אוֹתוֹ בְּאוֹתָהּ שָׁעָה, וְהָרַג אוֹתוֹ בְּחֶרֶב בְּנֵי עַמּוֹן. וְהַכָּתוּב אוֹמֵר וְלֹא נִמְצָא אִתּוֹ דָּבָר, רַק בִּדְבַר אוּרִיָּה הַחִתִּי. רַק לְמַעֵט הוּא בָּא. בִּדְבַר אוּרִיָּה, וְלֹא בְּאוּרִיָּה. וְהַקָּדוֹשׁ בָּרוּךְ הוּא אָמַר, וְאוֹתוֹ הָרַגְתָּ בְּחֶרֶב בְּנֵי עַמּוֹן. וְכָל חֶרֶב בְּנֵי עַמּוֹן הָיָה חָקוּק בּוֹ נָחָשׁ עָקֹם, דְּיוֹקָן שֶׁל דְּרָקוֹן, וְהוּא עֲבוֹדָה זָרָה שֶׁלָּהֶם. אָמַר הַקָּדוֹשׁ בָּרוּךְ הוּא, נָתַתָּ כֹּחַ לְאוֹתוֹ שִׁקּוּץ. מִשּׁוּם שֶׁבְּשָׁעָה שֶׁהָרְגוּ בְּנֵי עַמּוֹן אֶת אוּרִיָּה, וְעִמּוֹ רַבִּים מִבְּנֵי יִשְׂרָאֵל, וְהִתְגַּבְּרָה בְּאוֹתָהּ שָׁעָה חֶרֶב בְּנֵי עַמּוֹן, כַּמָּה חֹזֶק הִתְחַזְּקָה אוֹתָהּ עֲבוֹדָה זָרָה שִׁקּוּץ.

וְאִי תֵּימָא, אוּרִיָּה לָא הֲוָה זַכָּאי, כֵּיוָן דִּכְתִיב עָלֵיהּ אוּרִיָּה הַחִתִּי. לָאו הָכִי, זַכָּאָה הֲוָה, אֶלָּא דִּשְׁמָא דְּאַתְרֵיהּ הֲוָה חִתִּי. כְּמָה דְּאַתְּ אָמֵר וְיִפְתָּח הַגִּלְעָדִי, עַל שׁוּם אַתְרֵיהּ אִתְקְרֵי הָכִי.

וְאִם תֹּאמַר שֶׁאוּרִיָּה לֹא הָיָה צַדִּיק, כֵּיוָן שֶׁכָּתוּב עָלָיו אוּרִיָּה הַחִתִּי, לֹא כָּךְ, צַדִּיק הוּא הָיָה, אֶלָּא שֶׁשֵּׁם מְקוֹמוֹ הָיָה חִתִּי, כְּמוֹ שֶׁנֶּאֱמַר וְיִפְתָּח הַגִּלְעָדִי, עַל שֵׁם מְקוֹמוֹ נִקְרָא כָּךְ.

וְעַל דָּא בִּדְבַר אוּרִיָּה הַחִתִּי, דְּשִׁקּוּץ בְּנֵי עַמּוֹן אִתְגַּבַּר עַל מַחֲנֵה אֱלֹהִים, דְּמַשִּׁרְיָתָא דְּדָוִד, דְּיוֹקְנָא מַמָּשׁ דִּלְעֵילָּא הֲווֹ. וּבְהַהוּא שַׁעֲתָא דְּפָגִים דָּוִד מַשִּׁרְיָתָא דָּא, פָּגִים לְעֵילָּא מַשִּׁרְיָתָא אַחֲרָא. וְעַל דָּא אֲמַר דָּוִד, לְךָ לְבַדְּךָ חָטָאתִי. לְבַדְּךָ, וְלָא לְאַחֲרָא. דָּא הֲוָה הַהוּא חוֹבָה דְּחָב לְגַבֵּיהּ. וְדָא הוּא בִּדְבַר אוּרִיָּה. וְדָא הוּא בְּחֶרֶב בְּנֵי עַמּוֹן.

וְעַל זֶה בִּדְבַר אוּרִיָּה הַחִתִּי, שֶׁשִּׁקּוּץ בְּנֵי עַמּוֹן הִתְגַּבֵּר עַל מַחֲנֵה אֱלֹהִים, שֶׁמַּחֲנוֹת דָּוִד הָיוּ מַמָּשׁ דְּיוֹקָן שֶׁלְּמַעְלָה, וּבְאוֹתָהּ שָׁעָה שֶׁפָּגַם דָּוִד מַחֲנֶה זֶה, פָּגַם לְמַעְלָה מַחֲנֶה אַחֵר. וְעַל זֶה אָמַר דָּוִד, לְךָ לְבַדְּךָ חָטָאתִי. לְבַדְּךָ וְלֹא לְאַחֵר. שֶׁהוּא הָיָה אוֹתוֹ הַחֵטְא שֶׁחָטָא אֵלָיו. וְזֶהוּ בִּדְבַר אוּרִיָּה, וְזֶהוּ בְּחֶרֶב בְּנֵי עַמּוֹן.

כְּתִיב, כִּי יְיָ עֵינָיו מְשׁוֹטְטוֹת בְּכָל הָאָרֶץ, אִלֵּין נוּקְבִין. וּכְתִיב עֵינֵי יְיָ הֵמָּה מְשׁוֹטְטִים, אִלֵּין דְּכוּרִין, וְהָא יַדִיעָן אִינּוּן. דָּוִד אֲמַר, וְהָרַע בְּעֵינֶיךָ עָשִׂיתִי. בְּעֵינֶיךָ, לִפְנֵי עֵינֶיךָ מִבָּעֵי לֵיהּ. אֶלָּא מַאי בְּעֵינֶיךָ, אֲמַר דָּוִד, בְּהַהוּא אֲתָר דְּחַבְנָא, בְּעֵינֶיךָ הֲוָה. דְּהָוֵינָא יָדַע, דְּהָא עֵינֶיךָ הֲווֹ זְמִינִין, וְקַיְּימִין קָמָאי, וְלָא חֲשַׁבְנָא לוֹן, הֲרֵי חוֹבָא דְּחַבְנָא, וְעַבַדְנָא, בְּאָן אֲתָר הֲוָה, בְּעֵינֶיךָ.

כָּתוּב, כִּי ה' עֵינָיו מְשׁוֹטְטוֹת בְּכָל הָאָרֶץ, אֵלּוּ הַנְּקֵבוֹת. וְכָתוּב, עֵינֵי ה' הֵמָּה מְשׁוֹטְטִים, אֵלּוּ הַזְּכָרִים. וַהֲרֵי הֵם יְדוּעִים. דָּוִד אָמַר וְהָרַע בְּעֵינֶיךָ עָשִׂיתִי. בְּעֵינֶיךָ, לִפְנֵי עֵינֶיךָ הָיָה צָרִיךְ לִהְיוֹת. אֶלָּא

מַה זֶּה בְּעֵינֶיךָ, אָמַר דָּוִד, בְּאוֹתוֹ מָקוֹם שֶׁחָטָאתִי, בְּעֵינֶיךָ הָיָה. שֶׁהָיִיתִי יוֹדֵעַ שֶׁהֲרֵי עֵינֶיךָ הָיוּ זְמִינִים וְעוֹמְדִים לְפָנַי וְלֹא הֶחְשַׁבְתִּי אוֹתָם, הֲרֵי הַחֵטְא שֶׁחָטָאתִי וְעָשִׂיתִי, בְּאֵיזֶה מָקוֹם הָיָה, בְּעֵינֶיךָ.

לְמַעַן תִּצְדַּק בְּדָבְרֶךָ תִּזְכֶּה בְשָׁפְטֶךָ, וְלָא יְהֵא לִי פִּתְחוֹן פֶּה לְמֵימַר קַמָּךְ. תָּא חֲזֵי, כָּל אוּמָנָא, כַּד מַלִּיל, בְּאוּמָנֻתֵיהּ מַלִּיל. דָּוִד בְּדִיחָא דְמַלְכָּא הֲוָה, וְאַף עַל גַּב דַּהֲוָה בְּצַעֲרָא, כֵּיוָן דַּהֲוָה קַמֵּי מַלְכָּא, תָּב לְבַדְּחוּתֵיהּ, כְּמָה דַּהֲוָה, בְּגִין לְבַדְּחָא לְמַלְכָּא.

לְמַעַן תִּצְדַּק בְּדָבְרֶךָ תִּזְכֶּה בְשָׁפְטֶךָ, וְלֹא יִהְיֶה לִי פִּתְחוֹן פֶּה לוֹמַר לְפָנֶיךָ. בֹּא וּרְאֵה, כָּל אֻמָּן כְּשֶׁמְּדַבֵּר, הוּא מְדַבֵּר בְּאֻמָּנוּתוֹ. דָּוִד הָיָה בַּדְּחַן הַמֶּלֶךְ, וְאַף עַל גַּב שֶׁהָיָה בְצַעַר, כֵּיוָן שֶׁהָיָה לִפְנֵי הַמֶּלֶךְ, שָׁב לְבַדְּחָנוּתוֹ כְּמוֹ שֶׁהָיָה כְּדֵי לְבַדֵּחַ אֶת הַמֶּלֶךְ.

אֲמַר, מָארֵי דְעָלְמָא, אֲנָא אֲמֵינָא, בְּחָנֵנִי יְיָ וְנַסֵּנִי, וְאַתְּ אֲמַרְתְּ דְּלָא אִיכוּל לְקַיְּימָא בְּנִסְיוֹנָךְ. הָא חָבְנָא, לְמַעַן תִּצְדַּק בְּדָבְרֶךָ, וִיהֵא מִילָּךְ קְשׁוֹט, דְּאִלְמָלֵא לָא חָבְנָא, יְהֵא מִלָּה דִּילִי קְשׁוֹט, וִיהֵא מִילָּךְ בְּרֵיקַנְיָא, הַשְׁתָּא דְּחַבְנָא, בְּגִין דְּלֶהֱוֵי מִילָּךְ קְשׁוֹט, יָהִיבְנָא אֲתָר לְצַדְּקָא מִילָּךְ, בְּגִין כַּךְ עֲבִידְנָא, לְמַעַן תִּצְדַּק בְּדָבְרֶךָ תִּזְכֶּה בְשָׁפְטֶךָ. אַהְדָּר דָּוִד לְאוּמָנוּתֵיהּ, וְאָמַר גּוֹ צַעֲרֵיהּ מִלִּין דִּבְדִיחוּתָא לְמַלְכָּא.

אָמַר, רִבּוֹן הָעוֹלָם, אֲנִי אָמַרְתִּי בְּחָנֵנִי ה' וְנַסֵּנִי, וְאַתָּה אָמַרְתָּ שֶׁלֹּא אוּכַל לַעֲמֹד בְּנִסְיוֹנְךָ. הֲרֵי חָטָאתִי לְמַעַן תִּצְדַּק בִּדְבָרֶךָ וְיִהְיֶה דְבָרְךָ אֱמֶת, שֶׁאִלְמָלֵא לֹא חָטָאתִי, יִהְיֶה דְבָרִי אֱמֶת, וְיִהְיֶה דְבָרְךָ בְּרֵיקָנוּת. עַכְשָׁו שֶׁחָטָאתִי, כְּדֵי שֶׁיִּהְיֶה דְבָרְךָ אֱמֶת, נָתַתִּי מָקוֹם לְצַדֵּק דְּבָרֶיךָ, לָכֵן עָשִׂיתִי, לְמַעַן תִּצְדַּק בְּדָבְרֶךָ תִּזְכֶּה בְשָׁפְטֶךָ. חָזַר דָּוִד לְאֻמָּנוּתוֹ וְאָמַר תּוֹךְ צַעֲרוֹ דִּבְרֵי בַּדְּחָנוּת לַמֶּלֶךְ.

תָּנֵינָן, לָאו דָּוִד אִתְחֲזֵי לְהַהוּא עוֹבָדָא, דְּהָא אִיהוּ אֲמַר, וְלִבִּי חָלַל בְּקִרְבִּי [דף ק"ז ע"ב] הָכִי הוּא. אֲבָל אֲמַר דָּוִד, בְּלִבָּא אִית תְּרֵין הֵיכָלִין, בְּחַד דָּמָא, וּבְחַד רוּחָא, הַהוּא חַד דְּמַלְיָא דָמָא, בֵּיהּ דִּיוּרָא לְיֵצֶר הָרָע. וְלִבִּי לָאו הָכִי, דְּהָא רֵיקָן אִיהוּ, וְלָא יָהֲבִית דִּיוּרָא לְדָמָא בִּישָׁא, לְשַׁכְנָא בֵּיהּ יֵצֶר הָרָע, וְלִבִּי וַדַּאי חָלַל אִיהוּ, בְּלָא דִּיוּרָא בִּישָׁא, וְכֵיוָן דְּהָכִי הוּא, לָא אִתְחֲזֵי דָּוִד לְהַהוּא חוֹבָה דְּחָב אֶלָּא, בְּגִין לְמֵיהַב פִּתְחוֹן פּוּמָא לְחַיָּיבַיָּא, דְּיֵימְרוּן, דָּוִד מַלְכָּא חָב וְתָב בִּתְיוּבְתָּא, וּמָחַל לֵיהּ קוּדְשָׁא בְּרִיךְ

הוּא, כָּל שֶׁכֵּן שְׁאַר בְּנֵי נָשָׁא. וְעַל דָּא אָמַר אֲלַמְּדָה פוֹשְׁעִים דְּרָכֶיךָ וְחַטָּאִים אֵלֶיךָ יָשׁוּבוּ.

שָׁנִינוּ, דָּוִד לֹא הָיָה רָאוּי לְאוֹתוֹ הַמַּעֲשֶׂה, שֶׁהֲרֵי הוּא אָמַר, וְלִבִּי חָלַל בְּקִרְבִּי כָּךְ הוּא. אֲבָל דָּוִד אָמַר, בַּלֵּב יֵשׁ שְׁנֵי הֵיכָלוֹת, בְּאֶחָד דָּם וּבְאֶחָד רוּחַ. אוֹתוֹ אֶחָד שֶׁמָּלֵא בְדָם, בּוֹ יֵשׁ דִּיּוּר לַיֵּצֶר הָרָע, וְלִבִּי לֹא כָּךְ, שֶׁהֲרֵי הוּא רֵיקָן, וְלֹא נָתַתִּי דִּיּוּר לְדָם רַע לִשְׁכֹּן בּוֹ יֵצֶר הָרָע, וְלִבִּי הוּא וַדַּאי חָלָל בְּלִי דִּיּוּר רַע, וְכֵיוָן שֶׁכָּךְ זֶה, לֹא רָאוּי דָּוִד לְאוֹתוֹ חֵטְא שֶׁחָטָא, אֶלָּא כְּדֵי לָתֵת פִּתְחוֹן פֶּה לָרְשָׁעִים, שֶׁיֹּאמְרוּ, דָּוִד הַמֶּלֶךְ חָטָא וְשָׁב בִּתְשׁוּבָה וּמָחַל לוֹ הַקָּדוֹשׁ בָּרוּךְ הוּא, כָּל שֶׁכֵּן לִשְׁאָר בְּנֵי אָדָם. וְעַל זֶה אָמַר אֲלַמְּדָה פֹשְׁעִים דְּרָכֶיךָ וְחַטָּאִים אֵלֶיךָ יָשׁוּבוּ.

וּכְתִיב, וְדָוִד עֹלֶה בְמַעֲלֵה הַזֵּיתִים עוֹלֶה וּבוֹכֶה וְרֹאשׁ לוֹ חָפוּי וְהוּא הוֹלֵךְ יָחֵף. רֹאשׁ לוֹ חָפוּי, וְיָחֵף אֲמַאי. אֶלָּא, נָזוּף הֲוָה, עָבֵד גַּרְמֵיהּ נָזוּף, לְקַבְּלָא עֹנְשָׁא. וְעַמָּא הֲווּ רְחִיקִין מִנֵּיהּ ד' אַמּוֹת. זַכָּאָה עַבְדָּא דְּהָכִי פָּלַח לְמָארֵיהּ, וְאִשְׁתְּמוֹדַע בְּחוֹבֵיהּ, לְאַתָבָא מִנֵּיהּ בִּתְיוּבְתָּא שְׁלֵימָתָא.

וְכָתוּב, וְדָוִד עֹלֶה בְמַעֲלֵה הַזֵּיתִים עֹלֶה וּבוֹכֶה וְרֹאשׁ לוֹ חָפוּי וְהוּא הֹלֵךְ יָחֵף. רֹאשׁ לוֹ חָפוּי וְיָחֵף לָמָּה, אֶלָּא הָיָה נָזוּף, עָשָׂה עַצְמוֹ נָזוּף לְקַבֵּל עֹנֶשׁ, וְהֵם הָיוּ רְחוֹקִים מִמֶּנּוּ אַרְבַּע אַמּוֹת. אַשְׁרֵי הָעֶבֶד שֶׁכָּךְ עוֹבֵד לְרַבּוֹ וּמוֹדֶע לְחֶטְאוֹ לָשׁוּב מִמֶּנּוּ בִּתְשׁוּבָה שְׁלֵמָה.

תָּא חֲזֵי, יַתִּיר הֲוָה, מַה דְּעָבַד לֵיהּ שִׁמְעִי בֶּן גֵּרָא, מִכָּל עַקְתִּין דְּעָבְרוּ עָלֵיהּ עַד הַהוּא יוֹמָא, וְלָא אָתִיב דָּוִד לְקָבְלֵיהּ מִלָּה דְּהָכִי הֲוָה יָאוּת לֵיהּ, וּבְדָא אִתְכַּפָּרוּ חוֹבוֹי. הַשְׁתָּא אִית לְאִסְתַּכְּלָא, שִׁמְעִי תַּלְמִיד חָכָם הֲוָה, וְחָכְמְתָא סַגִּיאָה הֲוַת בֵּיהּ, אֲמַאי נָפִיק לְגַבֵּי דָּוִד, וְעָבִיד לֵיהּ כָּל מַה דְּעָבַד. אֶלָּא מֵאֲתָר אַחֲרָא הֲוָה מִלָּה, וְאָעִיל לֵיהּ בְּלִבֵּיהּ מִלָּה דָּא. וְכָל דָּא לְתוֹעַלְתָּא דְּדָוִד. דְּהָא הַהוּא דְּעָבַד לֵיהּ שִׁמְעִי, גַּרְמָא לֵיהּ לְמֵיתַב בִּתְיוּבְתָּא שְׁלֵימָתָא, וְתָבַר לִבֵּיהּ בִּתְבִירוּ סַגֵּי, וְאוֹשִׁיד דִּמְעִין סַגִּיאִין, מִגּוֹ לִבֵּיהּ קֳדָם קוּדְשָׁא בְּרִיךְ הוּא, וְעַל דָּא אָמַר, כִּי יְיָ אָמַר לוֹ קַלֵּל. יָדַע, דְּהָא מֵאֲתָר עִלָּאָה אַחֲרָא נָחַת מִלָּה.

בֹּא וּרְאֵה, יוֹתֵר הָיָה מַה שֶּׁעָשָׂה לוֹ שִׁמְעִי בֶּן גֵּרָא מִכָּל הַצָּרוֹת שֶׁעָבְרוּ עָלָיו עַד אוֹתוֹ הַיּוֹם, וְלֹא הֵשִׁיב דָּוִד כְּנֶגְדּוֹ דָּבָר, שֶׁכָּךְ הָיָה רָאוּי לוֹ, וּבָזֶה הִתְכַּפְּרוּ חֲטָאָיו. עַכְשָׁו יֵשׁ לְהִתְבּוֹנֵן, שִׁמְעִי הָיָה תַּלְמִיד חָכָם, וְחָכְמָה רַבָּה הָיְתָה בּוֹ, לָמָּה יָצָא לְדָוִד וְעָשָׂה לוֹ כָּל

מַה שֶׁעָשָׂה, אֶלָּא מִמָּקוֹם אַחֵר הָיָה הַדָּבָר, וְהִכְנִיס לוֹ בְּלִבּוֹ דָּבָר זֶה, וְכָל זֶה לְתוֹעַלְתּוֹ שֶׁל דָּוִד, שֶׁהֲרֵי מַה שֶּׁעָשָׂה לוֹ שִׁמְעִי, גָּרַם לוֹ לָשׁוּב בִּתְשׁוּבָה שְׁלֵמָה וְשָׁבַר לִבּוֹ בְּשֶׁבֶר רַב, וְשָׁפַךְ הַרְבֵּה דְמָעוֹת מִתּוֹךְ לִבּוֹ לִפְנֵי הַקָּדוֹשׁ בָּרוּךְ הוּא, וְעַל זֶה אָמַר, כִּי ה' אָמַר לוֹ קַלֵּל. יָדַע שֶׁהֲרֵי מִמָּקוֹם עֶלְיוֹן יָרַד הַדָּבָר.

תְּרֵין פִּקּוּדִין, פָּקִיד דָּוִד לִשְׁלֹמֹה בְּרֵיהּ, חַד דְּיוֹאָב, וְחַד דְּשִׁמְעִי, עִם שְׁאַר פִּקּוּדִין דְּפָקִיד לֵיהּ. דְּיוֹאָב דִּכְתִיב, וְגַם אַתָּה יָדַעְתָּ אֵת אֲשֶׁר עָשָׂה לִי יוֹאָב בֶּן צְרוּיָה. מִלָּה סְתִימָא הֲוָה, דַּאֲפִילוּ שְׁלֹמֹה לָא הֲוָה לֵיהּ לְמִנְדַּע, וְלָא יָדַע אֶלָּא בְּגִין דְּיָדְעוּ אַחֲרָנִין, אִתְגְּלֵי לִשְׁלֹמֹה. וְעַל דָּא אָמַר, וְגַם אַתָּה יָדַעְתָּ וְגוֹ'. מַה דְּלָא אִתְחֲזֵי לָךְ לְמִנְדַּע.

שְׁנֵי צִוּוּיִים צִוָּה דָוִד אֶת שְׁלֹמֹה בְּנוֹ, אֶחָד שֶׁל יוֹאָב, וְאֶחָד שֶׁל שִׁמְעִי, עִם שְׁאָר הַצִּוּוּיִים שֶׁצִּוָּה אוֹתוֹ. שֶׁל יוֹאָב שֶׁכָּתוּב, וְגַם אַתָּה יָדַעְתָּ אֵת עָשָׂה לִי יוֹאָב בֶּן צְרוּיָה. דָּבָר נִסְתָּר הָיָה, שֶׁהֲרֵי אֲפִלּוּ שְׁלֹמֹה לֹא הָיָה לוֹ לָדַעַת. אֶלָּא מִשּׁוּם שֶׁאֲחֵרִים יָדְעוּ זֶה הִתְגַּלָּה לִשְׁלֹמֹה. וְעַל זֶה אָמַר, וְאַתָּה יָדַעְתָּ וְגוֹ', מַה שֶּׁלֹּא רָאוּי לְךָ לָדַעַת.

דְּשִׁמְעִי. כְּתִיב, וְהִנֵּה עִמְּךָ שִׁמְעִי בֶּן גֵּרָא. מַאי וְהִנֵּה עִמְּךָ, זִמְנִין הוּא עִמְּךָ תָּדִיר, רַבּוֹ הֲוָה. וּבְגִין כַּךְ לָא אָמַר עַל יוֹאָב וְהִנֵּה עִמְּךָ יוֹאָב. אֲבָל שִׁמְעִי דָּא, דְּאִשְׁתְּכַח עִמֵּיהּ תָּדִיר, אָמַר וְהִנֵּה עִמְּךָ.

שֶׁל שִׁמְעִי. שֶׁכָּתוּב, וְהִנֵּה עִמְּךָ שִׁמְעִי בֶן גֵּרָא. מַה זֶּה וְהִנֵּה עִמְּךָ, מְזֻמָּן הוּא עִמְּךָ תָּמִיד, רַבּוֹ הָיָה, וּמִשּׁוּם כָּךְ לֹא אָמַר לוֹ עַל יוֹאָב וְהִנֵּה עִמְּךָ יוֹאָב. אֲבָל שִׁמְעִי זֶה שֶׁנִּמְצָא תָמִיד עִמּוֹ, אָמַר וְהִנֵּה עִמְּךָ.

וַיִּשְׁלַח הַמֶּלֶךְ וַיִּקְרָא לְשִׁמְעִי וַיֹּאמֶר בְּנֵה לְךָ בַיִת בִּירוּשָׁלַם. אָן הוּא חָכְמְתָא דִּשְׁלֹמֹה מַלְכָּא בְּהַאי. אֶלָּא כֹּלָּא בְּחָכְמְתָא עָבַד, וּלְכָל סִטְרִין אַשְׁגַּח, דְּהָא חַכִּים הֲוָה שִׁמְעִי, וְאָמַר שְׁלֹמֹה, בָּעֵינָא דְּיִסְגֵּי אוֹרַיְיתָא בְּאַרְעָא עַל יְדוֹי דְּשִׁמְעִי, וְלָא יִפּוּק לְבַר.

וַיִּשְׁלַח הַמֶּלֶךְ וַיִּקְרָא לְשִׁמְעִי וַיֹּאמֶר בְּנֵה לְךָ בַיִת בִּירוּשָׁלַיִם. אֵיפֹה הִיא חָכְמָתוֹ שֶׁל שְׁלֹמֹה בָּזֶה, אֶלָּא הַכֹּל עָשָׂה בְחָכְמָה, וּלְכָל הַצְּדָדִים הוּא הִתְבּוֹנֵן. שֶׁהֲרֵי שִׁמְעִי הָיָה חָכָם, וְאָמַר שְׁלֹמֹה, אֲנִי רוֹצֶה שֶׁתִּגְדַּל תּוֹרָה עַל יְדֵי שִׁמְעִי, וְלֹא יֵצֵא הַחוּצָה.

תּוּ מִלָּה אַחֲרָא אַשְׁגַּח שְׁלֹמֹה בְּחָכְמְתָא, דִּכְתִיב, יָצֹא יָצוֹא וּמְקַלֵּל. מַאי יָצֹא יָצוֹא תְּרֵי זִמְנֵי, וַיֵּצֵא וַיְקַלֵּל סַגֵּי. אֶלָּא, חַד יְצִיאָה, דְּנָפַק מִבֵּי מִדְרָשָׁא לְגַבֵּי דָּוִד. וְחַד יְצִיאָה, דְּנָפַק מִירוּשָׁלַם, לְגַבֵּי עַבְדוֹי דְּמִית עָלוֹי. יְצִיאָה חֲדָא לְגַבֵּי מַלְכָּא,

סדר לימוד ליום הפטירה לעילוי נשמה

וִיצִיאָה תִּנְיָינָא לְגַבֵּי עַבְדִּין. וְכָל דָּא חָמָא שְׁלֹמֹה, וְאַשְׁגַּח בְּרוּחַ קוּדְשָׁא, הַהוּא יְצִיאָה תִּנְיָינָא. וְעַל דָּא אָמַר, וְהָיָה בְּיוֹם צֵאתְךָ, יָדַע דְּבִיצִיאָה יָמוּת. וְעָפָר בֶּעָפָר מַהוּ. אָמַר שְׁלֹמֹה לְגַבֵּי אַבָּא בֶּעָפָר הֲוָה. לְגַבֵּי שִׁמְעִי בְּמַיָּא, דִּכְתִיב וְהָיָה בְּיוֹם צֵאתְךָ וְעָבַרְתָּ אֶת נַחַל קִדְרוֹן. עָפָר הָתָם, וְהָכָא מַיָּא. תַּרְוַויְיהוּ דָּן שְׁלֹמֹה, לְמֶהֱוֵי עָפָר וּמַיָּא כַּסּוֹטָה, לְמַאן דְּאַסְטִין אָרְחָא לְגַבֵּי אֲבוֹי.

עוֹד דָּבָר אַחֵר הִשְׁגִּיחַ שְׁלֹמֹה בְּחָכְמָה, שֶׁכָּתוּב, יָצֵא יָצוֹא וּמְקַלֵּל. מַה זֶּה יָצֵא יָצוֹא פַּעֲמַיִם, מַסְפִּיק וַיֵּצֵא וַיְקַלֵּל. אֶלָּא יְצִיאָה אַחַת, שֶׁיָּצָא מִבֵּית מִדְרָשׁוֹ לְדָוִד, וִיצִיאָה אַחַת, שֶׁיָּצָא מִירוּשָׁלַיִם אֶל עַבְדּוֹ שֶׁמֵּת עָלָיו. יְצִיאָה אַחַת לַמֶּלֶךְ, וִיצִיאָה שְׁנִיָּה לַעֲבָדִים. וְכָל זֶה רָאָה שְׁלֹמֹה וְהִשְׁגִּיחַ בְּרוּחַ הַקֹּדֶשׁ אוֹתָהּ הַיְצִיאָה הַשְּׁנִיָּה, וְעַל זֶה אָמַר וְהָיָה בְּיוֹם צֵאתְךָ. יָדַע שֶׁבִּיצִיאָה יָמוּת. וְעָפָר בֶּעָפָר מַהוּ, אָמַר שְׁלֹמֹה, אֶל אָבִי זֶה הָיָה בֶּעָפָר, אֶל שִׁמְעִי זֶה יִהְיֶה בְּמַיִם, שֶׁכָּתוּב וְהָיָה בְּיוֹם צֵאתְךָ וְעָבַרְתָּ אֶת נַחַל קִדְרוֹן. שָׁם עָפָר וְכָאן מַיִם. שְׁנֵיהֶם דָּן שְׁלֹמֹה, לִהְיוֹת עָפָר וּמַיִם כְּמוֹ סוֹטָה, לְמִי שֶׁהִסְטִין דַּרְכּוֹ לְאָבִיו.

כְּתִיב, וְהוּא קִלְלַנִי קְלָלָה נִמְרֶצֶת. וּכְתִיב וָאֶשָּׁבַע לוֹ בַּיְיָ לֵאמֹר אִם אֲמִיתְךָ בֶּחָרֶב. מַאי בֶּחָרֶב. וְכִי שִׁמְעִי טִפְּשָׁא הֲוָה, דְּאִילוּ הָכִי אוֹמֵי לֵיהּ, דְּלָא יֵימָא בְּחֶרֶב לָא. אֲבָל בַּחֲנִית אוֹ בְגִירָא אִין.

כָּתוּב וְהוּא קִלְלַנִי קְלָלָה נִמְרֶצֶת. וְכָתוּב וָאֶשָּׁבַע לוֹ בַה' לֵאמֹר אִם אֲמִיתְךָ בֶּחָרֶב. וְכִי שִׁמְעִי הָיָה טִפֵּשׁ, שֶׁאִלּוּ כָּךְ הִשְׁבִּיעַ אוֹתוֹ, שֶׁלֹּא יֹאמַר בַּחֶרֶב לֹא, אֲבָל בַּחֲנִית אוֹ בְּחֵץ כֵּן.

אֶלָּא תְּרֵין מִלִּין הָכָא. חַד אָמַר יַנּוּקָא, בְּרֵיהּ דְּנוּנָא רַבָּא הַהוּא [דף ק"ח ע"א] דְּקַשְׂקַשּׂוֹי סָלְקִין לְרוּם עֲנָנִין. אוֹמָאָה דְּדָוִד מַלְכָּא, כַּד הֲוָה בָּעֵי לְאוֹמָאָה, אַפִּיק חַרְבָּא דִּילֵיהּ, דְּתַמָּן הֲוָה חָקִיק שְׁמָא גְּלִיפָן, וְתַמָּן אוֹמֵי. וְכָךְ עָבִיד לְשִׁמְעִי, דִּכְתִיב וָאֶשָּׁבַע לוֹ בַּיְיָ לֵאמֹר אִם אֲמִיתְךָ בֶּחָרֶב. בְּמַאי הֲוָה אוֹמָאָה דָּא. בֶּחָרֶב. בֶּחָרֶב אוֹמֵי. וּמִלָּה אַחֲרָא, דָּן שְׁלֹמֹה, אָמַר, בִּקְלָלָה אָתָא לְגַבֵּי אַבָּא, בְּמִלִּין, הָא מִלִּין לְגַבֵּיהּ, וּבְשֵׁם הַמְּפוֹרָשׁ קַטְלֵיהּ, וְלָא בֶּחָרֶב. וּבְגִין דָּא עָבַד שְׁלֹמֹה הָכִי.

אֶלָּא שְׁנֵי דְבָרִים יֵשׁ כָּאן. אֶחָד אָמַר הַתִּינוֹק, בְּנוֹ שֶׁל הַדָּג הַגָּדוֹל, אוֹתוֹ שֶׁקַּשְׂקַשָּׂיו עוֹלִים לְרוּם הָעֲנָנִים. שְׁבוּעָתוֹ שֶׁל דָּוִד הַמֶּלֶךְ, כְּשֶׁהָיָה רוֹצֶה לְהִשָּׁבַע, הָיָה מוֹצִיא אֶת חַרְבּוֹ שֶׁשָּׁם הָיָה חָקוּק שֵׁם חָקוּק וְשָׁם נִשְׁבַּע. וְכָךְ עָשָׂה לְשִׁמְעִי, שֶׁכָּתוּב וָאֶשָּׁבַע לוֹ בַה' לֵאמֹר אִם אֲמִיתְךָ בֶּחָרֶב. בַּמָּה הָיְתָה הַשְּׁבוּעָה הַזּוֹ, בֶּחָרֶב.

בְּחֶרֶב נִשְׁבַּע. וְדָבָר אַחֵר דָּן שְׁלֹמֹה. אָמַר, בִּקְלָלָה בָּא אֶל אָבִי, בִּדְבָרִים - הֲרֵי דְּבָרִים אֵלָיו. וּבְשֵׁם הַמְפֹרָשׁ הָרַג אוֹתוֹ וְלֹא בְּחֶרֶב. וְלָכֵן שְׁלֹמֹה עָשָׂה כָּךְ.

הַשְׁתָּא אִית לְאִסְתַּכְּלָא, דְּכֵיוָן דְּאוֹמֵי לֵיהּ דָּוִד, אַמַּאי קַטְלֵיהּ, דְּאִתְחֲזֵי דְּהָא אוֹמָאָה דָּא בַּעֲלִילָה הֲוָה, דְּהָא לִבָּא וְפוּמָא לָא הֲווּ כַּחֲדָא. אֶלָּא וַדַּאי דָּוִד לָא קַטְלֵיהּ, וְהָא יְדִיעָא, כָּל שַׁיְיפִין דְּגוּפָא מְקַבְּלִין כֹּלָּא, וְלִבָּא לָא מְקַבְּלָא אֲפִילּוּ כְּחוּטָא דְּנִימָא דְּשַׂעֲרָא. דָּוִד מַלְכָּא לִבָּא הֲוָה, וְקַבִּיל מַה דְּלָא אִתְחֲזֵי לֵיהּ לְקַבְּלָא, וּבְגִין כָּךְ, וְיָדַעְתָּ אֵת אֲשֶׁר תַּעֲשֶׂה לוֹ כְּתִיב. וְתוּ, דְּהָא אִילָנָא גָּרִים לְמֶהֱוֵי נָטִיר וְנוֹקֵם כְּחִוְיָא.

עַכְשָׁו יֵשׁ לְהִתְבּוֹנֵן, שֶׁכֵּיוָן שֶׁדָּוִד הִשְׁבִּיעַ אוֹתוֹ, לָמָּה הָרַג אוֹתוֹ, שֶׁנִּרְאֶה שֶׁשְּׁבוּעָה זוֹ הָיְתָה בַּעֲלִילָה, שֶׁהֲרֵי הַלֵּב וְהַפֶּה לֹא הָיוּ כְּאֶחָד, אֶלָּא וַדַּאי דָּוִד לֹא הָרַג אוֹתוֹ, וַהֲרֵי יָדוּעַ, כָּל אֵיבְרֵי הַגּוּף מְקַבְּלִים הַכֹּל, וְהַלֵּב לֹא מְקַבֵּל אֲפִלּוּ כְּחוּט שֶׁל נִימָה שֶׁל שַׂעֲרָה. דָּוִד הַמֶּלֶךְ הָיָה הַלֵּב, וְקִבֵּל מַה שֶּׁלֹּא רָאוּי לוֹ לְקַבֵּל, וּמִשּׁוּם כָּךְ, וְיָדַעְתָּ אֵת אֲשֶׁר תַּעֲשֶׂה לוֹ כָּתוּב. וְעוֹד, שֶׁהֲרֵי הָאִילָן גּוֹרֵם לִהְיוֹת נוֹטֵר וְנוֹקֵם כְּנָחָשׁ.

כְּתִיב, כִּי לֹא תַחְפֹּץ זֶבַח וְאֶתֵּנָה עוֹלָה לֹא תִרְצֶה. זִבְחֵי אֱלֹהִים רוּחַ נִשְׁבָּרָה לֵב נִשְׁבָּר וְנִדְכֶּה אֱלֹהִים לֹא תִבְזֶה. כִּי לֹא תַחְפֹּץ זֶבַח, וְכִי לָא בָּעֵי קוּדְשָׁא בְּרִיךְ הוּא דִּיקָרְבוּן קָמֵיהּ קָרְבְּנָא, וְהָא אִיהוּ אַתְקִין לְגַבֵּי חַיָּיבַיָּא קָרְבְּנָא, דִּיקָרְבוּן וְיִתְכַּפֵּר לְהוּ חוֹבַיְיהוּ. אֶלָּא דָּוִד לְקָמֵי שְׁמָא דֶּאֱלֹהִים אָמַר, וְקָרְבְּנָא לָא קָרְבִין לִשְׁמָא דֶּאֱלֹהִים, אֶלָּא לִשְׁמָא דְּיו"ד ה"א וא"ו ה"א. דְּהָא לְגַבֵּי דִּינָא קַשְׁיָא מִדַּת הַדִּין, לָא מְקָרְבִין קָרְבְּנָא. דִּכְתִיב, אָדָם כִּי יַקְרִיב מִכֶּם קָרְבָּן לַיְיָ. לַיְיָ, וְלָא לִשְׁמָא דֶּאֱלֹהִים. וְכִי תַקְרִיב קָרְבַּן מִנְחָה לַיְיָ. זֶבַח תּוֹדָה לַיְיָ. זֶבַח שְׁלָמִים לַיְיָ.

כָּתוּב, כִּי לֹא תַחְפֹּץ זֶבַח וְאֶתֵּנָה עוֹלָה לֹא תִרְצֶה. זִבְחֵי אֱלֹהִים רוּחַ נִשְׁבָּרָה לֵב נִשְׁבָּר וְנִדְכֶּה אֱלֹהִים לֹא תִבְזֶה. כִּי לֹא תַחְפֹּץ זֶבַח, וְכִי לֹא רוֹצֶה הַקָּדוֹשׁ בָּרוּךְ הוּא שֶׁיַּקְרִיבוּ לְפָנָיו קָרְבָּן, וַהֲרֵי הוּא תִּקֵּן לָרְשָׁעִים קָרְבָּן שֶׁיַּקְרִיבוּ וְיִתְכַּפֵּר לָהֶם חֶטְאָם, אֶלָּא שֶׁדָּוִד אָמַר אֶת זֶה לְשֵׁם אֱלֹהִים, וְקָרְבָּן לֹא מַקְרִיבִים לְשֵׁם אֱלֹהִים, אֶלָּא לְשֵׁם יוֹ"ד הֵ"א וָא"ו הֵ"א. שֶׁהֲרֵי לַדִּין הַקָּשֶׁה, מִדַּת הַדִּין, לֹא מַקְרִיבִים קָרְבָּן, שֶׁכָּתוּב, אָדָם כִּי יַקְרִיב מִכֶּם קָרְבָּן לַה'. לַה', וְלֹא לְשֵׁם אֱלֹהִים. וְכִי תַקְרִיב קָרְבַּן מִנְחָה לַה'. זֶבַח תּוֹדָה לַה'. זֶבַח שְׁלָמִים לַה'.

סֵדֶר לִימוּד לְיוֹם הַפְּטִירָה לְעִילּוּי נְשָׁמָה

וּבְגִין כַּךְ, כֵּיוָן דְּדָוִד מַלְכָּא, לְגַבֵּי אֱלֹהִים אָמַר. אִצְטְרִיךְ לְמִכְתַּב, כִּי לֹא תַחְפּוֹץ זֶבַח וְאֶתֵּנָה עוֹלָה לֹא תִרְצֶה. דְּהָא לִשְׁמָא דָא לָא מְקָרְבִין, אֶלָּא רוּחַ נִשְׁבָּרָה. דִּכְתִיב זִבְחֵי אֱלֹהִים רוּחַ נִשְׁבָּרָה. קָרְבְּנָא דֶּאֱלֹהִים, עֲצִיבוּ, וּתְבִירוּ דְּלִבָּא. וּבְגִין כַּךְ, מַאן דְּחָלַם חֶלְמָא בִּישָׁא, עֲצִיבוּ אִצְטְרִיךְ לְאַחֲזָאָה, דְּהָא בְּמִדַּת אֱלֹהִים קַיְּימָא, וְזֶבַח דְּמִדַּת דִּינָא, עֲצִיבוּ אִצְטְרִיךְ וְרוּחַ נִשְׁבָּרָה, וְהַהוּא עֲצִיבוּ מִסְתַּיְּיהּ לְחֶלְמָא בִּישָׁא, וְלָא שַׁלְטָא דִּינָא עֲלוֹי. דְּהָא זֶבַח דְּאִתְחֲזֵי לְמִדַּת דִּינָא, אַקְרִיב קָמֵיהּ.

וּמִשּׁוּם כָּךְ, כֵּיוָן שֶׁדָּוִד הַמֶּלֶךְ אָמַר לֵאלֹהִים, הִצְטָרֵךְ לִכְתֹּב כִּי לֹא תַחְפֹּץ זֶבַח וְאֶתֵּנָה עוֹלָה לֹא תִרְצֶה. שֶׁהֲרֵי לַשֵּׁם הַזֶּה לֹא מַקְרִיבִים, אֶלָּא רוּחַ נִשְׁבָּרָה, שֶׁכָּתוּב זִבְחֵי אֱלֹהִים רוּחַ נִשְׁבָּרָה. קָרְבָּן שֶׁל אֱלֹהִים הוּא עֶצֶב וְשִׁבְרוֹן לֵב. וּמִשּׁוּם כָּךְ, מִי שֶׁחָלַם חֲלוֹם רַע, צָרִיךְ לְהַרְאוֹת עַצְבוּת, שֶׁהֲרֵי בְּמִדַּת אֱלֹהִים עוֹמֵד, וְזֶבַח שֶׁל מִדַּת הַדִּין צָרִיךְ עַצְבוּת וְרוּחַ נִשְׁבָּרָה, וְאוֹתָהּ עַצְבוּת מְרַפֵּאת אֶת הַחֲלוֹם הָרָע, וְלֹא שׁוֹלֵט עָלָיו הַדִּין. שֶׁהֲרֵי הַזֶּבַח שֶׁרָאוּי לְמִדַּת הַדִּין, הִקְרִיב לְפָנֶיהָ.

לֵב נִשְׁבָּר וְנִדְכֶּה אֱלֹהִים לֹא תִבְזֶה, מַאי לֹא תִבְזֶה, מִכְּלָל דְּאִיכָּא לֵב דְּאִיהוּ בּוֹזֶה. אִין. הַיְינוּ לֵב דְּאִיהוּ גֵּאֶה, לֵב בְּגַסּוּת רוּחָא, הַיְינוּ לֵב דְּאִיהוּ בּוֹזֶה, אֲבָל לֵב נִשְׁבָּר וְנִדְכֶּה אֱלֹהִים לֹא תִבְזֶה.

לֵב נִשְׁבָּר וְנִדְכֶּה אֱלֹהִים לֹא תִבְזֶה. מַה זֶּה לֹא תִבְזֶה, מִכְּלָל שֶׁיֵּשׁ לֵב שֶׁהוּא בּוֹזֶה, כֵּן. זֶהוּ לֵב שֶׁהוּא גֵּאֶה, לֵב בְּגַסּוּת הָרוּחַ, הַיְנוּ לֵב בּוֹזֶה, אֲבָל לֵב נִשְׁבָּר וְנִדְכֶּה אֱלֹהִים לֹא תִבְזֶה.

הֵיטִיבָה בִרְצוֹנְךָ אֶת צִיּוֹן תִּבְנֶה חוֹמוֹת יְרוּשָׁלָם. מַאי הֵטִיבָה, אִתְחֲזֵי דְּהָא טִיבוּ אִית בָּהּ, וְהַשְׁתָּא הֵטִיבָה עַל הַהוּא טִיבוּ. וַדַּאי הָכִי הוּא, דְּהָא מִן יוֹמָא דְּקוּדְשָׁא בְּרִיךְ הוּא אִשְׁתָּדַל בְּבִנְיַן בֵּי מַקְדְּשָׁא לְעֵילָא, עַד כְּעַן, הַהוּא הֲטָבָה דְּרָצוֹן, לָא שַׁרְיָיא עַל הַהוּא בִּנְיָן, וְעַל דָּא לָא אִשְׁתְּכְלַל. דְּהָא בְּשַׁעֲתָא דְּרָצוֹן דִּלְעֵילָא יִתְעַר, יֵיטִיב וְיַדְלִיק נְהוֹרִין דְּהַהוּא בִּנְיָן, וְהַהוּא עֲבִידְתָּא, דַּאֲפִילּוּ מַלְאָכִין דִּלְעֵילָא, לָא יֵיכְלוּן לְאִסְתַּכְּלָא בְּהַהוּא בֵּי מַקְדְּשָׁא, וְלָאו בְּהַהוּא בִּנְיָן. וּכְדֵין בֵּי מַקְדְּשָׁא, וְכָל עוֹבָדָא אִשְׁתְּכְלַל.

סדר לימוד ליום הפטירה לעילוי נשמה

הֵטִיבָה בִרְצוֹנְךָ אֶת צִיּוֹן תִּבְנֶה חוֹמוֹת יְרוּשָׁלַם. מַה זֶּה הֵטִיבָה, נִרְאֶה שֶׁהֲרֵי טוֹב יֵשׁ בָּהּ, וְעַכְשָׁו הֵיטִיבָה עַל אוֹתוֹ הַטּוֹב. וַדַּאי כָּךְ הוּא, שֶׁהֲרֵי מִן הַיּוֹם שֶׁהַקָּדוֹשׁ בָּרוּךְ הוּא הִשְׁתַּדֵּל בְּבִנְיַן בֵּית הַמִּקְדָּשׁ שֶׁלְּמַעְלָה עַד עַכְשָׁו, אוֹתָהּ הֲטָבָה שֶׁל רָצוֹן לֹא שָׁרְתָה עַל אוֹתוֹ הַבִּנְיָן, וְעַל כֵּן לֹא נִתְקַן. שֶׁהֲרֵי בְּשָׁעָה שֶׁהָרָצוֹן הָעֶלְיוֹן יִתְעוֹרֵר, הוּא יֵיטִיב וְיַדְלִיק אֶת הַמְּנוֹרוֹת שֶׁל אוֹתוֹ הַבִּנְיָן וְאוֹתוֹ הַמַּעֲשֶׂה, שֶׁאֲפִלּוּ הַמַּלְאָכִים שֶׁל מַעְלָה לֹא יוּכְלוּ לְהִסְתַּכֵּל בְּאוֹתוֹ בֵּית מִקְדָּשׁ וְלֹא בְּאוֹתוֹ בִּנְיָן, וְאָז בֵּית הַמִּקְדָּשׁ וְכָל הַמַּעֲשֶׂה נִתְקָן.

תִּבְנֶה חוֹמוֹת יְרוּשָׁלַם, וְכִי מִן יוֹמָא דְּאִשְׁתַּדַּל בְּבִנְיַן בֵּי מַקְדְּשָׁא עַד כְּעַן, לָא בָּנָה לוֹן. אִי חוֹמוֹת יְרוּשָׁלַם עַד כְּעַן לָא בָּנָה, בֵּי מַקְדְּשָׁא עַל אַחַת כַּמָּה וְכַמָּה. אֶלָּא קוּדְשָׁא בְּרִיךְ הוּא, כָּל עוֹבָדוֹי, לָאו כְּעוֹבָדֵי דְּבַר נָשׁ. בְּנֵי נָשָׁא כַּד בָּנוּ בֵּי מַקְדְּשָׁא לְתַתָּא, בְּקַדְמֵיתָא עָבְדוּ שׁוּרֵי קַרְתָּא, וּלְבַסּוֹף עָבְדוּ בֵּי מַקְדְּשָׁא. שׁוּרֵי קַרְתָּא בְּקַדְמֵיתָא, בְּגִין לְאַגָּנָא עֲלַיְיהוּ, וּלְבָתַר בִּנְיָינָא דְּבֵיתָא. קוּדְשָׁא בְּרִיךְ הוּא לָאו הָכִי, אֶלָּא בָּנֵי בֵּי מַקְדְּשָׁא בְּקַדְמֵיתָא, וּלְבַסּוֹף, כַּד יָחִית לֵיהּ מִשְּׁמַיָּא, וְיוֹתִיב לֵיהּ עַל אַתְרֵיהּ, כְּדֵין יִבְנֶה חוֹמוֹת יְרוּשָׁלַם דְּאִנּוּן שׁוּרִין דְּקַרְתָּא. וְעַל דָּא אָמַר דָּוִד עָלָיו הַשָּׁלוֹם, הֵיטִיבָה בִרְצוֹנְךָ אֶת צִיּוֹן בְּקַדְמֵיתָא, וּלְבָתַר תִּבְנֶה [דף ק"ח ע"ב] **חוֹמוֹת יְרוּשָׁלַם.**

תִּבְנֶה חוֹמוֹת יְרוּשָׁלַם. וְכִי מִיּוֹם שֶׁהִשְׁתַּדֵּל בְּבִנְיַן בֵּית הַמִּקְדָּשׁ עַד עַכְשָׁו לֹא בָנָה אוֹתָם, אִם חוֹמוֹת יְרוּשָׁלַיִם עַד עַכְשָׁו לֹא בָנָה, בֵּית הַמִּקְדָּשׁ עַל אַחַת כַּמָּה וְכַמָּה. אֶלָּא שֶׁכָּל מַעֲשֵׂי הַקָּדוֹשׁ בָּרוּךְ הוּא אֵינָם כְּמַעֲשֵׂי בֶּן אָדָם. כְּשֶׁבְּנֵי אָדָם בָּנוּ בֵּית הַמִּקְדָּשׁ לְמַטָּה, בַּהַתְחָלָה עָשׂוּ אֶת חוֹמוֹת הָעִיר, וּלְבַסּוֹף עָשׂוּ אֶת בֵּית הַמִּקְדָּשׁ. חוֹמוֹת הָעִיר בַּהַתְחָלָה כְּדֵי לְהָגֵן עֲלֵיהֶם, וְאַחַר כָּךְ בִּנְיַן הַבַּיִת. וְהַקָּדוֹשׁ בָּרוּךְ הוּא לֹא כָךְ, אֶלָּא בּוֹנֶה בַּתְּחִלָּה אֶת בֵּית הַמִּקְדָּשׁ, וּבַסּוֹף כְּשֶׁיּוֹרִיד אוֹתוֹ מִן הַשָּׁמַיִם וְיוֹשִׁיב אוֹתוֹ עַל מְקוֹמוֹ, אָז יִבְנֶה אֶת חוֹמוֹת יְרוּשָׁלַיִם, שֶׁהֵן חוֹמוֹת הָעִיר. וְעַל זֶה אָמַר דָּוִד הַמֶּלֶךְ עָלָיו הַשָּׁלוֹם, הֵיטִיבָה בִרְצוֹנְךָ אֶת צִיּוֹן, בַּהַתְחָלָה, וְאַחַר כָּךְ תִּבְנֶה חוֹמוֹת יְרוּשָׁלַם.

הָכָא אִית רָזָא, כָּל עוֹבָדִין דְּעָבִיד קוּדְשָׁא בְּרִיךְ הוּא, בְּקַדְמֵיתָא אַקְדִּים הַהוּא דִּלְבַר, וּלְבָתַר מוֹחָא דִּלְגוֹ, וְהָכָא לָאו הָכִי. תָּא חֲזֵי, כָּל אִינּוּן עוֹבָדִין דְּעָבִיד קוּדְשָׁא בְּרִיךְ הוּא, וְאַקְדִּים הַהוּא דִּלְבַר, מוֹחָא אַקְדִּים בְּמַחֲשָׁבָה, וּבְעוֹבָדָא הַהוּא דִּלְבַר, דְּהָא כָּל קְלִיפָּה מִסִּטְרָא אַחֲרָא הֲוֵי, וּמוֹחָא מִן מוֹחָא, וְתָדִיר סִטְרָא

סדר לימוד ליום הפטירה לעילוי נשמה

אַזְדָּרָא אַקְדִּים וְרַבִּי וְאַגְדִּיל וְנָטִיר אִיבָּא. כֵּיוָן דְּאִתְרַבֵּי, זָרְקִין לֵיהּ לְבַר, וְיָכִין רָשָׁע וְצַדִּיק יִלְבַּשׁ, וְזָרְקִין לְהַהִיא קְלִיפָּה, וּמְבָרְכִין לְצַדִּיקָא דְּעָלְמָא. אֲבָל הָכָא, בְּבִנְיָנָא דְּבֵי מַקְדְּשָׁא, דְּסִטְרָא בִּישָׁא יִתְעֲבַר מֵעָלְמָא, לָא אִצְטְרִיךְ, דְּהָא מוֹחָא וּקְלִיפָּה דִּילֵיהּ הֲוֵי. אַקְדִּים מוֹחָא, דִּכְתִיב הֵיטִיבָה בִרְצוֹנְךָ אֶת צִיּוֹן בְּקַדְמִיתָא, וּלְבָתַר תִּבְנֶה חוֹמוֹת יְרוּשָׁלָם. הַהִיא חוֹמָה דִּלְבַר, דְּאִיהִי קְלִיפָּה, דִּילֵיהּ הִיא מַמָּשׁ. דִּכְתִיב, וַאֲנִי אֶהְיֶה לָּהּ נְאֻם יְיָ חוֹמַת אֵשׁ סָבִיב. אֲנִי וְלָא סִטְרָא בִּישָׁא.

כָּאן יֵשׁ סוֹד. כָּל הַמַּעֲשִׂים שֶׁעוֹשֶׂה הַקָּדוֹשׁ בָּרוּךְ הוּא, בְּהַתְחָלָה מַקְדִּים אוֹתוֹ שֶׁלְּבַחוּץ, וְאַחַר הַמֹּחַ שֶׁלְּפְנִים, וְכָאן לֹא כָךְ. בֹּא וּרְאֵה, כָּל אוֹתָם הַמַּעֲשִׂים שֶׁעוֹשֶׂה הַקָּדוֹשׁ בָּרוּךְ הוּא וּמַקְדִּים אוֹתוֹ שֶׁל בַּחוּץ, הַמֹּחַ הִקְדִּים בְּמַחְשָׁבָה, וּבְמַעֲשֶׂה אוֹתוֹ שֶׁל בַּחוּץ, שֶׁהֲרֵי כָּל קְלִפָּה הִיא מִצַּד הָאַחֵר, וְהַמֹּחַ מִן הַמֹּחַ, וְתָמִיד הַצַּד הָאַחֵר מַקְדִּים וְגָדֵל וּמִתְרַבֶּה וְשׁוֹמֵר הַפְּרִי. כֵּיוָן שֶׁמִּתְרַבֶּה, זוֹרְקִים אוֹתוֹ הַחוּצָה, וְיָכִין רָשָׁע וְצַדִּיק יִלְבַּשׁ, וְזוֹרְקִים אֶת אוֹתָהּ קְלִפָּה, וּמְבָרְכִים אֶת הַצַּדִּיק בָּעוֹלָם. אֲבָל כָּאן, בְּבִנְיַן בֵּית הַמִּקְדָּשׁ, שֶׁהַצַּד הָרָע יַעֲבֹר מֵהָעוֹלָם, לֹא צָרִיךְ, שֶׁהֲרֵי הַמֹּחַ וְהַקְּלִפָּה שֶׁלּוֹ הָיָה. הִקְדִּים הַמֹּחַ, שֶׁכָּתוּב הֵיטִיבָה בִרְצוֹנְךָ אֶת צִיּוֹן - בְּהַתְחָלָה, וְאַחַר כָּךְ תִּבְנֶה חוֹמוֹת יְרוּשָׁלַם. אוֹתָהּ חוֹמָה הַחִיצוֹנִית, שֶׁהִיא קְלִפָּה, שֶׁלּוֹ הִיא מַמָּשׁ, שֶׁכָּתוּב וַאֲנִי אֶהְיֶה לָּהּ נְאֻם ה' חוֹמַת אֵשׁ סָבִיב. אֲנִי וְלֹא הַצַּד הָרָע.

יִשְׂרָאֵל, אִינּוּן מוֹחָא, עִלָּאָה דְּעָלְמָא. יִשְׂרָאֵל סְלִיקוּ בְּמַחֲשָׁבָה בְּקַדְמִיתָא, עַמִּין עוֹבְדֵי עֲבוֹדַת כּוֹכָבִים וּמַזָּלוֹת, דְּאִינּוּן קְלִיפָּה, אַקְדִּימוּ. דִּכְתִיב, וְאֵלֶּה הַמְּלָכִים אֲשֶׁר מָלְכוּ בְּאֶרֶץ אֱדוֹם לִפְנֵי מְלָךְ מֶלֶךְ לִבְנֵי יִשְׂרָאֵל. וְזַמִּין קוּדְשָׁא בְּרִיךְ הוּא, לְאַקְדְּמָא מוֹחָא, בְּלָא קְלִיפָּה. דִּכְתִיב, קֹדֶשׁ יִשְׂרָאֵל לַייָ רֵאשִׁית תְּבוּאָתֹה, מוֹחָא קָדִים לִקְלִיפָּה. וְאַף עַל גַּב דְּמוֹחָא יְקוּם בְּלָא קְלִיפָּה, מַאן הוּא דְּיוֹשִׁיט יַדָא לְמֵיכַל מִנֵּיהּ, בְּגִין, דְּכָל אוֹכְלָיו יֶאְשָׁמוּ רָעָה תָּבֹא אֲלֵיהֶם נְאֻם יְיָ.

יִשְׂרָאֵל הֵם הַמֹּחַ הָעֶלְיוֹן שֶׁל הָעוֹלָם. יִשְׂרָאֵל עָלוּ בְּמַחְשָׁבָה בַּתְּחִלָּה. הָעַמִּים עוֹבְדֵי עֲבוֹדַת כּוֹכָבִים וּמַזָּלוֹת, שֶׁהֵם קְלִפָּה, הִקְדִּימוּ, שֶׁכָּתוּב, וְאֵלֶּה הַמְּלָכִים אֲשֶׁר מָלְכוּ בְּאֶרֶץ אֱדוֹם לִפְנֵי מְלָךְ מֶלֶךְ לִבְנֵי יִשְׂרָאֵל. וְעָתִיד הַקָּדוֹשׁ בָּרוּךְ הוּא לְהַקְדִּים אֶת הַמֹּחַ בְּלִי קְלִפָּה, שֶׁכָּתוּב, קֹדֶשׁ יִשְׂרָאֵל לַה' רֵאשִׁית תְּבוּאָתֹה. הַמֹּחַ קוֹדֵם לַקְּלִפָּה. וְאַף עַל גַּב שֶׁהַמֹּחַ יַעֲמֹד בְּלִי קְלִפָּה, מִי הוּא

שֶׁיּוֹשִׁיט יָד לֶאֱכֹל מִמֶּנּוּ, מִשּׁוּם שֶׁכָּל אֹכְלָיו יֶאְשָׁמוּ רָעָה תָּבֹא אֲלֵיהֶם נְאֻם ה'.

בְּהַהוּא זִמְנָא, אָז תַּחְפּוֹץ זִבְחֵי צֶדֶק. בְּגִין, דְּהָא כְּדֵין, יִתְחַבַּר כֹּלָּא בְּחִבּוּרָא חֲדָא, וִיהֵא שְׁמָא שְׁלִים בְּכָל תִּקּוּנֵיהּ. וּכְדֵין קָרְבְּנָא לֶהֱוֵי שְׁלִים, לַיְיָ אֱלֹהִים. דְּהַשְׁתָּא אֱלֹהִים לָא אִתְחַבַּר לְקוֹרְבְּנָא, דְּאִלְמָלֵא אִתְחַבַּר בֵּיהּ, כַּמָּה אֱלֹהִים יִסְלְקוּן אוּדְנַיִן לְאִתְחַבְּרָא תַּמָּן. אֲבָל בְּהַהוּא זִמְנָא, כִּי גָּדוֹל אַתָּה וְעוֹשֵׂה נִפְלָאוֹת אַתָּה אֱלֹהִים לְבַדֶּךָ. וְאֵין אֱלֹהִים אַחֲרָא.

בְּאוֹתוֹ זְמַן, אָז תַּחְפֹּץ זִבְחֵי צֶדֶק. הֱיוֹת שֶׁהֲרֵי אָז יִתְחַבֵּר הַכֹּל בְּחִבּוּר אֶחָד, וְיִהְיֶה הַשֵּׁם שָׁלֵם בְּכָל תִּקּוּנוֹ, וְאָז הַקָּרְבָּן יִהְיֶה שָׁלֵם לַה' אֱלֹהִים. שֶׁעַכְשָׁו אֱלֹהִים לֹא מִתְחַבֵּר לַקָּרְבָּן, שֶׁאִלְמָלֵא הִתְחַבֵּר בּוֹ, כַּמָּה אֱלֹהִים יַעֲלוּ אָזְנַיִם לְהִתְחַבֵּר לְשָׁם. אֲבָל בְּאוֹתוֹ זְמַן, כִּי גָדוֹל אַתָּה וְעוֹשֵׂה נִפְלָאוֹת אַתָּה אֱלֹהִים לְבַדֶּךָ. וְאֵין אֱלֹהִים אַחֵר.

וּבְהַהוּא זִמְנָא כְּתִיב, רְאוּ עַתָּה כִּי אֲנִי אֲנִי הוּא וְאֵין אֱלֹהִים עִמָּדִי, רְאוּ כִּי אֲנִי אֲנִי הוּא סַגֵּי, מַאי עַתָּה. אֶלָּא דְּלָא הֲוָה קֹדֶם לָכֵן, וְהַהוּא זִמְנָא לֶיהֱוֵי. אָמַר קוּדְשָׁא בְּרִיךְ הוּא, עַתָּה רְאוּ, מַה דְּלָא הֲיִכְלוּן לְמֵיחֱזֵי מִקַּדְמַת דְּנָא.

וּבְאוֹתוֹ זְמַן כָּתוּב, רְאוּ עַתָּה כִּי אֲנִי אֲנִי הוּא וְאֵין אֱלֹהִים עִמָּדִי. רְאוּ כִּי אֲנִי אֲנִי הוּא גָּדוֹל, מַה זֶּה עַתָּה, אֶלָּא שֶׁלֹּא הָיָה קֹדֶם לָכֵן, וּבְאוֹתוֹ זְמַן זֶה יִהְיֶה. אָמַר הַקָּדוֹשׁ בָּרוּךְ הוּא, עַתָּה רְאוּ מַה שֶּׁלֹּא יְכָלְתֶּם לִרְאוֹת מִקֹּדֶם לָכֵן.

כִּי אֲנִי אֲנִי, תְּרֵי זִמְנֵי אֲמַאי. אֶלָּא לְדַיְיקָא, דְּהָא לֵית תַּמָּן אֱלֹהִים, אֶלָּא הוּא. דְּהָא כַּמָּה זִמְנִין, דְּאִתְּמַר אֲנִי זִמְנָא חֲדָא, וְלָא יַתִּיר, וַהֲוָה תַּמָּן סִטְרָא אַחֲרָא. אֲבָל הַשְׁתָּא אֲנִי אֲנִי הוּא וְאֵין אֱלֹהִים עִמָּדִי, דְּהָא כָּל סִטְרָא אַחֲרָא אִתְעֲבַר, וְדַיְיקָא אֲנִי אֲנִי.

כִּי אֲנִי אֲנִי, לָמָּה פַּעֲמַיִם, אֶלָּא כְּדֵי לְדַיֵּק, שֶׁהֲרֵי אֵין שָׁם אֱלֹהִים, אֶלָּא הוּא. שֶׁהֲרֵי כַּמָּה פְּעָמִים שֶׁנֶּאֱמַר אֲנִי פַּעַם אַחַת וְלֹא יוֹתֵר, וְהָיָה שָׁם הַצַּד הָאַחֵר. אֲבָל עַכְשָׁו אֲנִי אֲנִי הוּא וְאֵין אֱלֹהִים עִמָּדִי, שֶׁהֲרֵי כָּל הַצַּד הָאַחֵר הָעֳבַר, וְדַוְקָא אֲנִי אֲנִי.

אֲנִי אָמִית וַאֲחַיֶּה, עַד הַשְׁתָּא מוֹתָא הֲוַת מִסִּטְרָא אַחֲרָא, מִכָּאן וּלְהַלְאָה, אֲנִי אָמִית וַאֲחַיֶּה, מִכָּאן דִּבְהַהוּא זִמְנָא, כָּל אִינּוּן דְּלָא טָעֲמֵי טַעֲמָא דְּמוֹתָא. מִנֵּיהּ תְּהֵא לוֹן מוֹתָא, וְיָקִים לוֹן. אֲמַאי. בְּגִין דְּלָא יִשְׁתְּאַר מֵהַהוּא זוּהֲמָא בְּעָלְמָא כְּלָל, וִיהֵא עָלְמָא

סדר לימוד ליום הפטירה לעילוי נשמה

חַדְתָּא, בְּעוֹבְדֵי יְדוֹי דְקוּדְשָׁא בְּרִיךְ הוּא. וְאִם אָמֹר יֹאמַר וְגוֹ' לֹא אֵצֵא חָפְשִׁי. כְּמָה דְאִתְּמַר כְּדֵין פָּגִים לֵיהּ פְּגִימוּ. אִם בְּגַפּוֹ יָבֹא, מַהוּ בְּגַפּוֹ. תָּנֵינָן, כְּתַרְגּוּמוֹ, בִּלְחוֹדוֹי. יֵאוּת הוּא. אֲבָל הָא תָּנֵינָן, כָּל עָלְמָא, לָא קָאִים, אֶלָּא עַל גַּפָּא חֲדָא, דְלִוְיָתָן.

אֲנִי אָמִית וַאֲחַיֶּה. עַד עַכְשָׁו הַמֹּחַ הָיָה מִן הַצַּד הָאַחֵר. מִכָּאן וְהָלְאָה, אֲנִי אָמִית וַאֲחַיֶּה. מִכָּאן שֶׁבְּאוֹתוֹ הַזְּמַן, כָּל אוֹתָם שֶׁלֹּא טָעֲמוּ טַעַם הַמָּוֶת, מִמֶּנּוּ יִהְיֶה לָהֶם מָוֶת, וְיָקִים אוֹתָם. לָמָּה, כְּדֵי שֶׁלֹּא תִשָּׁאֵר מֵאוֹתָהּ הַזֻּהֲמָה בָּעוֹלָם כְּלָל, וְיִהְיֶה עוֹלָם חָדָשׁ בְּמַעֲשֵׂי יְדֵי הַקָּדוֹשׁ בָּרוּךְ הוּא. וְאִם אָמֹר יֹאמַר וְגוֹ' לֹא אֵצֵא חָפְשִׁי, כְּמוֹ שֶׁנִּתְבָּאֵר, אָז פּוֹגֵם אוֹתוֹ בִּפְגָם. אִם בְּגַפּוֹ יָבֹא, מַה זֶּה בְּגַפּוֹ שָׁנִינוּ, כְּתַרְגּוּמוֹ, לְבַדּוֹ. יָפֶה הוּא. אֲבָל הֲרֵי שָׁנִינוּ, כָּל הָעוֹלָם לֹא עוֹמֵד אֶלָּא עַל סְנַפִּיר אֶחָד שֶׁל לִוְיָתָן.

וְרָזָא דָא, בְּשַׁעֲתָא דְקַיְּימָא דְכַר וְנוּקְבָא, דִדְכַר וְנוּקְבָא בָּרָא לוֹן קוּדְשָׁא בְּרִיךְ הוּא, וּבְכָל מַה דְאַזְלִין, עָלְמָא מִזְדַעְזְעָ, וְאִלְמָלֵא דְסָרֵס קוּדְשָׁא בְּרִיךְ הוּא דְכוּרָא, וְצִנֵּן יַת נוּקְבָא, הֲווֹ מְטַשְׁטְשִׁין עָלְמָא. וְעַל דָא לָא עַבְדִין תּוֹלָדִין, אִם בְּגַפּוֹ יָבֹא, תְּחוֹת הַהוּא גַּפָּא, דְלָא עָבִיד תּוֹלָדִין עָאל. וְהוֹאִיל וְכֵן, בְּגַפּוֹ יֵצֵא, לְתַמָּן אִתְדַחְיָא, וְלָא עָאל לְפַרְגּוֹדָא כְּלָל, וְאִתְדַחְיָא וְאִטְרִיד מֵהַהוּא עָלְמָא. בְּגַפּוֹ יֵצֵא, בְּגַפּוֹ יֵצֵא וַדַּאי.

וְסוֹד זֶה, בְּשָׁעָה שֶׁעוֹמְדִים זָכָר וּנְקֵבָה, שֶׁזָּכָר וּנְקֵבָה בָּרָא אוֹתָם הַקָּדוֹשׁ בָּרוּךְ הוּא, וּבְכָל מַה שֶּׁהוֹלְכִים, הָעוֹלָם מִזְדַּעְזֵעַ, וְאִלְמָלֵא שֶׁסֵּרַס הַקָּדוֹשׁ בָּרוּךְ הוּא אֶת הַזָּכָר וְצִנֵּן אֶת הַנְּקֵבָה, הָיוּ מַחֲרִיבִים אֶת הָעוֹלָם, וְעַל כָּךְ לֹא עוֹשִׂים תּוֹלָדוֹת. אִם בְּגַפּוֹ יָבֹא, תַּחַת אוֹתוֹ סְנַפִּיר שֶׁלֹּא עוֹשֶׂה תוֹלָדוֹת נִכְנָס. וְהוֹאִיל וְכֵן בְּגַפּוֹ יֵצֵא, לְשָׁם נִדְחֶה, וְלֹא נִכְנָס לַפַּרְגּוֹד כְּלָל, וְנִדְחֶה וְנִטְרָד מֵאוֹתוֹ הָעוֹלָם. בְּגַפּוֹ יֵצֵא, בְּגַפּוֹ יֵצֵא וַדַּאי.

תָּא חֲזֵי, מַה כְּתִיב, עֲרִירִים יָמוּתוּ, עֲרִירִים כְּלָל דְכַר וְנוּקְבָא. בְּרָזָא דִדְכוּרָא עָאל, וּבְרָזָא דְנוּקְבָא יִפּוֹק. עָאל בְּהַאי, וְיִפּוֹק בְּהַאי. וְהַאי אִיהוּ אֲתַר, דְקָא אִתְדָבַּק בֵּיהּ בְּהַהוּא עָלְמָא, דְהָא קוּדְשָׁא בְּרִיךְ הוּא לָא בָּעֵי דְיֵיעוֹל קָמֵיהּ, מַאן דִמְסָרֵס גַּרְמֵיהּ בְּהַאי עָלְמָא.

בֹּא וּרְאֵה מַה כָּתוּב, עֲרִירִים יָמֻתוּ. עֲרִירִים, כְּלָל שֶׁל זָכָר וּנְקֵבָה. בְּסוֹד שֶׁל זָכָר נִכְנָס, וּבְסוֹד שֶׁל נְקֵבָה יֵצֵא. נִכְנָס בָּזֶה וְיוֹצֵא בָּזֶה. וְזֶהוּ מְקוֹם שֶׁנִּדְבָּק בּוֹ בְּאוֹתוֹ הָעוֹלָם, שֶׁהֲרֵי הַקָּדוֹשׁ בָּרוּךְ הוּא לֹא רוֹצֶה שֶׁיִּכָּנֵס לְפָנָיו מִי שֶׁמְּסָרֵס עַצְמוֹ בָּעוֹלָם הַזֶּה.

תָּא חֲזֵי, מִן קָרְבְּנָא. דְּלָא [דף ק"ט ע"א] הֲווֹ מְקָרְבִין קָמֵּיהּ סְרוּסָא, וְאַפִּיקוּ לֵיהּ, דְּלָא יִתְקָרַב לְקָמֵּיהּ, וּפָקִיד וְאָמַר, וּבְאַרְצְכֶם לֹא תַעֲשׂוּ. וְכֵן לְדָרֵי דָּרִין אָסִיר לְסָרוּסֵי בִּרְיָין, דְּבָרָא קוּדְשָׁא בְּרִיךְ הוּא בְּעָלְמָא. דְּהָא כָּל סְרוּסָא, דְּסִטְרָא אַחֲרָא אִיהוּ. וְאִי אִיהוּ אִשְׁתָּדַל, וְנָסִיב אִיתְּתָא, וְלָא עָבִיד תּוֹלָדִין, וְלָא בָּעָא, וְאַף עַל גַּב דְּאִית לֵיהּ אִיתְּתָא, אוֹ אִי הִיא לָא בָּעָאת, וְעָאל לְהַהוּא עָלְמָא, בְּלָא תּוֹלָדִין, מַה כְּתִיב. אִם בַּעַל אִשָּׁה הוּא, וְלָא אַשְׁגָּחוּ לְפַעַל יְדוֹי דְּמָארֵיהוֹן, וְיָצְאָה אִשְׁתּוֹ עִמּוֹ, אִיהוּ יֵעוּל בְּגַפּוֹ דִּדְכוּרָא, וְאִיהִי בְּנוּקְבָא. בְּגַפּוֹ יָבֹא בְּגַפּוֹ יֵצֵא כְּמָה דְּאִתְּמַר, כֹּלָּא עַל תִּקּוּנֵיהּ.

בֹּא וּרְאֵה מִן הַקָּרְבָּן, שֶׁלֹּא הָיוּ מַקְרִיבִים לְפָנָיו מְסֹרָס, וְהוֹצִיאוּ אוֹתוֹ שֶׁלֹּא יִקְרַב לְפָנָיו, וְצִוָּה וְאָמַר, וּבְאַרְצְכֶם לֹא תַעֲשׂוּ. וְכֵן לְדוֹרֵי דוֹרוֹת אָסַר לְסָרֵס אֶת הַבְּרִיּוֹת שֶׁבְּרָאָם הַקָּדוֹשׁ בָּרוּךְ הוּא בָּעוֹלָם, שֶׁהֲרֵי כָּל סָרוּס הוּא שֶׁל הַצַּד הָאַחֵר. וְאִם הוּא הִשְׁתַּדֵּל וְנָשָׂא אִשָּׁה וְלֹא עָשָׂה תוֹלָדוֹת וְלֹא רָצָה, וְאַף עַל גַּב שֶׁיֵּשׁ לוֹ אִשָּׁה, אוֹ שֶׁהִיא לֹא רָצְתָה, וְנִכְנַס לְאוֹתוֹ עוֹלָם בְּלִי תוֹלָדוֹת. מַה כָּתוּב, אִם בַּעַל אִשָּׁה הוּא, וְלֹא הִשְׁגִּיחוּ לְפֹעַל יְדֵי רִבּוֹנָם, וְיָצְאָה אִשְׁתּוֹ עִמּוֹ. הוּא יִכָּנֵס בְּגַפּוֹ שֶׁל זָכָר, וְהִיא בִּנְקֵבָה. בְּגַפּוֹ יָבֹא בְּגַפּוֹ יֵצֵא, כְּמוֹ שֶׁנִּתְבָּאֵר, הַכֹּל עַל תִּקּוּנוֹ.

אִם אֲדֹנָיו יִתֶּן לוֹ אִשָּׁה, כְּמָה דְּאִתְּמַר, אִם אֲדֹנָיו, דָּא אִיהוּ אֲדוֹן כָּל הָאָרֶץ. יִתֶּן לוֹ אִשָּׁה, מֵהָכָא, דְּלָאו בִּרְשׁוּתָא דְּבַר נָשׁ קַיְּימָא לְמֵיסַב אִתְּתָא. אֶלָּא כֹּלָּא בְּמֹאזְנַיִם לַעֲלוֹת. יִתֶּן לוֹ אִשָּׁה, דְּהָא לָאו בִּרְשׁוּתֵיהּ אִיהוּ. וּמַאן אִיהִי. הַהִיא דְּלָאו דִּילֵיהּ, וְלָא אִזְדַּמְּנַת לְגַבֵּיהּ, וּמַאן אִיהִי. הַהִיא דַּהֲוַת זְמִינָא לְאַחֲרָא, וְאַקְדִּים הַאי בְּרַחֲמֵי, וְנָטִיל לָהּ, דָּא אִתְיְיהִיבַת לֵיהּ, דְּלָא אִתְחֲזִיאַת לֵיהּ. וְקוּדְשָׁא בְּרִיךְ הוּא חָמֵי מֵרָזִיק, וְחָמֵי לְהַהִיא אִתְּתָא, דִּזְמִינַת לְאַפָּקָא תוֹלָדִין בְּעָלְמָא. אַקְדִּים הַאי בְּרַחֲמֵי, וְאִתְיְיהִיבַת לֵיהּ, וְעָבִיד אִבִּין, וְזָרַע זַרְעָא, בְּאִתְּתָא דְּלָאו דִּילֵיהּ, בְּגִין כָּךְ, הָאִשָּׁה וִילָדֶיהָ תִּהְיֶה לַאדֹנֶיהָ, וְהוּא יֵצֵא בְגַפּוֹ. אִי עַנְיָיא מִסְכְּנָא, כַּמָּה אִשְׁתָּדַל בְּרֵיקַנְיָא, לָאָה וְאִשְׁתָּדַל לְמֶעְבַּד פֵּירִין, בְּגִנְתָּא דְּלָאו אִיהִי דִּילֵיהּ, וְנָפַק בְּרֵיקַנְיָא.

אִם אֲדֹנָיו יִתֶּן לוֹ אִשָּׁה, כְּמוֹ שֶׁנִּתְבָּאֵר. אִם אֲדֹנָיו, זֶה אֲדוֹן כָּל הָאָרֶץ. יִתֶּן לוֹ אִשָּׁה - מִכָּאן שֶׁלֹּא בִּרְשׁוּת הָאָדָם עוֹמֵד לָשֵׂאת אִשָּׁה, אֶלָּא הַכֹּל בְּמֹאזְנַיִם לַעֲלוֹת. יִתֶּן לוֹ אִשָּׁה, שֶׁהֲרֵי זֶה לֹא בִּרְשׁוּתוֹ הוּא, וּמִי הִיא, הַהִיא שֶׁאֵינָהּ שֶׁלּוֹ וְלֹא הִזְדַּמְּנָה אֵלָיו, וּמִי הִיא, אוֹתָהּ שֶׁהָיְתָה מְזֻמֶּנֶת לְאַחֵר, וְהִקְדִּים זֶה בְּרַחֲמִים וְנָטַל אוֹתָהּ, זוֹ נִתְּנָה לוֹ, שֶׁלֹּא רְאוּיָה לוֹ. וְהַקָּדוֹשׁ בָּרוּךְ הוּא רוֹאֶה מֵרָחוֹק וְרוֹאֶה אֶת אוֹתָהּ אִשָּׁה שֶׁעֲתִידָה לְהוֹצִיא תוֹלָדוֹת בָּעוֹלָם, מַקְדִּים זֶה בְּרַחֲמִים וְנִתֶּנֶת לוֹ, וְעוֹשֶׂה פֵּרוֹת, וְזוֹרֵעַ זֶרַע בְּאִשָּׁה שֶׁאֵינָהּ שֶׁלּוֹ, מִשּׁוּם כָּךְ הָאִשָּׁה וִילָדֶיהָ תִּהְיֶה לַאֲדֹנֶיהָ, וְהוּא יֵצֵא בְּגַפּוֹ. אֵי עָנִי מִסְכֵּן, כַּמָּה הִשְׁתַּדֵּל בְּרֵיקָנוּת, הִתְיַגַּע וְנִשְׁתַּדֵּל לַעֲשׂוֹת פֵּרוֹת בְּגַן שֶׁאֵינוֹ שֶׁלּוֹ, וְיָצָא בְרֵיקָנוּת.

סָבָא סָבָא, בְּעִדָּנִין אִלֵּין, לָא הֲוֵית בְּרַגְלָיךְ דָּחֵי לְתַרְעָא, כְּמַאן דְּשָׁכִיב בְּאַרְעָא בְּלָא תּוּקְפָּא, דְּהָא אִתְחַלַּשׁ וּמִחָלְשָׁא סַגֵּי, דְּלָא יָכִיל, דָּחֵי בְּרַגְלוֹי. אִתְתַּקַּף סָבָא, וְלָא תִּדְחַל. הָא עַנְיָיא מִסְכְּנָא, דְּאִשְׁתַּדַּל בְּרֵיקַנְיָא, אִימָא אֲמַאי. אִי בְּגִין דְּזָרַע בְּגִנְּתָא אַחֲרָא דְּלָאו דִּילֵיהּ, יָאוּת. אִי הָכִי קוּדְשָׁא בְּרִיךְ הוּא יָהִיב לֵיהּ הַהוּא גִּנְּתָא לְמִזְרַע בָּהּ, דְּהָא אִיהוּ לָא נָטִיל לָהּ. אֶלָּא תָּא חֲזֵי כָּל מִלִּין דְּקוּדְשָׁא בְּרִיךְ הוּא עָבִיד כֻּלְּהוּ בְּדִינָא אִינּוּן וְלָא הֲוֵי מִלָּה בְּרֵיקַנְיָא הַאי דְּקוּדְשָׁא בְּרִיךְ הוּא יָהַב לֵיהּ אִתְּתָא וְעָבַד בָּהּ פֵּירִין וְאִיבִּין לָאו הַאי כִּשְׁאָר בְּנֵי גִלְגּוּלָא וְלָא דָּמֵי מָאן דְּאִשְׁתַּדַּל בְּהַאי עָלְמָא לְאַסְגָּאָה אִילָנָא לְמָאן דְּלָא בָּעָא לְאַסְגָּאָה וּלְאִשְׁתַּדְּלָא וְאַעֲקַר וְאַפִּיל טַרְפִּין דְּאִילָנָא וְאַזְעַר אִיבָּא דִּילֵיהּ.

זָקֵן זָקֵן, בַּזְּמַנִּים הַלָּלוּ לֹא הָיִית בְּרַגְלֶיךָ דוֹחֶה אֶת הַשַּׁעַר, כְּמִי שֶׁשּׁוֹכֵב בָּאָרֶץ בְּלִי כֹּחַ, שֶׁהֲרֵי נֶחֱלַשׁ, וּמֶחֱלְשָׁה רַבָּה, שֶׁלֹּא יָכוֹל דּוֹחֶה בְרַגְלָיו. הִתְחַזֵּק זָקֵן וְאַל תְּפַחֵד. הֶעָנִי הַמִּסְכֵּן הַזֶּה שֶׁהִשְׁתַּדֵּל לָרִיק, אֱמֹר לָמָּה, אִם מִשּׁוּם שֶׁזָּרַע בְּגַן אַחֵר שֶׁאֵינוֹ שֶׁלּוֹ, יָפֶה. אִם כָּךְ הֲרֵי הַקָּדוֹשׁ בָּרוּךְ הוּא נָתַן לוֹ אוֹתוֹ הַגָּן לִזְרֹעַ בּוֹ, שֶׁהֲרֵי לֹא הוּא שֶׁלָּקַח אוֹתָהּ. אֶלָּא בֹּא וּרְאֵה, כָּל הַדְּבָרִים שֶׁעוֹשֶׂה הַקָּדוֹשׁ בָּרוּךְ הוּא, כֻּלָּם הֵם בְּדִין, וְלֹא הָיָה דָבָר לָרִיק. זֶה שֶׁהַקָּדוֹשׁ בָּרוּךְ הוּא נָתַן לוֹ אִשָּׁה וְעָשָׂה בָהּ פֵּרוֹת וְגִדּוּלִים, אֵין זֶה כִּשְׁאָר בְּנֵי הַגִּלְגּוּל, וְלֹא דוֹמֶה מִי שֶׁמִּשְׁתַּדֵּל בָּעוֹלָם הַזֶּה לְהַגְדִּיל אֶת הָאִילָן, לְמִי שֶׁלֹּא רוֹצֶה לְהַגְדִּיל וּלְהִשְׁתַּדֵּל, וְעוֹקֵר וּמַפִּיל אֶת הֶעָלִים שֶׁל הָאִילָן וּמַקְטִין הַפְּרִי שֶׁלּוֹ.

הַאי דַּאֲדֹנָיו יָהִיב לֵיהּ אִתְּתָא, בְּגִין לְמֶעְבַּד אִיבִּין, הָא אִשְׁתַּדַּל בְּקַדְמֵיתָא בְּגִין לְאַסְגָּאָה אִילָנָא, וְלָא יָכִיל. זַכְיָין כָּל כַּךְ לֵית

לֵיהּ, דְּאִי הֲוָה זַכָּאָה כִּדְקָא יֵאוֹת, לָא הֲוָה תָּב בְּגִלְגּוּלָא, דְּהָא כְּתִיב, וְנָתַתִּי לָהֶם בְּבֵיתִי וּבְחוֹמוֹתַי יָד וָשֵׁם טוֹב מִבָּנִים וּמִבָּנוֹת. וְהַשְׁתָּא דְּלָא זָכָה, קוּדְשָׁא בְּרִיךְ הוּא חָמֵי, דְּהָא אִשְׁתָּדַּל וְלָא יָכִיל, הַאי, אֲדוֹנָיו יִתֶּן לוֹ אִשָּׁה, כְּמָה דְּאִתְּמַר. וְכֵיוָן דְּחָס עָלֵיהּ קוּדְשָׁא בְּרִיךְ הוּא, וְיָהַב לֵיהּ בְּרַחֲמֵי, קוּדְשָׁא בְּרִיךְ הוּא גָּבֵי מִדִּילֵיהּ בְּקַדְמִיתָא, וְנָטִיל מַה דְּגָרַע הַהוּא מַבּוּעָא, וּבְגִין כָּךְ, הָאִשָּׁה וִילָדֶיהָ תִּהְיֶה לַאדֹנֶיהָ, וּלְבָתַר יֵיתוּב, וְיִשְׁתָּדֵּל עַל גַּרְמֵיהּ, לְאַשְׁלוּמֵי גִּרְעוֹנֵיהּ. עַד הָכָא רָזָא דִּקְרָא.

זֶה שֶׁאֲדוֹנָיו נָתַן לוֹ אִשָּׁה כְּדֵי לַעֲשׂוֹת פֵּרוֹת, הֲרֵי הִשְׁתַּדֵּל בַּהַתְחָלָה כְּדֵי לְהַגְדִּיל אֶת הָאִילָן וְלֹא יָכֹל. זְכֻיּוֹת כָּל כָּךְ אֵין לוֹ, שֶׁאִם הָיָה צַדִּיק כָּרָאוּי, לֹא הָיָה שָׁב בְּגִלְגּוּל, שֶׁהֲרֵי כָּתוּב, וְנָתַתִּי לָהֶם בְּבֵיתִי וּבְחוֹמֹתַי יָד וָשֵׁם טוֹב מִבָּנִים וּמִבָּנוֹת. וְעַכְשָׁו שֶׁלֹּא זָכָה, הַקָּדוֹשׁ בָּרוּךְ הוּא רוֹאֶה שֶׁהֲרֵי הִשְׁתַּדֵּל וְלֹא יָכֹל. זֶה אֲדוֹנָיו יִתֶּן לוֹ אִשָּׁה, כְּמוֹ שֶׁנֶּאֱמַר. וְכֵיוָן שֶׁחָס עָלָיו הַקָּדוֹשׁ בָּרוּךְ הוּא וְנָתַן לוֹ בְּרַחֲמִים, הַקָּדוֹשׁ בָּרוּךְ הוּא גּוֹבֶה מִשֶּׁלּוֹ בַּתְּחִלָּה, וְנוֹטֵל מַה שֶּׁגָּרַע אוֹתוֹ הַמַּעְיָן. וּמִשּׁוּם כָּךְ, הָאִשָּׁה וִילָדֶיהָ תִּהְיֶה לַאדֹנֶיהָ, וְאַחַר כָּךְ יָשׁוּב וְיִשְׁתַּדֵּל עַל עַצְמוֹ לְהַשְׁלִים גִּרְעוֹנוֹ. עַד כָּאן סוֹד הַכָּתוּב.

סָבָא סָבָא, אַתְּ אֲמַרְתְּ עַל דָּא, דִּבְרֵיקַנְיָא אִשְׁתָּדַּל, וְלָא אַשְׁגַּחְתְּ עֲלָךְ, דִּבְרֵיקַנְיָא אַתְּ אָזִיל בְּמָה דַּאֲמַרְתְּ, דְּהָא קְרָא רָדִיף אֲבַתְרָךְ, דְּסָתִיר כָּל בִּנְיָינָא דְּבָנִית עַד הַשְׁתָּא, וְאַתְּ חָשִׁיב דְּאַנְתְּ מְשַׁטְּטָא יַמָּא לִרְעוּתָךְ. וּמַאי אִיהוּ. דִּכְתִיב, וְאִם אָמֹר יֹאמַר הָעֶבֶד אָהַבְתִּי אֶת אֲדוֹנִי אֶת אִשְׁתִּי וְגוֹ'.

זָקֵן זָקֵן, אַתָּה אָמַרְתָּ עַל זֶה שֶׁלְּרִיק הִשְׁתַּדֵּל, וְלֹא הִשְׁגַּחְתָּ עָלֶיךָ שֶׁלָּרִיק אַתָּה הוֹלֵךְ בְּמַה שֶּׁאָמַרְתָּ, שֶׁהֲרֵי הַכָּתוּב רוֹדֵף אַחֲרֶיךָ, שֶׁסּוֹתֵר אֶת כָּל הַבִּנְיָן שֶׁבָּנִיתָ עַד עַכְשָׁו, וְאַתָּה חוֹשֵׁב שֶׁאַתָּה מֵשִׁיט אֶת הַיָּם לִרְצוֹנְךָ. וּמַהוּ, שֶׁכָּתוּב וְאִם אָמֹר יֹאמַר הָעֶבֶד אָהַבְתִּי אֶת אֲדֹנִי אֶת אִשְׁתִּי וְגוֹ'.

אִי סָבָא סָבָא, לָאֵי חֵילָא, מַה תַּעֲבֵיד, חָשַׁבְתְּ דְּלָא לֶיהֱוֵי מַאן דְּרָדִיף אֲבַתְרָךְ, הָא הַאי קְרָא רָדִיף אֲבַתְרָךְ, וְנָפִיק מִבָּתַר כּוֹתָלָא, כְּאַיָּלָה בַּחַקְלָא, מְדַלֵּג דִּלּוּגִין אֲבַתְרָךְ, תְּלֵיסַר דִּילוּגִין דָּלִיג אֲבַתְרָךְ וְאַדְבִּיק לָךְ, מַה תַּעְבִּיד סָבָא. הַשְׁתָּא אִית לָךְ לְאִתְגַּבְּרָא בְּחֵילָךְ. דְּהָא גִּיבָּר תַּקִּיף הֲוֵית עַד יוֹמָא. סָבָא סָבָא, הֲוֵי דָּכִיר יוֹמָא דְּתַלְגָּא, כַּד זַרְעְנָא פּוּלִין, וַהֲווּ כַּמָּה גּוּבְרִין בְּנֵי [דף

סדר לימוד ליום הפטירה לעילוי נשמה

[ק"ט ע"ב] זֵילָא, לָקֳבְלָךְ, וְאַנְתְּ בִּלְחוֹדָךְ, נָצַחְתְּ תְּלֵיסָר גַּבְרִין תַּקִּיפִין, בְּנֵי חֵילָא, דְּכָל חַד מִנַּיְיהוּ קָטִיל אַרְיָא, עַד לָא יֵיכוּל.

אִי זָקֵן זָקֵן, עֲיֵף כֹּחַ, מַה תַּעֲשֶׂה, חָשַׁבְתָּ שֶׁלֹּא יִהְיֶה מִי שֶׁיִּרְדֹּף אַחֲרֶיךָ, הֲרֵי הַכָּתוּב הַזֶּה רוֹדֵף אַחֲרֶיךָ וְיוֹצֵא מֵאַחַר הַכֹּתֶל כְּאַיָּלָה בַּשָּׂדֶה, מְדַלֵּג דִּלּוּגִים אַחֲרֶיךָ, שְׁלֹשָׁה עָשָׂר דִּלּוּגִים דִּלֵּג אַחֲרֶיךָ וְהִשִּׂיג אוֹתְךָ. מַה תַּעֲשֶׂה, זָקֵן, עַכְשָׁו יֵשׁ לְךָ לְהִתְגַּבֵּר בְּכֹחֲךָ, שֶׁהֲרֵי גִּבּוֹר חָזָק הָיִיתָ עַד הַיּוֹם. זָקֵן זָקֵן, תִּהְיֶה זוֹכֵר אֶת יוֹם הַשֶּׁלֶג כְּשֶׁזָּרַעְנוּ פּוֹלִים, וְהָיוּ כַּמָּה גְּבָרִים בְּנֵי חַיִל כְּנֶגְדְּךָ, וְאַתָּה לְבַדְּךָ נִצַּחְתָּ שְׁלֹשָׁה עָשָׂר גְּבָרִים חֲזָקִים בְּנֵי חַיִל, שֶׁכָּל אֶחָד מֵהֶם הוֹרֵג אַרְיֵה טֶרֶם שֶׁיֹּאכַל.

אִי לְאִינּוּן תְּלֵיסַר גּוּבְרִין נָצַחְתְּ, הָנֵי תְּלֵיסָר דְּלֵית בְּהוּ חֵילָא, אֶלָּא מִלִּין, עַל אַחַת כַּמָּה וְכַמָּה. אָמוֹר יֹאמַר כְּתִיב. אֶלָּא קוּדְשָׁא בְּרִיךְ הוּא אָרְחֵיהּ לְמֶעְבַּד דִּינָא לְכֹלָּא. כַּד מָטָא זִמְנָא דְּהַאי אִתְּתָא לְאַשְׁכְּחָא בַּר זוּגֵיהּ מַה עָבִיד קָטִיל לְדֵין, וְנָטִיל לָהּ הַהוּא בַּר זוּגָא, וְאִיהוּ נָפִיק מֵהַאי עָלְמָא בִּלְחוֹדוֹי יְחִידָאָה.

אִם אֶת אוֹתָם שְׁלֹשָׁה עָשָׂר גְּבָרִים נִצַּחְתָּ, אֵלֶּה שְׁלֹשָׁה עָשָׂר שֶׁאֵין בָּהֶם כֹּחַ, אֶלָּא דְּבָרִים, עַל אַחַת כַּמָּה וְכַמָּה. כָּתוּב אָמֹר יֹאמַר. אֶלָּא הַקָּדוֹשׁ בָּרוּךְ הוּא דַּרְכּוֹ לַעֲשׂוֹת דִּין לַכֹּל. כְּשֶׁמַּגִּיעַ זְמַנָּהּ שֶׁל הָאִשָּׁה הַזּוֹ לִמְצֹא אֶת בֶּן זוּגָהּ, מָה עוֹשֶׂה, הוֹרֵג אֶת זֶה, וְנוֹטֵל אוֹתָהּ אוֹתוֹ בֶּן זוּגָהּ, וְהוּא יוֹצֵא מִן הָעוֹלָם הַזֶּה לְבַדּוֹ יְחִידִי.

וְאִם אָמוֹר יֹאמַר, הָא אוּקְמוּהָ חַבְרַיָּיא כִּפְשָׁטֵיהּ דִּקְרָא. וְאִם אָמוֹר, בְּשֵׁירוּתָא דְּשִׁית שְׁנִין, יֹאמַר, בְּסוֹפָא דְּשִׁית שְׁנִין, עַד לָא יֵעוּל שְׁבִיעָאָה, דְּהָא אִי אָמַר, כַּד אִיהוּ אֲפִילוּ בְּיוֹמָא חַד מִשְּׁבִיעָאָה, מִלּוֹי בְּטֵלִין. מַאי טַעְמָא. הָעֶבֶד כְּתִיב, בְּעוֹד דְּאִיהוּ עֶבֶד, בְּשַׁתָּא שְׁתִיתָאָה. אָמַר בְּשֵׁירוּתָא דְּשִׁית שְׁנִין, וְלָא אָמַר בְּסוֹפָא דְּשִׁית שְׁנִין, לָאו כְּלוּם הוּא, וּבְגִין כַּךְ, תְּרֵי זִמְנֵי אָמוֹר יֹאמַר.

וְאִם אָמֹר יֹאמַר, הֲרֵי בֵּאֲרוּ הַחֲבֵרִים כִּפְשַׁט הַכָּתוּב. וְאִם אָמֹר, בְּרֵאשִׁית שֶׁל שֵׁשׁ הַשָּׁנִים. יֹאמַר, בְּסוֹף שֵׁשׁ הַשָּׁנִים טֶרֶם תִּכָּנֵס הַשְּׁבִיעִית. שֶׁהֲרֵי אִם אָמַר כְּשֶׁהוּא אֲפִלּוּ בְּיוֹם אֶחָד מֵהַשְּׁבִיעִית, דְּבָרָיו בְּטֵלִים. מָה הַטַּעַם, כָּתוּב הָעֶבֶד, בְּעוֹד שֶׁהוּא עֶבֶד, בַּשָּׁנָה הַשִּׁשִּׁית. אָמַר בְּרֵאשִׁית שֶׁל שֵׁשׁ הַשָּׁנִים וְלֹא אָמַר בְּסוֹף שֵׁשׁ הַשָּׁנִים, אֵינוֹ כְלוּם. וּמִשּׁוּם כָּךְ פַּעֲמַיִם אָמֹר יֹאמַר.

וְהָכָא, בְּעוֹד דְּאִיהוּ בְּהַאי אִתְּתָא, אַסְגֵּי צְלוֹתִין וּבָעוּתִין בְּכָל יוֹמָא, לְגַבֵּי מַלְכָּא קַדִּישָׁא, כְּמָה דַּהֲוָה שֵׁירוּתָא בְּרַחֲמֵי, הָכִי

הוּא סוֹפָא בְּרַחֲמֵי, וְדָא הוּא אָמוֹר יֵאָמֵר. אָמוֹר בְּקַדְמִיתָא, כַּד אַקְדִּים בְּרַחֲמֵי. יֵאָמֵר בְּסוֹפָא וְיִתְקַבֵּל בְּרַחֲמֵי. וּמַה יֵאָמַר. אָהַבְתִּי אֶת אֲדוֹנִי, דִּבְגִין דָּא, וּבִסְגִּיאוּ דִּצְלוֹתִין, רָחִים לֵיהּ לְקוּדְשָׁא בְּרִיךְ הוּא. אַתְקִין עוֹבָדוֹי, וְאָמַר אָהַבְתִּי אֶת אֲדוֹנִי אֶת אִשְׁתִּי וְאֶת בָּנָי לֹא אֵצֵא חָפְשִׁי. וְקוּדְשָׁא בְּרִיךְ הוּא קַבִּיל לֵיהּ, בְּהַהוּא תְּיוּבְתָּא, וּבְאִינּוּן סַגִּיאוּ דִּצְלוֹתִין. מַה עָבִיד קוּדְשָׁא בְּרִיךְ הוּא, מַה דַּהֲוָה זַמִּין לְאַהַדְרָא לֵיהּ בְּגִלְגּוּלָא, וּלְמִסְבַּל עוֹנָשִׁין בְּהַאי עָלְמָא, עַל מַה דְּעָבַד, לָא אַהְדָּר לֵיהּ לְהַאי עָלְמָא. וּמָה עָבִיד, קָרִיב לֵיהּ לְבֵי דִּינָא דִּמְתִיבְתָּא דִּרְקִיעָא, וְדַיְינִין לֵיהּ, וּמַסְרִין לֵיהּ לְבֵי מַלְקְיוּתָא, וְאַרְשִׁים לֵיהּ קוּדְשָׁא בְּרִיךְ הוּא, הֵיךְ אִתְמְסַר לְבֵי עוֹנְשָׁא, וּפָגִים לֵיהּ, לְמֶהֱוֵי תְּחוֹת שֻׁלְטָנֵיהּ דְּעָרְלָה, עַד זִמְנָא יְדִיעָא, וּבָתַר פָּרִיק לֵיהּ.

וְכָאן בְּעוֹד שֶׁהוּא בָּאִשָּׁה הַזּוֹ, מַרְבֶּה תְּפִלּוֹת וּבַקָּשׁוֹת בְּכָל יוֹם לַמֶּלֶךְ הַקָּדוֹשׁ. כְּמוֹ שֶׁהָיָה הָרֵאשִׁית בְּרַחֲמִים, כָּךְ הוּא הַסּוֹף בְּרַחֲמִים. וְזֶהוּ אָמֹר יֹאמַר. אָמֹר, בַּתְּחִלָּה, כְּשֶׁהִקְדִּים בְּרַחֲמִים. יֹאמַר - בַּסּוֹף, וְיִתְקַבֵּל בְּרַחֲמִים. וּמַה יֹּאמַר, אָהַבְתִּי אֶת אֲדֹנִי. שֶׁבִּגְלַל זֶה וּבְרֹב הַתְּפִלּוֹת אוֹהֵב אֶת הַקָּדוֹשׁ בָּרוּךְ הוּא. מְתַקֵּן מַעֲשָׂיו, וְאוֹמֵר אָהַבְתִּי אֶת אֲדֹנִי אֶת אִשְׁתִּי וְאֶת בָּנָי לֹא אֵצֵא חָפְשִׁי. וְהַקָּדוֹשׁ בָּרוּךְ הוּא מְקַבֵּל אוֹתוֹ בְּאוֹתָהּ תְּשׁוּבָה וּבְאוֹתָן הַתְּפִלּוֹת הָרַבּוֹת. מָה עוֹשֶׂה הַקָּדוֹשׁ בָּרוּךְ הוּא, מַה שֶּׁהָיָה מְזֻמָּן לְהַחֲזִירוֹ בְּגִלְגּוּל וְלִסְבֹּל עֳנָשִׁים בָּעוֹלָם הַזֶּה עַל מַה שֶּׁעָשָׂה - לֹא מַחֲזִירוֹ לָעוֹלָם הַזֶּה. וּמָה עוֹשֶׂה, מְקָרֵב אוֹתוֹ לְבֵית דִּין שֶׁל יְשִׁיבַת הָרָקִיעַ, וְדָנִים אוֹתוֹ וּמוֹסְרִים אוֹתוֹ לְבֵית הַמַּלְקוּת, וְרוֹשֵׁם אוֹתוֹ הַקָּדוֹשׁ בָּרוּךְ הוּא אֵיךְ נִמְסַר לְבֵית הָעֹנֶשׁ, וּפוֹגֵם אוֹתוֹ לִהְיוֹת תַּחַת שִׁלְטוֹן הָעָרְלָה עַד זְמַן יָדוּעַ, וְאַחַר כָּךְ גּוֹאֵל אוֹתוֹ.

אִי בְּהַהוּא זִמְנָא דְּהָא עָבְדִין לֵיהּ פְּגִימוּ, אִי מָטָא יוֹבְלָא, אֲפִילוּ יוֹמָא חַד לְיוֹבְלָא, אִתְחֲשַׁב כְּמָה דְּאִשְׁכַּח זִמְנָא עַד יוֹבְלָא, הָכִי אִתְעֲנַשׁ וְלָא יַתִּיר. אָתָא יוֹבְלָא, וְאַפְרוּק, וְעָאלִין לֵיהּ גּוֹ פַּרְגּוֹדָא. עַד הָכָא. אַסְתִּים עֵינוֹי הַהוּא סָבָא, רִגְעָא חֲדָא.

אִם בְּאוֹתוֹ זְמַן שֶׁעוֹשִׂים לוֹ פְּגָם, אִם הִגִּיעַ יוֹבֵל, אֲפִלּוּ יוֹם אֶחָד לַיּוֹבֵל, נֶחְשָׁב כְּמִי שֶׁמָּצָא זְמַן עַד הַיּוֹבֵל. כָּךְ נֶעֱנָשׁ וְלֹא יוֹתֵר. בָּא הַיּוֹבֵל וְנִגְאָל, וּמַכְנִיסִים אוֹתוֹ לְתוֹךְ הַפַּרְגּוֹד. עַד כָּאן. הִסְתִּיר אוֹתוֹ זָקֵן אֶת עֵינָיו רֶגַע אֶחָד.

פָּתַח וְאָמַר, שִׁמְעוּ הָרִים אֶת רִיב יְיָ וְהָאֵיתָנִים מוֹסְדֵי אָרֶץ כִּי רִיב לַיְיָ עִם עַמּוֹ וְגוֹ'. אִי סָבָא, עַד הַשְׁתָּא הֲוֵית בְּעִמְקֵי יַמָּא, וְהַשְׁתָּא דָּלַגְתְּ בְּטוּרִין תַּקִּיפִין, לְמֶעְבַּד עִמְּהוֹן קְרָבָא. אֶלָּא וַדַּאי עַד כְּעַן, בְּיַמָּא תַּקִּיפָא אַנְתְּ, אֲבָל עַד דְּאָזְלַת בְּעִמְקֵי יַמָּא, פָּגַעְתְּ בְּאִינּוּן טוּרִין תַּקִּיפִין, דִּי בְּגוֹ יַמָּא, וְאִתְעֲרַעַת בְּהוּ. הַשְׁתָּא אִית לָךְ לְאַגָּחָא קְרָבָא בְּעִמְקֵי יַמָּא, וּבְהַנְהוּ טוּרִין.

פָּתַח וְאָמַר, שִׁמְעוּ הָרִים אֶת רִיב ה' וְהָאֵתָנִים מֹסְדֵי אָרֶץ כִּי רִיב לַה' עִם עַמּוֹ וְגוֹ'. אֵי זָקֵן, עַד כָּאן הָיִיתָ בְּעִמְקֵי הַיָּם, וְעַכְשָׁו דִּלַּגְתָּ עַל הָרִים חֲזָקִים לַעֲשׂוֹת עִמָּהֶם קְרָב. אֶלָּא וַדַּאי עַד עַכְשָׁו אַתָּה בַּיָּם הֶחָזָק, אֲבָל עַד שֶׁהָלַכְתָּ לְעִמְקֵי הַיָּם, פָּגַשְׁתָּ אֶת אוֹתָם הָרִים חֲזָקִים שֶׁבְּתוֹךְ הַיָּם וְנִתְקַלְתָּ בָּהֶם. עַכְשָׁו יֵשׁ לְךָ לַעֲרֹךְ קְרָב בְּעִמְקֵי הַיָּם וּבֶהָרִים הַלָּלוּ.

סָבָא לָאֵי זְוִילָא, מַאן יָהֲבָךְ בְּדָא, הֲוֵית בִּשְׁלָם, וּבָעֵית לְכָל הַאי, אַנְתְּ עֲבַדְתְּ, אַנְתְּ סָבִיל. הַשְׁתָּא לֵית לָךְ, אֶלָּא לְאַגָּחָא קְרָבָא, וּלְנַצְּחָא כֹּלָּא, וְלָא לְמֶהֱדַר לַאֲחוֹרָא. אִתְתַּקַּף בְּחֵילָךְ, זְרוֹז חַרְצָךְ, וְלָא תִּדְחַל, לְתַבְרָא הָנֵי טוּרִין, דְּלָא יִתְתַּקְּפוּן לְגַבָּךְ. אֵימָא לוֹן, טוּרִין רָמָאִין, טוּרִין תַּקִּיפִין, הֵיךְ אַתּוּן מִתְתַּקְּפִין.

זָקֵן עֲיֵף כֹּחַ, מִי נְתָנְךָ בָּזֶה, הָיִיתָ בְּשָׁלוֹם, וְרָצִיתָ אֶת כָּל זֶה, אַתָּה עָשִׂיתָ, אַתָּה סוֹבֵל. עַכְשָׁו אֵין לְךָ אֶלָּא לַעֲרֹךְ קְרָב וּלְנַצֵּחַ אֶת הַכֹּל וְלֹא לַחֲזֹר לְאָחוֹר. הִתְחַזֵּק בְּכֹחֲךָ, חֲגֹר מָתְנֶיךָ וְאַל תִּפְחַד לִשְׁבֹּר אֶת הֶהָרִים הַלָּלוּ שֶׁלֹּא יִתְחַזְּקוּ עָלֶיךָ. אֱמֹר לָהֶם: הָרִים רָמִים, הָרִים חֲזָקִים, אֵיךְ אַתֶּם מִתְגַּבְּרִים.

תְּרֵי קְרָאֵי כְּתִיבֵי, חַד כְּתִיב, קוּם רִיב אֶת הֶהָרִים וְתִשְׁמַעְנָה הַגְּבָעוֹת קוֹלֶךָ. וְחַד כְּתִיב, שִׁמְעוּ הָרִים אֶת רִיב יְיָ. אֶלָּא אִית טוּרִין, וְאִית טוּרִין. אִית טוּרִין, דְּאִינּוּן טוּרִין רָמָאִין לְעֵילָּא לְעֵילָּא, לְאִלֵּין כְּתִיב, שִׁמְעוּ הָרִים אֶת רִיב יְיָ. וְאִית הָרִים, דְּאִינּוּן טוּרִין תַּתָּאִין לְתַתָּא מִנַּיְיהוּ, לְאִלֵּין כְּתִיב, קוּם רִיב אֶת הֶהָרִים. דְּהָא רָדִיף מַצּוּתִין, אִית לְגַבַּיְיהוּ. וְעַל דָּא אִית טוּרִין וְאִית טוּרִין.

שְׁנֵי פְסוּקִים כְּתוּבִים. אֶחָד כָּתוּב, קוּם רִיב אֶת הֶהָרִים וְתִשְׁמַעְנָה הַגְּבָעוֹת קוֹלֶךָ, וְאֶחָד כָּתוּב, שִׁמְעוּ הָרִים אֶת רִיב ה'. אֶלָּא יֵשׁ הָרִים וְיֵשׁ הָרִים. יֵשׁ הָרִים שֶׁהֵם הָרִים רָמִים לְמַעְלָה לְמַעְלָה, לְאֵלֶּה כָּתוּב שִׁמְעוּ הָרִים אֶת רִיב ה'. וְיֵשׁ הָרִים שֶׁהֵם הָרִים תַּחְתּוֹנִים לְמַטָּה מֵהֶם, וּלְאֵלֶּה כָּתוּב קוּם רִיב אֶת הֶהָרִים, שֶׁהֲרֵי רוֹדֵף מְרִיבוֹת יֵשׁ לָהֶם. וְלָכֵן יֵשׁ הָרִים וְיֵשׁ הָרִים.

סדר לימוד ליום הפטירה לעילוי נשמה

וְאִי תֵּימָא, סָבָא, הָא כְּתִיב וְתִשְׁמַעְנָה הַגְּבָעוֹת, אִלֵּין גִּבְעוֹת כָּל אִינּוּן דִּלְתַתָּא, וְהַשְׁתָּא אַנְתְּ עָבִיד לוֹן הָרִים. אֶלָּא הָכִי הוּא, לְגַבֵּי אִינּוּן טוּרִין רָמָאִין, אִקְרוּן גִּבְעוֹת. כַּד אִינּוּן בִּלְחוֹדַיְיהוּ אִינּוּן הָרִים אִקְרוּן.

וְאִם תֹּאמַר, זָקֵן, הֲרֵי כָּתוּב וְתִשְׁמַעְנָה הַגְּבָעוֹת, אֵלֶּה גְבָעוֹת כָּל אוֹתָם שֶׁלְּמַטָּה, וְעַכְשָׁו אַתָּה עוֹשֶׂה אוֹתָם הָרִים, אֶלָּא כָּךְ הוּא, לְאוֹתָם הָרִים רָמִים נִקְרָאִים גְּבָעוֹת. כְּשֶׁהֵם לְבַדָּם הֵם נִקְרָאִים הָרִים.

תָּא חֲזֵי, כְּתִיב וְהָאֵיתָנִים מוֹסְדֵי אָרֶץ, כֵּיוָן דִּכְתִיב שִׁמְעוּ הָרִים, [דף ק"י ע"א] מַאן אִינּוּן הָרִים, וּמַאן אִינּוּן אֵיתָנִים. אֶלָּא, הָרִים וְאֵיתָנִים כֻּלְּהוּ חַד. אֲבָל אִינּוּן תְּלַת עִלָּאִין לְעֵילָּא עַל רֵישַׁיְיהוּ. וְאִינּוּן תְּלַת לְתַתָּא מִנַּיְיהוּ. וְכֻלְּהוּ חַד. הָרִים לְעֵילָּא, וַעֲלַיְיהוּ אָמַר דָּוִד אֶשָּׂא עֵינַי אֶל הֶהָרִים. וְאִלֵּין אִינּוּן תְּלַת קַדְמָאֵי. וְהָאֵיתָנִים מוֹסְדֵי אָרֶץ, אִלֵּין אִינּוּן תְּלַת בַּתְרָאֵי, לְתַתָּא מִנַּיְיהוּ, תְּרֵי סַמְכֵי בֵּיתָא, וְחַד חֶדְוָה דְּבֵיתָא, וְאִלֵּין אִקְרוּן מוֹסְדֵי אָרֶץ. אֵיתָנִים אִינּוּן, וְאֵיתָנִים אִקְרוּן.

בֹּא וּרְאֵה, כָּתוּב וְהָאֵתָנִים מֹסְדֵי אָרֶץ. כֵּיוָן שֶׁכָּתוּב שִׁמְעוּ הָרִים, מִי הֵם הָרִים וּמִי הֵם אֵתָנִים, אֶלָּא הָרִים וְאֵתָנִים הַכֹּל דָּבָר אֶחָד. אֲבָל אוֹתָם שְׁלֹשָׁה עֶלְיוֹנִים מֵעַל רָאשֵׁיהֶם, וְאוֹתָם שְׁלֹשָׁה לְמַטָּה מֵהֶם, וְכֻלָּם אֶחָד. הָרִים לְמַעְלָה, וַעֲלֵיהֶם אָמַר דָּוִד, אֶשָּׂא עֵינַי אֶל הֶהָרִים. וְאֵלֶּה הֵם שְׁלֹשָׁה הָרִאשׁוֹנִים. וְהָאֵתָנִים מֹסְדֵי אָרֶץ, אֵלֶּה הֵם שְׁלֹשָׁה אַחֲרוֹנִים, לְמַטָּה מֵהֶם, שְׁנֵי עַמּוּדֵי הַבַּיִת וְאֶחָד שִׂמְחַת הַבַּיִת, וְאֵלֶּה נִקְרְאוּ מֹסְדֵי אָרֶץ. אֵתָנִים הֵם, וְאֵתָנִים נִקְרְאוּ.

סָבָא סָבָא, הָא יָדַעְתְּ, מַאן דְּאַגָּח קְרָבָא, אִי לָא יָדַע לְאִסְתַּמְרָא, לָא יְנַצַּח קְרָבִין, אִצְטְרִיךְ לְמֶחֱזָאָה בִּידֵיהּ, וּלְאִסְתַּמְרָא בְּרַעְיוֹנֵיהּ, מַה דְּיֵהֵא חָשִׁיב אַחֲרָא, דְּיֵהֵא חָשִׁיב אִיהוּ, וְיַד יְמִינָא וּמִינָא תָּדִיר לְמֶחֱזָאָה. וּמַחֲשָׁבוֹי וִידָא שְׂמָאלִית, וּמִינָא תָּדִיר לְקַבְּלָא וּלְאִסְתַּמְרָא, וִימִינָא כֹּלָּא. הַשְׁתָּא אָמַרְתְּ וְהָאֵיתָנִים, אֵיתָנִים אִינּוּן לְתַתָּא, וְהָרִים לְעֵילָּא. אִסְתַּמַּר סָבָא, דְּהָא רַעְיוֹנָא אַחֲרָא לְקָבְלָךְ, דִּכְתִיב, מַשְׂכִּיל לְאֵיתָן הָאֶזְרָחִי. וְדָא אִיהוּ אַבְרָהָם סָבָא, וְאִקְרֵי אֵיתָן, וְאִי אַבְרָהָם אִיהוּ אֵיתָן, יִצְחָק וְיַעֲקֹב אֵיתָנִים אִקְרוּן. קוּם סָבָא, דְּהָא יָדַעְתְּ רַעְיוֹנָא דָּא הֲוֵי מֶחֱזֵי לְרַעְיוֹנָךְ. וְיִשָּׂא

סדר לימוד ליום הפטירה לעילוי נשמה

מַשְׂכִּיל וַיֹּאמֶר אֵיתָן מוֹשָׁבֶךָ וְשִׂים בַּסֶּלַע קִנֶּךָ. אֵיתָן: דָּא בֹּקֶר דְּאַבְרָהָם. וְהַיְינוּ, הַבֹּקֶר אוֹר. דָּא עַמּוּדָא, דְּכָל עָלְמָא קַיְּימָא עָלֵיהּ, וּנְהִירוּ דִּילֵיהּ מֵאַבְרָהָם יָרִית. נָהָר הַיּוֹצֵא מֵעֵדֶן אִקְרֵי. אִי סָבָא סָבָא, הָא רַעְיוֹנָא אַחֲרָא לָקֳבְלָךְ, וְלָא יָדַעְתְּ לְאִסְתַּמְּרָא, הֵיכִי מַגִּיחִין קְרָבָא. סָבָא, אָן הוּא תּוּקְפָּא דִּילָךְ, וַדַּאי לָא לַגִּבּוֹרִים הַמִּלְחָמָה.

זָקֵן זָקֵן, הֲרֵי יָדַעְתָּ, מִי שֶׁעוֹרֵךְ קְרָב, אִם לֹא יוֹדֵעַ לְהִשָּׁמֵר, לֹא יְנַצֵּחַ בַּקְּרָבוֹת. צָרִיךְ לְהַכּוֹת בְּיָדוֹ וּלְהִשָּׁמֵר בְּרַעְיוֹנוֹ, מַה שֶּׁיִּהְיֶה אַחֵר חָשׁוּב, שֶׁיִּהְיֶה הוּא חָשׁוּב, וְיַד יָמִין מְזֻמֶּנֶת תָּמִיד לְהַכּוֹת. וּמַחְשְׁבוֹתָיו וְיָד שְׂמָאלִית זְמִינִים תָּמִיד לְקַבֵּל וּלְהִשָּׁמֵר, וְיָמִין הַכֹּל. עַכְשָׁו אָמַרְתָּ וְהָאֵתָנִים. אֵיתָנִים הֵם לְמַטָּה, וְהָרִים לְמַעְלָה. הִשָּׁמֵר זָקֵן, שֶׁהֲרֵי רַעְיוֹן אַחֵר כְּנֶגְדְּךָ, שֶׁכָּתוּב, מַשְׂכִּיל לְאֵיתָן הָאֶזְרָחִי. וְזֶהוּ אַבְרָהָם הַזָּקֵן, וְנִקְרָא אֵיתָן. וְאִם אַבְרָהָם הוּא אֵיתָן, יִצְחָק וְיַעֲקֹב נִקְרָאוּ אֵיתָנִים. קוּם זָקֵן, שֶׁהֲרֵי יָדַעְתָּ רַעְיוֹן זֶה הָיָה מַכֶּה אֶת רַעְיוֹנְךָ. וַיִּשָּׂא מְשָׁלוֹ וַיֹּאמַר אֵיתָן מוֹשָׁבֶךָ וְשִׂים בַּסֶּלַע קִנֶּךָ. אֵיתָן, זֶה בֹּקֶר שֶׁל אַבְרָהָם, וְהַיְנוּ הַבֹּקֶר אוֹר. זֶה הָעַמּוּד שֶׁכָּל הָעוֹלָם עוֹמֵד עָלָיו, וְאֶת אוֹרוֹ יָרַשׁ מֵאַבְרָהָם. נִקְרָא נָהָר הַיּוֹצֵא מֵעֵדֶן. אִי זָקֵן זָקֵן, הִנֵּה רַעְיוֹן אַחֵר כְּנֶגְדְּךָ, וְלֹא יָדַעְתָּ לְהִשָּׁמֵר אֵיךְ עוֹרְכִים קְרָב. זָקֵן, אֵיפֹה הַכֹּחַ שֶׁלְּךָ, וַדַּאי לֹא לַגִּבּוֹרִים הַמִּלְחָמָה.

כְּתִיב מַשְׂכִּיל לְאֵיתָן הָאֶזְרָחִי, וּכְתִיב מַשְׂכִּיל לְדָוִד, דָּא נָהָר הַיּוֹצֵא מֵעֵדֶן, דְּאִיהוּ תּוּרְגְּמָן לְדָוִד, לְאוֹדָעָא לֵיהּ, מֵאִינּוּן מִלִּין סְתִימִין עִלָּאִין. אִי מַשְׂכִּיל אִיהוּ נָהָר דְּנָפִיק מֵעֵדֶן. אֵיתָן הָאֶזְרָחִי אַבְרָהָם, אִיהוּ לְעֵילָּא וַדַּאי, הָא יָדַעְנָא. וְאַף עַל גַּב דַּאֲנָא סָבָא, עַל רַעְיוֹנָא דָּא מָזֵינָא. אֵיתָן הָאֶזְרָחִי, תְּרֵין דַּרְגִּין אִינּוּן. כְּמָה דְּאַתְּ אָמֵר, בֹּקֶר אוֹר. אוֹר, הוּא אַבְרָהָם. בֹּקֶר הוּא נָהָר. אוּף הָכִי, אֵיתָן הָאֶזְרָחִי, אֶזְרָחִי, הוּא אַבְרָהָם. אֵיתָן, כְּמָה דְּאִתְּמַר, דָּא הַהוּא נָהָר דְּנָגִיד וְנָפִיק מֵעֵדֶן.

כָּתוּב מַשְׂכִּיל לְאֵיתָן הָאֶזְרָחִי, וְכָתוּב מַשְׂכִּיל לְדָוִד. זֶה נָהָר הַיּוֹצֵא מֵעֵדֶן, שֶׁהוּא תֻּרְגְּמָן לְדָוִד לְהוֹדִיעַ לוֹ מֵאוֹתָם דְּבָרִים הַנִּסְתָּרִים הָעֶלְיוֹנִים. אִם מַשְׂכִּיל הוּא נָהָר שֶׁיּוֹצֵא מֵעֵדֶן, אָז אֵיתָן הָאֶזְרָחִי אַבְרָהָם הוּא לְמַעְלָה וַדַּאי. זֶה יָדַעְתִּי. וְאַף עַל גַּב שֶׁאֲנִי זָקֵן, עַל רַעְיוֹן זֶה אֲנִי מוֹחֶה. אֵיתָן הָאֶזְרָחִי הֵם שְׁתֵּי דְרָגוֹת, כְּמוֹ שֶׁנֶּאֱמַר בֹּקֶר אוֹר. אוֹר זֶה אַבְרָהָם. בֹּקֶר זֶה נָהָר. אַף כָּךְ אֵיתָן הָאֶזְרָחִי.

אֶזְרָח הוּא אַבְרָהָם. אֵיתָן, כְּמוֹ שֶׁנֶּאֱמַר, זֶה אוֹתוֹ נָהָר שֶׁשּׁוֹפֵעַ וְיוֹצֵא מֵעֵדֶן.

הַשְׁתָּא סָבָא, קוּם קָאִים עַל רְתִיכָךְ, דְּהַשְׁתָּא תִּנְפּוֹל וְלָא תֵיכוֹל לְמֵיקָם. הָא שְׁלֹמֹה מַלְכָּא, אָתֵי בְּחֵילוֹי וּרְתִיכוֹי וְגַבְרוֹי וּפָרָשׁוֹי, וְאָתֵי לָקֳבְלָךְ, קוּם פּוּק מִן חַקְלָא, דְּלָא יִשְׁכַּח לָךְ תַּמָּן. כְּתִיב, וַיִּקָּהֲלוּ אֶל הַמֶּלֶךְ שְׁלֹמֹה כָּל אִישׁ יִשְׂרָאֵל בְּיֶרַח הָאֵיתָנִים בֶּחָג וְגוֹ'. יַרְחָא דְּאִתְיְלִידוּ בֵּיהּ הָאֵיתָנִים, וּמַאן אִינּוּן. אֲבָהָן, וְאִינּוּן אֵיתָנֵי עוֹלָם. וְיַרְחָא דָּא, אִיהוּ תִּשְׁרֵי. דְּאַלְפָּא בֵּיתָא אַהְדָר לְמַפְרֵעַ מִתַּתָּא לְעֵילָא.

עַכְשָׁו, זָקֵן, קוּם עֲמֹד עַל מֶרְכַּבְתְּךָ, שֶׁעַכְשָׁו תִּפֹּל וְלֹא תוּכַל לָקוּם. הֲרֵי שְׁלֹמֹה הַמֶּלֶךְ בָּא בְּכֹחוֹתָיו וּמַרְכְּבוֹתָיו וּגְבָרָיו וּפָרָשָׁיו וּבָא כְּנֶגְדְּךָ. קוּם צֵא מִן הַשָּׂדֶה, שֶׁלֹּא יִמְצָא אוֹתְךָ שָׁם. כָּתוּב, וַיִּקָּהֲלוּ אֶל הַמֶּלֶךְ שְׁלֹמֹה כָּל אִישׁ יִשְׂרָאֵל בְּיֶרַח הָאֵתָנִים בֶּחָג וְגוֹ'. יֶרַח שֶׁנּוֹלְדוּ בוֹ הָאֵיתָנִים, וּמִי הֵם, הָאָבוֹת, וְהֵם אֵיתָנֵי הָעוֹלָם, וְיֶרַח זֶה הוּא תִּשְׁרֵי. שֶׁאַלְפָּא בֵּיתָא חוֹזֵר לְמַפְרֵעַ מִמַּטָּה לְמַעְלָה.

וְתוּ מִמִּילָךְ, יָאוּת דְּתִפּוֹק מִן חַקְלָא, וְלָא תִשְׁתְּכַח תַּמָּן. אִילוּ כְּתִיב מַשְׂכִּיל אֵיתָן הָאֶזְרָחִי כִּדְקָאָמַרְתְּ. הַשְׁתָּא דִּכְתִיב מַשְׂכִּיל לְאֵיתָן הָאֶזְרָחִי. לֵית קְרָבָךְ כְּלוּם, וְתִפּוֹק מִן חַקְלָא, בְּעַל כָּרְחָךְ וְלָא תִתְחֲזֵי תַּמָּן.

וְעוֹד מִדְּבָרֶיךָ, נָאֶה שֶׁתֵּצֵא מִן הַשָּׂדֶה וְלֹא תִמָּצֵא שָׁם. אִלּוּ כָּתוּב מַשְׂכִּיל אֵיתָן הָאֶזְרָחִי, אָז כְּמוֹ שֶׁאָמַרְתָּ. אֲבָל עַכְשָׁו שֶׁכָּתוּב מַשְׂכִּיל לְאֵיתָן הָאֶזְרָחִי, הַקְּרָב שֶׁלְּךָ אֵינוֹ כְלוּם, וְתֵצֵא מִן הַשָּׂדֶה בְּעַל כָּרְחֲךָ וְלֹא תִתְרָאֶה שָׁם.

אִי סָבָא עַנְיָא מִסְכְּנָא, הֵיכִי תֵּפּוֹק. אִי הָכִי, יִנְצְחוּן לָךְ וְתַעֲרוֹק מִן חַקְלָא, כָּל בְּנֵי עָלְמָא יִרְדְּפוּן אֲבַתְרָךְ, וְלֵית לָךְ אַנְפִּין לְאִתְחֲזָאָה קָמֵי בַּר נָשׁ לְעָלְמִין. הָכָא אוֹמֵינָא, דְּלָא אֵפּוֹק מִן חַקְלָא, וְהָכָא אִתְחֲזֵי אַנְפִּין בְּאַנְפִּין בִּשְׁלֹמֹה מַלְכָּא, וְכָל אִישׁ יִשְׂרָאֵל, וְגוּבְרִין וּפָרָשִׁין וּרְתִיכִין דִּילֵיהּ. קוּדְשָׁא בְּרִיךְ הוּא יְסַיֵּיעַ לָךְ סָבָא, דְּהָא לָאו חֵילָא אַנְתְּ. קוּם סָבָא אִתְגַּבַּר בְּחֵילָךְ וְאִתְתַּקַּף, דְּעַד יוֹמָא דָּא הֲוֵית גִּיבָּר תַּקִּיף בְּגוּבְרִין.

אֵי זָקֵן, עָנִי מִסְכֵּן, אֵיךְ תֵּצֵא, אִם כָּךְ, יְנַצְּחוּ אוֹתְךָ וְתִבְרַח מִן הַשָּׂדֶה, כָּל בְּנֵי הָעוֹלָם יִרְדְּפוּ אַחֲרֶיךָ, וְאֵין לְךָ פָּנִים לְהֵרָאוֹת לִפְנֵי אִישׁ לְעוֹלָמִים. כָּאן נִשְׁבָּע אֲנִי שֶׁלֹּא אֵצֵא מֵהַשָּׂדֶה, וְכָאן אֵרָאֶה פָּנִים בְּפָנִים בִּשְׁלֹמֹה הַמֶּלֶךְ, וְכָל אִישׁ יִשְׂרָאֵל, וְהַגְּבָרִים וְהַפָּרָשִׁים

וְהַמֶּרְכָּבוֹת שֶׁלּוֹ. הַקָּדוֹשׁ בָּרוּךְ הוּא יְסַיַּע לְךָ, זָקֵן, שֶׁהֲרֵי אַתָּה עָיֵף כֹּחַ. קוּם זָקֵן, הִתְגַּבֵּר בְּכֹחֲךָ וְהִתְחַזֵּק, שֶׁעַד הַיּוֹם הַזֶּה הָיִיתָ גִּבּוֹר חָזָק בַּגְּבָרִים.

פָּתַח וְאָמַר, מַשְׂכִּיל לְאֵיתָן הָאֶזְרָחִי. אֵלּוּ כְּתִיב מַשְׂכִּיל לְדָוִד, כִּדְקָאָמַרְתְּ, אֲבָל מַשְׂכִּיל לְאֵיתָן, אִית מַשְׂכִּיל וְאִית מַשְׂכִּיל. אִית מַשְׂכִּיל לְעֵילָּא, וְאִית מַשְׂכִּיל לְתַתָּא. מַשְׂכִּיל לְאֵיתָן בְּזִמְנָא דְּהַהוּא נָהָר, קָם בְּתֵאוּבְתָּא כָּל שַׁיְיפִין חַדָּאן וּמִתְחַבְּרָן לְגַבֵּיהּ, וְאִי הוּא [דף ק"י ע"ב] **סַלִּיק, עַד דְּמוֹחָא עִלָּאָה אִתְפַּיֵּיס לְגַבֵּיהּ, וְחַדֵּי לְקַבְּלֵיהּ. וּכְדֵין מַשְׂכִּיל לְאֵיתָן הָאֶזְרָחִי, מַשְׂכִּיל לֵיהּ, וְאוֹדַע לֵיהּ עַל יְדָא דְּאַבְרָהָם רְחִימוֹי, כָּל מַה דְּאִצְטְרִיךְ, וְהַהוּא מוֹחָא עִלָּאָה מַשְׂכִּיל לְאֵיתָן. וְכַד דָּוִד מַלְכָּא, אִתְתַּקַּן בְּתֵיאוּבְתָּא לְגַבֵּיהּ, אִיהוּ מַשְׂכִּיל לְדָוִד. כְּמָה דַּהֲוָה מוֹחָא עִלָּאָה, מַשְׂכִּיל לֵיהּ. וְעַל דָּא, אִית מַשְׂכִּיל, וְאִית מַשְׂכִּיל.**

פָּתַח וְאָמַר, מַשְׂכִּיל לְאֵיתָן הָאֶזְרָחִי. אִלּוּ כָּתוּב מַשְׂכִּיל לְדָוִד, אָז כְּמוֹ שֶׁאָמַרְתָּ, אֲבָל מַשְׂכִּיל לְאֵיתָן כָּתוּב. יֵשׁ מַשְׂכִּיל וְיֵשׁ מַשְׂכִּיל. יֵשׁ מַשְׂכִּיל לְמַעְלָה וְיֵשׁ מַשְׂכִּיל לְמַטָּה. מַשְׂכִּיל לְאֵיתָן, בִּזְמַן שֶׁאוֹתוֹ אִישׁ עוֹמֵד בִּתְשׁוּקָה, כָּל הָאֵיבָרִים שְׂמֵחִים וּמִתְחַבְּרִים עִמּוֹ. וְאִם הוּא עוֹלֶה, עַד שֶׁהַמֹּחַ הָעֶלְיוֹן מִתְפַּיֵּס אֵלָיו וְשָׂמֵחַ כְּנֶגְדּוֹ. וְאָז מַשְׂכִּיל לְאֵיתָן הָאֶזְרָחִי, מַשְׂכִּיל אוֹתוֹ וּמוֹדִיעַ לוֹ עַל יְדֵי אַבְרָהָם אוֹהֲבוֹ כָּל מַה שֶּׁצָּרִיךְ, וְאוֹתוֹ מֹחַ עֶלְיוֹן מַשְׂכִּיל לְאֵיתָן. וּכְשֶׁדָּוִד הַמֶּלֶךְ נִתְקָן בִּתְשׁוּקָה אֵלָיו, הוּא מַשְׂכִּיל לְדָוִד, כְּמוֹ שֶׁהָיָה הַמֹּחַ הָעֶלְיוֹן מַשְׂכִּיל אוֹתוֹ. וְלָכֵן יֵשׁ מַשְׂכִּיל וְיֵשׁ מַשְׂכִּיל.

בְּיַרְחָא הָאֵיתָנִים, דְּאִתְיְלִידוּ בְּהַאי יַרְחָא אֵיתָנִים, בִּנְיָנָא לְתַתָּא אִיהוּ כְּגַוְונָא דִּלְעֵילָּא, וְאִתְיְלִידוּ בֵּיהּ הָרִים וְאֵיתָנִים. הָרִים סְתִימִין. אֵיתָנִים. יַרְכִין תַּקִּיפִין כִּנְחָשָׁא, וְהַהוּא אֵיתָן בֵּינַיְיהוּ.

בְּיֶרַח הָאֵתָנִים, שֶׁנּוֹלְדוּ הָאֵיתָנִים בַּיֶּרַח הַזֶּה. הַבִּנְיָן לְמַטָּה הוּא כְּמוֹ שֶׁלְּמַעְלָה, וְנוֹלְדוּ בּוֹ הָרִים וְאֵיתָנִים. הָרִים נִסְתָּרִים. אֵתָנִים, יְרֵכַיִם חֲזָקוֹת כִּנְחֹשֶׁת, וְאוֹתוֹ הָאֵיתָן בֵּינֵיהֶם.

קוּם סָבָא, הֱוֵי מְחַוֵּי לְכָל סִטְרִין, בְּשַׁעֲתָא דְּסַלִּיק מֹשֶׁה לְקַבְּלָא אוֹרַיְיתָא, מָסַר לֵיהּ קוּדְשָׁא בְּרִיךְ הוּא שִׁבְעִין מַפְתְּחָן דְּאוֹרַיְיתָא. כַּד מָטָא לְתִשְׁעָה וְחַמְשִׁין, הֲוָה חַד מַפְתְּחָא גָּנִיז וְסָתִים, דְּלָא הֲוָה מָסַר לֵיהּ, אִתְחַנַּן לְקָמֵיהּ. אָמַר לֵיהּ, מֹשֶׁה, כָּל מַפְתְּחָן עִלָּאִין וְתַתָּאִין בְּהַאי מַפְתְּחָא תַּלְיָין. אָמַר לְקַמֵּיהּ, מָארֵיהּ דְּעָלְמָא, מַה שְׁמֵיהּ. אָמַר לֵיהּ אֵיתָן. וְכָל אִינּוּן אֵיתָנִים בֵּיהּ תַּלְיָין,

וּבֵיהּ קַיְימָן לְבַר מִגּוּפָא דְּתוֹרָה שֶׁבִּכְתָב אִיהוּ. אוֹדַע לֵיהּ, וּמַשְׂכִּיל לֵיהּ, אִיהוּ עִקָּרָא וּמַפְתְּחָא דְּתוֹרָה שֶׁבִּכְתָב.

קוּם זָקֵן, תַּכֶּה לְכָל הַצְּדָדִים. בְּשָׁעָה שֶׁעָלָה מֹשֶׁה לְקַבֵּל תּוֹרָה, מָסַר לוֹ הַקָּדוֹשׁ בָּרוּךְ הוּא שִׁבְעִים מַפְתְּחוֹת שֶׁל הַתּוֹרָה. כְּשֶׁהִגִּיעַ לַחֲמִשִּׁים וְתִשְׁעָה, הָיָה מַפְתֵּחַ אֶחָד גָּנוּז וְנִסְתָּר, שֶׁלֹּא הָיָה מוֹסֵר לוֹ. הִתְחַנֵּן לְפָנָיו. אָמַר לוֹ. מֹשֶׁה, כָּל הַמַּפְתְּחוֹת הָעֶלְיוֹנִים וְהַתַּחְתּוֹנִים תְּלוּיִים בַּמַּפְתֵּחַ הַזֶּה. אָמַר לְפָנָיו: רִבּוֹן הָעוֹלָם, מַה שְּׁמוֹ, אָמַר לוֹ, אֵיתָן. וְכָל אוֹתָם אֵיתָנִים תְּלוּיִים בּוֹ, וּבוֹ עוֹמְדִים מִחוּץ לַגּוּף, שֶׁתּוֹרָה שֶׁבִּכְתָב הוּא, מוֹדִיעַ לוֹ וּמַשְׂכִּיל אוֹתוֹ, הוּא עִקָּר וְהַמַּפְתֵּחַ שֶׁל תּוֹרָה שֶׁבִּכְתָב.

וְכַד אִתְתַּקְּנַת תּוֹרָה שֶׁבְּעַל פֶּה לְגַבֵּיהּ, עִיקָּרָא דְּהֵיכָלָא הוּא מַפְתְּחָא דִּילָהּ, וַדַּאי כְּדֵין מַשְׂכִּיל לְדָוִד. וּמִגּוֹ דְּיָרְתָא תּוֹרָה שֶׁבְּעַל פֶּה, אַתְוָון לְמַפְרֵעַ. עַל דָּא אִקְרֵי תִּשְׁרֵ"י תשׁ"ר אִיהוּ, אֲבָל בְּגִין דְּאִיהוּ רָזָא דִּשְׁמָא קַדִּישָׁא זָוְתִים בֵּיהּ קוּדְשָׁא בְּרִיךְ הוּא, אָת דִּשְׁמֵיהּ י'. בְּמַדְבְּחָא, זָוְתִים בֵּיהּ ה', הָרֶשֶׁת עַד חֲצִי הַמִּזְבֵּחַ. אָתַת דְּבוֹרָה, וְזָוְתִים בֵּיהּ ו', וְהַיְינוּ דִּכְתִיב, וַתָּשַׁר דְּבוֹרָה. וּבְאֲתַר דָּא, זָוְתִימוּ דִּשְׁמָא קַדִּישָׁא, דְּאַזְוְתִים בֵּיהּ.

וּכְשֶׁנִּתְקְנָה תּוֹרָה שֶׁבְּעַל פֶּה אֵלָיו, עִקַּר הַהֵיכָל הוּא הַמַּפְתֵּחַ שֶׁלָּהּ, וַדַּאי שֶׁאָז מַשְׂכִּיל לְדָוִד. וּמִתּוֹךְ שֶׁיָּרְשָׁה תּוֹרָה שֶׁבְּעַל פֶּה אוֹתִיּוֹת לְמַפְרֵעַ. וְעַל זֶה הוּא נִקְרָא תִּשְׁרֵ"י, הוּא תשׁ"ר, אֲבָל מִשּׁוּם שֶׁהוּא סוֹד הַשֵּׁם הַקָּדוֹשׁ, חָתוּם בּוֹ הַקָּדוֹשׁ בָּרוּךְ הוּא אוֹת שֶׁל שְׁמוֹ י'. בַּמִּזְבֵּחַ חָתוּם בּוֹ ה', הָרֶשֶׁת עַד חֲצִי הַמִּזְבֵּחַ. בָּאָה דְבוֹרָה וְחָתְמָה בּוֹ ו', וְהַיְנוּ מַה שֶּׁכָּתוּב וַתָּשַׁר דְּבוֹרָה. וּבַמָּקוֹם הַזֶּה הַחוֹתָם שֶׁל הַשֵּׁם הַקָּדוֹשׁ שֶׁחָתַם בּוֹ.

וְהַהוּא מַפְתְּחָא, כַּד פַּתְחָא בַּתּוֹרָה שֶׁבְּעַל פֶּה, בָּעֵינָן לְאִשְׁתְּמוֹדְעָא לֵיהּ, וְדָא אִיהוּ תַּנְיָא, אֵיתָן מוֹשָׁבֶךָ, בָּרַיְיתָא לְבַר מִגּוּפָא. אֵיתָנִים, אִינּוּן תַּנָּאִים. עַמּוּדִים סַמְכִין, לְבַר מִגּוּפָא. הַשְׁתָּא אִית לְאוֹדָעָא מִלָּה, בִּזְמְנָא דְּאִלֵּין לְגַבֵּי תּוֹרָה שֶׁבִּכְתָב, אִקְרוּן אֵיתָנִים. לְגַבֵּי תּוֹרָה שֶׁבְּעַל פֶּה, אִקְרוּן תַּנָּאִים. אֵיתָן, לְגַבֵּי תּוֹרָה שֶׁבִּכְתָב. תַּנְיָא, לְגַבֵּי תּוֹרָה שֶׁבְּעַל פֶּה. וְכֹלָּא כַּדְקָא יֵאוֹת.

וְאוֹתוֹ הַמַּפְתֵּחַ, כְּשֶׁפּוֹתֵחַ בַּתּוֹרָה שֶׁבְּעַל פֶּה, צְרִיכִים לְהִוָּדַע לוֹ, וְזֶהוּ תַּנְיָא, אֵיתָן מוֹשָׁבֶךָ, בָּרַיְתָא מִחוּץ לַגּוּף. אֵיתָנִים הֵם תַּנָּאִים, עַמּוּדִים תּוֹמְכִים מִחוּץ לַגּוּף. עַכְשָׁו יֵשׁ לְהוֹדִיעַ דָּבָר, בִּזְמַן שֶׁאֵלֶּה לַתּוֹרָה שֶׁבִּכְתָב נִקְרָאִים אֵיתָנִים, לַתּוֹרָה שֶׁבְּעַל פֶּה נִקְרָאִים

סדר לימוד ליום הפטירה לעילוי נשמה

תַּנָּאִים. אֵיתָן אֶל הַתּוֹרָה שֶׁבִּכְתָב. תַּנְיָא אֶל הַתּוֹרָה שֶׁבְּעַל פֶּה, וְהַכֹּל כְּרָאוּי.

חַבְרַיָּיא, הָא אֲנָא בַּחֲקְלָא. שְׁלֹמֹה מַלְכָּא, וְגוּבְרִין תַּקִּיפִין דִּילֵיהּ. יֵיתֵי וְיִשְׁכַּח חַד סָבָא, לָאֵי בְּחֵילָא, תַּקִּיף גִּיבָּר, נָצַח קְרָבִין. הָא יָדַעְנָא דְּאָתָא, וְקַיְימָא לְבָתַר טִינָרָא דַּחֲקְלָא, וְהוּא אַשְׁגַּח בִּי, וְהֵיךְ גְּבוּרְתִּי קַיְימָא בַּחֲקְלָא, בִּלְחוֹדוֹי אַשְׁגַּח, דְּאִיהוּ אִישׁ שָׁלוֹם, מָארֵיהּ דִּשְׁלָמָא, וְאָזַל לֵיהּ. הַשְׁתָּא סָבָא, גְּבוּרְתָךְ עֲלָךְ, וְאַנְתְּ בִּלְחוֹדָךְ בַּחֲקְלָא, תּוּב לְאַתְרָךְ. וְשָׁארֵי זֵינָךְ מֵעֲלָךְ. שִׁמְעוּ הָרִים אֶת רִיב יְיָ וְהָאֵתָנִים מוֹסְדֵי אָרֶץ. שִׁמְעוּ הָרִים כְּדְקָאמְרָן. וְהָאֵיתָנִים מוֹסְדֵי אָרֶץ, מוֹסְדֵי אָרֶץ וַדַּאי, דְּהָא מִנַּיְיהוּ אִתְּזָן, וּמִנַּיְיהוּ קַבִּיל כָּל יוֹמָא, וְאִינּוּן מוֹסְדֵי אָרֶץ. כִּי רִיב לַה' עִם עַמּוֹ, מַאן הוּא דְּיָכִיל לְמֵיקָם בְּרִיב דְּקוּדְשָׁא בְּרִיךְ הוּא בְּיִשְׂרָאֵל. וְעַל דָּא אָמַר לְאִלֵּין, שִׁמְעוּ הָרִים אֶת רִיב ה', דָּא אִיהוּ מְצוּתָא חֲדָא. קוּם רִיב אֶת הֶהָרִים, מְצוּתָא תִּנְיָינָא. דְּנָצַח בְּהוּ קוּדְשָׁא בְּרִיךְ הוּא, כָּל אִלֵּין רִיבוֹת לְיִשְׂרָאֵל, וְכָל אִינּוּן תּוֹכָחוֹת, כֻּלְּהוּ כְּאַבָּא דְּאוֹכַח לִבְרֵיהּ, וְהָא אוּקְמוּהָ.

חֲבֵרִים, הֲרֵינִי בַּשָּׂדֶה. שְׁלֹמֹה הַמֶּלֶךְ וְהַגִּבּוֹרִים הַחֲזָקִים שֶׁלּוֹ יָבֹא וְיִמְצָא זָקֵן אֶחָד עָיֵף בְּכֹחוֹ, חָזָק גִּבּוֹר, מְנַצֵּחַ קְרָבוֹת. הֲרֵינִי יוֹדֵעַ שֶׁיָּבֹא, וְעוֹמֵד אַחַר סֶלַע הַשָּׂדֶה וְהוּא מַשְׁגִּיחַ בִּי וְאֵיךְ גְּבוּרָתִי עוֹמֶדֶת בַּשָּׂדֶה, לְבַדּוֹ מַשְׁגִּיחַ, שֶׁהוּא אִישׁ שָׁלוֹם, בַּעַל הַשָּׁלוֹם, וְהוֹלֵךְ לוֹ. עַכְשָׁו, זָקֵן, גְּבוּרָתְךָ עָלֶיךָ, וְאַתָּה לְבַד בַּשָּׂדֶה, שׁוּב לִמְקוֹמְךָ וְהַתֵּר כְּלֵי זֵינְךָ מֵעָלֶיךָ. שִׁמְעוּ הָרִים אֶת רִיב ה' וְהָאֵתָנִים מֹסְדֵי אָרֶץ. שִׁמְעוּ הָרִים, כְּמוֹ שֶׁאָמַרְנוּ. וְהָאֵתָנִים מֹסְדֵי אָרֶץ, מֹסְדֵי אָרֶץ וַדַּאי, שֶׁהֲרֵי מִמֶּנּוּ נִזּוֹנִית, וּמֵהֶם מְקַבֶּלֶת כָּל יוֹם, וְהֵם מֹסְדֵי אָרֶץ. כִּי רִיב לַה' עִם עַמּוֹ. מִי הוּא זֶה שֶׁיָּכוֹל לָקוּם בְּרִיב שֶׁל הַקָּדוֹשׁ בָּרוּךְ הוּא בְּיִשְׂרָאֵל, וְעַל זֶה אָמַר לְאֵלֶּה, שִׁמְעוּ הָרִים אֶת רִיב ה', זֶהוּ רִיב אֶחָד. קוּם רִיב אֶת הֶהָרִים, זֶה רִיב שֵׁנִי. שֶׁמְּנַצֵּחַ בָּהֶם הַקָּדוֹשׁ בָּרוּךְ הוּא כָּל הָרִיבוֹת הַלָּלוּ לְיִשְׂרָאֵל, וְכָל אוֹתָם תּוֹכָחוֹת, כֻּלָּם כְּאָב הַמּוֹכִיחַ אֶת בְּנוֹ, וַהֲרֵי פֵּרְשׁוּהָ.

בְּיַעֲקֹב כְּתִיב, בְּשַׁעְתָּא דְּבָעָא לְנַצְּחָא בַּהֲדֵיהּ, מַה כְּתִיב, וְרִיב לַיְיָ עִם יְהוּדָה וְלִפְקוֹד עַל יַעֲקֹב. מָה רִיב אִיהוּ, כְּמָה דִּכְתִּיב, בַּבֶּטֶן עָקַב אֶת אָחִיו. עַל הַאי מִלָּה אָתָא תּוֹכָחָה, וְכָל אִינּוּן רִיבוֹת. וְכִי לָאו מִלָּה רַבְרְבָא אִיהוּ, בַּבֶּטֶן עָקַב אֶת אָחִיו וְגוֹ'.

סדר לימוד ליום הפטירה לעילוי נשמה

הַאי לָאו מִלָּה זְעֵירָא אִיהוּ, מַאי דְּעָבִיד בַּבֶּטֶן. וְכִי עוֹקְבָא עָבִיד בַּבֶּטֶן, אִין וַדַּאי.

בְּיַעֲקֹב כָּתוּב בְּשָׁעָה שֶׁרָצָה לְנַצֵּחַ עִמּוֹ, מַה כָּתוּב, וְרִיב לַה' עִם יְהוּדָה וְלִפְקֹד עַל יַעֲקֹב. מַהוּ הָרִיב, כַּכָּתוּב, בַּבֶּטֶן עָקַב אֶת אָחִיו. עַל דָּבָר זֶה בָּאָה תוֹכֵחָה, וְכָל אוֹתָם רִיבוֹת. וְכִי לֹא דָבָר גָּדוֹל הוּא, בַּבֶּטֶן עָקַב אֶת אָחִיו וְגוֹ', זֶה אֵינוֹ דָבָר קָטָן מַה שֶּׁעָשָׂה בַּבֶּטֶן. וְכִי רַמָּאוּת עָשָׂה בַּבֶּטֶן, כֵּן, וַדַּאי.

ס"א בְּכֹלָּא, דְּחָזָה יַעֲקֹב לְעֵשָׂו אֲחוּוֹי, בְּגִין דְּלָא יְהֵא לֵיהּ חוּלָקָא כְּלָל. עֵשָׂו לָא הִתְרַעַם אֶלָּא מֵחַד דְּאִינּוּן תְּרֵין, דִּכְתִיב, וַיַּעְקְבֵנִי זֶה פַעֲמַיִם. פַּעֲמַיִם מִבָּעֵי לֵיהּ, מַאי זֶה. אֶלָּא, חַד דְּאַקִּישׁ לִתְרֵין. חַד דְּנָפַק לִתְרֵין. וּמַאי נִיהוּ. בְּכֹרָתִי אִתְהַפְּכוּ אַתְוָון, וַהֲוָה בִּרְכָתִי. זֶה פַעֲמַיִם, חַד, דְּאִתְקַשׁ לִתְרֵין.

ס"א שֶׁבַּכֹּל דָּחָה יַעֲקֹב אֶת עֵשָׂו אָחִיו, כְּדֵי שֶׁלֹּא יִהְיֶה לוֹ חֵלֶק כְּלָל. עֵשָׂו לֹא הִתְרַעֵם אֶלָּא מֵאֶחָד שֶׁהֵם שְׁנַיִם, שֶׁכָּתוּב וַיַּעְקְבֵנִי זֶה פַעֲמַיִם. פַּעֲמַיִם הָיָה צָרִיךְ, מַה זֶּה "זֶה", אֶלָּא אֶחָד שֶׁהִקִּישׁ לִשְׁנַיִם, אֶחָד שֶׁיָּצָא לִשְׁנַיִם, וּמַהוּ, בְּכֹרָתִי. שֶׁהִתְהַפְּכוּ הָאוֹתִיּוֹת וְנִהְיָה בִּרְכָתִי. זֶה פַעֲמַיִם, אֶחָד שֶׁהֻקַּשׁ לִשְׁנַיִם.

וְלָא יָדַע עֵשָׂו מַה דְּעָבַד לֵיהּ בַּבֶּטֶן, אֲבָל רַב מְמָנָא דִּילֵיהּ יָדַע הֲוָה, וְקוּדְשָׁא בְּרִיךְ הוּא אַרְגִּישׁ שְׁמַיָּא וְחֵילַיְיהוּ לְקָלָא דָּא, דְּהָא בְּרָכָה וּבְכוֹרָה לָא תָבַע מְמָנָא דִּילֵיהּ, וְלָא אָמַר. דְּהָא בְּרָכָה הֲוָה לֵיהּ לְמִתְבַּע, וְלָא תָבַע. אֲחוּהָ הָא תָבַע וַדַּאי, דִּכְתִיב, וּמִבְּשָׂרְךָ לֹא תִתְעַלָּם וְלָא בָעָא יַעֲקֹב לְמֵיהַב לֵיהּ לְמֵיכַל, עַד דְּנָטַל מִנֵּיהּ בְּכוֹרָתָא דִּילֵיהּ.

וְלֹא יָדַע עֵשָׂו מַה שֶּׁעָשָׂה לוֹ בַּבֶּטֶן, אֲבָל הַשַּׂר הַמְמֻנֶּה שֶׁלּוֹ הָיָה יוֹדֵעַ, וְהַקָּדוֹשׁ בָּרוּךְ הוּא רָגַשׁ אֶת הַשָּׁמַיִם וְחֵילֵיהֶם לַקּוֹל הַזֶּה, שֶׁהֲרֵי בְּרָכָה וּבְכוֹרָה לֹא תָבַע הַמְמֻנֶּה שֶׁלּוֹ, וְלֹא אָמַר. שֶׁהֲרֵי בְּרָכָה הָיָה לוֹ לִתְבֹּעַ וְלֹא תָבַע. אָחִיו הֲרֵי וַדַּאי שֶׁתָּבַע, שֶׁכָּתוּב וּמִבְּשָׂרְךָ לֹא תִתְעַלָּם, וְלֹא רָצָה יַעֲקֹב לָתֵת לוֹ לֶאֱכֹל, עַד שֶׁנָּטַל מִמֶּנּוּ אֶת בְּכוֹרָתוֹ.

מָאי בְּכוֹרָה נָטַל מִנֵּיהּ, הַבְּכוֹרָה דִּלְעֵילָּא וְתַתָּא. בְּכֹרָה חָסֵר ו'. כְּדֵין עָקַב אֶת אָחִיו, וַדַּאי דְּעָבַד לֵיהּ עוֹקְבָא, וְאַרְמֵי לֵיהּ לַאֲחוֹרָא. מַאי אֲחוֹרָא. אַקְדִּים לֵיהּ, דְּיִפּוּק בְּקַדְמֵיתָא לְהַאי עָלְמָא. אָמַר יַעֲקֹב לְעֵשָׂו, טוֹל אַתְּ הַאי עָלְמָא בְּקַדְמֵיתָא, וַאֲנָא לְבָתַר.

סדר לימוד ליום הפטירה לעילוי נשמה

אֵיזוֹ בְּכוֹרָה נָטַל מִמֶּנּוּ, הַבְּכוֹרָה שֶׁלְּמַעְלָה וּלְמַטָּה. בְּכֹרָה חָסֵר ו'. אָז הוּא עָקַב אֶת אָחִיו. וַדַּאי שֶׁעָשָׂה אוֹתוֹ עָקֵב וְזָרַק אוֹתוֹ לְאָחוֹר. אֵיזֶה אָחוֹר, שֶׁהִקְדִּים אוֹתוֹ, שֶׁיָּצָא בָּרִאשׁוֹנָה לָעוֹלָם הַזֶּה. אָמַר יַעֲקֹב לְעֵשָׂו, טֹל אַתָּה אֶת הָעוֹלָם הַזֶּה בַּתְּחִלָּה, וַאֲנִי אַחַר כָּךְ.

תָּא חֲזֵי, מַה כְּתִיב, וְאַחֲרֵי כֵן יָצָא אָחִיו וְיָדוֹ אֹחֶזֶת בַּעֲקֵב עֵשָׂו. מַאי בַּעֲקֵב עֵשָׂו. וְכִי סַלְקָא דַּעְתָּךְ דַּהֲוָה אָחִיד יְדֵיהּ בְּרַגְלֵיהּ, לָאו הָכִי. אֶלָּא, יָדוֹ אֹחֶזֶת בְּמַאן דְּהַהוּא דַּהֲוָה עָקֵב, וּמַנּוּ עֵשָׂו. דְּהָא עֵשָׂו עָקֵב אִקְרֵי, מִשַּׁעֲתָא דְּעָקַב לֵיהּ לְאָחוּי, וּמִיּוֹמָא דְּאִתְבְּרֵי עָלְמָא עָקֵב קָרֵי לֵיהּ קוּדְשָׁא בְּרִיךְ הוּא, דִּכְתִיב, הוּא יְשׁוּפְךָ רֹאשׁ וְאַתָּה תְּשׁוּפֶנּוּ עָקֵב. אַנְתְּ דְּאִקְרֵי עָקֵב, תְּשׁוּפֶנּוּ בְּקַדְמֵיתָא. וּלְבַסּוֹף הוּא דְּיִמְחֵי רֵישָׁךְ מֵעֲלָךְ. וּמַנּוּ. סָמָא"ל. דְּאִיהוּ רֵישָׁא דְּחִוְיָא, דְּמָחֵי בְּהַאי עָלְמָא.

בֹּא וּרְאֵה מַה כָּתוּב, וְאַחֲרֵי כֵן יָצָא אָחִיו וְיָדוֹ אֹחֶזֶת בַּעֲקֵב עֵשָׂו. מַה זֶּה בַּעֲקֵב עֵשָׂו, וְכִי יַעֲלֶה עַל דַּעְתְּךָ שֶׁהָיָה אוֹחֵז אֶת יָדוֹ בְּרַגְלוֹ, לֹא כָּךְ. אֶלָּא יָדוֹ אוֹחֶזֶת בְּמִי שֶׁהוּא הָיָה עָקֵב. וּמִיהוּ, עֵשָׂו, שֶׁהֲרֵי עֵשָׂו נִקְרָא עָקֵב מִשָּׁעָה שֶׁעָקַב אֶת אָחִיו, וּמִיּוֹם שֶׁנִּבְרָא הָעוֹלָם קוֹרֵא לוֹ הַקָּדוֹשׁ בָּרוּךְ הוּא עָקֵב, שֶׁכָּתוּב הוּא יְשׁוּפְךָ רֹאשׁ וְאַתָּה תְּשׁוּפֶנּוּ עָקֵב. אַתָּה שֶׁנִּקְרָא עָקֵב תְּשׁוּפֶנּוּ בַּתְּחִלָּה, וּלְבַסּוֹף הוּא שֶׁיִּמְחֶה אֶת רֹאשְׁךָ מֵעָלֶיךָ. וּמִיהוּ, סמא"ל, שֶׁהוּא רֹאשׁ שֶׁל הַנָּחָשׁ שֶׁמַּכֶּה בָּעוֹלָם הַזֶּה.

וְעַל דָּא בַּבֶּטֶן עָקַב אֶת אָחִיו, שַׁוִּי עָלֵיהּ לְמֶהֱוֵי עָקֵב, וְנָטַל עֵשָׂו הַאי עָלְמָא בְּקַדְמֵיתָא, וְדָא רָזָא דִּכְתִיב, וְאֵלֶּה הַמְּלָכִים אֲשֶׁר מָלְכוּ בְּאֶרֶץ אֱדוֹם לִפְנֵי מְלָךְ מֶלֶךְ לִבְנֵי יִשְׂרָאֵל. וְדָא אִיהוּ רָזָא דְּאָמַר שְׁלֹמֹה מַלְכָּא, נַחֲלָה מְבוֹהֶלֶת בָּרִאשׁוֹנָה וְאַחֲרִיתָהּ לֹא תְבוֹרָךְ, בְּסוֹף עָלְמָא.

וְעַל זֶה בַּבֶּטֶן עָקַב אֶת אָחִיו, שָׂם עָלָיו לִקְיוֹת עָקֵב, וְנָטַל עֵשָׂו אֶת הָעוֹלָם הַזֶּה בְּהַתְחָלָה. וְזֶה סוֹד הַכָּתוּב וְאֵלֶּה הַמְּלָכִים אֲשֶׁר מָלְכוּ בְּאֶרֶץ אֱדוֹם לִפְנֵי מְלָךְ מֶלֶךְ לִבְנֵי יִשְׂרָאֵל. וְזֶהוּ הַסּוֹד שֶׁאָמַר שְׁלֹמֹה הַמֶּלֶךְ, נַחֲלָה מְבֹהֶלֶת בָּרִאשׁוֹנָה וְאַחֲרִיתָהּ לֹא תְבֹרָךְ, בְּסוֹף הָעוֹלָם.

וְעַל דָּא בַּבֶּטֶן עָקַב אֶת אָחִיו וּבְאוֹנוֹ שָׂרָה אֶת אֱלֹהִים. מַאי וְאוֹנוֹ. הָכִי אָמְרוּ בִּדְחִילָא וְתוּקְפָּא דִּילֵיהּ יָאוֹת, אֲבָל לָאו הָכִי. בְּרִירוּ דְּמִלָּה, יַעֲקֹב דְּיוֹקְנָא עִלָּאָה הֲוָה, וְגוּפָא קַדִּישָׁא. דְּלֵית גּוּפָא מִיּוֹמָא דַּהֲוָה אָדָם הָרִאשׁוֹן, כְּגוּפָא דְּיַעֲקֹב, וְשׁוּפְרֵיהּ דְּאָדָם

הָרִאשׁוֹן, הַהוּא שׁוּפְרֵיהּ מַמָּשׁ הֲוָה לֵיהּ לְיַעֲקֹב. וְדִיוּקְנֵיהּ דְּיַעֲקֹב, דְּיוּקְנָא דְּאָדָם הָרִאשׁוֹן מַמָּשׁ.

וְעַל זֶה בַּבֶּטֶן עָקַב אֶת אָחִיו וּבְאוֹנוֹ שָׂרָה אֶת אֱלֹהִים. מַה זֶּה וּבְאוֹנוֹ, כָּךְ אָמְרוּ, בְּכֹחַ וְהַתֹּקֶף שֶׁלּוֹ נָאֶה. אֲבָל לֹא כָךְ. בֵּרוּר הַדָּבָר, שֶׁיַּעֲקֹב הָיָה דְיוֹקָן עֶלְיוֹן וְגוּף קָדוֹשׁ, שֶׁאֵין גּוּף מִיּוֹם שֶׁהָיָה אָדָם הָרִאשׁוֹן כְּמוֹ הַגּוּף שֶׁל יַעֲקֹב. וְיָפְיוֹ שֶׁל אָדָם, מַמָּשׁ אוֹתוֹ הַיֹּפִי הָיָה לְיַעֲקֹב. וּדְיוֹקָן שֶׁל יַעֲקֹב, דְּיוֹקָן שֶׁל אָדָם הָרִאשׁוֹן מַמָּשׁ.

אָדָם הָרִאשׁוֹן, בְּשַׁעֲתָא דְּאָתָא חִוְיָא וְאִתְפַּתָּה עַל יְדוֹי, יָכִיל חִוְיָא לֵיהּ. מַאי טַעְמָא. בְּגִין דְּלָא הֲוָה תּוּקְפָּא לְאָדָם הָרִאשׁוֹן, וְעַד כְּעָן לָא אִתְיְלִיד מַאן דַּהֲוָה תּוּקְפָּא דִּילֵיהּ. וּמַנּוּ תּוּקְפָּא דְּאָדָם הָרִאשׁוֹן. דָּא שֵׁת, דַּהֲוָה בִּדְיוּקְנָא דְּאָדָם הָרִאשׁוֹן מַמָּשׁ, דִּכְתִיב, וַיּוֹלֶד בִּדְמוּתוֹ כְּצַלְמוֹ וַיִּקְרָא אֶת שְׁמוֹ שֵׁת. מַאי בִּדְמוּתוֹ כְּצַלְמוֹ. דַּהֲוָה מָהוּל. וְכַד אָתָא מְמָנָא דְּעֵשָׂו לְגַבֵּי דְּיַעֲקֹב, כְּבַר אִתְיְלִיד תּוּקְפָּא דְּיַעֲקֹב, דְּאִיהוּ יוֹסֵף. וְזֶהוּ וּבְאוֹנוֹ שָׂרָה אֶת אֱלֹהִים.

אָדָם הָרִאשׁוֹן, בְּשָׁעָה שֶׁבָּא הַנָּחָשׁ וְהִתְפַּתָּה עַל יָדוֹ, יָכֹל לוֹ הַנָּחָשׁ. מָה הַטַּעַם, כִּי לֹא הָיָה כֹּחַ לְאָדָם הָרִאשׁוֹן, וְעַד עַכְשָׁו לֹא נוֹלַד מִי שֶׁהָיָה הַכֹּחַ שֶׁלּוֹ. וּמִיהוּ תָּקְפּוֹ שֶׁל אָדָם הָרִאשׁוֹן, זֶה שֵׁת, שֶׁהָיָה בִּדְיוֹקָן שֶׁל אָדָם הָרִאשׁוֹן מַמָּשׁ, שֶׁכָּתוּב, וַיּוֹלֶד בִּדְמוּתוֹ כְּצַלְמוֹ וַיִּקְרָא אֶת שְׁמוֹ שֵׁת. מַה זֶּה בִּדְמוּתוֹ כְּצַלְמוֹ, שֶׁהָיָה מָהוּל. וּכְשֶׁבָּא הַמְמֻנֶּה שֶׁל עֵשָׂו אֶל יַעֲקֹב, כְּבָר נוֹלַד תָּקְפּוֹ שֶׁל יַעֲקֹב, שֶׁהוּא יוֹסֵף, וְזֶהוּ וּבְאוֹנוֹ שָׂרָה אֶת אֱלֹהִים.

הַאי קָלָא דְּאִתְּתָא, דְּיַכְלָא קָלָא דְּחִוְיָא לְאָחֲדָא בָּהּ, כְּכַלְבָּא בְּכַלְבְּתָא, מַאן אִיהוּ. [דף ק"א ע"א] **אֶלָּא תָּא חֲזֵי, דְּלֵית בְּכָל קָלִין דְּנָשִׁין דְּעָלְמָא, דְּיַכְלָא קָלָא דְּחִוְיָא לְאִתְדַּבְּקָא בָּהּ, וּלְאִתְאַחֲדָא בָּהּ, וּלְאִשְׁתַּתְּפָא בָּהּ. אֶלָּא תְּרֵין נָשִׁין אִינּוּן דְּיַכְלָא קָלָא דְּחִוְיָא לְאִתְאַחֲדָא בְּהוֹן, חֲדָא. הַאי דְּלָא נְטִירַת סוֹאֲבוּת נִדּוּתָהּ, וְיוֹמֵי לִבּוּנָהּ, כִּדְקָא יֵאוֹת, אוֹ דְּאַקְדִּימַת יוֹמָא חֲדָא לְטְבּוֹל. וַחֲדָא, הַאי אִתְּתָא דִּמְאַחֶרֶת לְבַעְלָהּ עוֹנָה דִּילָהּ לְמֶעְבַּד צַעֲרָא לְבַעְלָהּ, בַּר אִי אִיהוּ לָא חָיֵישׁ, וְלָא אַשְׁגַּח לְדָא.**

הַקּוֹל הַזֶּה שֶׁל הָאִשָּׁה שֶׁיָּכוֹל קוֹל הַנָּחָשׁ לְהֵאָחֵז בָּהּ כְּמוֹ כֶלֶב בְּכַלְבָּה, מַה הוּא, אֶלָּא בֹּא וּרְאֵה שֶׁאֵין בְּכָל קוֹלוֹת הַנָּשִׁים שֶׁל הָעוֹלָם שֶׁיָּכוֹל קוֹל הַנָּחָשׁ לְהִדָּבֵק בּוֹ וּלְהֵאָחֵז בּוֹ וּלְהִשְׁתַּתֵּף בּוֹ. אֶלָּא שְׁתֵּי נָשִׁים הֵן שֶׁיָּכוֹל קוֹל הַנָּחָשׁ לְהֵאָחֵז בָּהֶן, אַחַת זוֹ שֶׁלֹּא

סדר לימוד ליום הפטירה לעילוי נשמה

שׁוֹמֶרֶת טֻמְאַת נִדָּה וִימֵי לִבּוּנָהּ כָּרָאוּי, אוֹ שֶׁמַּקְדִּימָה יוֹם אֶחָד לִטְבֹּל, וְאַחַת זוֹ אִשָּׁה שֶׁמְּאַחֶרֶת לְבַעְלָהּ אֶת עוֹנָתָהּ לַעֲשׂוֹת צַעַר לְבַעְלָהּ, פְּרָט אִם אֵינוֹ מַקְפִּיד וְלֹא מַשְׁגִּיחַ עַל זֶה.

אִלֵּין אִינּוּן תְּרֵין נָשִׁין, דְּהָא כְּמָה דְּאַקְדִּימוּ, הָכִי אִינּוּן מִתְאַחֲרָן, לְגַבֵּי קָלָא דְּנָחָשׁ, עַד דְּאַדְבִּיק קָלָא בְּקָלָא, וּכְמָה דְּמִתְאַחֲרָן לְמֶעְבַּד צַעֲרָא לְבַעְלָהּ בְּעִכּוּבָא דְּמִצְוָה, הָכִי אַקְדִּים קָלָא דְּנָחָשׁ, לְאִתְדַּבְּקָא בְּהַהִיא קָלָא דְּאִתְּתָא. וְאִלֵּין אִינּוּן תְּרֵין נָשִׁין, דְּקָלָא דְּנָחָשׁ אָחִיד בְּקָלָא דִּלְהוֹן, כְּכַלְבָּא בְּכַלְבְּתָא, סְאוּבְתָא בָּתַר סְאוּבְתָא, זִינָא בָּתַר זִינֵיהּ.

אֵלּוּ הֵן שְׁתֵּי נָשִׁים. שֶׁהֲרֵי כְּמוֹ שֶׁהִקְדִּימוּ, כָּךְ הֵן מִתְאַחֲרוֹת לְקוֹל הַנָּחָשׁ, עַד שֶׁנִּדְבָּק קוֹל בְּקוֹל, וּכְמוֹ שֶׁמִּתְאַחֲדוֹת לַעֲשׂוֹת צַעַר לְבַעְלָהּ בְּעִכּוּב מִצְוָה, כָּךְ מַקְדִּים קוֹל הַנָּחָשׁ לְהִדָּבֵק בְּקוֹל אוֹתָהּ הָאִשָּׁה. וְאֵלּוּ הֵן שְׁתֵּי נָשִׁים שֶׁקּוֹל הַנָּחָשׁ אוֹחֵז בְּקוֹל שֶׁלָּהֶן כְּמוֹ כֶּלֶב בְּכַלְבָּה, טֻמְאָה אַחַר טֻמְאָה, מִין אַחַר מִינוֹ.

וְאִם תֵּאמַר, מָה אִיכְפַּת לָן, אִי אָחִיד קָלָא בְּקָלָא, אִי לָא אָחִיד. וַוי דְּהָכִי מִתְאַבְּדָן בְּנֵי עָלְמָא בְּלָא דַּעְתָּא. הַאי קָלָא דְּאִתְּתָא, כַּד אִתְעֲרַב וְאִשְׁתַּתַּף בַּהֲדֵי קָלָא דְּנָחָשׁ, בְּשַׁעְתָּא דְּחַיֶּיבֶת וּמַרְשַׁעַת נַפְקַת מִגּוֹ אֵיפָה וּמְשַׁטְּטָא בְּעָלְמָא, אִי עַרְעַת בְּהָנֵי תְּרֵין קָלִין, קָלָא דְּנָחָשׁ, וְקָלָא דְּאִתְּתָא, וְאִתְּתָא אִתְחַמְּמַת בְּהוּ, וְאִינּוּן בָּהּ, וְכֵיוָן דְּאִתְחַמְּמָת, מִתְעַבְּדִין רוּחָא, וְאַגְלִים בַּהֲדָהּ, עַד דִּמְשַׁטְּטָא, וְעָאל בִּמְעָהָא דְּהַאי אִתְּתָא.

וְאִם תֹּאמַר, מָה אִכְפַּת לָנוּ אִם אוֹחֵז קוֹל בְּקוֹל וְאִם לֹא אוֹחֵז, אוֹי שֶׁכָּךְ מִתְאַבְּדִים בְּנֵי הָעוֹלָם בְּלִי דַעַת. הַקּוֹל הַזֶּה שֶׁל הָאִשָּׁה, כְּשֶׁמִּתְעָרֵב וּמִשְׁתַּתֵּף יַחַד עִם קוֹל הַנָּחָשׁ, בְּשָׁעָה שֶׁהָרְשָׁעָה וּמַרְשַׁעַת יוֹצֵאת מִתּוֹךְ וּמְשׁוֹטֶטֶת בָּעוֹלָם, אִם הִיא פּוֹגֶשֶׁת בְּאוֹתָם שְׁנֵי קוֹלוֹת, קוֹל הַנָּחָשׁ וְקוֹל הָאִשָּׁה, וְהָאִשָּׁה מִתְחַמֶּמֶת בָּהֶם וְהֵם בָּהּ, וְכֵיוָן, שֶׁמִּתְחַמֶּמֶת נַעֲשִׂים רוּחַ, וּמִתְגַּשֵּׁם עִמָּהּ, עַד שֶׁמְּשׁוֹטֶטֶת וְנִכְנֶסֶת לִמְעֵי אוֹתָהּ הָאִשָּׁה.

וְהַאי יָנוּקָא דְּיָלִידַת, כַּד אָתַאת הַהִיא חַיַּיבְתָּא, פְּקִידַת לֵיהּ לְהַהוּא רוּחָא, דְּאִיהוּ חִבּוּרָא בִּישָׁא, קָלָא דְּנָחָשׁ, דִּמְכַשְׁכְּשָׁא בָּהּ, וְאִיהוּ מְחַיְּיכָא בְּיָנוּקָא, עַד דְּאָתַת הַהִיא חַיַּיבְתָּא, כְּאִתְּתָא דְּפָקִידַת בְּרָא לְאִתְּתָא אַחֲרָא, וּמְפַטְפֶּטֶת לֵיהּ וְחַיְּיכַת לֵיהּ, בְּפַטְפּוּטָא עַד דְּתֵיתֵי אִמֵּיהּ. כָּךְ עָבְדָא הַאי רוּחָא. וּזְמָנִין סַגִּיאִין, דְּאִיהוּ שְׁלִיחָא דְּהַהִיא חַיַּיבְתָּא, וְקַטְלָא לֵיהּ, הֲדָא הוּא דִּכְתִיב,

סדר לימוד ליום הפטירה לעילוי נשמה

וּמִיַּד עוֹשְׁקֵיהֶם כֹּחַ. וְלָא [דף ק"א ע"ב] כְּמָה דְּאַתּוּן אַמְרִין. אֶלָּא הַהוּא כֹּחַ דְּהַהוּא רוּחָא, וְעַל דָּא, תְּרֵין זִמְנִין כְּתִיב בְּהַאי קְרָא, וְאֵין לָהֶם מְנַחֵם. חַד מִלִּילִית חַיַּיבְתָּא, וְחַד מֵהַהוּא רוּחָא.

וְהַתִּינוֹק הַזֶּה שֶׁיּוֹלֶדֶת, כְּשֶׁבָּאָה אוֹתָהּ רְשָׁעִית, פּוֹקֶדֶת אֶת אוֹתָהּ הָרוּחַ שֶׁהוּא חִבּוּר רַע, קוֹל הַנָּחָשׁ שֶׁמְּכַשְׁכֵּשׁ בָּהּ, וְהוּא צוֹחֵק בַּתִּינוֹק, עַד שֶׁבָּאָה אוֹתָהּ הָרְשָׁעִית כְּמוֹ אִשָּׁה שֶׁפּוֹקֶדֶת בֵּן לְאִשָּׁה אַחֶרֶת, וּמְפַטְפֶּטֶת לוֹ וְצוֹחֶקֶת לוֹ בְּפִטְפּוּט עַד שֶׁתָּבֹא אִמּוֹ. כָּךְ עוֹשָׂה אוֹתָהּ הָרוּחַ. וּפְעָמִים רַבּוֹת שֶׁהוּא שָׁלִיחַ שֶׁל אוֹתָהּ הָרְשָׁעִית, וְהוֹרֶגֶת אוֹתוֹ. זֶהוּ שֶׁכָּתוּב, וּמִיַּד עֹשְׁקֵיהֶם כֹּחַ, וְלֹא כְּמוֹ שֶׁאַתֶּם אוֹמְרִים, אֶלָּא אוֹתוֹ כֹּחַ שֶׁל אוֹתָהּ רוּחַ. וְעַל זֶה פַּעֲמַיִם כָּתוּב בְּפָסוּק הַזֶּה וְאֵין לָהֶם מְנַחֵם - אֶחָד מִלִּילִית הָרְשָׁעָה, וְאֶחָד מֵאוֹתָהּ הָרוּחַ.

אִי סָבָא, הַשְׁתָּא אִית לָךְ רַחֲמִין, וְאַתְּ מִשְׁתָּעֵי, כְּמַאן דְּלָא חָמִית אִינּוּן מְגִיחֵי קְרָבָא, הָא כֻּלְּהוּ בִּשְׁלָמָא עִמָּךְ. הַשְׁתָּא מִכָּאן וּלְהַלְאָה, לָא אַעֲדֵי מִנַּאי מָאנֵי קְרָבָא בְּדִיל לְאַדְכְּרָא שְׁמִי.

אֵי סָבָא, עַתָּה יֵשׁ לְךָ רַחֲמִים, וְאַתָּה מְדַבֵּר כְּמִי שֶׁלֹּא רָאָה אֵלּוּ הַיּוֹצְאִים לַקְּרָב, הֲרֵי כֻּלָּם בְּשָׁלוֹם עִמְּךָ. עַתָּה מִכָּאן וּלְהַלְאָה לֹא אֶפְשֹׁט מֵעָלַי כְּלֵי הַקְּרָב בַּעֲבוּר שֶׁאַזְכִּיר שְׁמִי.

הַהוּא חַטָּאת רוֹבֵץ, קָאִים עַל פִּתְחָא כְּכַלְבָּא. בִּזְמְנָא דְּקָלָא בַּתְרַיְיתָא, דִּיְהִיבַת אִתְּתָא, נָפִיק, אִיהוּ דָּלִיג מֵעַל פִּתְחָא וְאִתְעֲבַר מִתַּמָּן, וְאָזִיל אֲבַתְרָהּ. מַאי טַעְמָא. בְּגִין דְּקוּדְשָׁא בְּרִיךְ הוּא שַׁדַּר חַד מַפְתְּחָא דִּילֵיהּ, וְקָלָא פָּרְחָא, וּמַפְתְּחָא אַתְיָא, וְחִוְיָא אָזִיל בָּתַר קָלָא דְּהוּא נָפִיק לְעָלְמָא, וְעַד טוּרָא דְּבִטְנָא אָזִיל, וּמְכַשְׁכְּשָׁא, עַד עִידָּן דְּאִתְנְקִיאַת, מֵהַהוּא זוּהֲמָא, דִּנְשִׁיכִין דְּחִוְיָא בִּישָׁא. וְקוּדְשָׁא בְּרִיךְ הוּא, מְסַבֵּב סִבּוּבִין, וְעָבִיד עוֹבָדִין כִּדְקָא יָאוּת.

אוֹתוֹ חַטָּאת רֹבֵץ עוֹמֵד עַל הַפֶּתַח כְּמוֹ כֶּלֶב. בִּזְמַן שֶׁהַקּוֹל הָאַחֲרוֹן שֶׁנּוֹתֶנֶת הָאִשָּׁה יוֹצֵא, הוּא מְדַלֵּג מֵעַל הַפֶּתַח וְעוֹבֵר מִשָּׁם וְהוֹלֵךְ אַחֲרֶיהָ. מָה הַטַּעַם, מִשּׁוּם שֶׁהַקָּדוֹשׁ בָּרוּךְ הוּא שׁוֹלֵחַ מַפְתֵּחַ אֶחָד שֶׁלּוֹ, וְהַקּוֹל פּוֹרֵחַ, וְהַמַּפְתֵּחַ בָּא, וְהַנָּחָשׁ הוֹלֵךְ אַחַר הַקּוֹל שֶׁהוּא יוֹצֵא לָעוֹלָם, וְעַד הָהָר שֶׁבַּבֶּטֶן הוֹלֵךְ וּמְכַשְׁכֵּשׁ, עַד הַזְּמַן שֶׁמִּתְנַקֵּית מֵאוֹתָהּ הַזֻּהֲמָה שֶׁל נְשִׁיכוֹת הַנָּחָשׁ הָרַע. וְהַקָּדוֹשׁ בָּרוּךְ הוּא מְסַבֵּב סִבּוּבִים וְעוֹשֶׂה מַעֲשִׂים כָּרָאוּי.

וְכָל דָּא, בְּגִין דְּהַהוּא בֶּטֶן אִתְדַּחְיָא. הָא וַדַּאי, אִתְדַּחְיָא מֵהַהוּא בֶּטֶן, וְלֵית לֵיהּ חוּלָקָא, וְאִתְדַּחֵי מִבֶּטֶן דִּלְתַתָּא, דִּשְׁאַר נָשִׁין

דְעַלְמָא דְאַף עַל גַּב דְעָבִיד צַעַר לָא אִתְיְיהִיב לֵיהּ רְשׁוּ לְשַׁלְטָאָה בֵּיהּ. וּמַאן בֶּטֶן אִתְיְיהִיב לֵיהּ, וְאִיהוּ שָׁלִיט עָלֵיהּ. הַהוּא בֶּטֶן דְסוֹטָה, דִכְתִיב, וְצָבְתָה בִטְנָהּ, בְּגִין דְהַאי בֶּטֶן, עָבִיד בֵּיהּ נוּקְמִין לִרְעוּתֵיהּ, וְהַאי בֶּטֶן דִילֵיהּ אִיהוּ, וְקוּדְשָׁא בְּרִיךְ הוּא יָהִיב לֵיהּ בְּגִין דְלָא אִתְדָחֵי מִכֹּלָּא. הַשְׁתָּא רְחִימִין דִילִי, אֲצִיתוּ. לָא חֲמֵינָא לְכוּ, וּמַלֵּילְנָא לְכוּ. כָּל הַדְּבָרִים יְגֵעִים, לָא יָכִיל אִינִישׁ לְמַלְלָא, אֲפִילוּ מִלִּין דְאוֹרַיְיתָא יְגֵעִים אִינּוּן.

וְכָל זֶה מִשּׁוּם שֶׁאוֹתָהּ הַבֶּטֶן נִדְחֲתָה. הֲרֵי וַדַּאי שֶׁנִּדְחָה מֵאוֹתָהּ הַבֶּטֶן, וְאֵין לוֹ חֵלֶק, וְנִדְחָה מֵהַבֶּטֶן שֶׁלְּמַטָּה שֶׁל שְׁאָר נְשׁוֹת הָעוֹלָם. שֶׁאַף עַל גַּב שֶׁעוֹשָׂה צַעַר, לֹא נִתֶּנֶת לוֹ רְשׁוּת לִשְׁלֹט בָּהֶם. וְאֵיזוֹ בֶּטֶן נִתֶּנֶת לוֹ וְשׁוֹלֵט עָלֶיהָ, אוֹתָהּ הַבֶּטֶן שֶׁל הַסּוֹטָה, שֶׁכָּתוּב, וְצָבְתָה בִטְנָהּ. מִשּׁוּם שֶׁבַּבֶּטֶן הַזּוֹ עוֹשֶׂה בָּהּ נְקָמוֹת כִּרְצוֹנוֹ, וְהַבֶּטֶן הַזּוֹ הִיא שֶׁלּוֹ, וְהַקָּדוֹשׁ בָּרוּךְ הוּא נָתַן לוֹ בִּשְׁבִיל שֶׁלֹּא יִדָּחֶה מֵהַכֹּל. עַכְשָׁו, אֲהוּבִים שֶׁלִּי, הַקְשִׁיבוּ. לֹא רָאִיתִי אֶתְכֶם וְדִבַּרְתִּי עִמָּכֶם, כָּל הַדְּבָרִים יְגֵעִים, לֹא יָכוֹל אִישׁ לְדַבֵּר, אֲפִלּוּ דִּבְרֵי הַתּוֹרָה הֵם יְגֵעִים.

כְתִיב, וַיִּוָּתֵר יַעֲקֹב לְבַדּוֹ וַיֵּאָבֵק אִישׁ עִמּוֹ, וּכְתִיב וַיַּרְא כִּי לֹא יָכוֹל לוֹ וַיִּגַּע בְּכַף יְרֵכוֹ. וְהַהוּא יָרֵךְ דְרַוַּוח מִיַּעֲקֹב. וְהַהוּא יָרֵךְ בַּחֲלִישׁוּ דִילֵיהּ עַד דְאָתָא שְׁמוּאֵל. מַאי בַּחֲלִישׁוּ דְלָא מָשִׁיךְ נְבוּאָה. כַּד אָתָא שְׁמוּאֵל, נָטַל הַהוּא יָרֵךְ, וְסַלְּקֵיהּ מֵהַהוּא אֲתַר, וְחָטַף לֵיהּ מִנֵּיהּ, וּמֵהַהוּא זִמְנָא אִתְעֲדֵי מִנֵּיהּ, וְלָא הֲוָה לֵיהּ חוּלָקָא בִּקְדוּשָׁה כְּלָל.

כָּתוּב, וַיִּוָּתֵר יַעֲקֹב לְבַדּוֹ וַיֵּאָבֵק אִישׁ עִמּוֹ, וְכָתוּב וַיַּרְא כִּי לֹא יָכֹל לוֹ וַיִּגַּע בְּכַף יְרֵכוֹ. וְאוֹתָהּ יָרֵךְ שֶׁהִרְוִיחַ מִיַּעֲקֹב. וְאוֹתָהּ הַיָּרֵךְ בַּחֲלָשְׁתָהּ עַד שֶׁבָּא שְׁמוּאֵל. מַה זֶּה בַּחֲלָשָׁה, שֶׁלֹּא מָשַׁךְ נְבוּאָה. כְּשֶׁבָּא שְׁמוּאֵל, נָטַל אוֹתָהּ יָרֵךְ וְהֶעֱלָה אוֹתָהּ מֵאוֹתוֹ מָקוֹם וְחָטַף אוֹתָהּ מִמֶּנּוּ, וּמֵאוֹתוֹ זְמַן הָעֳבְרָה מִמֶּנּוּ וְלֹא הָיָה לוֹ חֵלֶק בִּקְדֻשָּׁה כְּלָל.

קוּדְשָׁא בְּרִיךְ הוּא לָא קָפַח, וְלָא דָחֵי לֵיהּ מִכֹּלָּא, בְּגִין דְנָטַל שְׁמוּאֵל יָרֵךְ דִילֵיהּ, אֶלָּא יָהִיב לֵיהּ חוּלָקָא חֲדָא. מַאי אִיהִי. יָהִיב לֵיהּ הַהוּא יָרֵךְ וּבֶטֶן דְסוֹטָה, חֲלַף הַהוּא יָרֵךְ וּבֶטֶן, דְאַעְדֵי מִנֵּיהּ. וְעַל דָא תַּרְוַויְיהוּ יָהִיב לֵיהּ קוּדְשָׁא בְּרִיךְ הוּא, לְמֶהֱוֵי אַתְרָא דְקַדְשָׁא פָּנוּי מִכָּל סַאֲבוּתָא.

סדר לימוד ליום הפטירה לעילוי נשמה

הַקָּדוֹשׁ בָּרוּךְ הוּא לֹא קִפֵּחַ וְלֹא דָחָה אוֹתוֹ מִן הַכֹּל, מִשּׁוּם שֶׁשְּׁמוּאֵל נָטַל אֶת הַיָּרֵךְ שֶׁלּוֹ, אֶלָּא נָתַן לוֹ חֵלֶק אֶחָד, וּמַהוּ, נָתַן לוֹ אוֹתָהּ יָרֵךְ וּבֶטֶן שֶׁל הַסּוֹטָה תְּמוּרַת אוֹתָהּ יָרֵךְ וּבֶטֶן שֶׁהֶעֱבִיר מִמֶּנּוּ, וְלָכֵן אֶת שְׁנֵיהֶם נָתַן לוֹ הַקָּדוֹשׁ בָּרוּךְ הוּא לִהְיוֹת הַמָּקוֹם הַקָּדוֹשׁ פָּנוּי מִכָּל טֻמְאָה.

וְלִנְפִּיל יָרֵךְ. מַהוּ וְלִנְפִּיל, וְנָפְלָה יְרֵכָהּ וְלִצְבּוֹת, וְצָבְתָה יְרֵכָהּ מִבָּעֵי לֵיהּ. אֶלָּא, כְּמַאן דְּאַשְׁדֵי גַּרְמָא לְכַלְבָּא, וְאָמַר לֵיהּ, טוֹל הַאי לְזוּלָקָךְ. וּמִכֹּלָּא לָא אַבְאִישׁ קָמֵיהּ, אֶלָּא דְּגָזְלוּ מִנֵּיהּ יָרֵךְ, בְּגִין דְּאִיהוּ יָגַע וְלָאֵי עָלֵיהּ, וְרָוַוח לֵיהּ וְאַפִּיקוּ לֵיהּ מִנֵּיהּ. וְעַל דָּא, קוּדְשָׁא בְּרִיךְ הוּא אַפִּיל לֵיהּ, גַּרְמָא דָא דְּסוֹטָה, וְאַפִּיק לֵיהּ כִּדְקָאַמְרָן, וּבְדָא אִיהוּ רָוֵי וְחַדֵּי.

וְלִנְפֹּל יָרֵךְ. מַה זֶה וְלִנְפֹּל, וְנָפְלָה יְרֵכָהּ הָיָה צָרִיךְ לִהְיוֹת. וְלַצְבּוֹת, וְצָבְתָה הָיָה צָרִיךְ לִהְיוֹת. אֶלָּא כְּמִי שֶׁזּוֹרֵק עֶצֶם לַכֶּלֶב וְאוֹמֵר לוֹ, טֹל אֶת זֶה לְחֶלְקְךָ. וּמֵהַכֹּל לֹא הֵרַע לְפָנָיו אֶלָּא שֶׁגָּזְלוּ מִמֶּנּוּ יָרֵךְ, מִשּׁוּם שֶׁהוּא יָגַע וְהִתְעַיֵּף עָלֶיהָ וְהִרְוִיחַ אוֹתָהּ וְהוֹצִיאוּ אוֹתָהּ מִמֶּנּוּ. וְלָכֵן הַקָּדוֹשׁ בָּרוּךְ הוּא הִפִּיל לוֹ אֶת הָעֶצֶם הַזּוֹ שֶׁל הַסּוֹטָה וְהוֹצִיא אוֹתוֹ לוֹ, כְּמוֹ שֶׁאָמַרְנוּ, וּבָזֶה הוּא רָוֶה וְשָׂמֵחַ.

כָּל אִינּוּן רְתִיכִין וְסִיַּיעְתָּא דִּילֵיהּ, בָּעָאן תָּדִיר יָרֵךְ, וְאַזְלֵי בְּכִסּוּפָא אֲבַתְרֵיהּ. וּבְגִין דָּא, הָנֵי בָּרְכֵי דְּרַבָּנָן דְּשַׁלְהֵי, מִן דָּא אִיהוּ. דְּכָל כִּסּוּפָא דִּלְהוֹן, בָּתַר יָרֵךְ אִיהוּ, וְכָל שֶׁכֵּן יָרֵךְ דְּרַבָּנָן, וְכָל מִלָּה אַהְדָּר לְאַתְרֵיהּ, וְקוּדְשָׁא בְּרִיךְ הוּא לָא גָּרַע כְּלוּם, מִכָּל מַה דְּאִצְטְרִיךְ, וְלָא בָּעָא דְּיִקְרַב לִקְדוּשָּׁה, בַּר עַמֵּיהּ וְעַדְבֵיהּ זוּלָקֵיהּ וְאַחֲסַנְתֵּיהּ. כְּמָה דְּעָבִיד קוּדְשָׁא בְּרִיךְ הוּא לְעֵילָא, הָכִי עַבְדֵי יִשְׂרָאֵל לְתַתָּא, וְהָכִי אִצְטְרִיךְ לְמֶעְבַּד, וְהָכִי תָּנֵינָן, אָסִיר לֵיהּ לְיִשְׂרָאֵל, לְמֵילַף אוֹרַיְיתָא לְעוֹבְדֵי כּוֹכָבִים וּמַזָּלוֹת, דִּכְתִיב, מַגִּיד דְּבָרָיו לְיַעֲקֹב וְגוֹ', לֹא עָשָׂה כֵן לְכָל גּוֹי וְגוֹ'.

כָּל אוֹתָן הַמֶּרְכָּבוֹת וְהַסִּיּוּעַ שֶׁלּוֹ תָּמִיד רוֹצִים יָרֵךְ, וְהוֹלְכִים בִּתְשׁוּקָה אַחֲרֶיהָ, וּמִשּׁוּם כָּךְ הַבִּרְכַּיִם שֶׁל הָרַבָּנִים עֲיֵפִים, וְזֶה מִן זֶה. שֶׁכָּל הַתְּשׁוּקָה שֶׁלָּהֶם אַחַר הַיָּרֵךְ הִיא, וְכָל שֶׁכֵּן יָרֵךְ שֶׁל חֲכָמִים, וְכָל דָּבָר חוֹזֵר לִמְקוֹמוֹ. וְהַקָּדוֹשׁ בָּרוּךְ הוּא לֹא גוֹרֵעַ כְּלוּם מִכָּל מַה שֶּׁצָּרִיךְ, וְלֹא רוֹצֶה שֶׁיִּתְקָרֵב לַקְּדֻשָּׁה חוּץ מֵעַמּוֹ וְגוֹרָלוֹ, חֶלְקוֹ וְנַחֲלָתוֹ. כְּמוֹ שֶׁעוֹשֶׂה הַקָּדוֹשׁ בָּרוּךְ הוּא לְמַעְלָה, כָּךְ עוֹשִׂים יִשְׂרָאֵל לְמַטָּה וְכָךְ צָרִיךְ לַעֲשׂוֹת. וְכָךְ שָׁנִינוּ, אָסוּר לְיִשְׂרָאֵל לְלַמֵּד

תּוֹרָה לְעוֹבְדֵי כּוֹכָבִים וּמַזָּלוֹת, שֶׁכָּתוּב, מַגִּיד דְּבָרָיו לְיַעֲקֹב וְגוֹ', לֹא עָשָׂה כֵן לְכָל גּוֹי וְגוֹ'.

וְעַל דָּא דָּחֵי לֵיהּ יַעֲקֹב, וְדָחֵי לֵיהּ שְׁמוּאֵל, דְּלָא יְהֵא לֵיהּ חוּלָקָא בְּקְדוּשָּׁא. [דף קי"ב ע"א] וּבְגִין דָּא, כָּל נְטִירוּ דְּהָבוּ לְיִשְׂרָאֵל, עַל דָּא אִיהוּ. לְכַלְבָּא דְּחָטִיף עוֹפָא דַּכְיָא מִן שׁוּקָא, וְאַיְיתֵי לֵיהּ, וְעַד לָא אִתְּבַר, אָתָא חַד בַּר נָשׁ וְחַטְפָא מִנֵּיהּ, לְבָתַר יָהִיב לֵיהּ חַד גַּרְמָא גְּרִירָא בְּלָא תּוֹעַלְתָּא.

וְלָכֵן דָּחָה אוֹתוֹ יַעֲקֹב וְדָחָה אוֹתוֹ שְׁמוּאֵל, שֶׁלֹּא יִהְיֶה לוֹ חֵלֶק בַּקְּדֻשָּׁה. וּמִשּׁוּם כָּךְ כָּל שְׁמִירַת הַשִּׂנְאָה לְיִשְׂרָאֵל הִיא עַל כָּךְ. לְכֶלֶב שֶׁחָטַף עוֹף טָהוֹר מֵהַשּׁוּק וְהֵבִיא אוֹתוֹ, וְטֶרֶם שֶׁנִּשְׁבַּר בָּא אִישׁ אֶחָד וְחָטַף אוֹתוֹ מִמֶּנּוּ, וְאַחַר כָּךְ נָתַן לוֹ עֶצֶם נִגְרֶרֶת אַחַת בְּלִי תּוֹעֶלֶת.

כַּךְ לְשָׂרוֹ שֶׁל עֵשָׂו, אַפִּיקוּ לֵיהּ מֵהַהוּא בֶּטֶן, וְחָטִיפוּ מִנֵּיהּ הַהוּא יָרֵךְ. לְבָתַר יָהֲבוּ לֵיהּ גַּרְמָא חַד, הַהוּא בֶּטֶן וְהַהוּא יָרֵךְ דְּסוֹטָה, וְלָא אָחֳרָא. הָא גַּרְמָא, דְּקָא יָהֲבוּ לֵיהּ לְחוּלָקֵיהּ וְעַדְבֵיהּ, וְעָרַב לֵיהּ. וּבְגִין כָּךְ, כָּל דִּינִין דְּקוּדְשָׁא בְּרִיךְ הוּא דִּינִין דִּקְשׁוֹט אִינּוּן, וּבְנֵי נָשָׁא לָא יַדְעִין, וְלָא מַשְׁגִּיחִין לְקוּדְשָׁא בְּרִיךְ הוּא. וְכֻלְּהוּ בְּאֹרַח קְשׁוֹט. הִיא אַסְטִיאַת גַּרְמָהּ מִבַּעְלָהּ, כְּמָה דְּאַתְּ אָמֵר, הָעוֹזֶבֶת אַלּוּף נְעוּרֶיהָ וְגוֹ', אוּף הָכִי אִתְּתָא, כְּגַוְונָא דִּילָהּ בְּאַרְעָא.

כַּךְ לְשָׂרוֹ שֶׁל עֵשָׂו הוֹצִיאוּ אוֹתוֹ מֵאוֹתָהּ הַבֶּטֶן, חָטְפוּ מִמֶּנּוּ אֶת אוֹתָהּ הַיָּרֵךְ, אַחַר כָּךְ נָתְנוּ לוֹ עֶצֶם אַחַת, אוֹתָהּ הַבֶּטֶן וְאוֹתָהּ הַיָּרֵךְ שֶׁל הַסּוֹטָה, וְלֹא אַחֵר. זוֹ הָעֶצֶם שֶׁנָּתְנוּ לְחֶלְקוֹ וּלְגוֹרָלוֹ וְעָרְבָה לוֹ. וּמִשּׁוּם כָּךְ כָּל דִּינֵי הַקָּדוֹשׁ בָּרוּךְ הוּא הֵם דִּינֵי אֱמֶת, וּבְנֵי אָדָם לֹא יוֹדְעִים וְלֹא מַשְׁגִּיחִים לַקָּדוֹשׁ בָּרוּךְ הוּא, וְכֻלָּם בְּדֶרֶךְ אֱמֶת. הִיא הִסְטְתָה אֶת עַצְמָהּ מִבַּעְלָהּ, כְּמוֹ שֶׁנֶּאֱמַר, הַעֹזֶבֶת אַלּוּף נְעוּרֶיהָ וְגוֹ'. אַף כָּךְ הָאִשָּׁה כְּגוֹן שֶׁלָּהּ בָּאָרֶץ.

תָּא חֲזֵי, מַאן דְּאַשְׁכַּח חַבְרָא כְּוָותֵיהּ, דְּעָבִיד כְּעוֹבָדוֹי בְּעָלְמָא, רָחִים לֵיהּ, וְאִתְדְּבַק בַּהֲדֵיהּ, וְעָבִיד עִמֵּיהּ טִיבוּ. אֲבָל סִטְרָא אָחֳרָא לָאו הָכִי, כֵּיוָן דְּאַשְׁכַּח מַאן דְּשָׁבַק סִטְרָא דִּקְדוּשָּׁה דְּקוּדְשָׁא בְּרִיךְ הוּא, וְעָבִיד כְּעוֹבָדוֹי, וְאִתְדְּבַק בָּהּ, כְּדֵין בַּעְיָא לְשֵׁיצָאָה וּלְאַפָּקָא לֵיהּ מֵעָלְמָא. הַאי אִתְּתָא, עַבְדַת כְּעוֹבָדָהָא, וְאִתְדַּבְקַת בָּהּ, חֲזֵי מַה דְּעַבְדַת בָּהּ, וְצָבְתָה בִטְנָהּ וְנָפְלָה יְרֵכָהּ. קוּדְשָׁא בְּרִיךְ הוּא לָאו הָכִי, מַאן דְּשָׁבִיק לְסִטְרָא אָחֳרָא,

וְאִתְדַּבַּק בֵּיהּ בְּקוּדְשָׁא בְּרִיךְ הוּא, כְּדֵין רָחִים לֵיהּ, וְעָבִיד לֵיהּ כָּל טִיבוּ דְּעָלְמָא. הַשְׁתָּא סָבָא אַתְקִין גַּרְמִיךְ, דְּהָא חִוְיָא אָזִיל לֵיהּ, וּבָעָא לְאִתְגָּרָא בַּהֲדָךְ, וְלָא יָכִיל.

בֹּא וּרְאֵה, מִי שֶׁמּוֹצֵא חָבֵר כָּמוֹתוֹ שֶׁעוֹשֶׂה כְּמַעֲשָׂיו בָּעוֹלָם, אוֹהֵב אוֹתוֹ וְנִדְבָּק עִמּוֹ וְעוֹשֶׂה עִמּוֹ טוֹב. אֲבָל הַצַּד הָאַחֵר לֹא כָּךְ. כֵּיוָן שֶׁמּוֹצֵא מִי שֶׁעָזַב אֶת צַד הַקְּדֻשָּׁה שֶׁל הַקָּדוֹשׁ בָּרוּךְ הוּא וְעוֹשֶׂה כְּמַעֲשָׂיו וְנִדְבָּק בּוֹ, אָז הוּא רוֹצֶה לְכַלּוֹתוֹ וּלְהוֹצִיאוֹ מִן הָעוֹלָם. הָאִשָּׁה הַזּוֹ עָשְׂתָה כְּמַעֲשָׂיו וְנִדְבְּקָה בּוֹ, רְאֵה מַה הוּא עָשָׂה בָּהּ, וְצָבְתָה בִטְנָהּ וְנָפְלָה יְרֵכָהּ. וְהַקָּדוֹשׁ בָּרוּךְ הוּא אֵינוֹ כָּךְ, מִי שֶׁעוֹזֵב אֶת הַצַּד הָאַחֵר וְנִדְבָּק בַּקָּדוֹשׁ בָּרוּךְ הוּא, אָז אוֹהֵב אוֹתוֹ וְעוֹשֶׂה לוֹ כָּל טוּב שֶׁבָּעוֹלָם. עַכְשָׁו, זָקֵן, תַּקֵּן עַצְמְךָ, שֶׁהֲרֵי הַנָּחָשׁ הָלַךְ לוֹ וְרוֹצֶה לְהִתְגָּרוֹת בְּךָ וְלֹא יָכוֹל.

פָּתַח וְאָמַר, מַה יִּתְרוֹן לָאָדָם בְּכָל עֲמָלוֹ שֶׁיַּעֲמוֹל תַּחַת הַשָּׁמֶשׁ, וְכִי לָא אָתָא שְׁלֹמֹה אֶלָּא לְאוֹלְפָא מִלָּה דָּא. אִלּוּ אָמַר בַּעֲמָלוֹ שֶׁיַּעֲמוֹל יָאוּת, דְּהָא אִשְׁתְּאַר עָמָל, דְּאִית בֵּיהּ יִתְרוֹן. אֶלָּא כֵּיוָן דִּכְתִיב בְּכָל עֲמָלוֹ, הָא כְּלָלָא דְּכֹלָּא, דְּלָא אִשְׁתְּאַר כְּלוּם דְּאִית בֵּיהּ יִתְרוֹן.

פָּתַח וְאָמַר, מַה יִּתְרוֹן לָאָדָם בְּכָל עֲמָלוֹ שֶׁיַּעֲמֹל תַּחַת הַשָּׁמֶשׁ. וְכִי לֹא בָא שְׁלֹמֹה אֶלָּא לְלַמֵּד דָּבָר זֶה, אִלּוּ אָמַר בַּעֲמָלוֹ שֶׁיַּעֲמֹל, יָפֶה, שֶׁהֲרֵי נִשְׁאָר עָמָל שֶׁיֵּשׁ בּוֹ יִתְרוֹן. אֶלָּא כֵּיוָן שֶׁכָּתוּב בְּכָל עֲמָלוֹ, הֲרֵי הַכְּלָל שֶׁל הַכֹּל - שֶׁלֹּא נִשְׁאָר כְּלוּם שֶׁיֵּשׁ בּוֹ יִתְרוֹן.

אֶלָּא, לָאו לְכָל אָדָם אָמַר שְׁלֹמֹה מִלָּה דָּא, אֶלָּא אָדָם אִית בְּעָלְמָא, דְּאִיהוּ מִשְׁתַּדֵּל תָּדִיר בְּבִישׁ וּלְאַבְאָשָׁא, וְלָא אִשְׁתָּדַל בְּטָב אֲפִילוּ רִגְעָא חֲדָא. וְעַל דָּא כְּתִיב עֲמָלוֹ, וְלָא כְּתִיב יְגִיעוֹ. עֲמָלוֹ. כְּמָה דְּאַתְּ אָמֵר, יָשׁוּב עֲמָלוֹ בְרֹאשׁוֹ. וְלֹא רָאָה עָמָל בְּיִשְׂרָאֵל. יְגִיעוֹ, כְּמָה דְּאַתְּ אָמֵר, יְגִיעַ כַּפֶּיךָ כִּי תֹאכֵל וְגוֹ'. וּכְתִיב, וְאֶת יְגִיעַ כַּפַּי רָאָה אֱלֹהִים. אֲבָל עֲמָלוֹ, כְּתִיב, עָמָל וָכַעַס. אִשְׁתַּדְּלוּתֵיהּ הוּא תָּדִיר לְבִישׁ, וְעַל דָּא אִיהוּ תַּחַת הַשָּׁמֶשׁ. בְּשַׁעֲתָא דְּהַאי אָדָם אִשְׁתָּדַל בְּבִישׁ, עַל הַאי כְּתִיב, לֹא נִין לוֹ וְלֹא נֶכֶד בְּעַמּוֹ וְגוֹ', דְּהָא קוּדְשָׁא בְּרִיךְ הוּא בָּעֵי, דְּלָא יַעֲבִיד תּוֹלָדִין, דְּאִלְמָלֵא יַעֲבִיד תּוֹלָדִין, הֲוָה מְטַשְׁטְשָׁא עָלְמָא. וְעַל דָּא כְּתִיב, מַה יִּתְרוֹן לָאָדָם בְּכָל עֲמָלוֹ. וּמַאן דְּלָא יִשְׁתָּדַל

סדר לימוד ליום הפטירה לעילוי נשמה

לְמֶעְבַּד תּוֹלְדִין, אִתְדַּבַּק בְּהַאי סִטְרָא דְּאָדָם בִּישָׁא וְעָאל תְּחוֹת גַּדְפּוֹי.

אֶלָּא שֶׁלֹּא לְכָל אָדָם אָמַר שְׁלֹמֹה אֶת הַדָּבָר הַזֶּה, אֶלָּא יֵשׁ אָדָם בָּעוֹלָם שֶׁמִּשְׁתַּדֵּל תָּמִיד בְּרַע וּלְהָרַע, וְלֹא מִשְׁתַּדֵּל בְּטוֹב אֲפִלּוּ רֶגַע אֶחָד, וְעַל זֶה כָּתוּב עֲמָלוֹ וְלֹא כָתוּב יְגִיעוֹ. עֲמָלוֹ, כְּמוֹ שֶׁנֶּאֱמַר יָשׁוּב עֲמָלוֹ בְרֹאשׁוֹ. וְלֹא רָאָה עָמָל בְּיִשְׂרָאֵל. יְגִיעוֹ, כְּמוֹ שֶׁנֶּאֱמַר יְגִיעַ כַּפֶּיךָ כִּי תֹאכֵל וְגוֹ'. וְכָתוּב, וְאֶת יְגִיעַ כַּפַּי רָאָה אֱלֹהִים. אֲבָל עֲמָלוֹ, כָּתוּב עָמָל וָכַעַס. הִשְׁתַּדְּלוּתוֹ הִיא תָּמִיד לְרַע, וְעַל כָּךְ הוּא תַּחַת הַשֶּׁמֶשׁ. בְּשָׁעָה שֶׁהָאָדָם הַזֶּה מִשְׁתַּדֵּל בְּרַע, עַל זֶה כָּתוּב, לֹא נִין לוֹ וְלֹא נֶכֶד בְּעַמּוֹ וְגוֹ', שֶׁהֲרֵי הַקָּדוֹשׁ בָּרוּךְ הוּא רוֹצֶה שֶׁלֹּא יַעֲשֶׂה תּוֹלָדוֹת, שֶׁאִלְמָלֵא יַעֲשֶׂה תּוֹלָדוֹת, הָיָה מַחֲרִיב אֶת הָעוֹלָם, וְעַל זֶה כָּתוּב מַה יִּתְרוֹן לָאָדָם בְּכָל עֲמָלוֹ. וּמִי שֶׁלֹּא מִשְׁתַּדֵּל לַעֲשׂוֹת תּוֹלָדוֹת, נִדְבָּק בַּצַּד הַזֶּה שֶׁל אָדָם רַע, וְנִכְנָס תַּחַת כְּנָפָיו.

רוּת אֲמָרָה, וּפָרַשְׂתָּ כְנָפֶךָ עַל אֲמָתְךָ, בְּגִין לְאִזְדַּוְּוגָא בְּהַדֵיהּ דְּצַדִּיק, לְמֶעְבַּד תּוֹלְדִין, וְקוּדְשָׁא בְּרִיךְ הוּא פָּרִישׂ גַּדְפּוֹי עַל בַּר נָשׁ, בְּגִין לְאַפָּשָׁא בְּעָלְמָא. לְמַאן דְּלָא בָּעֵי לְמֶעְבַּד תּוֹלְדִין, בְּגַפּוֹ יָבֹא, בְּגַפּוֹ דְּהַהוּא בִּישׁ, דְּאִיהוּ אָזִיל עֲרִירִי, כְּחִוְיָא דָא, דְּאָזִיל יְחִידָאי. בְּגַפּוֹ יֵצֵא, אִיהוּ דְּלָא אִשְׁתַּדַּל לְמֶעְבַּד תּוֹלְדִין, הָא אִתְּמַר כָּל מַה דְּאִצְטְרִיךְ.

רוּת אָמְרָה, וּפָרַשְׂתָּ כְנָפֶיךָ עַל אֲמָתְךָ, כְּדֵי לְהִזְדַּוֵּג עִם הַצַּדִּיק, לַעֲשׂוֹת תּוֹלָדוֹת, וְהַקָּדוֹשׁ בָּרוּךְ הוּא פּוֹרֵס כְּנָפָיו עַל בֶּן אָדָם כְּדֵי לְהִתְרַבּוֹת בָּעוֹלָם, וּמִי שֶׁלֹּא רוֹצֶה לַעֲשׂוֹת תּוֹלָדוֹת, בְּגַפּוֹ יָבֹא - בְּגַפּוֹ שֶׁל אוֹתוֹ רַע, שֶׁהוּא הוֹלֵךְ עֲרִירִי כַּנָּחָשׁ הַזֶּה שֶׁהוֹלֵךְ יְחִידִי. בְּגַפּוֹ יֵצֵא, כְּמוֹ שֶׁנִּתְבָּאֵר, הוּא שֶׁלֹּא הִשְׁתַּדֵּל לַעֲשׂוֹת תּוֹלָדוֹת, הֲרֵי נִתְבָּאֵר כָּל מַה שֶּׁצָּרִיךְ.

רִיב דְּעָבַד קוּדְשָׁא בְּרִיךְ הוּא, הָא אִתְּמַר, רִיב. דִּכְתִיב, קוּם רִיב אֶת הֶהָרִים. מַאי אִיהוּ. אֶלָּא, אִינּוּן טוּרִין דִּלְתַתָּא. אַמַּאי רִיב דָא. בְּגִין דִּבְהוּ תַּלְיָא, כָּל חוֹבָא דְּעָבְדִין יִשְׂרָאֵל, לְגַבֵּי אֲבוּהוֹן דְּבִשְׁמַיָּא. מַאי טַעֲמָא. בְּגִין דְּיִשְׂרָאֵל הֲווּ יַדְעִין שִׁמּוּשָׁא דְּכָל מַלְאָכִין עִלָּאִין דְּבִשְׁמַיָּא, וְלָא אָנִיס לְהוּ, אֲפִילוּ שְׁמָא דְּזָוָד מִנַּיְיהוּ, וְכָל שִׁמּוּשָׁא דִּלְהוֹן.

הָרִיב שֶׁעוֹשֶׂה הַקָּדוֹשׁ בָּרוּךְ הוּא הֲרֵי נֶאֱמַר, רִיב. שֶׁכָּתוּב, קוּם רִיב אֶת הֶהָרִים. מִי הֵם, אֶלָּא אוֹתָם הָרִים שֶׁלְּמַטָּה. לָמָּה הָרִיב הַזֶּה, מִשּׁוּם שֶׁבָּהֶם תְּלוּיִים כָּל הַחֲטָאִים שֶׁעוֹשִׂים יִשְׂרָאֵל לַאֲבִיהֶם שֶׁבַּשָּׁמַיִם. מַה הַטַּעַם, כִּי יִשְׂרָאֵל הָיוּ יוֹדְעִים שִׁמּוּשׁ שֶׁל

כָּל הַמַּלְאָכִים הָעֶלְיוֹנִים שֶׁבַּשָּׁמַיִם, וְלֹא נֶעְלָם מֵהֶם אֲפִלּוּ שְׁמוֹ שֶׁל אֶחָד מֵהֶם, וְכָל הַשִּׁמּוּשׁ שֶׁלָּהֶם.

וּבִתְרֵין סִטְרִין הֲוֵי טָעָאן אֲבַתְרַיְיהוּ. חַד, דַּהֲווּ יַדְעִין לְאַמְשָׁכָא חֵילָא דִּלְהוֹן, דְּכֹכָבַיָּא וּמַזָּלֵי בְּאַרְעָא. וְחַד, דַּהֲווּ יַדְעֵי לְאוֹמָאָה לוֹן, בְּכָל מַה דְּאִצְטְרִיכוּ. וְעַל דָּא בָּעָא קוּדְשָׁא בְּרִיךְ הוּא לְמֶעְבַּד בְּהוּ רִיב וְדִינָא. וְכֵיוָן דִּבְהוֹן לֶהֱוֵי רִיב וְדִינָא, כָּל שַׁלְשׁוּלָא נָפֵל דְּהָא לָא יֶהֱוֵי בֵּיהּ תּוֹעַלְתָּא. וּבְגִין כַּךְ, קוּם רִיב וְגוֹ'. וְתִשְׁמַעְנָה הַגְּבָעוֹת קוֹלֶךָ. [דף קי"ב ע"ב] מַאן גְּבָעוֹת. אִלֵּין אִינּוּן אִמָּהוֹת, דַּרְגִּין דְּאִקְרוּן בְּתוּלוֹת אַחֲרֶיהָ וְגוֹ', וּבְגִין כַּךְ וְתִשְׁמַעְנָה הַגְּבָעוֹת קוֹלֶךָ. דְּהָכִי הֲווּ עַבְדֵי יִשְׂרָאֵל, עַד דְּאִשְׁתַּתָּפוּ בְּדַרְגִּין תַּתָּאִין.

וּבִשְׁנֵי צְדָדִים הָיוּ טוֹעִים אַחֲרֵיהֶם. אֶחָד, שֶׁהָיוּ יוֹדְעִים לִמְשֹׁךְ אֶת כֹּחָם שֶׁל הַכּוֹכָבִים וְהַמַּזָּלוֹת לָאָרֶץ. וְאֶחָד, שֶׁהָיוּ יוֹדְעִים אֵיךְ לְהַשְׁבִּיעָם בְּכָל מַה שֶּׁהִצְטָרְכוּ, וְלָכֵן רָצָה הַקָּדוֹשׁ בָּרוּךְ הוּא לַעֲשׂוֹת בָּהֶם רִיב וְדִין. וְכֵיוָן שֶׁבָּהֶם יִהְיֶה רִיב וְדִין, כָּל הַשַּׁלְשֶׁלֶת נוֹפֶלֶת, שֶׁהֲרֵי לֹא תִהְיֶה בּוֹ תּוֹעֶלֶת, וּמִשּׁוּם כָּךְ קוּם רִיב וְגוֹ'. וְתִשְׁמַעְנָה הַגְּבָעוֹת קוֹלֶךָ, מִי הַגְּבָעוֹת, אֵלֶּה הֵן הָאִמָּהוֹת, הַדְּרָגוֹת שֶׁנִּקְרָאוֹת בְּתוּלוֹת אַחֲרֶיהָ וְגוֹ', וּמִשּׁוּם כָּךְ וְתִשְׁמַעְנָה הַגְּבָעוֹת קוֹלֶךָ. שֶׁכָּךְ הָיוּ עוֹשִׂים יִשְׂרָאֵל עַד שֶׁהִשְׁתַּתְּפוּ בִּדְרָגוֹת תַּחְתּוֹנוֹת.

תָּא חֲזֵי, דְּאִית לְאַהַדְרָא סָבָא, בְּמִלִּין קַדְמָאִין, דְּהָכִי הֲווּ עַבְדֵי יִשְׂרָאֵל, עַד דְּאִשְׁתַּתָּפוּ בְּדַרְגִּין תַּתָּאִין יָרֵךְ דְּקָא אֲמָרָן, סַגִּי אִתְקִיפוּ לוֹן יִשְׂרָאֵל, בְּהַהוּא יָרֵךְ. מָרְדְּכַי הֲוָה אַחְזֵי לְהַהוּא רָשָׁע דְּהָמָן הַהוּא יָרֵךְ דִּילֵיהּ, וְעַל דָּא הֲוָה רָגִיז, מִלָּה דְּאִתְחֲזֵי לֵיהּ, וְאִיהוּ אַרְגִּיז לֵיהּ בַּהֲדֵיהּ. חָמוּ חַבְרַיָּיא, מַה כְּתִיב, וַתִּקַּח רִבְקָה אֶת בִּגְדֵי עֵשָׂו בְּנָהּ הַגָּדֹל הַחֲמֻדֹת וְגוֹ'. בְּאִלֵּין לְבוּשִׁין דִּילֵיהּ, גָּזַל דִּילֵיהּ, וְאַפִּיק לֵיהּ מִכָּל בִּרְכָאן דִּילֵיהּ, וּמִבְּכֵרוּתָא.

בֹּא וּרְאֵה שֶׁיֵּשׁ לַחֲזֹר, זָקֵן, לִדְבָרִים רִאשׁוֹנִים, שֶׁכָּךְ הָיוּ עוֹשִׂים יִשְׂרָאֵל עַד שֶׁהִשְׁתַּתְּפוּ בַּדְּרָגוֹת הַתַּחְתּוֹנוֹת. הַיָּרֵךְ שֶׁאָמַרְנוּ, הַרְבֵּה הִתְקִיפוּ אֶת יִשְׂרָאֵל בְּאוֹתָהּ הַיָּרֵךְ. מָרְדְּכַי הָיָה מַרְאֶה לְאוֹתוֹ הָמָן הָרָשָׁע אֶת אוֹתָהּ יָרֵךְ שֶׁלּוֹ, וְלָכֵן הָיָה רוֹגֵז, דָּבָר שֶׁנִּרְאָה לוֹ, וְהוּא הִרְגִּיז אוֹתוֹ עִמּוֹ. רְאוּ הַחֲבֵרִים מַה כָּתוּב, וַתִּקַּח רִבְקָה אֶת בִּגְדֵי עֵשָׂו בְּנָהּ הַגָּדֹל הַחֲמֻדֹת וְגוֹ'. בַּלְּבוּשׁ הַלָּלוּ שֶׁלּוֹ גָּזַל אוֹתוֹ וְהוֹצִיא אוֹתוֹ מִכָּל בִּרְכוֹתָיו וּמֵהַבְּכוֹרָה.

סֵדֶר לִימּוּד לְיוֹם הַפְּטִירָה לְעִילּוּי נִשְׁמָה

וּבְגִין כַּךְ, עִילָּה דְּקָא אַשְׁכָּחוּ רְתִיכִין דִּילֵיהּ, לְרַבָּנָן, אִיהוּ דְּזוּהֲמָא דִּלְהוֹן לְמָאנֵי דְּרַבָּנָן תָּדִיר. לְיַרְכִין דִּלְהוֹן. וּלְמָאנִין דִּלְהוֹן. וְאִלֵּין תְּרֵין מִלִּין דִּסְטָר אַחֲרָא הֲווּ, וְכָל דָּא בְּגִין דְּגָזְלוּ לוֹן מִנֵּיהּ. לֵית לְהוּ עִילָּה אֶלָּא לְרַבָּנָן. וּבְגִין כַּךְ, הָנֵי מָאנֵי דְּרַבָּנָן דְּקָא בָּלוּ מִזּוּהֲמָא דִּלְהוֹן אִיהוּ, וְהָנֵי בִּרְכֵי דְּשַׁלְהֵי, מִנַּיְיהוּ הוּא וַדַּאי. וּמִדִּלְהוֹן הֲווּ, וּמִנְּהוֹן נָטְלֵי עִילָּה, וּמִמַּה דַּהֲווּ מִנַּיְיהוּ. בָּעָאן לְרַבָּנָן, דְּאִינּוּן כְּלָלָא דְּהַהוּא יוֹשֵׁב אֹהָלִים, וְעַל דָּא לֵית עִילָּה בְּלָא עִילָּה, וְעַל דָּא לֵית מִלָּה, בְּלָא דִּינָא, וְכָל מִלָּה תָּב לְאַתְרֵיהּ.

וּמִשּׁוּם כָּךְ, הָעִלָּה שֶׁמָּצְאוּ הַמֶּרְכָּבוֹת שֶׁלּוֹ לַחֲכָמִים הוּא הַחִכּוּךְ שֶׁלָּהֶם עִם בִּגְדֵי רַבּוֹתֵינוּ תָּמִיד לַיְּרֵכַיִם שֶׁלָּהֶם וְלַבְּגָדִים שֶׁלָּהֶם. וְאֵלּוּ שְׁנֵי הַדְּבָרִים הָיוּ שֶׁל הַצַּד הָאַחֵר, וְכָל זֶה מִשּׁוּם שֶׁגָּזְלוּ מִמֶּנּוּ אוֹתָם, וְאֵין לָהֶם עִלָּה אֶלָּא לַחֲכָמִים. וּמִשּׁוּם כָּךְ הַבְּגָדִים הַלָּלוּ שֶׁל הַחֲכָמִים הֵם מִתְבַּלִּים מֵהַחִכּוּךְ שֶׁלָּהֶם, וְהַבִּרְכַּיִם הַכּוֹשְׁלוֹת הַלָּלוּ זֶה מֵהֶם וַדַּאי, וּמִשֶּׁלָּהֶם הָיוּ, וּמֵהֶם נוֹטְלִים תּוֹאֲנָה, וּמִמַּה שֶּׁהָיוּ מֵהֶם. וְרוֹצִים לַחֲכָמִים, שֶׁהֵם כְּלָל שֶׁל אוֹתוֹ שֶׁיּוֹשֵׁב אֹהָלִים, וְלָכֵן אֵין עִלָּה בְּלִי עִלָּה, וְלָכֵן אֵין דָּבָר בְּלִי דִין, וְכָל דָּבָר שָׁב לִמְקוֹמוֹ.

שְׁלֹמֹה אָמַר, וְשַׁבְתִּי אֲנִי וָאֶרְאֶה אֶת כָּל הָעֲשׁוּקִים אֲשֶׁר נַעֲשִׂים תַּחַת הַשָּׁמֶשׁ וְהִנֵּה דִּמְעַת הָעֲשׁוּקִים וְאֵין לָהֶם מְנַחֵם וּמִיַּד עוֹשְׁקֵיהֶם כֹּחַ וְאֵין לָהֶם מְנַחֵם. הַאי קְרָא אִרְמִיזְנָא בֵּיהּ, וְאִתְּמַר. אֲבָל שַׁבְתִּי אֲנִי, וְכִי מֵאָן אֲתַר תָּב שְׁלֹמֹה. אִי נֵימָא, לְבָתַר דְּאָמַר מִלָּה דָּא, תָּב כְּמִלְּקַדְּמִין, וְאָמַר מִלָּה אָחֳרָא, יָאוֹת אֲבָל שַׁבְתִּי וָאֶרְאֶה.

שְׁלֹמֹה אָמַר, וְשַׁבְתִּי אֲנִי וָאֶרְאֶה אֶת כָּל הָעֲשׁוּקִים אֲשֶׁר נַעֲשִׂים תַּחַת הַשָּׁמֶשׁ וְהִנֵּה דִּמְעַת הָעֲשׁוּקִים וְאֵין לָהֶם מְנַחֵם וּמִיַּד עֹשְׁקֵיהֶם כֹּחַ וְאֵין לָהֶם מְנַחֵם. הַפָּסוּק הַזֶּה רָמַזְנוּ בּוֹ וְנִתְבָּאֵר. אֲבָל שַׁבְתִּי אֲנִי, וְכִי מֵאֵיזֶה מָקוֹם שָׁב שְׁלֹמֹה, אִם נֹאמַר, לְאַחַר שֶׁאָמַר דָּבָר זֶה שָׁב כְּמוֹ מִקֹּדֶם וְאָמַר דָּבָר אַחֵר, יָפֶה. אֲבָל שַׁבְתִּי וָאֶרְאֶה.

תַּמָּן תָּנֵינָן, בְּכָל יוֹמָא הֲוָה אַקְדִּים שְׁלֹמֹה בְּצַפְרָא, וַהֲוֵי שַׁוֵּי אַנְפּוֹי לִסְטַר מִזְרָח, וַחֲמֵי מַה דַּחֲמֵי, וּלְבָתַר תָּב לִסְטַר דָּרוֹם, וַחֲמֵי מַה דַּחֲמֵי וְהָדַר תָּב לִסְטַר צָפוֹן, וְקָאִים תַּמָּן. מָאִיךְ עֵינוֹי וְזָקִיף רֵישֵׁיהּ.

סֵדֶר לִימּוּד לְיוֹם הַפְּטִירָה לְעִילּוּי נִשְׁמָה

שָׁם שָׁנִינוּ, בְּכָל יוֹם הָיָה מַקְדִּים שְׁלֹמֹה בַּבֹּקֶר וְהָיָה שָׂם פָּנָיו לְצַד מִזְרָח וְרוֹאֶה מַה שֶּׁרוֹאֶה, וְאַחַר כָּךְ שָׁב לְצַד דָּרוֹם וְרוֹאֶה מַה שֶּׁרוֹאֶה, וְאַחַר כָּךְ שָׁב לְצַד צָפוֹן וְעוֹמֵד שָׁם. מַנְמִיךְ עֵינָיו וּמֵרִים רֹאשׁוֹ.

בְּהַאי שַׁעֲתָא, הָא עַמּוּדָא דְאֶשָּׁא וְעַמּוּדָא דַעֲנָנָא, הֲווּ אַתְיָין, וְעַל הַהוּא עַמּוּדָא דַעֲנָנָא, הֲוָה אָתֵי נִשְׁרָא חֲדָא. וְהַהוּא נִשְׁרָא הוּא רַבְרְבָא וְתַקִּיף, וְכֵן הֲוָה אָתֵי, גַּדְפָּא יְמִינָא, עַל גַּבֵּי עַמּוּדָא דְאֶשָּׁא, וְגוּפָא וְגַדְפָּא שְׂמָאלָא, עַל גַּבֵּי עַמּוּדָא דַעֲנָנָא. וְהַהוּא נִשְׁרָא הֲוֵי מַיְיתֵי תְּרֵין טַרְפִּין בְּפוּמָהָא, אָתָא עַמּוּדָא דַעֲנָנָא, וְעַמּוּדָא דְאֶשָּׁא, וְהַהוּא נִשְׁרָא עֲלַיְיהוּ, וְסַגְּדִין לְקָמֵיהּ דִשְׁלֹמֹה מַלְכָּא.

בַּשָּׁעָה הַזּוֹ הֲרֵי עַמּוּד אֵשׁ וְעַמּוּד עָנָן הָיוּ בָּאִים, וְעַל אוֹתוֹ עַמּוּד הֶעָנָן הָיָה בָּא נֶשֶׁר אֶחָד, וְאוֹתוֹ הַנֶּשֶׁר הוּא גָּדוֹל וְחָזָק. וְכָךְ הָיָה בָּא: כְּנַף יָמִין עַל גַּבֵּי עַמּוּד הָאֵשׁ, וְהַגּוּף וּכְנַף שְׂמֹאל עַל גַּבֵּי עַמּוּד הֶעָנָן. וְאוֹתוֹ נֶשֶׁר הָיָה מֵבִיא שְׁנֵי עָלִים בְּפִיו. בָּא עַמּוּד הֶעָנָן וְעַמּוּד הָאֵשׁ, וְאוֹתוֹ הַנֶּשֶׁר עֲלֵיהֶם, וּמִשְׁתַּחֲוִים לִפְנֵי שְׁלֹמֹה הַמֶּלֶךְ.

אָתָא נִשְׁרָא, וּמָאִיךְ לְקָמֵיהּ, וְיָהִיב לֵיהּ אִינּוּן טַרְפִּין, נָטִיל לוֹן שְׁלֹמֹה מַלְכָּא, וַהֲוָה מֵרִיחַ בְּהוּ, וַהֲוָה יָדַע בְּהוֹן סִימָן, וְאָמַר דָּא אִיהוּ דְנוֹפֵל, וְדָא אִיהוּ דִגְלוּי עֵינַיִם. בְּשַׁעֲתָא דִתְרֵין טַרְפִּין הֲווּ, הֲוָה יָדַע דְתַרְוַויְיהוּ, נוֹפֵל וּגְלוּי עֵינַיִם בָּעָאן לְאוֹדָעָא לֵיהּ מִלִּין.

בָּא הַנֶּשֶׁר וְהִנְמִיךְ לְפָנָיו, וְנָתַן לוֹ אוֹתָם עָלִים. לוֹקֵחַ אוֹתָם הַמֶּלֶךְ שְׁלֹמֹה וּמֵרִיחַ בָּהֶם, וְהָיָה יוֹדֵעַ בָּהֶם סִימָן וְאוֹמֵר, זֶהוּ הַנּוֹפֵל, וְזֶהוּ גְּלוּי הָעֵינַיִם. בְּשָׁעָה שֶׁשְּׁנֵי עָלִים הָיוּ, הָיָה יוֹדֵעַ שֶׁשְּׁנֵיהֶם, נוֹפֵל וּגְלוּי עֵינַיִם, רוֹצִים לְהוֹדִיעוֹ דְבָרִים.

מַה עָבִיד, חָתִים כֻּרְסְיֵיהּ בְּגוּשְׁפַּנְקָא, דַהֲוָה חָקִיק בֵּיהּ שְׁמָא קַדִּישָׁא. וְאִיהוּ נָטִיל עִזְקָא דְחָקִיק עָלֵיהּ שְׁמָא קַדִּישָׁא, וְסָלִיק לְאִגָּרָא, וְרָכִיב עַל הַהוּא נִשְׁרָא, וְאָזִיל לֵיהּ. וְהַהוּא נִשְׁרָא, הֲוָה מִסְתַּלַּק, לְרוּם עֲנָנִין, וּבְכָל אֲתַר דְאִיהוּ עָבַר, הֲוָה אִתְחֲשַׁךְ נְהוֹרָא. וְחַכִּימֵי דַהֲווּ בְּהַהוּא אֲתַר דְאִתְחֲשַׁךְ נְהוֹרָא, הֲווּ יַדְעֵי, וַהֲווּ אַמְרֵי, שְׁלֹמֹה מַלְכָּא הָא אָזִיל, וְאַעְבַּר הָכָא, וְלָא יַדְעֵי לְאָן אֲתַר הֲוָה אָזִיל. טִפְּשִׁין דַהֲווּ תַּמָּן, הֲווּ אַמְרֵי, עֲנָנִין הֲווּ אִינּוּן, דְקָא אָזְלֵי וְחָשִׁיךְ עָלְמָא.

סֵדֶר לִימּוּד לְיוֹם הַפְּטִירָה לְעִילּוּי נִשְׁמָה

מָה עָשָׂה, חָתַם אֶת כִּסְאוֹ בְּחוֹתָם שֶׁהָיָה חָקוּק בּוֹ הַשֵּׁם הַקָּדוֹשׁ, וְנוֹטֵל טַבַּעַת שֶׁחָקוּק עָלֶיהָ הַשֵּׁם הַקָּדוֹשׁ, וְעוֹלֶה לַגַּג וְרוֹכֵב עַל אוֹתוֹ הַנֶּשֶׁר וְהוֹלֵךְ לוֹ. וְאוֹתוֹ נֶשֶׁר הָיָה מִתְעַלֶּה לְרוּם הָעֲנָנִים, וּבְכָל מָקוֹם שֶׁהוּא עָבַר, הָיָה הָאוֹר נֶחְשָׁךְ. הַחֲכָמִים שֶׁהָיוּ בְּאוֹתוֹ הַמָּקוֹם שֶׁחָשַׁךְ הָאוֹר, הָיוּ יוֹדְעִים, וְהָיוּ אוֹמְרִים, שְׁלֹמֹה הַמֶּלֶךְ הֲרֵי הוֹלֵךְ וְעוֹבֵר כָּאן. וְלֹא יוֹדְעִים לְאֵיזֶה מָקוֹם הָיָה הוֹלֵךְ. הַטִּפְּשִׁים שֶׁהָיוּ שָׁם הָיוּ אוֹמְרִים, שֶׁהֵם הָיוּ עֲנָנִים שֶׁהוֹלְכִים וּמַחְשִׁיכִים אֶת הָעוֹלָם.

גָּבַהּ נִשְׁרָא בַּהֲדֵיהּ, וּפָרַח אַרְבַּע מְאָה פַּרְסִין, עַד דְּמָטָא לְטוּרֵי חֲשׁוֹךְ. וְתַמָּן אִיהוּ תַּרְמוֹד בַּמִּדְבָּר בְּהָרִים, וְאִיהוּ נָחִית תַּמָּן. זָקִיף רֵישֵׁיהּ, וְחָמֵי טוּרָא חֲשׁוֹךְ, וַהֲוָה יָדַע תַּמָּן כָּל מַה דְּאִצְטְרִיךְ. וַהֲוָה יָדַע דְּתַמָּן יֵיעוֹל. הֲוָה רָכִיב עַל נִשְׁרָא כְּמִלְּקַדְּמִין, וְטָאס וְעָאל לְגוֹ טוּרִין, עַד הַהוּא אֲתַר דְּזֵיתָא תַּמָּן, קָרָא בְּחֵילָא וְאָמַר, יְיָ רָמָה יָדְךָ בַּל יֶחֱזָיוּן וְגוֹ'.

הִגְבִּיהַּ הַנֶּשֶׁר עִמּוֹ וּפוֹרֵחַ אַרְבַּע מֵאוֹת פַּרְסָאוֹת, עַד שֶׁמַּגִּיעַ לְהָרֵי הַחֹשֶׁךְ. שָׁם הוּא תַּרְמוֹד בַּמִּדְבָּר בֶּהָרִים, וְהוּא יוֹרֵד שָׁם. מֵרִים רֹאשׁוֹ וְרוֹאֶה הַר חָשׁוּךְ, וְשָׁם הָיָה יוֹדֵעַ כָּל מַה שֶּׁצָּרִיךְ, וְהָיָה יוֹדֵעַ שֶׁשָּׁם יִכָּנֵס. הָיָה רוֹכֵב עַל הַנֶּשֶׁר כְּמִקֹּדֶם, וְטָס וְנִכְנָס לְתוֹךְ הֶהָרִים עַד אוֹתוֹ מָקוֹם שֶׁשָּׁם הַזַּיִת, קוֹרֵא בְּחַיִל וְאוֹמֵר, ה' רָמָה יָדְךָ בַּל יֶחֱזָיוּן וְגוֹ'.

עָאל תַּמָּן, עַד דְּקָרִיב לְהַהוּא אֲתַר, שַׁוֵּי עִזְקָא קַמַּיְיהוּ, וְקָרִיב, וְתַמָּן הֲוָה יָדַע כָּל מַה דְּבָעֵי מֵאִינּוּן חָכְמְתָן נוּכְרָאִין, דְּבָעֵי לְמִנְדַּע. כֵּיוָן דַּהֲווּ אַמְרִין לֵיהּ כָּל מַה דְּבָעֵי, כְּדֵין הֲוָה רָכִיב עַל הַהוּא [דף קי"ג ע"א] נִשְׁרָא, וְתָב לְאַתְרֵיהּ. כֵּיוָן דַּהֲוָה יָתִיב עַל כּוּרְסְיֵיהּ, אִתְיַישַּׁב בְּדַעְתֵּיהּ וַהֲוָה מְמַלֵּל בְּדַעְתֵּיהּ מִלִּין דְּחָכְמְתָא יַקִּירָא. בְּהַהִיא שַׁעֲתָא הֲוָה אָמַר, וְשַׁבְתִּי אֲנִי וָאֶרְאֶה, שַׁבְתִּי וַדַּאי מֵהַהוּא אַרְזָא, שַׁבְתִּי מֵהַהִיא חָכְמְתָא, וְאִתְיַישַּׁבְתְּ בְּלִבָּאי וּבְדַעְתָּאי. וּכְדֵין וָאֶרְאֶה אֶת כָּל הָעֲשׁוּקִים. וְכִי זְעֵירִין אִינּוּן בְּעָלְמָא דְּאִיהוּ אָמַר אֶת כָּל הָעֲשׁוּקִים. אֶלָּא, מַאי עֲשׁוּקִים אִלֵּין דְּהוּא אָמַר. אִינּוּן יְנוּקִין דְּמֵתִין בְּתוּקְפָא דְּאִמְּהוֹן, דְּהָא עֲשׁוּקִים מִכַּמָּה סִטְרִין, עֲשׁוּקִים בַּאֲתַר עִלָּאָה דִּלְעֵילָּא, וַעֲשׁוּקִים לְתַתָּא. וְהָא חַבְרַיָּיא אִתְּעָרוּ, וְהָכִי הוּא, אֲבָל סַגִּיאִין אִינּוּן. קוּם סָבָא, אִתְּעַר בְּחֵילָךְ. סָבָא אֵימָא מִילָךְ, דְּוַדַּאי בְּלָא דְּחִילוּ תֵּימָא.

נִכְנַס לְשָׁם, עַד שֶׁקָּרַב לְאוֹתוֹ מָקוֹם, וְשָׁם טָבַעַת לִפְנֵיהֶם וְקָרַב, וְשָׁם הָיָה יוֹדֵעַ כָּל מַה שֶּׁרָצָה מֵאוֹתָן חָכְמוֹת זָרוֹת שֶׁרָצָה לָדַעַת. כֵּיוָן שֶׁהָיוּ אוֹמְרִים לוֹ כָּל מַה שֶּׁרָצָה, אָז הָיָה רוֹכֵב עַל אוֹתוֹ נֶשֶׁר, וְשָׁב לִמְקוֹמוֹ. כֵּיוָן שֶׁהָיָה יוֹשֵׁב עַל כִּסְאוֹ, הִתְיַשֵּׁב בְּדַעְתּוֹ וְהָיָה מְדַבֵּר בְּדַעְתּוֹ דִּבְרֵי חָכְמָה נִכְבָּדָה. בְּאוֹתָהּ שָׁעָה הָיָה אוֹמֵר, וְשַׁבְתִּי אֲנִי וְאֶרְאֶה. שַׁבְתִּי וַדַּאי מֵאוֹתָהּ דֶּרֶךְ, שַׁבְתִּי מֵאוֹתָהּ חָכְמָה וְהִתְיַשְּׁבָה בְּלִבִּי וּבְדַעְתִּי. וְאָז, וְאֶרְאֶה אֶת כָּל הָעֲשׁוּקִים. אֶלָּא מִי הָעֲשׁוּקִים הַלָּלוּ שֶׁהוּא אָמַר, אוֹתָם הַתִּינוֹקוֹת שֶׁמֵּתִים בְּחֵיק אִמּוֹתֵיהֶם, שֶׁהֲרֵי הֵם עֲשׁוּקִים מִכַּמָּה צְדָדִים, עֲשׁוּקִים בְּמָקוֹם עֶלְיוֹן שֶׁלְּמַעְלָה, וַעֲשׁוּקִים לְמַטָּה. וַהֲרֵי הִתְעוֹרְרוּ הַחֲבֵרִים, וְכָךְ הוּא, אֲבָל רַבִּים הֵם. קוּם זָקֵן, הִתְעוֹרֵר בְּכֹחֲךָ. זָקֵן, אֱמֹר דְּבָרְךָ, שֶׁוַּדַּאי תֹּאמַר בְּלִי פַּחַד.

לֵית עָשׁוּק כְּאִינּוּן עֲשׁוּקִים, דַּהֲוָה אִיהוּ עָשִׁיק בְּקַדְמֵיתָא, אוֹ מִתְּלָתָא לְאָחֳרָא, כְּמָה דִּכְתִיב, פּוֹקֵד עֲוֹן אָבוֹת עַל בָּנִים וְעַל בְּנֵי בָנִים עַל שִׁלֵּשִׁים וְעַל רִבֵּעִים.

אֵין עָשׁוּק כְּאוֹתָם עֲשׁוּקִים, שֶׁהָיָה הוּא עָשׁוּק בַּהַתְחָלָה, אוֹ מִשְּׁלִישִׁי לְאַחַר, כַּכָּתוּב, פֹּקֵד עֲוֹן אָבוֹת עַל בָּנִים וְעַל בְּנֵי בָנִים עַל שִׁלֵּשִׁים וְעַל רִבֵּעִים.

הֵיךְ הֲוָה עָשִׁיק. שְׁלֹמֹה מַלְכָּא צָוַוח וְאָמַר אָדָם עָשׁוּק בְּדַם נָפֶשׁ עַד בּוֹר יָנוּס אַל יִתְמְכוּ בוֹ. כֵּיוָן דְּהוּא עָשׁוּק, בְּדַם נֶפֶשׁ, הוּא, אוֹ בְּנוֹ, אוֹ בֶּן בְּנוֹ, יְהוֹן עֲשׁוּקִין בְּטִיקְלָא, דִּכְתִיב עַד בּוֹר יָנוּס אַל יִתְמְכוּ בוֹ. עַד הַהוּא בּוֹר רַק יָנוּס מֵאֲתַר קַדִּישָׁא, וְאַל יִתְמְכוּ בּוֹ בְּהַאי עָלְמָא. כֵּיוָן דְּאִיהוּ עָשׁוּק בְּדַם נֶפֶשׁ, אִיהוּ, אוֹ זַרְעֵיהּ, לֶהֱווּ עֲשׁוּקִים מֵהַהוּא סִטְרָא אָחֳרָא.

אֵיךְ הָיָה עוֹשֵׁק, שְׁלֹמֹה הַמֶּלֶךְ צוֹוֵחַ וְאוֹמֵר, אָדָם עָשֻׁק בְּדַם נָפֶשׁ עַד בּוֹר יָנוּס אַל יִתְמְכוּ בוֹ. כֵּיוָן שֶׁהוּא עָשׁוּק בְּדַם נֶפֶשׁ, הוּא אוֹ בְּנוֹ אוֹ בֶּן בְּנוֹ יִהְיוּ עֲשׁוּקִים בְּמֹאזְנַיִם, שֶׁכָּתוּב עַד בּוֹר יָנוּס אַל יִתְמְכוּ בוֹ. עַד אוֹתוֹ הַבּוֹר רַק יָנוּס מִמָּקוֹם קָדוֹשׁ, וְאַל יִתְמְכוּ בוֹ בָּעוֹלָם הַזֶּה. כֵּיוָן שֶׁהוּא עָשׁוּק בְּדַם נֶפֶשׁ, הוּא אוֹ זַרְעוֹ יִהְיוּ עֲשׁוּקִים מֵאוֹתוֹ הַצַּד הָאַחֵר.

אִית עָשׁוּק, מִשְּׁאָר עֲשׁוּקִים, כְּמָה דְּאַתְּ אָמַר לֹא תַעֲשֹׁק אֶת רֵעֲךָ. אִיהוּ עָבַר וְעָשַׁק, אִיהוּ עָשׁוּק בִּבְנוֹי, מֵהַהוּא סִטְרָא אָחֳרָא. וּבְגִין כָּךְ אָמַר, אֶת כָּל הָעֲשׁוּקִים. אָמַר שְׁלֹמֹה, קָאִימְנָא בְּכָל אִינּוּן עֲשׁוּקִים, בְּכָל סִטְרִין דַּעֲשָׁק.

יֵשׁ עָשׁוּק מִשְּׁאָר עֲשׁוּקִים, כְּמוֹ שֶׁנֶּאֱמַר לֹא תַעֲשֹׁק אֶת רֵעֲךָ. הוּא עָבַר וְעָשַׁק, הוּא עָשׁוּק כְּבָנָיו, מֵאוֹתוֹ הַצַּד הָאַחֵר, וּמִשּׁוּם כָּךְ

אָמַר אֶת כָּל הָעֲשׁוּקִים. אָמַר שְׁלֹמֹה, עָמַדְתִּי בְּכָל אוֹתָם עֲשׁוּקִים בְּכָל הַצְּדָדִים שֶׁעָשַׁק.

וְאַמַּאי אִינּוּן עֲשׁוּקִים. אֲשֶׁר נַעֲשׂוּ תְּחוֹת הַשָּׁמֶשׁ. אֲשֶׁר נַעֲשׂוּ, אֲשֶׁר גָּרוּ מִבָּעֵי לֵיהּ, מַאי אֲשֶׁר נַעֲשׂוּ. אִי עֲשִׂיָּיה אִיהִי לִשְׁבָחָא, לָאו עֲשִׂיָּיה דִּלְהוֹן אֶלָּא לְעֵילָּא מִן שִׁמְשָׁא.

וְלָמָּה הֵם עֲשׁוּקִים, אֲשֶׁר נַעֲשׂוּ תַּחַת הַשָּׁמֶשׁ. אֲשֶׁר נַעֲשׂוּ, אֲשֶׁר גָּרוּ הָיָה צָרִיךְ לִהְיוֹת! מַה זֶּה אֲשֶׁר נַעֲשׂוּ, אִם הָעֲשִׂיָּה הִיא לְשֶׁבַח, אֵין עֲשִׂיָּה שֶׁלָּהֶם אֶלָּא לְמַעְלָה מִן הַשֶּׁמֶשׁ.

אֲבָל וַדַּאי נַעֲשׂוּ. הֵיךְ נַעֲשׂוּ. אֶלָּא כֵּיוָן דַּעֲשׁוּקִים מֵרוּחֵיהוֹן תַּמָּן, אַמַּאי אַתְיָין לְהַאי עָלְמָא. אֶלָּא רוּחִין וַדַּאי נַעֲשׂוּ, אִתְעֲבִידוּ בְּרוּחִין וּבְגוּפָא בְּהַאי עָלְמָא, כֵּיוָן דְּאִשְׁתְּכַלַּל גּוּפָא דִּלְהוֹן, וְאִתְעֲבִיד הַהוּא רוּחָא בְּגוּפָא זַךְ וְנָקִי בְּלָא לִכְלוּכָא דְּחוֹבִין, בְּהַאי עָלְמָא, כְּדֵין אִתְעֲשַׁק גּוּפָא, כְּמָה דְּאִתְעֲשַׁק רוּחָא. וְהַאי אִיהוּ גּוּפָא, דְּאִתְהֲנֵי בֵּיהּ יַתִּיר מִכֹּלָּא. וַעֲשׁוּקִין אַחֲרָנִין אִית, בְּכַמָּה זִינִין מֵרוּחִין תַּמָּן, וְלָא נַעֲשׂוּ בְּגוּפִין. אֲבָל אִלֵּין, אִינּוּן עֲשׁוּקִים אֲשֶׁר נַעֲשׂוּ.

אֲבָל וַדַּאי נַעֲשׂוּ. אֵיךְ נַעֲשׂוּ, אֶלָּא כֵּיוָן שֶׁעֲשׁוּקִים מֵרוּחָם שָׁם, לָמָּה בָּאִים לָעוֹלָם הַזֶּה, אֶלָּא וַדַּאי רוּחוֹת נַעֲשׂוּ, נַעֲשׂוּ בְּרוּחוֹת וְגוּף בָּעוֹלָם הַזֶּה. כֵּיוָן שֶׁנִּתְקַן הַגּוּף שֶׁלָּהֶם וְנֶעֶשְׂתָה אוֹתָהּ רוּחַ בְּגוּף זַךְ וְנָקִי בְּלִי לִכְלוּךְ שֶׁל חֲטָאִים בָּעוֹלָם הַזֶּה, אָז נֶעֱשַׁק הַגּוּף כְּמוֹ שֶׁנֶּעֶשְׁקָה הָרוּחַ. וְזֶהוּ הַגּוּף שֶׁנֶּהֱנָה בּוֹ יוֹתֵר מֵהַכֹּל. וְיֵשׁ עֲשׁוּקִים אֲחֵרִים בְּכַמָּה מִינִים מֵרוּחוֹת שָׁם, וְלֹא נַעֲשׂוּ בְּגוּפִים. אֲבָל אֵלֶּה הֵם עֲשׁוּקִים אֲשֶׁר נַעֲשׂוּ.

אִית אַחֲרָנִין, אֲשֶׁר נַעֲשׂוּ, וְאַטְרָחוּ בְּנֵי נָשָׁא לְמָארֵיהוֹן. וּמַאן אִיהוּ. מַאן דְּעָשִׁיק אִתְּתָא דְּחַבְרֵיהּ בִּטְמִירוּ, אוֹ בְּאִתְגַּלְיָיא. וְהַהוּא וַלְדָּא דְּאִתְיְלִיד מִנַּיְיהוּ, עָשׁוּק אִיהוּ, בְּלָא רְעוּתָא דְּמָארֵיהוֹן, וְלָא יָדַע בַּעְלָהּ דְּאִתְּתָא, אִינּוּן עוֹבָדִין עֲשׁוּקִין אִינּוּן, וְאַטְרָחוּ לְקוּדְשָׁא בְּרִיךְ הוּא לְמֶעְבַּד לוֹן גּוּפָא, וּלְצַיְּירָא לוֹן צוּרָה, אִלֵּין עֲשׁוּקִים אֲשֶׁר נַעֲשׂוּ. אֲשֶׁר נַעֲשׂוּ וַדַּאי גּוּפִין דִּלְהוֹן, עַל כָּרְחָא. בְּגִין כָּךְ, שְׁלֹמֹה מַלְכָּא אָמַר, וָאֶרְאֶה אֶת כָּל הָעֲשׁוּקִים, בְּכָל זִינֵי עֲשׁוּקִים קָאִימְנָא, אִינּוּן אֲשֶׁר נַעֲשׂוּ וְאִתְעֲבִידוּ בַּעֲשִׂיָּיה.

יֵשׁ אֲחֵרִים אֲשֶׁר נַעֲשׂוּ, וְהִטְרִיחוּ בְּנֵי אָדָם אֶת רִבּוֹנָם. וּמִי הֵם, מִי שֶׁעָשַׁק אֵשֶׁת חֲבֵרוֹ בַּסֵּתֶר אוֹ בַּגָּלוּי, וְאוֹתוֹ וָלָד שֶׁנּוֹלָד מֵהֶם הוּא עָשׁוּק, בְּלִי רְצוֹן רִבּוֹנָם, וְלֹא יוֹדֵעַ בַּעַל הָאִשָּׁה שֶׁאוֹתָם הַמַּעֲשִׂים

הֵם עֲשׁוּקִים, וְהִטְרִיחוּ אֶת הַקָּדוֹשׁ בָּרוּךְ הוּא לַעֲשׂוֹת לָהֶם גּוּף וּלְצַיֵּר לָהֶם צוּרָה. אֵלּוּ עֲשׁוּקִים אֲשֶׁר נַעֲשׂוּ. אֲשֶׁר נַעֲשׂוּ וַדַּאי הַגּוּפִים שֶׁלָּהֶם עַל כֹּרַח. מִשּׁוּם כָּךְ שְׁלֹמֹה הַמֶּלֶךְ אוֹמֵר, וָאֶרְאֶה אֶת כָּל הָעֲשׁוּקִים, בְּכָל מִינֵי עֲשׁוּקִים עָמַדְתִּי, אוֹתָם אֲשֶׁר נַעֲשׂוּ וְנַעֲשׂוּ בַּעֲשִׂיָּה.

כְּמָה דְּהָנֵי אִינּוּן עֲשׁוּקִין, דְּכְבָר נַעֲשׂוּ בְּעָרְלָה רַבֵּי וְנָטִיל וְגָדִיל גּוּפָא, וְעָבִיד לֵיהּ, וּלְבָתַר עַשְׁקִין לוֹן מִנֵּיהּ, וְנַטְלִין לוֹן, הֲרֵי עֲשׁוּקִים אֲשֶׁר נַעֲשׂוּ, וְעַל כֹּלָּא קָאִים שְׁלֹמֹה מַלְכָּא וְאָמַר, קָאִימְנָא עַל כָּל הָעֲשׁוּקִים אֲשֶׁר נַעֲשׂוּ.

כְּמוֹ שֶׁאֵלֶּה אוֹתָם עֲשׁוּקִים, שֶׁכְּבָר נַעֲשׂוּ בְּעָרְלָה, וְהִתְרַבָּה וְנָטַל וְגָדַל הַגּוּף, וְעָשָׂה אוֹתוֹ, וְאַחַר כָּךְ עוֹשְׁקִים אוֹתָם מִמֶּנּוּ וְלוֹקְחִים אוֹתָם, הֲרֵי עֲשׁוּקִים אֲשֶׁר נַעֲשׂוּ, וְעַל הַכֹּל עָמַד הַמֶּלֶךְ שְׁלֹמֹה וְאָמַר, עָמַדְתִּי עַל כָּל הָעֲשׁוּקִים אֲשֶׁר נַעֲשׂוּ.

וְהִנֵּה דִּמְעַת הָעֲשֻׁקִים, כֹּלָּא אוֹשְׁדִין דִּמְעִין, עִם טַעֲנָה קָמֵי קוּדְשָׁא בְּרִיךְ הוּא. הָנֵי אוֹשְׁדִין דִּמְעִין, דְּהָא עָרְלָה רַבֵּי לוֹן, וְגָדִיל לוֹן, עַד י"ג שְׁנִין, וּלְבָתַר עַשְׁקִין לוֹן מֵעָרְלָה, וְנָטִיל לוֹן קוּדְשָׁא בְּרִיךְ הוּא, הָא לָךְ עֲשׁוּקִין אֲשֶׁר נַעֲשׂוּ כְּבָר.

וְהִנֵּה דִּמְעַת הָעֲשׁוּקִים, כֻּלָּם שׁוֹפְכִים דְּמָעוֹת עִם טַעֲנָה לִפְנֵי הַקָּדוֹשׁ בָּרוּךְ הוּא. אֵלּוּ שׁוֹפְכִים דְּמָעוֹת, שֶׁהֲרֵי הָעָרְלָה מַרְבָּה וּמְגַדֶּלֶת אוֹתָם עַד שְׁלֹשׁ עֶשְׂרֵה שָׁנִים, וְאַחַר כָּךְ עוֹשְׁקִים אוֹתָם מֵהָעָרְלָה וְהַקָּדוֹשׁ בָּרוּךְ הוּא לוֹקֵחַ אוֹתָם. הֲרֵי לְךָ עֲשׁוּקִים אֲשֶׁר נַעֲשׂוּ כְּבָר.

עָבַר עֲבֵירָה קַטְלִין לֵיהּ. לוֹן אִית טַעֲנָה, וּזְמִינִין לוֹמַר, מָארֵי דְּעָלְמָא, תִּינוֹק בַּר יוֹמֵיהּ דְּחָב, דַּיְינִין לֵיהּ דִּינָא. אֲנָא בַּר יוֹמֵיהּ הֲוֵינָא, דְּהָא מֵהַהוּא יוֹמָא קָרֵי לֵיהּ קוּדְשָׁא בְּרִיךְ הוּא בֵּן, דִּכְתִיב יְיָ אָמַר אֵלַי בְּנִי אַתָּה אֲנִי [דף קי"ג ע"ב] **הַיּוֹם יְלִדְתִּיךָ, מָארֵיהּ דְּעָלְמָא, יְלִיד בַּר יוֹמָא, דִּינָא עַבְדִין לֵיהּ, הֲרֵי דִּמְעַת אִינּוּן הָעֲשׁוּקִים וְאֵין לָהֶם מְנַחֵם.**

עָבַר עֲבֵרָה, הוֹרְגִים אוֹתוֹ. לָהֶם יֵשׁ טַעֲנָה, וַעֲתִידִים לוֹמַר רִבּוֹן הָעוֹלָם, תִּינוֹק בֶּן יוֹמוֹ שֶׁחָטָא, דָּנִים אוֹתוֹ דִּין, אֲנִי בֶּן יוֹמִי הָיִיתִי, שֶׁהֲרֵי מֵאוֹתוֹ יוֹם קוֹרֵא לוֹ הַקָּדוֹשׁ בָּרוּךְ הוּא בֵּן, שֶׁכָּתוּב, ה' אָמַר אֵלַי בְּנִי אַתָּה אֲנִי הַיּוֹם יְלִדְתִּיךָ. רִבּוֹן הָעוֹלָם, יְלִיד בֶּן יוֹם, דִּין עוֹשִׂים לוֹ, הֲרֵי דִּמְעַת אוֹתָם הָעֲשׁוּקִים וְאֵין לָהֶם מְנַחֵם.

וְאִית עָשׁוּק אַחֵר, הַהוּא עָשׁוּק דְּאִקְרֵי מַמְזֵר, כַּד נָפַק מֵעָלְמָא, מִיָּד מַפְרִישִׁין לֵיהּ מִקְּהִלָּתָא דְּעַמָּא קַדִּישָׁא. הַהוּא מַמְזֵר, עַנְיָא

סדר לימוד ליום הפטירה לעילוי נשמה

מִסְכְּנָא, אוֹשִׁיד דִּמְעִין קָמֵי קוּדְשָׁא בְּרִיךְ הוּא, וְאַטְעִין קָמֵיהּ, מָארֵיהּ דְּעָלְמָא, אִי אֲבָהָתַי זָאבוּ, אֲנָא מַה חוֹבָא עֲבִידְנָא, הָא עוֹבָדָאי, מִתְתַּקְּנָן לְקָמָךְ הֲווּ, וְהִנֵּה דִּמְעַת הָעֲשׁוּקִים וְאֵין לָהֶם מְנַחֵם. וְכֵן לְכָל אִינּוּן עֲשׁוּקִים, אִית לוֹן טַעֲנָה קָמֵי קוּדְשָׁא בְּרִיךְ הוּא, וּמֵהַהִיא טַעֲנָה לֵית לוֹן מְנַחֵם, וְלֵית דְּיָתִיב מִלָּה עַל לִבְּהוֹן.

וְיֵשׁ עָשׁוּק אַחֵר, אוֹתוֹ עָשׁוּק שֶׁנִּקְרָא מַמְזֵר, כְּשֶׁיּוֹצֵא מִן הָעוֹלָם, מִיָּד מַפְרִידִים אוֹתוֹ מִקְּהִלַּת הָעָם הַקָּדוֹשׁ. אוֹתוֹ מַמְזֵר, עָנִי מִסְכֵּן, שׁוֹפֵךְ דְּמָעוֹת לִפְנֵי הַקָּדוֹשׁ בָּרוּךְ הוּא וְטוֹעֵן לְפָנָיו, רִבּוֹן הָעוֹלָם, אִם אֲבוֹתַי חָטְאוּ, אֵיזֶה חֵטְא אֲנִי עָשִׂיתִי, הֲרֵי מַעֲשַׂי תְּקִינִים הָיוּ לְפָנֶיךָ, וְהִנֵּה דִּמְעַת הָעֲשׁוּקִים וְאֵין לָהֶם מְנַחֵם. וְכֵן לְכָל אוֹתָם עֲשׁוּקִים יֵשׁ לָהֶם טַעֲנָה לִפְנֵי הַקָּדוֹשׁ בָּרוּךְ הוּא, וּמֵאוֹתָהּ טַעֲנָה אֵין לָהֶם מְנַחֵם, וְאֵין שֶׁיָּשִׁיב דָּבָר עַל לִבָּם.

וּמַה דְּאָמַר וְהִנֵּה דִּמְעַת הָעֲשׁוּקִים, אִלֵּין אִינּוּן דְּמֵתִין בְּתוּקְפָּא דְּאִמְּהוֹן, אִלֵּין עַבְדִין לְאוֹשָׁדָא דִּמְעִין, לְכָל בְּנֵי עָלְמָא, בְּגִין דְּלֵית דִּמְעִין דְּנַפְקֵי מִלִּבָּא, כְּהָנֵי דִּמְעִין, דְּכָל בְּנֵי עָלְמָא תָּוְהִין וְאַמְרִין, דִּינִין דְּקוּדְשָׁא בְּרִיךְ הוּא קְשׁוֹט אִינּוּן, וְעַל אֹרַח קְשׁוֹט אַזְלֵי. הָנֵי מִסְכְּנֵי יְנוּקֵי דְּלָא חָאבוּ, אַמַּאי מִיתוּ. אָן דִּינָא דִּקְשׁוֹט, דְּעָבִיד מָארֵי עָלְמָא. אִי בְּחוֹבֵי אֲבָהַתְהוֹן אִסְתַּלְּקֵי מֵעָלְמָא, אַמַּאי. וַדַּאי אֵין לָהֶם מְנַחֵם.

וּמַה שֶּׁאָמַר וְהִנֵּה דִּמְעַת הָעֲשׁוּקִים, אֵלּוּ אוֹתָם שֶׁמֵּתִים בְּחֵיק אִמּוֹתֵיהֶם, אֵלֶּה עוֹשִׂים לִשְׁפֹּךְ דְּמָעוֹת לְכָל בְּנֵי הָעוֹלָם, מִשּׁוּם שֶׁאֵין דְּמָעוֹת שֶׁיּוֹצְאוֹת מִן הַלֵּב כַּדְּמָעוֹת הַלָּלוּ, שֶׁכָּל בְּנֵי הָעוֹלָם תּוֹהִים וְאוֹמְרִים דִּינֵי הַקָּדוֹשׁ בָּרוּךְ הוּא הֵם אֱמֶת, וְהוֹלְכִים עַל דֶּרֶךְ אֱמֶת. הַתִּינוֹקוֹת הַמִּסְכֵּנִים הַלָּלוּ שֶׁלֹּא חָטְאוּ, לָמָּה מֵתוּ, אֵיפֹה דִּין הָאֱמֶת שֶׁעוֹשֶׂה רִבּוֹן הָעוֹלָם, אִם בַּחֲטָאֵי אֲבוֹתָם מִסְתַּלְּקִים מִן הָעוֹלָם. לָמָּה, וַדַּאי אֵין לָהֶם מְנַחֵם.

תּוּ, וְהִנֵּה דִּמְעַת הָעֲשׁוּקִים, הַהוּא דִּמְעָה דִּלְהוֹן בְּהַהוּא עָלְמָא, דְּקָא מְגִינִּין עַל חַיָּיא. דְּתְנָן אֲתָר אִית מִתְתַּקְּנָא לוֹן בְּהַהוּא עָלְמָא, דַּאֲפִילּוּ צַדִּיקִים גְּמוּרִים לָא יַכְלִין לְקַיְּימָא תַּמָּן, וְקוּדְשָׁא בְּרִיךְ הוּא רָחִים לוֹן, וְאִתְדָּבַק בְּהוּ, וְאַתְקִין בְּהוּ, מְתִיבְתָּא עִלָּאָה דִּילֵיהּ. וְעָלַיְיהוּ כְּתִיב, מִפִּי עוֹלְלִים וְיוֹנְקִים יִסַּדְתָּ עֹז. וּמַאי תּוֹעַלְתָּא עַבְדִין תַּמָּן, וְאַמַּאי סַלְקִין תַּמָּן. דִּכְתִיב, לְמַעַן צוֹרְרֶיךָ לְהַשְׁבִּית אוֹיֵב וּמִתְנַקֵּם. וְכֵן אִית אֲתָר אָחֳרָא לְבַעֲלֵי תְּיוּבְתָּא.

עוֹד, וְהִנֵּה דִּמְעַת הָעֲשׁוּקִים, אוֹתָהּ דִּמְעָה שֶׁלָּהֶם בְּאוֹתוֹ הָעוֹלָם, שֶׁמְּגִנִּים עַל הַחַיִּים. שֶׁשְּׁנִינוּ, יֵשׁ מָקוֹם מְתֻקָּן לָהֶם בְּאוֹתוֹ עוֹלָם

שֶׁאֲפִלּוּ צַדִּיקִים גְּמוּרִים לֹא יְכוֹלִים לַעֲמֹד שָׁם. וְהַקָּדוֹשׁ בָּרוּךְ הוּא אוֹהֵב אוֹתָם וְנִדְבָּק בָּהֶם, וּמְתַקֵּן בָּהֶם אֶת הַיְשִׁיבָה הָעֶלְיוֹנָה שֶׁלּוֹ, וַעֲלֵיהֶם כָּתוּב, מִפִּי עוֹלְלִים וְיֹנְקִים יִסַּדְתָּ עֹז. וּמָה הַתּוֹעֶלֶת שֶׁעוֹשִׂים שָׁם, וְלָמָּה עוֹלִים לְשָׁם, שֶׁכָּתוּב לְמַעַן צוֹרְרֶיךָ לְהַשְׁבִּית אוֹיֵב וּמִתְנַקֵּם. וְכֵן יֵשׁ מָקוֹם אַחֵר לְבַעֲלֵי תְשׁוּבָה.

תָּנֵינָן, עֲשָׂרָה דְּבָרִים אִתְבְּרִיאוּ בְּעֶרֶב שַׁבָּת כו'. הַכְּתָב וְהַמִּכְתָּב וְהַלּוּחוֹת. דִּכְתִיב וְהַלֻּחֹת מַעֲשֵׂה אֱלֹהִים הֵמָּה וְהַמִּכְתָּב מִכְתַּב אֱלֹהִים הוּא. מַאי אִירְיָא מִדְּהָכִי דְּעֶרֶב שַׁבָּת הֲוָה, וְדִילְמָא אֶלֶף שְׁנִין לְבָתַר, אוֹ בְּשַׁעֲתָא דְּקַיְימוּ יִשְׂרָאֵל עַל טוּרָא דְּסִינַי. אֶלָּא, וַדַּאי הָכִי הוּא דִּבְעֶרֶב שַׁבָּת הֲוָה. תָּא חֲזֵי, בְּכָל עוֹבָדָא דִּבְרֵאשִׁית, לָא אִתְּמַר שֵׁם מָלֵא, אֶלָּא אֱלֹהִים, אֱלֹהִים, בְּכָל מַה דְּאִתְבְּרֵי. וְכֻלְּהוּ שֵׁם אֱלֹהִים, עַד דְּכָל עוֹבָדָא אִשְׁתַּכְלַל בְּעֶרֶב שַׁבָּת. מִדְּאִשְׁתַּכְלָלוּ כָּל עוֹבָדָא, אִקְרֵי יְיָ אֱלֹהִים, שֵׁם מָלֵא.

שָׁנִינוּ, עֲשָׂרָה דְבָרִים נִבְרְאוּ בְּעֶרֶב שַׁבָּת וְכוּ'. הַכְּתָב וְהַמִּכְתָּב וְהַלּוּחוֹת, שֶׁכָּתוּב, וְהַלֻּחֹת מַעֲשֵׂה אֱלֹהִים הֵמָּה וְהַמִּכְתָּב מִכְתַּב אֱלֹהִים הוּא. מָה הַמְדֻבָּר מִכָּךְ שֶׁהָיָה עֶרֶב שַׁבָּת, וְאוּלַי זֶה הָיָה אֶלֶף שָׁנָה אַחַר כָּךְ, אוֹ בְּשָׁעָה שֶׁעָמְדוּ יִשְׂרָאֵל עַל הַר סִינַי, אֶלָּא וַדַּאי שֶׁזֶּה הָיָה בְּעֶרֶב שַׁבָּת. בֹּא וּרְאֵה, בְּכָל מַעֲשֵׂה בְרֵאשִׁית לֹא נֶאֱמַר שֵׁם מָלֵא, אֶלָּא אֱלֹהִים אֱלֹהִים בְּכָל מַה שֶּׁנִּבְרָא, וְכֻלָּם שֵׁם אֱלֹהִים, עַד שֶׁכָּל הַמַּעֲשֶׂה נִתְקַן בְּעֶרֶב שַׁבָּת. מִשֶּׁנִּתְקְנוּ כָּל הַמַּעֲשִׂים, נִקְרָא ה' אֱלֹהִים, שֵׁם מָלֵא.

וְאַף עַל גַּב דִּבְשֵׁם אֱלֹהִים אִתְבְּרֵי כֹּלָּא, לָא אִשְׁתַּכְלַל בַּעֲשִׂיָּה, כָּל מַה דְּאִתְבְּרֵי, עַד עֶרֶב שַׁבָּת. בְּהַהִיא שַׁעֲתָא אִשְׁתַּכְלַל כֹּלָּא בַּעֲשִׂיָּה, דִּכְתִיב, מְלַאכְתּוֹ אֲשֶׁר עָשָׂה. מִכָּל מְלַאכְתּוֹ אֲשֶׁר עָשָׂה. וְקַיְימָא בְּמַעֲשֶׂה. וְעַל דָּא כְּתִיב, וְהַלֻּחֹת מַעֲשֵׂה אֱלֹהִים, כַּד אִשְׁתַּכְלַל עָלְמָא, בְּשֵׁם אֱלֹהִים בְּמַעֲשֶׂה, וְלָא לְבָתַר, דִּכְתִיב יְיָ אֱלֹהִים וּבְדָא אִשְׁתַּכְלַל עָלְמָא, וְקַיְימָא עַל קִיּוּמֵיהּ.

וְאַף עַל גַּב שֶׁהַכֹּל נִבְרָא בְּשֵׁם אֱלֹהִים, לֹא נִתְקַן בָּעֲשִׂיָּה כָּל מַה שֶּׁנִּבְרָא עַד עֶרֶב שַׁבָּת. בְּאוֹתָהּ שָׁעָה הַכֹּל נִתְקַן בָּעֲשִׂיָּה, שֶׁכָּתוּב, מְלַאכְתּוֹ אֲשֶׁר עָשָׂה. מִכָּל מְלַאכְתּוֹ אֲשֶׁר עָשָׂה. וְעוֹמֵד בְּמַעֲשֶׂה. וְלָכֵן כָּתוּב וְהַלֻּחֹת מַעֲשֵׂה אֱלֹהִים, כְּשֶׁנִּתְקַן הָעוֹלָם בְּשֵׁם אֱלֹהִים בְּמַעֲשֶׂה, וְלֹא אַחַר כָּךְ, שֶׁכָּתוּב ה' אֱלֹהִים. וּבָזֶה נִתְקַן הָעוֹלָם וְעָמַד עַל קִיּוּמוֹ.

תָּא חֲזֵי, בְּהַהִיא שַׁעֲתָא דְּתָבַר מֹשֶׁה הַלּוּחוֹת, דִּכְתִיב, וַיְשַׁבֵּר אוֹתָם תַּחַת הָהָר. צָף אוֹקְיָינוּס מֵאַתְרֵיהּ, וְסָלִיק לְשַׁטְפָא עָלְמָא. חָמָא מֹשֶׁה דְּאוֹקְיָינוּס סָלִיק לְגַבַּיְיהוּ, וַהֲוָה בָּעֵי לְשַׁטְפָא עָלְמָא, מִיָּד וַיִּקַּח אֶת הָעֵגֶל אֲשֶׁר עָשׂוּ וַיִּשְׂרוֹף אוֹתוֹ בָּאֵשׁ וְגוֹ', וַיִּזֶר עַל פְּנֵי הַמַּיִם. קָם מֹשֶׁה עַל מֵי אוֹקְיָינוּס וְאָמַר, מַיָּא מַיָּא מָה אַתּוּן בָּעָאן. אָמְרוּ וְכִי אִתְקַיָּים עָלְמָא אֶלָּא בְּאוֹרַיְיתָא דְּלוּחוֹת, וְעַל אוֹרַיְיתָא דְּשָׁקְרוּ בָּהּ יִשְׂרָאֵל.

בֹּא וּרְאֵה, בְּאוֹתָהּ שָׁעָה שֶׁשִּׁבַּר מֹשֶׁה אֶת הַלּוּחוֹת, שֶׁכָּתוּב וַיְשַׁבֵּר אֹתָם תַּחַת הָהָר, צָף הָאוֹקְיָנוֹס מִמְּקוֹמוֹ וְעָלָה לִשְׁטֹף אֶת הָעוֹלָם. רָאָה מֹשֶׁה שֶׁאוֹקְיָנוֹס עוֹלֶה אֲלֵיהֶם וְהָיָה רוֹצֶה לִשְׁטֹף אֶת הָעוֹלָם, מִיָּד, וַיִּקַּח אֶת הָעֵגֶל אֲשֶׁר עָשׂוּ וַיִּשְׂרֹף בָּאֵשׁ וגו', וַיִּזֶר עַל פְּנֵי הַמַּיִם. עָמַד מֹשֶׁה עַל מֵי הָאוֹקְיָנוֹס וְאָמַר: מַיִם מַיִם, מָה אַתֶּם רוֹצִים, אָמְרוּ, וְכִי מִתְקַיֵּם הָעוֹלָם אֶלָּא בְּתוֹרַת הַלּוּחוֹת. וְעַל הַתּוֹרָה שֶׁשִּׁקְּרוּ בָהּ בְּנֵי יִשְׂרָאֵל.

מִיָּד אָמַר לוֹן, הָא כָל מַה דְּעָבְדוּ בְּחוֹבָא דְּעֶגְלָא, הָא מָסִיר לְכוֹן, וְלָא דֵּי כָּל אִינּוּן אַלְפִין דְּנָפְלוּ מִנַּיְיהוּ, מִיָּד וַיִּזֶר עַל פְּנֵי הַמַּיִם. לָא הֲווּ מִשְׁתַּכְכֵי מַיָּא, עַד דְּנָטִיל מַיָּא מִנַּיְיהוּ וְאַשְׁקֵי לוֹן, מִיָּד אִשְׁתְּקַע אוֹקְיָינוּס בְּאַתְרֵיהּ.

מִיָּד אָמַר לָהֶם, הֲרֵי כָּל מַה שֶּׁעָשׂוּ בְּחֵטְא הָעֵגֶל, הֲרֵי מָסוּר לָכֶם, וְלֹא דַי כָּל אוֹתָם הָאֲלָפִים שֶׁנָּפְלוּ מֵהֶם. מִיָּד, וַיִּזֶר עַל פְּנֵי הַמַּיִם. וְלֹא הָיוּ הַמַּיִם שׁוֹכְכִים עַד שֶׁנָּטַל מֵהֶם וְהִשְׁקָה אוֹתָם. מִיָּד נִשְׁקַע הָאוֹקְיָנוֹס בִּמְקוֹמוֹ.

דְּהָא בְּהַהוּא מַדְבְּרָא לָא הֲווּ מַיָּא, דִּכְתִיב, לֹא מְקוֹם זֶרַע וְגוֹ'. וּמַיִם אַיִן לִשְׁתּוֹת. וְאִי תֵימָא, לְבֵירָא דְמִרְיָם אַרְמֵי לֵיהּ. חַס וְשָׁלוֹם, דְּתַמָּן שָׁדֵי מֹשֶׁה דִּכְרָנָא בִּישָׁא דָּא לְמִשְׁתֵּי לְבָתַר. וְתוּ, דְּעַד כָּאן לָא הֲוָה לְהוּ בֵּירָא, עַד דְּאָתוּ לְמַדְבַּר מַתָּנָה, דִּכְתִיב, בְּאֵר חֲפָרוּהָ שָׂרִים וְגוֹ'. וּמִמִּדְבָּר מַתָּנָה. מִתַּמָּן יָרְתוּ בֵּירָא. כְּתִיב הָכָא עַל פְּנֵי הַמַּיִם, וּכְתִיב הָתָם עַל פְּנֵי תְהוֹם.

שֶׁהֲרֵי בְּאוֹתוֹ הַמִּדְבָּר לֹא הָיוּ מַיִם, שֶׁכָּתוּב, לֹא מְקוֹם זֶרַע וְגוֹ'. וּמַיִם אַיִן לִשְׁתּוֹת. וְאִם תֹּאמַר, לִבְאֵר מִרְיָם זָרַק, חַס וְשָׁלוֹם שֶׁשָּׁם יִזְרֹק מֹשֶׁה אֶת הַזִּכָּרוֹן הָרָע הַזֶּה לִשְׁתּוֹת מִמֶּנּוּ אַחַר כָּךְ. וְעוֹד, שֶׁעַד עַכְשָׁו לֹא הָיְתָה לָהֶם בְּאֵר, עַד שֶׁבָּאוּ לְמִדְבַּר מַתָּנָה, שֶׁכָּתוּב בְּאֵר חֲפָרוּהָ שָׂרִים וְגוֹ'. וּמִמִּדְבָּר מַתָּנָה. מִשָּׁם יָרְשׁוּ בְּאֵר. כָּתוּב עַל פְּנֵי הַמַּיִם, וְכָתוּב שָׁם עַל פְּנֵי תְהוֹם.

סדר לימוד ליום הפטירה לעילוי נשמה

זָרוּת עַל הַלֻּחֹת, מַאי זָרוּת עַל הַלֻּחֹת. הָכִי אוּקְמוּהָ, זֵירוּת מִמַּלְאַךְ הַמָּוֶת, זֵירוּת מִשִּׁעְבּוּד מַלְכִיּוֹת, [דף קי"ד ע"א] זֵירוּת מִכֹּלָּא, הָכִי הוּא. וּמַאי זָרוּת. גּוּשְׁפַּנְקָא דְעָלְמָא דְאָתֵי, דְּבֵיהּ הֲוָה זֵירוּת, בְּכָל מִינֵי זֵירוּת. וְאִלְמָלֵא לָא אִתְּבָרוּ, כָּל מַה דְּאָתָא לְעָלְמָא לְבָתַר, לָא אָתָא, וַהֲווּ יִשְׂרָאֵל דְּיוּקְנָא דְמַלְאָכִין עִלָּאִין דִּלְעֵילָּא. וְעַל דָּא אַכְרִיז קְרָא וְאָמַר, וְהַלֻּחֹת מַעֲשֵׂה אֱלֹהִים וְגוֹ', לָא תֵימָא דִּלְבָתַר דְּעָלְמָא אִשְׁתָּכְלַל, וְאַדְכַּר שֵׁם מָלֵא הֲווֹ, אֶלָּא בְּשַׁעֲתָא דְאִשְׁתָּכְלַל בְּשֵׁם אֱלֹהִים, עַד לָא יֵיעוּל שַׁבָּת.

חָרוּת עַל הַלֻּחֹת. מַה זֶּה חָרוּת עַל הַלֻּחֹת, כָּךְ פֵּרְשׁוּהָ, חֵרוּת מִמַּלְאַךְ הַמָּוֶת, חֵרוּת מִשִּׁעְבּוּד מַלְכֻיּוֹת, חֵרוּת מֵהַכֹּל. כָּךְ הוּא. וּמַה זֶּה חֵרוּת, חוֹתָם שֶׁל הָעוֹלָם הַבָּא, שֶׁבּוֹ יֵשׁ חֵרוּת בְּכָל מִינֵי חֵרוּת. וְאִלְמָלֵא לֹא נִשְׁבְּרוּ, כָּל מַה שֶּׁבָּא לָעוֹלָם אַחַר כָּךְ - לֹא בָא, וְהָיוּ יִשְׂרָאֵל בִּדְיוֹקְנָאוֹת שֶׁל מַלְאָכִים עֶלְיוֹנִים שֶׁלְּמַעְלָה. וְעַל כָּךְ מַכְרִיז הַכָּתוּב וְאוֹמֵר וְהַלֻּחֹת מַעֲשֵׂה אֱלֹהִים וְגוֹ'. אַל תֹּאמַר שֶׁלְּאַחַר שֶׁהָעוֹלָם נִתְקַן וְנִזְכַּר שֵׁם מָלֵא הָיוּ, אֶלָּא בְּשָׁעָה שֶׁנִּתְקַן בְּשֵׁם אֱלֹהִים, טֶרֶם שֶׁנִּכְנְסָה שַׁבָּת.

הֵמָּה, מַאי הֵמָּה. הִפּוּךְ מה"ה הֲווֹ. מִתְּרֵין סִטְרִין הֲווֹ. חֲדָא בְּעוֹבָדָא, וַחֲדָא דְּזֵירוּת לְעֵילָּא, רָשִׁים לְעֵילָּא לְנַטְרָא לְכֹלָּא. וְעַל דָּא הֵמ"ה. וְהַמִּכְתָּב מִכְתַּב אֱלֹהִים הוּא, אֶשָּׁא אוּכָמָא עַל גַּבֵּי אֶשָּׁא חִוְּורָא. מִכְתַּב אֱלֹהִים הוּא, הַיְינוּ דִכְתִיב, וְעָבַד הַלֵּוִי הוּא. זָרוּת כְּמָה דְאִתְּמַר, דְּהָא יוֹבֵל קָרֵי זָרוּת, וְעָבִיד זֵירוּת לְכָל עָלְמִין.

הֵמָּה, מַה זֶּה הֵמָּה, הָפוּךְ מה"ה הָיוּ, מִשְּׁנֵי צְדָדִים הָיוּ. אֶחָד, בְּמַעֲשֶׂה, וְאֶחָד מֵחֵרוּת שֶׁל מַעְלָה. רָשׁוּם לְמַעְלָה לִשְׁמֹר אֶת הַכֹּל. וְעַל זֶה הֵמָּ"ה. וְהַמִּכְתָּב מִכְתַּב אֱלֹהִים הוּא, אֵשׁ שְׁחֹרָה עַל גַּבֵּי אֵשׁ לְבָנָה. מִכְתַּב אֱלֹהִים הוּא, הַיְנוּ שֶׁכָּתוּב וְעָבַד הַלֵּוִי הוּא. חָרוּת, כְּמוֹ שֶׁנֶּאֱמַר, שֶׁהֲרֵי יוֹבֵל נִקְרָא חֵרוּת, וְעוֹשֶׂה חֵרוּת לְכָל הָעוֹלָמוֹת.

עַד כָּאן חַבְרַיָּיא. מִכָּאן וְהָלְאָה תִּנְדְּעוּן, דְּהָא סִטְרָא בִּישָׁא, לָא שַׁלְטָא עֲלַיְיכוּ וַאֲנָא יֵיבָא סָבָא, קָאִימְנָא קָמַיְיכוּ, לְאִתְעָרָא מִלִּין אִלֵּין, קָמוּ אִינּוּן, כְּמַאן דְּאִתְּעַר מִשֵּׁינָתֵיהּ, וְאִשְׁתְּטָחוּ קָמֵיהּ, וְלָא הֲווּ יַכְלִין לְמַלְּלָא. לְבָתַר שַׁעֲתָא בָּכוּ.

לָכֵן, חֲבֵרִים, מִכָּאן וָהָלְאָה תֵּדְעוּ שֶׁהֲרֵי הַצַּד הָרָע לֹא שׁוֹלֵט עֲלֵיכֶם, וַאֲנִי יֵיבָא סָבָא עוֹמֵד לִפְנֵיכֶם לְעוֹרֵר דְּבָרִים אֵלּוּ. קָמוּ

הֵם, כְּמִי שֶׁהִתְעוֹרֵר מִשְּׁנָתוֹ, וְהִשְׁתַּטְּחוּ לְפָנָיו, וְלֹא הָיוּ יְכוֹלִים לְדַבֵּר. אַחַר כְּשָׁעָה הֵם בָּכוּ.

פָּתַח רַבִּי חִיָּיא וְאָמַר, שִׂימֵנִי כַחוֹתָם עַל לִבֶּךָ כַּחוֹתָם עַל זְרוֹעֶךָ וְגוֹ', שִׂימֵנִי כַחוֹתָם, בְּשַׁעֲתָא דְּאִתְדַּבְּקָא כְּנֶסֶת יִשְׂרָאֵל בְּבַעְלָהּ, אִיהִי אַמְרַת שִׂימֵנִי כַחוֹתָם, אָרְחָא דְּחוֹתָם, כֵּיוָן דְּאִתְדַּבַּק בְּהַהוּא אֲתָר דְּאִתְדַּבָּק שָׁבִיק בֵּיהּ כָּל דְּיוּקְנֵיהּ, אַף עַל גַּב דְּהַהוּא חוֹתָם אָזִיל הָכָא וְהָכָא, וְלָא קַיְימָא תַּמָּן, וְהָא אִתְעֲבָר מִנֵּיהּ, כָּל דְּיוּקְנֵיהּ שָׁבִיק תַּמָּן, וְתַמָּן קַיְימָא. אוּף הָכִי אַמְרַת כְּנֶסֶת יִשְׂרָאֵל, כֵּיוָן דְּאִתְדַּבְּקְנָא בָּךְ, כָּל דְּיוּקְנִי לֶיהֱוֵי חָקִיק בָּךְ, דְּאַף עַל גַּב דְּאֵיזִיל הָכָא אוֹ הָכָא, תִּשְׁכַּח דְּיוּקְנִי חָקִיק בָּךְ, וְתִדְכַּר לִי.

פָּתַח רַבִּי חִיָּיא וְאָמַר, שִׂימֵנִי כַחוֹתָם עַל לִבֶּךָ כַּחוֹתָם עַל זְרוֹעֶךָ וְגוֹ'. שִׂימֵנִי כַחוֹתָם, בְּשָׁעָה שֶׁנִּדְבְּקָה כְּנֶסֶת יִשְׂרָאֵל בְּבַעְלָהּ, הִיא אָמְרָה שִׂימֵנִי כַחוֹתָם עַל לִבֶּךָ. דֶּרֶךְ הַחוֹתָם, כֵּיוָן שֶׁנִּדְבַּק בְּאוֹתוֹ מָקוֹם שֶׁנִּדְבָּק, מַשְׁאִיר בּוֹ אֶת כָּל דְּיוֹקְנוֹ. אַף עַל גַּב שֶׁאוֹתוֹ חוֹתָם הוֹלֵךְ כָּאן וְכָאן וְלֹא עוֹמֵד שָׁם וְנֶעֱבָר מִמֶּנּוּ, כָּל דְּיוֹקְנוֹ מַשְׁאִיר שָׁם, וְשָׁם עוֹמֵד. אַף כָּךְ אָמְרָה כְּנֶסֶת יִשְׂרָאֵל, כֵּיוָן שֶׁנִּדְבַּקְתִּי בְּךָ, כָּל דְּיוֹקְנִי יִהְיֶה חָקוּק בְּךָ, שֶׁאַף עַל גַּב שֶׁאֵלֵךְ לְכָאן וּלְכָאן, תִּמְצָא אֶת דְּיוֹקְנִי חָקוּק בְּךָ וְתִזְכֹּר אוֹתִי.

וְכַחוֹתָם עַל זְרוֹעֶךָ, כְּמָה דִּכְתִיב, שְׂמֹאלוֹ תַּחַת לְרֹאשִׁי וִימִינוֹ תְּחַבְּקֵנִי, אוּף הָכִי, תְּהֵא דְּיוּקְנִי חָקִיק תַּמָּן. וּבְכֵן אֱהֵא בָּךְ מִתְדַּבְּקָא לְעָלְמִין, וְלָא אִתְנְשֵׁי מִינָּךְ. כִּי עַזָּה כַמָּוֶת אַהֲבָה, תַּקִּיפָא כְּמוֹתָא אַהֲבָה, בְּתוּקְפָא תַּקִּיף, כְּהַהוּא אֲתָר דְּשַׁרְיָא בֵּיהּ מוֹתָא. אַהֲבָה, הַהוּא אֲתָר דְּאִקְרֵי אַהֲבַת עוֹלָם.

וְכַחוֹתָם עַל זְרוֹעֶךָ, כְּמוֹ שֶׁכָּתוּב שְׂמֹאלוֹ תַּחַת לְרֹאשִׁי וִימִינוֹ תְּחַבְּקֵנִי, אַף כָּךְ יִהְיֶה דְּיוֹקְנִי חָקוּק שָׁם, וּבְכֵן אֶהְיֶה דְבוּקָה בְּךָ לְעוֹלָמִים וְאַל אֶשְׁתַּכַּח מִמְּךָ. כִּי עַזָּה כַמָּוֶת אַהֲבָה, חֲזָקָה כַּמָּוֶת אַהֲבָה, בְּחֹזֶק חָזָק, כְּמוֹ אוֹתוֹ מָקוֹם שֶׁשּׁוֹרֶה בּוֹ הַמָּוֶת. אַהֲבָה, אוֹתוֹ מָקוֹם שֶׁנִּקְרָא אַהֲבַת עוֹלָם.

קָשָׁה כִשְׁאוֹל קִנְאָה, אוּף הָכִי, דְּהָא אִלֵּין שְׂמָהָן, מֵהַהוּא סִטְרָא אִינּוּן. רְשָׁפֶיהָ רִשְׁפֵּי אֵשׁ, מַאן אִינּוּן רִשְׁפֵּי אִלֵּין. אִינּוּן אַבְנִין וּמַרְגְּלָן טָבָאן, דְּאִתְיְלִידוּ מֵהַהוּא אֵשׁ. שַׁלְהֶבֶת יָהּ. מֵהַהוּא שַׁלְהוֹבָא, דְּנָפְקָא מֵעָלְמָא עִלָּאָה, וְאִתְאַחֲדָא בִּכְנֶסֶת יִשְׂרָאֵל, לְמֶהֱוֵי כֹּלָּא חַד יִחוּדָא, וַאֲנָן, הָא אַהֲבָה וּרְשָׁפִין דְּשַׁלְהוֹבָא

סדר לימוד ליום הפטירה לעילוי נשמה

דְּלִבָּא אֲבַתְרָךְ, יְהֵא רַעֲוָא, דְּדִיוּקְנָא דִילָךְ, תְּהֵא וַחֲקוּקָה בְּלִבָּךְ, כְּמָה דְּדִיוּקְנָא דִילָךְ וַחֲקוּק בְּלִבָּן. נָשַׁק לוֹן, וּבָרִיךְ לוֹן וְאָזְלוּ.

קָשֶׁה כִּשְׁאוֹל קִנְאָה, אַף כָּךְ, שֶׁהֲרֵי אֵלּוּ הַשֵּׁמוֹת הֵם מֵאוֹתוֹ צַד. רְשָׁפֶיהָ רִשְׁפֵּי אֵשׁ, מַה הֵם רִשְׁפֵּי אֵשׁ הַלָּלוּ, אוֹתָם אֲבָנִים וּמַרְגָּלִיּוֹת טוֹבוֹת שֶׁנּוֹלְדוּ מֵאוֹתָהּ אֵשׁ. שַׁלְהֶבֶת יָהּ, מֵאוֹתָהּ שַׁלְהֶבֶת שֶׁיּוֹצֵאת מִן הָעוֹלָם הָעֶלְיוֹן וְנֶאֱחֶזֶה בִּכְנֶסֶת יִשְׂרָאֵל, לִהְיוֹת הַכֹּל יִחוּד אֶחָד. וְאָנוּ, הֲרֵי אַהֲבָה וְרִשְׁפֵּי שַׁלְהֶבֶת שֶׁל הַלֵּב אַחֲרֶיךָ, יְהִי רָצוֹן שֶׁהַדְּיוֹקָן שֶׁלָּנוּ יִהְיֶה חָקוּק בְּלִבְּךָ כְּמוֹ שֶׁהַדְּיוֹקָן שֶׁלְּךָ חָקוּק בְּלִבֵּנוּ. נָשַׁק אוֹתָם וּבֵרַךְ אוֹתָם וְהָלְכוּ.

כַּד מָטוּ לְגַבֵּי דְּרַבִּי שִׁמְעוֹן, וְסָחוּ לֵיהּ כָּל מַה דְּאִירַע לוֹן, חַדֵּי וְתַוָּוה, אָמַר, זַכָּאִין אַתּוּן דְּזָכִיתוּן לְכָל הַאי, וּמַה הֲוֵיתוּן בַּהֲדֵי אַרְיָא עִלָּאָה, גִּיבָּר תַּקִּיף, דְּלָא הֲווֹ כַּמָּה גִּיבָּרִין לְגַבֵּיהּ כְּלוּם, וְלָא יְדַעְתּוּן לְאִשְׁתְּמוֹדְעָא לֵיהּ מִיַּד. תַּוָּוהְנָא, אֵיךְ אִשְׁתְּזַבְתּוּן מֵעוֹנְשָׁא דִּילֵיהּ, אֶלָּא קוּדְשָׁא בְּרִיךְ הוּא בָּעָא לְשֵׁיזָבָא לְכוֹן, קָרָא עֲלַיְיהוּ, וְאֹרַח צַדִּיקִים כְּאוֹר נֹגַהּ הוֹלֵךְ וָאוֹר עַד נְכוֹן הַיּוֹם. בְּלֶכְתְּךָ לֹא יֵצַר צַעֲדֶךָ וְאִם תָּרוּץ לֹא תִכָּשֵׁל. וְעַמֵּךְ כֻּלָּם צַדִּיקִים לְעוֹלָם יִרְשׁוּ אָרֶץ נֵצֶר מַטָּעַי מַעֲשֵׂה יָדַי לְהִתְפָּאֵר.

עַד כָּאן מִן רַב יֵיבָא סָבָא

כְּשֶׁהִגִּיעוּ אֶל רַבִּי שִׁמְעוֹן וְסִפְּרוּ לוֹ כָּל מַה שֶּׁקָּרָה לָהֶם, שָׂמַח וְתָמַהּ וְאָמַר, אַשְׁרֵיכֶם שֶׁזְּכִיתֶם לְכָל זֶה. וּמָה הֱיִיתֶם עִם הָאַרְיֵה הָעֶלְיוֹן גִּבּוֹר חָזָק, שֶׁכַּמָּה גִּבּוֹרִים לֹא הָיוּ אֵלָיו כְּלוּם, וְלֹא יְדַעְתֶּם לְהִוָּדַע לוֹ מִיָּד, תְּמַהְתִּי אֵיךְ נִצַּלְתֶּם מֵעָנְשׁוֹ, אֶלָּא שֶׁהַקָּדוֹשׁ בָּרוּךְ הוּא רָצָה לְהַצִּילְכֶם. קָרָא עֲלֵיהֶם, וְאֹרַח צַדִּיקִים כְּאוֹר נֹגַהּ הוֹלֵךְ וָאוֹר עַד נְכוֹן הַיּוֹם. בְּלֶכְתְּךָ לֹא יֵצַר צַעֲדֶךָ וְאִם תָּרוּץ לֹא תִכָּשֵׁל. וְעַמֵּךְ כֻּלָּם צַדִּיקִים לְעוֹלָם יִירְשׁוּ אָרֶץ נֵצֶר מַטָּעַי מַעֲשֵׂה יָדַי לְהִתְפָּאֵר.

עַד כָּאן מִן רַב יֵבָא סַבָא

סדר לימוד ליום הפטירה לעילוי נשמה

תהילים שנוהגים לקרוא בבית העלמין

ל"ג. רַנְּנוּ צַדִּיקִים בַּיהֹוָה אדני יאהדונהי לַיְשָׁרִים נָאוָה
תְהִלָּה: הוֹדוּ לַיהֹוָה אדני יאהדונהי בְּכִנּוֹר בְּנֵבֶל עָשׂוֹר
זַמְּרוּ לוֹ: שִׁירוּ לוֹ שִׁיר חָדָשׁ הֵיטִיבוּ נַגֵּן בִּתְרוּעָה:
כִּי יָשָׁר דְּבַר יְהֹוָה אדני יאהדונהי וְכָל מַעֲשֵׂהוּ בֶּאֱמוּנָה:
אֹהֵב צְדָקָה וּמִשְׁפָּט חֶסֶד יְהֹוָה אדני יאהדונהי מָלְאָה
הָאָרֶץ: בִּדְבַר יְהֹוָה אדני יאהדונהי שָׁמַיִם נַעֲשׂוּ וּבְרוּחַ פִּיו
כָּל צְבָאָם: כֹּנֵס כַּנֵּד מֵי הַיָּם נֹתֵן בְּאֹצָרוֹת תְּהוֹמוֹת:
יִירְאוּ מֵיהֹוָה אדני יאהדונהי כָּל הָאָרֶץ מִמֶּנּוּ יָגוּרוּ כָּל
יֹשְׁבֵי תֵבֵל: כִּי הוּא אָמַר וַיֶּהִי הוּא צִוָּה וַיַּעֲמֹד:
יְהֹוָה אדני יאהדונהי הֵפִיר עֲצַת גּוֹיִם הֵנִיא מַחְשְׁבוֹת עַמִּים:
עֲצַת יְהֹוָה אדני יאהדונהי לְעוֹלָם תַּעֲמֹד מַחְשְׁבוֹת לִבּוֹ
לְדֹר וָדֹר: אַשְׁרֵי הַגּוֹי אֲשֶׁר יְהֹוָה אדני יאהדונהי אֱלֹהָיו
הָעָם בָּחַר לְנַחֲלָה לוֹ: מִשָּׁמַיִם הִבִּיט יְהֹוָה אדני יאהדונהי
רָאָה אֶת כָּל בְּנֵי הָאָדָם: מִמְּכוֹן שִׁבְתּוֹ הִשְׁגִּיחַ אֶל
כָּל יֹשְׁבֵי הָאָרֶץ: הַיֹּצֵר יַחַד לִבָּם הַמֵּבִין אֶל כָּל
מַעֲשֵׂיהֶם: אֵין הַמֶּלֶךְ נוֹשָׁע בְּרָב חָיִל גִּבּוֹר לֹא יִנָּצֵל
בְּרָב כֹּחַ: שֶׁקֶר הַסּוּס לִתְשׁוּעָה וּבְרֹב חֵילוֹ לֹא
יְמַלֵּט: הִנֵּה עֵין יְהֹוָה אדני יאהדונהי אֶל יְרֵאָיו לַמְיַחֲלִים
לְחַסְדּוֹ: לְהַצִּיל מִמָּוֶת נַפְשָׁם וּלְחַיּוֹתָם בָּרָעָב:
נַפְשֵׁנוּ חִכְּתָה לַיהֹוָה אדני יאהדונהי עֶזְרֵנוּ וּמָגִנֵּנוּ הוּא: כִּי
בוֹ יִשְׂמַח לִבֵּנוּ כִּי בְשֵׁם קָדְשׁוֹ בָטָחְנוּ: יְהִי חַסְדְּךָ
יְהֹוָה אדני יאהדונהי עָלֵינוּ כַּאֲשֶׁר יִחַלְנוּ לָךְ:

טז. מִכְתָּם לְדָוִד שָׁמְרֵנִי אֵל כִּי חָסִיתִי בָךְ: אָמַרְתְּ
לַיהֹוָה אדני יאהדונהי, אֲדֹנָי אָתָּה טוֹבָתִי בַּל עָלֶיךָ:
לִקְדוֹשִׁים אֲשֶׁר בָּאָרֶץ הֵמָּה וְאַדִּירֵי כָּל חֶפְצִי בָם:
יִרְבּוּ עַצְּבוֹתָם אַחֵר מָהָרוּ בַּל אַסִּיךְ נִסְכֵּיהֶם מִדָּם
וּבַל אֶשָּׂא אֶת שְׁמוֹתָם עַל שְׂפָתָי: יְהֹוָה אדני יאהדונהי מְנָת
חֶלְקִי וְכוֹסִי אַתָּה תּוֹמִיךְ גּוֹרָלִי: חֲבָלִים נָפְלוּ לִי
בַּנְּעִמִים אַף נַחֲלָת שָׁפְרָה עָלָי: אֲבָרֵךְ אֶת
יְהֹוָה אדני יאהדונהי אֲשֶׁר יְעָצָנִי אַף לֵילוֹת יִסְּרוּנִי כִלְיוֹתָי:
שִׁוִּיתִי יְהֹוָה אדני יאהדונהי לְנֶגְדִּי תָמִיד כִּי מִימִינִי בַּל
אֶמּוֹט: לָכֵן שָׂמַח לִבִּי וַיָּגֶל כְּבוֹדִי אַף בְּשָׂרִי יִשְׁכֹּן
לָבֶטַח: כִּי לֹא תַעֲזֹב נַפְשִׁי לִשְׁאוֹל לֹא תִתֵּן חֲסִידְךָ
לִרְאוֹת שָׁחַת: תּוֹדִיעֵנִי אֹרַח חַיִּים שֹׂבַע שְׂמָחוֹת אֶת
פָּנֶיךָ נְעִמוֹת בִּימִינְךָ נֶצַח:

י"ז. תְּפִלָּה לְדָוִד שִׁמְעָה יְהֹוָה אדני יאהדונהי צֶדֶק הַקְשִׁיבָה
רִנָּתִי הַאֲזִינָה תְפִלָּתִי בְּלֹא שִׂפְתֵי מִרְמָה: מִלְּפָנֶיךָ
מִשְׁפָּטִי יֵצֵא עֵינֶיךָ תֶּחֱזֶינָה מֵישָׁרִים: בָּחַנְתָּ לִבִּי
פָּקַדְתָּ לַּיְלָה צְרַפְתַּנִי בַל תִּמְצָא זַמֹּתִי בַּל יַעֲבָר פִּי:
לִפְעֻלּוֹת אָדָם בִּדְבַר שְׂפָתֶיךָ אֲנִי שָׁמַרְתִּי אָרְחוֹת
פָּרִיץ: תָּמֹךְ אֲשֻׁרַי בְּמַעְגְּלוֹתֶיךָ בַּל נָמוֹטּוּ פְעָמָי: אֲנִי
קְרָאתִיךָ כִי תַעֲנֵנִי אֵל הַט אָזְנְךָ לִי שְׁמַע אִמְרָתִי:
הַפְלֵה חֲסָדֶיךָ מוֹשִׁיעַ חוֹסִים מִמִּתְקוֹמְמִים בִּימִינֶךָ:
שָׁמְרֵנִי כְּאִישׁוֹן בַּת עָיִן בְּצֵל כְּנָפֶיךָ תַּסְתִּירֵנִי: מִפְּנֵי
רְשָׁעִים זוּ שַׁדּוּנִי אֹיְבַי בְּנֶפֶשׁ יַקִּיפוּ עָלָי: חֶלְבָּמוֹ

סדר לימוד ליום הפטירה לעילוי נשמה

סָגְרוּ פִּימוֹ דִּבְּרוּ בְגֵאוּת: אַשֻּׁרֵינוּ עַתָּה סְבָבוּנוּ
עֵינֵיהֶם יָשִׁיתוּ לִנְטוֹת בָּאָרֶץ: דִּמְיֹנוֹ כְּאַרְיֵה יִכְסוֹף
לִטְרוֹף וְכִכְפִיר יֹשֵׁב בְּמִסְתָּרִים: קוּמָה יְהֹוָהאדנייאהדונהי
קַדְּמָה פָנָיו הַכְרִיעֵהוּ פַּלְּטָה נַפְשִׁי מֵרָשָׁע חַרְבֶּךָ:
מִמְתִים יָדְךָ יְהֹוָהאדנייאהדונהי מִמְתִים מֵחֶלֶד חֶלְקָם
בַּחַיִּים וּצְפוּנְךָ תְּמַלֵּא בִטְנָם יִשְׂבְּעוּ בָנִים וְהִנִּיחוּ
יִתְרָם לְעוֹלְלֵיהֶם: אֲנִי בְּצֶדֶק אֶחֱזֶה פָנֶיךָ אֶשְׂבְּעָה
בְהָקִיץ תְּמוּנָתֶךָ:

ע"ב. לִשְׁלֹמֹה אֱלֹהִים מִשְׁפָּטֶיךָ לְמֶלֶךְ תֵּן וְצִדְקָתְךָ
לְבֶן מֶלֶךְ: יָדִין עַמְּךָ בְצֶדֶק וַעֲנִיֶּיךָ בְמִשְׁפָּט: יִשְׂאוּ
הָרִים שָׁלוֹם לָעָם וּגְבָעוֹת בִּצְדָקָה: יִשְׁפֹּט עֲנִיֵּי עָם
יוֹשִׁיעַ לִבְנֵי אֶבְיוֹן וִידַכֵּא עוֹשֵׁק: יִירָאוּךָ עִם שָׁמֶשׁ
וְלִפְנֵי יָרֵחַ דּוֹר דּוֹרִים: יֵרֵד כְּמָטָר עַל גֵּז כִּרְבִיבִים
זַרְזִיף אָרֶץ: יִפְרַח בְּיָמָיו צַדִּיק וְרֹב שָׁלוֹם עַד בְּלִי
יָרֵחַ: וְיֵרְדְּ מִיָּם עַד יָם וּמִנָּהָר עַד אַפְסֵי אָרֶץ: לְפָנָיו
יִכְרְעוּ צִיִּים וְאֹיְבָיו עָפָר יְלַחֵכוּ: מַלְכֵי תַרְשִׁישׁ
וְאִיִּים מִנְחָה יָשִׁיבוּ מַלְכֵי שְׁבָא וּסְבָא אֶשְׁכָּר
יַקְרִיבוּ: וְיִשְׁתַּחֲווּ לוֹ כָל מְלָכִים כָּל גּוֹיִם יַעַבְדוּהוּ:
כִּי יַצִּיל אֶבְיוֹן מְשַׁוֵּעַ וְעָנִי וְאֵין עֹזֵר לוֹ: יָחֹס עַל דַּל
וְאֶבְיוֹן וְנַפְשׁוֹת אֶבְיוֹנִים יוֹשִׁיעַ: מִתּוֹךְ וּמֵחָמָס יִגְאַל
נַפְשָׁם וְיֵיקַר דָּמָם בְּעֵינָיו: וִיחִי וְיִתֶּן לוֹ מִזְּהַב שְׁבָא
וְיִתְפַּלֵּל בַּעֲדוֹ תָמִיד כָּל הַיּוֹם יְבָרֲכֶנְהוּ: יְהִי פִסַּת
בַּר בָּאָרֶץ בְּרֹאשׁ הָרִים יִרְעַשׁ כַּלְּבָנוֹן פִּרְיוֹ וְיָצִיצוּ

סֵדֶר לִימּוּד לְיוֹם הַפְּטִירָה לְעִילּוּי נְשָׁמָה

מֵעִיר כְּעֵשֶׂב הָאָרֶץ: יְהִי שְׁמוֹ לְעוֹלָם לִפְנֵי שֶׁמֶשׁ יִנּוֹן שְׁמוֹ וְיִתְבָּרְכוּ בוֹ כָּל גּוֹיִם יְאַשְּׁרוּהוּ: בָּרוּךְ יְהֹוָהאדני יאהדונהי אֱלֹהִים אֱלֹהֵי יִשְׂרָאֵל עֹשֵׂה נִפְלָאוֹת לְבַדּוֹ: וּבָרוּךְ שֵׁם כְּבוֹדוֹ לְעוֹלָם וְיִמָּלֵא כְבוֹדוֹ אֶת כֹּל הָאָרֶץ אָמֵן וְאָמֵן: כָּלּוּ תְפִלּוֹת דָּוִד בֶּן יִשָׁי:

צ"א. יֹשֵׁב בְּסֵתֶר עֶלְיוֹן בְּצֵל שַׁדַּי יִתְלוֹנָן: אֹמַר לַיהֹוָהאדני יאהדונהי מַחְסִי וּמְצוּדָתִי אֱלֹהַי אֶבְטַח בּוֹ: כִּי הוּא יַצִּילְךָ מִפַּח יָקוּשׁ מִדֶּבֶר הַוּוֹת: בְּאֶבְרָתוֹ יָסֶךְ לָךְ וְתַחַת כְּנָפָיו תֶּחְסֶה צִנָּה וְסֹחֵרָה אֲמִתּוֹ: לֹא תִירָא מִפַּחַד לָיְלָה מֵחֵץ יָעוּף יוֹמָם: מִדֶּבֶר בָּאֹפֶל יַהֲלֹךְ מִקֶּטֶב יָשׁוּד צָהֳרָיִם: יִפֹּל מִצִּדְּךָ אֶלֶף וּרְבָבָה מִימִינֶךָ אֵלֶיךָ לֹא יִגָּשׁ: רַק בְּעֵינֶיךָ תַבִּיט וְשִׁלֻּמַת רְשָׁעִים תִּרְאֶה: כִּי אַתָּה יְהֹוָהאדני יאהדונהי מַחְסִי עֶלְיוֹן שַׂמְתָּ מְעוֹנֶךָ: לֹא תְאֻנֶּה אֵלֶיךָ רָעָה וְנֶגַע לֹא יִקְרַב בְּאָהֳלֶךָ: כִּי מַלְאָכָיו יְצַוֶּה לָּךְ לִשְׁמָרְךָ בְּכָל דְּרָכֶיךָ: עַל כַּפַּיִם יִשָּׂאוּנְךָ פֶּן תִּגֹּף בָּאֶבֶן רַגְלֶךָ: עַל שַׁחַל וָפֶתֶן תִּדְרֹךְ תִּרְמֹס כְּפִיר וְתַנִּין: כִּי בִי חָשַׁק וַאֲפַלְּטֵהוּ אֲשַׂגְּבֵהוּ כִּי יָדַע שְׁמִי: יִקְרָאֵנִי וְאֶעֱנֵהוּ עִמּוֹ אָנֹכִי בְצָרָה אֲחַלְּצֵהוּ וַאֲכַבְּדֵהוּ: אֹרֶךְ יָמִים אַשְׂבִּיעֵהוּ וְאַרְאֵהוּ בִּישׁוּעָתִי:

ק"ד. בָּרְכִי נַפְשִׁי אֶת יְהֹוָהאדני יאהדונהי, יְהֹוָהאדני יאהדונהי אֱלֹהַי גָּדַלְתָּ מְּאֹד הוֹד וְהָדָר לָבָשְׁתָּ: עֹטֶה אוֹר כַּשַּׂלְמָה נוֹטֶה שָׁמַיִם כַּיְרִיעָה: הַמְקָרֶה בַמַּיִם

סדר לימוד ליום הפטירה לעילוי נשמה

עֲלִיּוֹתָיו הַשָּׂם עָבִים רְכוּבוֹ הַמְהַלֵּךְ עַל כַּנְפֵי רוּחַ:
עֹשֶׂה מַלְאָכָיו רוּחוֹת מְשָׁרְתָיו אֵשׁ לֹהֵט: יָסַד אֶרֶץ
עַל מְכוֹנֶיהָ בַּל תִּמּוֹט עוֹלָם וָעֶד: תְּהוֹם כַּלְּבוּשׁ
כִּסִּיתוֹ עַל הָרִים יַעַמְדוּ מָיִם: מִן גַּעֲרָתְךָ יְנוּסוּן מִן
קוֹל רַעַמְךָ יֵחָפֵזוּן: יַעֲלוּ הָרִים יֵרְדוּ בְקָעוֹת אֶל
מְקוֹם זֶה יָסַדְתָּ לָהֶם: גְּבוּל שַׂמְתָּ בַּל יַעֲבֹרוּן בַּל
יְשׁוּבוּן לְכַסּוֹת הָאָרֶץ: הַמְשַׁלֵּחַ מַעְיָנִים בַּנְּחָלִים בֵּין
הָרִים יְהַלֵּכוּן: יַשְׁקוּ כָּל חַיְתוֹ שָׂדָי יִשְׁבְּרוּ פְרָאִים
צְמָאָם: עֲלֵיהֶם עוֹף הַשָּׁמַיִם יִשְׁכּוֹן מִבֵּין עֳפָאיִם
יִתְּנוּ קוֹל: מַשְׁקֶה הָרִים מֵעֲלִיּוֹתָיו מִפְּרִי מַעֲשֶׂיךָ
תִּשְׂבַּע הָאָרֶץ: מַצְמִיחַ חָצִיר לַבְּהֵמָה וְעֵשֶׂב
לַעֲבֹדַת הָאָדָם לְהוֹצִיא לֶחֶם מִן הָאָרֶץ: וְיַיִן יְשַׂמַּח
לְבַב אֱנוֹשׁ לְהַצְהִיל פָּנִים מִשָּׁמֶן וְלֶחֶם לְבַב אֱנוֹשׁ
יִסְעָד: יִשְׂבְּעוּ עֲצֵי יְהֹוָה אדני יאהדונהי אַרְזֵי לְבָנוֹן אֲשֶׁר
נָטָע: אֲשֶׁר שָׁם צִפֳּרִים יְקַנֵּנוּ חֲסִידָה בְּרוֹשִׁים
בֵּיתָהּ: הָרִים הַגְּבֹהִים לַיְּעֵלִים סְלָעִים מַחְסֶה
לַשְׁפַנִּים: עָשָׂה יָרֵחַ לְמוֹעֲדִים שֶׁמֶשׁ יָדַע מְבוֹאוֹ:
תָּשֶׁת חֹשֶׁךְ וִיהִי לָיְלָה בּוֹ תִרְמֹשׂ כָּל חַיְתוֹ יָעַר:
הַכְּפִירִים שֹׁאֲגִים לַטָּרֶף וּלְבַקֵּשׁ מֵאֵל אָכְלָם:
תִּזְרַח הַשֶּׁמֶשׁ יֵאָסֵפוּן וְאֶל מְעוֹנֹתָם יִרְבָּצוּן: יֵצֵא
אָדָם לְפָעֳלוֹ וְלַעֲבֹדָתוֹ עֲדֵי עָרֶב: מָה רַבּוּ מַעֲשֶׂיךָ
יְהֹוָה אדני יאהדונהי כֻּלָּם בְּחָכְמָה עָשִׂיתָ מָלְאָה הָאָרֶץ
קִנְיָנֶךָ: זֶה הַיָּם גָּדוֹל וּרְחַב יָדָיִם שָׁם רֶמֶשׂ וְאֵין
מִסְפָּר חַיּוֹת קְטַנּוֹת עִם גְּדֹלוֹת: שָׁם אֳנִיּוֹת יְהַלֵּכוּן

סדר לימוד ליום הפטירה לעילוי נשמה

לִוְיָתָן זֶה יָצַרְתָּ לְשַׂחֶק בּוֹ: כֻּלָּם אֵלֶיךָ יְשַׂבֵּרוּן לָתֵת אָכְלָם בְּעִתּוֹ: תִּתֵּן לָהֶם יִלְקֹטוּן תִּפְתַּח יָדְךָ יִשְׂבְּעוּן טוֹב: תַּסְתִּיר פָּנֶיךָ יִבָּהֵלוּן תֹּסֵף רוּחָם יִגְוָעוּן וְאֶל עֲפָרָם יְשׁוּבוּן: תְּשַׁלַּח רוּחֲךָ יִבָּרֵאוּן וּתְחַדֵּשׁ פְּנֵי אֲדָמָה: יְהִי כְבוֹד יְהֹוָה אדני יאהדונהי לְעוֹלָם יִשְׂמַח יְהֹוָה אדני יאהדונהי בְּמַעֲשָׂיו: הַמַּבִּיט לָאָרֶץ וַתִּרְעָד יִגַּע בֶּהָרִים וְיֶעֱשָׁנוּ: אָשִׁירָה לַיהֹוָה אדני יאהדונהי בְּחַיָּי אֲזַמְּרָה לֵאלֹהַי בְּעוֹדִי: יֶעֱרַב עָלָיו שִׂיחִי אָנֹכִי אֶשְׂמַח בַּיהֹוָה אדני יאהדונהי: יִתַּמּוּ חַטָּאִים מִן הָאָרֶץ וּרְשָׁעִים עוֹד אֵינָם בָּרְכִי נַפְשִׁי אֶת יְהֹוָה אדני יאהדונהי הַלְלוּיָהּ:

ק"ל. שִׁיר הַמַּעֲלוֹת מִמַּעֲמַקִּים קְרָאתִיךָ יְהֹוָה אדני יאהדונהי: אֲדֹנָי שִׁמְעָה בְקוֹלִי תִּהְיֶינָה אָזְנֶיךָ קַשֻּׁבוֹת לְקוֹל תַּחֲנוּנָי: אִם עֲוֹנוֹת תִּשְׁמָר יָהּ אֲדֹנָי מִי יַעֲמֹד: כִּי עִמְּךָ הַסְּלִיחָה לְמַעַן תִּוָּרֵא: קִוִּיתִי יְהֹוָה אדני יאהדונהי קִוְּתָה נַפְשִׁי וְלִדְבָרוֹ הוֹחָלְתִּי: נַפְשִׁי לַאדֹנָי מִשֹּׁמְרִים לַבֹּקֶר שֹׁמְרִים לַבֹּקֶר: יַחֵל יִשְׂרָאֵל אֶל יְהֹוָה אדני יאהדונהי כִּי עִם יְהֹוָה אדני יאהדונהי הַחֶסֶד וְהַרְבֵּה עִמּוֹ פְדוּת: וְהוּא יִפְדֶּה אֶת יִשְׂרָאֵל מִכֹּל עֲוֹנֹתָיו: